KB169471

비고츠키
생각과 말 쉽게 읽기

『생각과 말』 해설 강좌 강의록

비고츠키

생각과 말 쉽게 읽기

「생각과 말」 해설 강좌 강의록

초판 1쇄 발행 2013년 9월 23일
초판 3쇄 발행 2020년 12월 22일

지은이 비고츠키교육학실천연구모임
펴낸이 김승희
펴낸곳 도서출판 살림터

기획 정광일
편집 조현주
북디자인 시아

인쇄·제본 (주)신화프린팅
종이 (주)명동지류

주소 서울시 양천구 목동동로 293, 22층 2215-1호
전화 02-3141-6553
팩스 02-3141-6555
출판등록 2008년 3월 18일 제313-1990-12호
이메일 gwang80@hanmail.net
블로그 http://blog.naver.com/dkffk1020

ISBN 978-89-94445-48-9 03370

*가격은 뒤표지에 있습니다.
*잘못된 책은 바꾸어 드립니다.

비고츠키

생각과 말 쉽게 읽기

『생각과 말』 해설 강좌 강의록

비고츠키교육학실천연구모임 지음

살림터

발간사

『생각과 말』 요약본을 내며

『생각과 말』은 인간 발달에 대한 비고츠키의 이론과 사상의 정수가 담긴 저작일 뿐 아니라 '현상에서 본질로'라는 변증법적 유물론의 가치가 충분히 발휘된 연구물입니다. 허다하게 많은 교육이론과 사상들이 있지만 현대 교육에 주는 시사점이 가장 큰 이론이기도 합니다.

비고츠키를 공부하고 싶지만 이해는커녕 끝까지 읽어 가기도 힘겨운 텍스트라는 하소연을 많이 접했습니다. 그래서 비고츠키의 이론과 그의 사상을 많은 사람들이 이해하는 길을 여는 데 보탬이 되었으면 하는 바람에서 진보교육연구소 비고츠키교육학실천연구모임의 동지들이 이 자료를 만들었습니다.

본 자료는 비고츠키 『생각과 말』의 한국어 완역본의 본문을 요약한 것입니다. 별도의 해설은 넣지 않고 길고 어려운 문장을 조금이라도 쉽게 읽을 수 있도록 원문의 내용을 훼손하지 않고 가능한 한 보존하는 범위에서 압축하였음을 밝혀 둡니다. 각 장의 머리에 주요 내용을 실었고 영문판과 한국어판에는 없지만 내용을 압축적으로 나타낼 수 있도록 절마다 제목을 달았습니다. 읽어 나가는 데 방해되는 긴 수식어나 지나치게 난해한 부분은 과감히 생략하기도 하였습니다. 이 때문에 크게 쉽지도 않으면서 본의 아니게 원래 내용을 제대로 담지 못한 부분이 더러 있을지도 모릅니다. 하지만 전체적으로는 『생각과 말』의 내용을 이해하고 정수에 접근하는 데 도움이 되리라 판단합니다. 이 요약본은 흐름의 이해를 돕는 데 주안점을 두었으므로 세밀한 이해를 위해서는 원문과 함께 공부하시길 권합니다.

또 하나 깊게 염두에 둔 것은 세미나 활성화입니다. 세미나에 도움이 될 만한 보조 자료의 구실을 했으면 합니다. 이 저작을 통해 비고츠키가 인간 발달에 있어서 협력의 가치를 뚜렷이 일깨워 주듯이 이 책에 도전하는 과정 또한 협력의 가치를 체험하는 과정이 되리라 믿어 의심치 않습니다. 협력과 발달의 과정에 저희 연구모임의 작업이 디딤돌이 되기를 바랍니다.

2013년 8월

진보교육연구소 비고츠키교육학실천연구모임 일동

차례

저자 서문

비고츠키는 서문을 통해 저작 전체를 관통하는 주제와 연구 방법을 간결하게 드러내고 각 장의 핵심 주제와 전체적인 짜임새를 개략적으로 소개한다. 인간을 대상으로 하는 심리학에서 생각과 말의 관계를 중심 문제로 다룬 것은 '인간의 의식'에 들어갈 문턱에 도착했다는 것에 의의가 있다고 서문 말미에서 비고츠키는 매우 짧게 언급한다. 생각과 말의 연구를 통해 의식을 다루는 심리학 이론으로 나아갈 수 있게 되었으며 의식은 생각과 말을 통해서 심리학적으로 분석될 수 있다. 특히 '낱말 의미'는 인간 의식 분석의 '단위'임을 밝힌 것이 이 연구의 성과지만 인간 의식으로 들어가는 바로 그 문턱에서 연구를 중단해야만 했음에 깊은 아쉬움을 토로하며 서문을 마무리한다.

0-1] 아직까지 심리학은 생각과 말의 문제를 체계적인 실험을 통해 해결하려는 시도를 하지 않았다. 개념 형성, 글말, 글말과 생각의 관계, 내적 말 등에 대한 연구 결과물들이 충분히 누적되어야 이 문제의 해결에 다가갈 수 있다.

0-2] 우리는 생각과 말의 문제를 해결하기 위해 실험적 연구와 더불어 이론적 분석을 행했다. 계통발생과 개체발생에 대한 자료들과 실험을 통해 밝혀진 사실들을 분석하여 생각과 말의 발생적 근원과 순서, 관계를 파악하고자 했다. 생각과 말에 대한 동시대 이론을 이데올로기적 측면에서 강력하게 비판하는 것 또한 필요한 작업이었다.

0-3] 생각과 말을 연구하다 보면 더 넓은 과학의 영역과 부딪히게 된다. 심리학과 언어학, 개념에 대한 실험 연구, 교수-학습에 대한 심리 이론과 자료에 대한 이론적 검토 결과와 우리의 실험 연구에서 얻은 자료를 종합하여 이론으로 일반화하는 것이 우리의 두 번째이자 최종적 이론 작업이었다.

0-4] 이렇듯 우리의 연구는 구성과 구조가 복잡하고 방법이 다양하지만 이 모두는 발생 과정에 대한 분석을 통해 사고와 낱말의 관계를 해결하는 데로 모아진다.

0-5~6] 우리는 연구 문제를 제기하고 연구 방법을 찾는 것에서 시작하였다. 우리의 연구 문제와 연구 방법을 전통적인 것들과 대비시켜 보았으며 생각과 말에 관한 당대 최고 이론인 피아제와 스턴의 이론에 대한 비판적 연구를 행하였다. 나아가, 생각과 말의 발생적 근원을 분명히 한 후 이 책의 핵심인 두 실험 연구, 즉 개념 발달과 말로 하는 생각에 대한 실험 연구에 착수했다. 전자는 아동기 낱말 의미의 발달 경로를 밝히는 연구이며 후자는 아동의 과학적 개념 발달과 자연발생적 개념 발달을 비교한 연구이다. 최종장에서는 전체 연구를 종합하여 말로 하는 생각의 전체 과정을 제시하였다.

0-7] 우리가 연구를 통해 새롭게 알아낸 것을 요약하면 다음과 같다.

1) 실험을 통해 아동기 낱말의 의미가 발달한다는 사실을 확립하고 발달

의 주요 단계를 설정함.

2) 자연발생적 개념 발달과 비교하여 어린이의 과학적 개념 발달의 궤적을 드러냄. 그리고 자연발생적 개념과 과학적 개념 발달의 근본 법칙들을 설명함.

3) 실험을 통해 글말의 심리적 성질과 글말과 생각의 관계를 드러냄.

4) 실험을 통해 내적 말의 심리적 성질과 내적 말과 생각의 관계를 드러냄.

0-8~10] 이 책은 거의 10년에 걸쳐 작업한 결과물이다. 우리는 어떠한 것도 절대적으로 옳다고 상정하지 않았다. 작업 도중 진전된 바를 명확히 하고 오류로 확인된 것은 배제했다. 인간 이해를 위한 심리학 연구에서 생각과 말이라는 주제를 부각시킴으로써 의식을 다루는 새로운 심리학 이론으로 나아가게 했다는 것에서 우리는 정당성을 얻는다. 하지만 우리는 이 저작에서 의식의 문제를 간결하게만 언급하였을 뿐 그 지점에서 연구를 중단해야만 했다.

1장
연구 문제와 연구 방법

1장에서는 서문에서 간략하게 언급하였던 연구 문제와 연구 방법의 문제를 전통적인 관점과 방법과 대비시키면서 보다 구체적으로 기술한다. 먼저 생각과 말의 문제를 다루는 것은 변증법적 유물론에 입각하여 의식 활동을 '관계'의 측면에서 다루려는 심리학적 시도임을 강조한다. 비고츠키는 생각과 말을 외적인 기계적 의존으로 보거나 혹은 형이상학적 분리의 관점에서 보는 것을 모두 비판하면서 이런 관점은 '요소로의 분해'라는 분석 방법과 연결되어 있으며 이를 벗어나지 않는 한 오류는 필연임을 강조한다.
비고츠키가 '생각과 말의 내적 연결과 과정'을 규명하기 위해 채택한 방법은 '단위를 통한 분석'이다. 그렇다면 가장 중요한 문제는 생각과 말의 분석 단위가 과연 무엇인가가 된다. 생각과 말의 분석 단위로서 비고츠키는 '낱말 의미'를 제출하고 이것이 왜 분석 단위로서 타당한지 설명한다. 이는 서술의 출발점인 동시에 연구의 결론에 해당한다. 연구의 종착점을 서술의 출발점으로 삼은 『자본론』의 서술 구조와 마찬가지이다. 마르크스는 『자본론』에서 자본주의를 분석함으로써 발견한 분석 단위인 상품에 대한 서술로부터 시작하였다.
비고츠키는 '전체를 구성단위로 분석하는 방법'의 의의가 비단 생각과 말의 문제뿐 아니라 '정서적이고 지적인 과정'의 단위 또한 존재하며 이를 통해 기존의 이분법적 시각을 극복하는 분석의 가능성이 있다고 주장하면서 향후 연구 주제를 암시한다. 감성과 지성의 총체적 과정에 대한 분석이 이후 비고츠키가 연구 주제로 염두에 둔 것이었지만 미완의 과제로 남겨 둔 채 생을 마감하였다.
서문과 다소 중복되는 감이 있지만 첫 번째 장의 말미에서는 2장부터 펼쳐질 연구 개요를 간략히 소개한다. 마지막으로, 각각의 연구를 통일시키는 계기는 '발달'이라는 개념이며 가장 먼저 낱말 가치의 분석에 '발달'이라는 개념을 적용하겠다고 밝히면서 1장을 마무리한다.

1-1] 생각과 말의 문제는 심리적 기능들 간의 관계와 의식 활동의 다양한 측면들 간의 관계를 부각시킨다. 그중 핵심은 사고와 낱말의 관계이다. 하지만 연결과 관계의 문제는 현대 심리학에서 미개척 상태이다.

1-2] 생각과 말의 문제는 오래된 주제이지만 전혀 사고와 낱말의 관계를 통해 연구되지 않았다. 기능들 간의 연결 문제는 심리학 연구자들의 관심 밖에 있었다. 원자적인 관점이 지배적이었던 탓에 관계로서가 아닌 개별 기능으로 심리기능들을 따로 떼어 내어 연구하였다.

1-3] 의식은 통합적 전체이며 개별 기능들은 서로 연결되어 있다는 관점이 등장하였으나 의식의 통일성을 당연한 것으로 전제했고 기능 간 연결은 고정적이고 불변의 것으로 가정할 뿐 그 자체(관계)를 실험 대상으로 삼지는 않았다. 이를테면 지각과 주의, 기억과 지각, 생각과 기억 등 개별 기능은 언제나 똑같은 방식으로 연결된다는 것이다. 개별 기능만 연구할 뿐 기능 간의 관계는 수학에서의 공통인수처럼 괄호 밖으로 빼내어져 무시된다. 요컨대 관계의 문제는 현대 심리학에서 가장 미발달인 상태다.

1-4~5] 이런 관점은 생각과 말의 문제에도 영향을 미쳤는데, 연구자들의 관심은 예외 없이 사고와 낱말의 관계라는 핵심에서 벗어나 있었다. 둘을 동일시해 버리거나 완전히 분리해 버리는 두 극단 사이에서 망설여 왔다. 먼저, 동일시의 관념을 따르는 첫 번째 그룹에는 고대로부터의 동일시, 말에서 소리를 뺀 것이 사고라는 주장, '운동 부분이 억제된 습관화된' 반사로 본 반사론자 등이 있다. 이러한 관점에서는 생각과 말의 문제를 해결하기는커녕 제기조차 불가능하다. 동일한 것 사이에 관계가 생겨날 수 없기 때문이다.

1-6] 생각과 말이 독립적이라는 관념을 취하는 두 번째 그룹은 첫 번째 그룹보다는 바람직해 보인다. 이들은 관계의 문제를 제기하고 해결도 시도하였다. 하지만 이들은 문제의 매듭을 푸는 대신 잘라 버린다. '말로 하는 생각'을 요소로 분해하여 사고 부분과 낱말 부분으로 나누면서 각각의 순수

한 자질을 연구하여 이 둘 사이의 연결을 두 개의 상이한 과정의 외적인 기계적 의존으로 그려 가고자 하였다.

1-7] 예컨대, 최근 두 번째 그룹의 연구자 하나가 구성 요소로 분해하는 방법으로 수행한 연구는 말-운동 과정이 사고의 흐름을 촉진하는 데 큰 역할을 한다는 결론에 도달했다. 난해한 상황에 봉착했을 때 내적 말은 인상과 연합을 최대로 활성화시키는 데 기여하고 말-운동 과정은 내적 말과 결합하여 파악, 선별, 구별하는 것을 돕는다. 결국, 내적 말은 사고에서 외적 말로의 이행 과정을 촉진하는 역할을 하게 된다.

1-8] 하지만 이 연구자는 '말로 하는 생각'이라는 통일된 심리적 형성을 구성 요소로 분해해 버림으로써 외적 상호작용을 확립할 수 있었을 뿐이다. 여하튼, 두 번째 그룹은 최소한 생각과 말의 관계의 문제를 제기할 수 있지만 문제 상정도 정확하지 않았을뿐더러 통일된 전체를 개별 요소로 파편화하는 방법을 취함으로써 생각과 말의 내적 관계 규명에 도달할 가능성을 미리 배제하였다. 따라서 연구에 앞서 연구 방법을 명확히 할 필요가 있다.

1-9] 심리학 분석 방법은 두 가지 유형으로 구분할 수 있다. 두 유형은 원리에서부터 다르다.

1-10] 첫 번째 방법은 '심리적 전체를 요소로 분해하기'라고 부를 수 있다. 이는 물을 화학적으로 분석하여 수소와 산소로 분해하는 것에 비견된다. 산소와 수소의 개별 성질의 연결로 물의 성질을 알 수 없듯이 말을 개별의 요소로 분해하여 전체에 고유한 내적 자질을 설명할 수 없으며 분석의 과정에서 전체의 성질은 증발하고 분산된다.

1-11] 이러한 유형의 분석은 전체의 자질을 상실한 결과물로 나아가며, 해결하고자 했던 문제의 견지에서 볼 때, 진정한 의미의 분석이 아니다. 지식을 얻는 방법으로 간주하는 것이 타당하다. 물의 화학 공식은 대양에서 빗방울 하나에 이르기까지 동일하게 적용되므로 도리어 일반으로의 상승이며, 해체이다. 따라서 이 방법으로는 말로 하는 생각, 낱말과 사고의 관계가

지닌 성질을 설명할 수 없다.

1-12] 심리학에서도 이러한 분석의 운명은 마찬가지다. 원래의 문제에서 벗어나 말과 생각 각각에 대한 보편적 지식만을 설명하게 된다. 더욱이 이러한 분석을 비체계적으로 사용함으로써 생각과 말이 통합, 통일되는 과정의 계기들을 무시한 채 내적 연결을 외적이고 기계적인 관계로 대체하는 심각한 오류를 범하게 된다. 생각과 말의 연구에서 이러한(내적 관계를 외적 연결로 대체하는) 오류는 명백하다. 세포와 마찬가지로 '말로 하는 생각'의 기본적인 속성을 담고 있는 소리와 의미의 살아 있는 변증법적 통일인 낱말은 이러한 분석에 의해 말 부분과 생각 부분으로 부서져 외적이고 기계적인 연결로 확립되었다.

1-13] 전통적인 의미론과 음성학에서 낱말의 소리(음성학)와 가치(의미론)는 완전히 분리되었다. 사고로부터 뜯겨 나간 소리는 어떤 소리가 어째서 인간의 말소리이며 무엇이 그런 자질을 만드는지 설명하지 못한다. 그들은 인간 말소리의 특성이 아니라 자연에 존재하는 다른 모든 소리와 공유되는 것만을 연구하였다. 마찬가지로, 의미가 낱말의 음성적 측면으로부터 뜯겨 나오면 그 물리적 전달자와는 동떨어진 순수한 관념이자 사고의 순수한 기록이 된다. 이는 낱말을 개별적 요소로 분해한 데 기인한다.

1-14] 이와 같이 어린이 말 발달을 말의 음성적 측면의 발달과 의미론적 측면의 발달로 분해하는 관점에서 연구되었다. 음성적 측면에 바탕을 둔 연구는 생각과 말의 기초적인 측면도 해결하지 못하는 것으로 보인다. 한편, 의미적 측면에 바탕을 둔 연구는 언어의 음성적 역사와 관련 없는 어린이 사고의 자율적이고 독립적인 역사로 이끌었다.

1-15] 두 번째 방법은 '통일된 전체를 단위'로 분석하는 방법이라고 명할 수 있다. 이 분석의 결과물은 전체의 자질을 함축한다. 분자가 물이 지닌 성질을 설명하는 열쇠이며, 세포는 유기체의 생물학적 분석 단위이듯이, 통일을 연구하는 심리학 또한 이 점에 착안해야 한다. 심리학적 분석은 요소로

분해하는 방법에서 단위로 분할하는 방법으로 바뀌어야 한다. 우리는 통일된 전체에 고유한 속성들을 보존하고 있는 더 이상 분해될 수 없는 단위를 발견해야 한다.

1-16] 우리가 발견한 말로 하는 생각에 내재한 속성을 간직한 단위는 '낱말의 의미'이다.

1-17] 낱말의 내적 측면은 지금까지 특별히 연구된 적이 거의 없다.

1-18] 현대 심리학은 대체로 우리를 향해 있는 낱말의 한쪽 면만을 인식해 왔다. 생각과 말의 관계에 대한 문제를 해결할 수 있는 가능성은 바로 달의 이면과 같이 미지의 상태로 있는 이 다른 측면에 있다.

1-19] 낱말 의미가 말로 하는 생각의 단위임을 설명하기에 앞서 낱말 가치의 심리적 본질에 대한 언급이 필요하다.

1-20] 심리학적 관점에서 보면 '낱말의 의미'는 일반화된 것이다. 이 일반화는 직접적인 감각이나 지각에 반영되는 바와는 완전히 다른 방식으로 실재를 반영하는 생각의 구두 보고이다.

1-21] 생각은 즉각적인 감각과는 질적으로 다른 양식으로 실재를 의식에 반영한다는 점에서 감각에서 생각으로의 이행은 변증법적 비약이다. 일반화는 생각의 기록이며 가치는 낱말의 필수적인 부분이다. 의미가 없는 낱말은 소리일 뿐이기 때문에 낱말 가치는 생각의 영역에 속하는 정도만큼 말의 영역에도 속한다. 의미는 말의 현상으로 간주될 수 있는 것과 같은 정도로 생각의 현상으로 간주될 수 있다. 의미는 '말로 하는 생각'의 구성단위이므로 말인 동시에 생각이다. 낱말의 의미에 대한 탐구 방법을 따른다면 문제에 올바르게 대답할 수 있을 것이다. 여기에는 생각과 말의 관계가 포함되어 있으므로 그 발달, 기능, 구조 그리고 구조의 이동 법칙에 대한 연구를 통해 말로 하는 생각의 본질을 설명해 줄 많은 사실들을 알게 될 것이다.

1-22] 말은 사회적 접촉의 수단이다. '요소로 분해하는 분석'에서는 표현과 이해라는 말의 의사소통적 기능은 지적 기능과 분리되었다. 두 기능은

말 속에서 결합됨에도 두 기능 간의 관계, 발달, 구조는 연구되지 않은 채로 남아 있다.

1-23] '낱말 가치'는 말의 사회적 기능과 지적 기능에 대한 단위이며 생각의 단위이다. 말이나 기호 체계 등의 수단으로 매개되지 않은 사회적 접촉은 가장 원시적인 형태의 관계만을 가능하게 할 뿐이다. 위험을 감지하고 울음을 통해 무리 전체를 날아오르게 하는 거위는 본 것을 알린다기보다는 공포를 감염시키는 것이다. 이러한 (매개되지 않은 직접적) 접촉은 의사소통이라기보다는 전염이라 부르는 것이 맞다.

1-24] 합리적인 이해, 사고의 의도적 전달 그리고 정서적 체험에 토대를 둔 사회적 접촉은 반드시 이미 알려진 수단을 필요로 한다. 이의 원형은 노동과정에서 사회적 접촉의 필요성으로부터 생겨난 인간의 말이다.

1-25] 낱말은 말의 외적 측면이며 소리는 어떤 경험과도 연합 가능하고 이러한 연합에 따라 내용이나 경험의 전달이 이루어진다고 추정되어 왔다.

1-26] 한편 더욱 정련된 연구에서는 이와 완전히 다르게 사회적 접촉은 기호뿐만 아니라 의미 없이는 불가능하다는 것이 명확하다는 결론으로 나아갔다. 내용과 경험의 전달은 일반화를 반드시 필요로 한다. 따라서 사회적 접촉은 일반화와 낱말 가치의 발달이 전제되어야 가능하다는 것이 명백하다. 역으로 일반화는 사회적 접촉이 발달해야 가능해진다. 요컨대, 사회적 접촉의 가장 고등한 형태는 오직 인간이 생각의 도움으로 실재를 일반화할 수 있어야 가능하다.

1-27] 지각과 감정이 지배하는 의식의 본능적 영역에서는 감염과 전염만이 가능하다. 사피르에 따르면 낱말의 가치는 개별 지각의 상징이 아니라 개념의 상징으로 간주할 수 있다.

1-28] 사회적 접촉과 일반화라는 말의 두 가지 기본 기능이 연결되어 있음을 발견하기는 그리 어렵지 않다. 느끼는 바를 상대방에게 익숙하게 (기존의 일반화와 언어체계를 통해) 일반화하고 명명할 수 있어야 이해와 의사소통

이 발생한다. 이 때문에 기존의 일반화가 없는 어린이들에게는 실재를 전달할 수 없다.

1-29] 여기서 문제는 낱말이나 소리의 결핍이 아니라 개념과 일반화의 부재이다. 개념이 준비되어 있으면 낱말은 거의 언제나 준비되어 있다. 따라서 낱말 가치는 일반화와 접촉의 단위, 의사소통과 생각의 단위라고 충분히 간주할 수 있다.

1-30] 낱말 가치가 '단위'라는 발견은 생각과 말에 대한 인과-발생적 분석이 비로소 가능해졌다는 점에서 중요하다. 오직 사회적 접촉과 일반화의 통일 과정을 알게 됨으로써 우리는 어린이의 생각 발달과 사회적 발달에 존재하는 실재적 연결을 이해하기 시작한다. 그렇기 때문에 사고와 낱말의 관계, 일반화와 사회적 접촉의 관계라는 문제는 우리 연구의 핵심 질문이 된다.

1-31] 아울러 연구의 직접적인 대상은 아니지만 연구의 지평을 넓히기 위해 부가적 계기를 지적하고자 한다.

1-32~34] 전통적인 심리학은 말의 음성적 측면을 의미적 측면과 절대적으로 분리된 요소로 간주하고 말은 의미와 음성의 연합으로 형성되었다고 보았다. 소리를 사고와 분리함으로써 인간의 소리는 수많은 소리 중 하나가 되었다. 인간의 말소리를 자연의 다른 모든 수리와 구분 짓는 가장 본질적인 것은 무엇일까?

1-35~36] 최근 언어학은 인간 말소리의 가장 본질적인 특징을 의미와 연결되어 있는 점이라고 정확히 지적하였다. 소리 그 자체는 스스로 의미를 가지지 않는다. 이 입장에 따르면 말의 구성단위는 각각의 소리가 아니라, 더 이상 분해될 수 없는 음성학적 단위이자 말의 의미 기능에 있어서 음성적 측면의 기본적 자질을 보존하고 있는 음소로서의 소리이다. 소리가 유의미한 소리이기를 멈추고 말의 기호적 측면으로부터 분리되는 순간 인간 말의 고유한 자질은 사라진다. 구성단위로 분해하는 방법만이 언어학과 심리학에

서 결실을 맺을 수 있다. 언어학과 심리학의 이러한 성취들은 구성단위로의 분석 방법의 유효성을 가장 잘 나타내 주며 우리가 본 연구에 사용한 방법과 완전히 동일하다.

1-37] 이 방법의 효용성은 생각과 말의 문제와 연관된 질문들을 통해 검증될 수 있다. 우리의 논의는 말과 생각의 관계를, 즉 전체로서의 의식을 다룬다.

1-38] 먼저 요소의 방법을 단위의 방법으로 대체함으로써 기능 간 관계와 연결의 문제에 접근할 수 있게 되었다.

1-39] 생각과 말의 관계, 의식에 대해 첫 번째 생겨나는 질문은 지성과 열정의 연관이다. 전통적 심리학은 의식을 지적 측면과 감정적·의지적 측면으로 분리했는데 이는 전통적 심리학의 근본적 결함이다. 이에 따르면 생각은 삶의 풍부함으로부터 떨어져 생각하는 사람의 동기, 이해관계, 성향으로부터 분리된 채 발생한다.

1-40] 생각을 열정으로부터 분리해 버리면 생각의 원인들을 영원히 설명할 수가 없다. 마찬가지로, 열정에서 생각을 분리해 버리면 생각이 삶의 정서적·의지적 측면에 미칠 효과를 밝힐 수 없다.

1-41] 전체를 구성단위로 분석하는 방법은 정서적이고 지적인 과정의 단위가 존재함을 보여 준다. 정서적이고 지적인 과정의 단위는 모든 관념에는 실재에 인간이 맺는 정서적 관계의 흔적이 포함되어 있음을 보여 준다. 욕구와 동기로부터 생각으로, 반대로 사고로부터 행동으로의 움직임을 드러낼 수 있다.

1-42] 방금 언급한 문제는 본 연구의 직접적 대상이 아니다. 다만 우리가 적용한 방법이 생각과 말의 내적 통일, 말로 하는 생각이 의식의 개별 기능들과 얽히는 관계, 총체적인 의식의 삶과의 관계를 생산적으로 연구할 수 있도록 한다는 정도만 말하고자 한다.

1-43~44] 우리 연구 절차를 간략히 정리함으로써 첫 번째 장을 마무리

하겠다. 첫 번째 부분은 우리가 선택한 방법과 정반대에 있는 이론에 대한 비판적 연구이다. 동시대 심리학의 지형을 고려한다면 생각과 말의 문제를 연구하는 것은 서로 대립되는 이론적 관점과 개념을 견주는 이데올로기 투쟁을 전개하는 것이다.

1-45] 두 번째 부분은 생각과 말의 발달에 대한 계통발생적·개체발생적 자료들을 이론적으로 분석하는 데 할애하였다. 생각과 말의 발생적 근원에 대한 잘못된 개념은 잘못된 이론을 낳은 빈번한 원인이었기 때문에 이를 연구의 출발점으로 삼지 않을 수 없었다. 우리 저작의 핵심은 세 번째 부분인 아동기 개념 발달에 대한 실험적 연구이다. 실험적으로 형성된 인위적 개념의 발달을 조사한 부분과 어린이의 실제 개념의 발달에 대한 연구, 두 부분으로 연구하고자 한다.

1-46] 마지막 결론 부분에서는 이론적·실험적 연구의 토대 위에 총체로서 '말로 하는 생각' 과정에서 드러난 구조와 기능을 분석하고자 한다.

1-47] 각각의 연구를 통일시키는 계기는 발달이라는 개념이다. 우리는 첫째로 이 개념을 '낱말 가치'의 분석에 적용하고자 한다.

2장
피아제의 가르침에서 어린이의 말과 생각의 문제: 비판적 연구

2장에서 비고츠키는 생각과 말을 다룬 당대 이론에 대한 비판적 연구로서 피아제의 이론의 본질을 낱낱이 밝히고 새로운 가설을 도출하는 데 주력한다.

1~2절은 피아제 이론의 내용을 소개하면서 비판의 방향을 제시한다. 먼저, 피아제가 밝혀낸 수많은 사실들을 일일이 따라가는 대신 피아제가 구성한 이론적 구성물의 주춧돌을 찾아 붕괴시키는 방법을 취한다. 비고츠키가 보기에 피아제의 어린이 생각 발달 이론의 중심은 '자기중심성'이다(1절). 또한 자폐적 생각이 생각 발달의 최초 단계라는 가설을 피아제는 내세운다. 이에 대해 당대에 연구된 사실들을 통해 이 가설을 이론적 비판을 가한다(2절).

3~4절은 피아제 이론의 중심인 '어린이의 자기중심성'이라는 개념에 대한 실험적 비판이다. 피아제가 행한 실험에 약간의 변화를 줌으로써 자기중심적 말이 자기중심성의 증거라는 피아제의 주장을 전복시킨다. 실험과 관찰 결과에 따르면 어린이의 자기중심적 말은 자기중심성에서 비롯된 부수적 현상이 아니다. 어린이는 문제의 상황, 난관에 봉착했을 때 자기중심적 말을 사용한다. 비고츠키에 따르면 자기중심적 말은 자기중심성의 외피가 아니라 생각의 도구이다.

5절에서는 앞선 논의를 토대로 새로운 가설을 도출한다. 생각 발달의 경로가 피아제가 주장한 바와 판이하게 다를 것이라는, 즉 정반대의 순서를 따를 것이라는 가설이다. 비고츠키는 자기중심적 말은 내적 말로 이행하는 중간 고리라는 가설을 과감하지만 조심스럽게 제출하며 이후 이를 입증하는 것이 과제라고 언급한다. 6절에서는 자기중심적 말의 기능과 운명에 대해 밝혀낸 바를 상술한다.

7~9절에서는 어린이 발달의 요인을 중심적 주제로 논의하면서 생물학적 요인을 일차적이고 근원적인 발달의 요인으로 삼는 피아제는 자신이 발견한 사실과 철학 사이의 모순을 극복하지 못하고 방황하지만 결국 관념적 심리학으로 귀결됨을 밝힌다.

2-1 피아제: 어린이 생각의 근본 자질 “자기중심성”

2-1-1~3] 피아제는 어린이의 생각과 말, 논리와 세계관 연구의 신기원을 열었다. 피아제는 임상적 방법을 사용하여 어린이 논리의 자질을 처음으로 체계적으로 연구할 수 있었다.

2-1-4~5] 피아제의 첫 저작은 『야만사회에서의 정신기능』, 프로이트의 『꿈의 해석』, 블롱델의 『병리적 의식』의 출현에 견주어야만 한다. 피아제와 세 저작은 형식적으로 유사할 뿐 아니라 본질적 연관성이 있다. 피아제는 세 연구에 대단히 많이 의지하였다.

2-1-6] 피아제가 만들어 낸 전환점에 대해 클라파레드는 이렇게 설명했다. “어린이의 생각이라는 문제는 양의 문제로 간주되어 왔지만 피아제는 그것을 질의 문제로 제시했다.”

2-1-7] 어린이의 생각을 질적인 문제로 위치시킴으로써 피아제는 긍정적 특성화에 도달했다. 이전에 학자들은 어른이 가진 것과 비교하여 어린이가 가지지 못한 것에 관심을 두었고 어린이는 추상적 생각, 개념 형성, 판단과 연역 그리고 결론 사이의 연결 등등을 할 수 없다는 사실에 근거하여 어린이 생각의 자질을 결정했다.

2-1-8] 최근의 연구는 어린이가 지니고 있는 것에 초점을 둔다.

2-1-9] 피아제는 자신의 저작에서 어린이는 작은 어른이 아니고 어린이의 생각은 어른 생각의 축소판이 아니라는 루소의 말을 인용했는데, 여기에는 발달의 관념이 숨어 있다.

2-1-10] 동시대 심리학적 사고가 겪어온 깊은 위기는 어린이 논리에 대한 연구에도 이원성이라는 낙인을 남겼다. 피아제의 저작이 프로이트, 블롱델, 레비 브륄의 저작과 비견되어야 하는 이유가 여기가 있다. 이들 모두는 다 위기의 소산이다. 이 위기는 사실적 자료와 방법이 모순된다는 사실에서 비롯되었다.

2-1-11] 심리학의 위기는 방법론적 토대에 있어서의 위기이다. 위기의 본질은 유물론적 경향과 관념론적 경향의 투쟁이다.

2-1-12] 다양한 심리학이 출현하고 있는 것은 우리 과학이 처한 역사적 상황이다. 통일된 과학적 체계가 없는 탓에 새로운 사실이 발견되면 그 사실에 대한 설명과 해석의 체계가 만들어진다.

2-1-13] 이런 식으로 프로이트, 레비 브륄, 블롱델은 그들만의 심리학을 창조했다. 사실들과 사실 위에 세워진 이론 사이의 모순, 이 구조물의 관념론적 본성과 형이상학적 뒷맛들은 이원성의 불가피한 운명이다. 사실 축적에서는 한 걸음 더 나아간 과학이 이론적 해석에서 두 걸음 후퇴한 사실로부터 이원성이 드러난다.

2-1-14] 피아제는 사실의 영역 내에 스스로를 가두고 일반화(체계적인 설명)를 회피함으로써 이 운명적인 이원성을 비껴가고자 한다. 그에게 가장 굳건한 토대는 순수경험론으로 보인다.

2-1-15] 새로운 사실들의 습득, 그것에 대한 철저한 분석과 해석은 피아제가 행한 연구의 가장 강한 측면이다. 사실들의 새로운 바다는 아동심리학에 파도처럼 밀려들었다.

2-1-16~17] 피아제는 새로운 사실들을 습득하기 위해 새롭게 도입한 임상적 방법에 의존했다. 새로운 방법은 새로운 문제를 낳았다.

2-1-18] 동시대 심리학의 운명적인 이원성을 회피하는 것이 불가능하다는 것을 피아제는 알았다. 피아제는 그 위기로부터 사실이라는 높은 담 뒤에 은신처를 구할 수 있기를 희망했으나 피아제는 문제에 직면했으며 그 문제들은 피아제가 그토록 피하고자 했던 이론으로 그를 인도하였다. 그의 책들에는 정교하고 심오하지는 않지만 이론이 있다. 이는 운명이다.

2-1-19] 피아제는 "우리는 경험이 우리에게 전달한 사실들을 그저 따르고자 하였다. 실험은 가설에 의해 결정된다는 것을 우리는 확실히 알고 있지만 우리는 당분간 전적으로 사실들을 논하는 것에 한정하려 한다."고 말한

다. 그러나 사실에 대한 검토는 이론에 비추어 이루어진다.

2-1-20] 피아제가 발견한 어린이의 생각 발달에 관한 사실들은 철학과 분리될 수 없다. 사실들의 더미에서 핵심을 찾고자 한다면 가장 먼저 사실의 축적과 해석에 대한 철학을 드러내야만 한다. 철학이 없다면 사실들은 죽은 것과 다름없다.

2-1-21] 우리는 피아제의 연구에 내재한 문제 하나하나에 매달리지 않고 모든 문제들을 일반화하여 이 문제들의 핵심, 결정적 요소를 파악하고자 한다.

2-1-22~23] 이 장은 피아제의 저작에 드러난 어린이의 생각과 말이라는 문제에 대한 비판적 사례 연구이다. 우리는 (피아제가 발견한 사실들이 아닌) 피아제 연구들의 근원에 놓인 이론 체계와 방법론적 체계를 비판하는 방향으로 나아가겠다. 사실은 이론과 관계를 맺는 한에서만 관심을 가지는 것이 의미가 있을 뿐이다.

2-1-24] 피아제 연구들의 토대에 놓인 구성물을 독자들은 한눈에 파악할 수 없다. 왜냐하면 피아제는 체계적인 설명을 의도적으로 회피하기 때문이다. 일관성이 부족하다는 비판을 피아제는 두려워하지 않는다. 피아제는 사실들을 다루는 순수 연구를 지향하기 때문이다.

2-1-25] 피아제는 자신이 발견한 어린이 생각의 자질들에 대한 체계적 설명을 경계하고 일반화는 더더욱 자제한다. 그는 사실들의 분석이 이론보다 더 중요하다고 확신한다.

2-1-26] 전체 연구의 끝자락에 이르러서야, 피아제는 종합을 제공하겠다고 약속한다. 사실들을 한 걸음씩 따라가려는 것으로부터 피아제가 택한 길을 알 수 있다.

2-1-27] 피아제가 제시한 경로를 따라가서는 한눈에 구성물의 원리들을 이해할 수 없다. 우리는 모든 구성물을 지탱하는 핵심 구성 요소를 찾아야 한다.

2-1-28] 피아제는 저서 결론 부분에서 간략한 요약을 하면서, 개별적으로 획득한 복잡하고 다양한 연구 결과들에 통일성을 부여하고자 모든 실험들을 아우르는 일반적인 고찰을 행한다.

2-1-29~30] 제기되는 첫 번째 질문은 어린이의 생각이 가지는 특별한 자질들(생각과 말의 자기중심성, 지적 실재론, 혼합주의, 논리적 관계에 대한 이해 결여, 의식적 파악의 어려움, 내관을 위한 능력 부족 등)은 공통된 원인으로 환원될 수 없는 분리된 현상일까, 아니면 구조나 통일된 전체를 나타내는 것일까?

2-1-31] 스스로 던진 이 질문에 대해 피아제는 자연히 사실 분석의 영역으로부터 이론의 영역으로 이동하게 되며, 사실을 분석하는 것이 실제로 어느 정도까지 이론에 의해 결정되는지가 드러난다.

2-1-32~33] 피아제에 따르면 어린이 생각의 개별적인 자질 모두를 통일체로 환원시킬 수 있도록 해 주는 중심 요소는 자기중심성이다. 이것이 피아제가 구성한 구성물의 주춧돌이다. 어린이 생각의 자질들은 어린이의 자기중심성으로부터 나오며, 어린이의 자기중심성을 인정하느냐 부정하느냐에 따라 어린이 논리의 개별적 자질들에 대한 이론적 일반화는 강화되거나 소멸된다.

2-1-34] 예컨대 피아제는 어린이 생각의 중심 자질의 하나인 혼합주의에 관하여 그것은 "마찬가지로 어린이의 자기중심성으로부터 유래한다."고 직접적으로 말한다.

2-1-35] 발생적·기능적·구조적 관점에서 보면, 피아제는 자폐적 사고와 방향적·이성적 사고 사이에 배열된, 생각의 이행적인 중간 형태로 자기중심적 사고를 정의한 셈이다. 이와 같이 피아제에 따르면, 자기중심적 사고는 발생적으로 고리들을 연결하는 이행적인 단계이며 생각 발달의 역사에서 중간적 형성물이다.

2-1-36~38] 피아제는 방향적 사고와 자폐적 사고에 대해 "방향적 사고는

의식적이다. 바꿔 말하면 그것은 생각하는 사람의 마음에 제시된 목표를 추구한다. 그것은 지적이다. 바꿔 말하면 그것은 현실에 적응하고 현실에 작용하려 한다. 그것은 진실과 잘못에 민감하다. …… 그리고 그것은 언어로 의사소통될 수 있다. 자폐적 사고는 무의식적이다. 바꿔 말하면 목적이나 문제는 의식에 존재하지 않는다. 그것은 외적 실제에 적응할 수 없고 단독으로 상상의 현실을 창조한다. 그것은 진리를 확립하려 하지 않고 욕망을 만족시키려 하며, 순수하게 개인적인 것으로 남는다. 또한 언어와 같은 수단에 의해 의사소통되지 못하고 심상에 의해 감지된다."라고 말한다. 요컨대, 방향적 사고와 같은 생각 형태는 사회적인 데 반하여 자폐적 사고는 개인적이다.

2-1-39] 이 두 극단적인 사고 형태 사이에 "의사소통 가능성의 정도를 기준으로 사고 형태들은 여러 가지로 나뉜다. 우리는 중간에 놓인 형태 중 가장 중요한 것을 자기중심적 사고로 명명하자고 제안한다. 이 용어를 통해, 현실에 적응하고자 하지만 그 자체로는 의사소통의 가능성이 없는, 어린이의 사고와 같은 것을 말하고자 한다."

2-1-40] 다른 곳에서 피아제는 "모든 자기중심적 사고는 그 구조상, 변덕에 좌우되어 떠다니는 '비방향적'인 자폐적 사고와 '방향적' 사고 사이 중간에 있다."라고 자기중심적인 어린이 사고의 중간적 성질에 대한 위와 같은 입장을 명료하게 공식화하였다.

2-1-41] 구조뿐 아니라 기능 역시 발생적으로 자폐적 생각과 사실적 생각 사이에 자기중심적 생각을 위치시키는 것 또한 필요하다. 자기중심적 생각의 기능은 현실에 적응하는 데 있다기보다는 욕구를 만족시키는 데 있다. 이 때문에 자기중심적 사고를 자폐적 사고에 가깝게 한다. 그러나 동시에 자기중심적 사고는 자폐적 생각과 본질적으로 다른 자질들이 있다.

2-1-42] 새로운 기능적 계기들은 자기중심적 사고가 현실로 지향된 어른의 사실적 사고 쪽으로 가도록 이끈다.

2-1-43] 피아제는 "어린이의 생각이 자기중심적이라 칭하는 것은 여전히

그 구조에서는 자폐적이지만, 그것은 순수한 자폐증처럼 유기체적 필요의 충족으로 향하지 않고, 이미 어른의 사고와 비슷한 지적 적응으로 향한다는 것을 의미하기를 희망한다."고 말한다.

2-1-44] 이와 같이 우리는 자기중심적 사고를 두 극단적 형태의 생각과 구분하는 계기들을 기능적으로 구별할 수 있을 것이다. 이런 계기들을 검토하면 우리는 피아제가 세운 가설의 결론인 자기중심적 사고가 "'자폐증'과 사회화된 생각 사이의 중간 지점에 있다."는 명제에 다시 도달한다.

2-1-45] 우리는 피아제가 자기중심적 사고를 자폐증 쪽으로 가까이 다가가게 하는 계기를 강조했다는 점을 지적하고자 한다.

2-1-46] 어린이 생각을 자기중심성으로 수렴시키는 계기들에 대한 이와 같은 강조는 혼합주의에 대한 서술에서 두드러진다. 피아제는 말한다. "우리의 결과물을 읽으면서 사람들은, 이런 혼합적 현상을 만드는 자기중심적 생각은 논리적 생각에 가깝다기보다는 자폐적 생각에 가깝다는 믿음에 도달하게 될 것이다."

2-1-47] 그렇지만 여기서도 피아제는 혼합적 사고를 중간적 계기로 간주하려 한다.

2-1-48] 우리는 피아제가 자기중심성을 어린이 논리의 토대로 간주할 뿐 아니라 혼합주의와 같은 자기중심성을 표명하는 것들 모두가 꿈의 논리와 생각의 논리 사이의 중간적·과도기적 형태로서 검토하는 것을 볼 수 있다.

2-1-49] 피아제는 자신이 혼합주의가 자폐적 사고와 논리적 사고의 중간쯤에 있다고 단정했던 것을 어린이의 자기중심적 사고가 표명된 다른 모든 자질들로 확대한다.

2-1-50] 이제 자기중심적 사고를 한편으로 자폐증에 연결시키고 다른 한편으로는 이성적이고 논리적인 생각에 결합시키는 발생적 관계들을 개괄하는 일이 남았다. 피아제는 생각 발달에서 출현하는 이 세 무리를 통합시키는 발생적 연결과 관계의 문제를 해결한다.

2-1-51] 피아제가 사용한 어린이 자기중심성에 대한 발생적 결정의 원천을 표현하면, 어린이의 심리적 성질로 인해 생각의 우선적 형태가 자폐적 형태인 것으로 보인다는 것이다. 이와 대조적으로 사실적 생각은 어린이 외부로부터, 어린이의 사회적 환경이 조성하는 오랜 기간에 걸친 체계적인 강요의 도움을 통해 어린이에게 도착한 후기의 산물이다.

2-1-53~54] 논리적 기능에 이렇게 늦게 도달하는 것은 "두 가지 까닭" 때문이라고 피아제는 말한다. 첫 번째 이유는 '쾌락원리'가 '현실원리'에 앞서기 때문이다. "생각은 진리 추구를 위해 스스로를 제약하기 훨씬 전에 즉각적 만족에 봉사한다. 생각의 가장 자연발생적인 추구는 놀이 혹은 욕망이 실현되었다고 믿게 해 주는 의사-환각적 상상이다."

2-1-55] 그래서 발생적 관점에서 보면, 자폐적 생각은 생각의 초기에 나타나고 논리는 상대적으로 늦게 출현하며, 자기중심적 사고는 자폐증에서 논리로 나아가는 생각 발달에서 과도기적 단계를 형성하는 중간적 위치를 차지한다.

2-1-56] 자기중심성을 명료하게 개념화하려면 첫째, 어린이 생각의 자기중심성의 기원에 대해, 둘째, 어린이 생각의 다른 영역과 관련하여 자기중심성의 영향력에 대해, 숙고해야만 한다.

2-1-57] 피아제는 자기중심성의 근원을 어린이의 탈사회성과 어린이의 실행 활동의 독특한 성질에서 찾는다.

2-1-58] 피아제는 "자기중심성으로 인해 논리적 현상을 이해하기 곤란한 것인지 아니면 이와 정반대인지를" 알아보려고 한다.

2-1-59] 그는 "발생적 관점으로 보면, 어린이의 생각을 설명하기 위하여 우리는 명백히 어린이의 활동으로부터 출발해야만 한다." "어린이의 활동은 부정할 수 없이 자기중심적이고 이기적이다. 사회적 본능은 더 나중에야 발달한다. 이런 측면에서 우리는 최초의 결정적 시기를 7세나 8세쯤에 위치시킬 수 있다."고 적고 있다. 따라서 피아제는 이 연령대가 논리적 반성이 이루

어지는 최초의 시기이자 또한 자기중심성의 결과물로부터 벗어나려는 어린이의 노력이 처음으로 펼쳐지는 시기라고 말한다.

2-1-60] 자기중심성을 사회적 본능의 늦은 발달로부터 그리고 생물학적 이기심으로부터 도출하려는 피아제의 이 같은 시도는 자기중심적 사고를 사회적 사고에 대조되는 개인적 사고로 정의한 데에 이미 담겨 있다.

2-1-61] 두 번째 질문(자기중심성의 영향력이 미치는 부피 혹은 넓이)에 관하여 피아제는 자기중심성의 영향력을 어린이의 생각과 행동 전체의 보편적 근원으로 간주하려 한다. 우리는 피아제는 어린이 논리를 나타내는 모든 결정적 표명들을 어린이 자기중심성의 직접적 혹은 간접적 표명으로 간주하는 것을 보았다.

2-1-62] 그러나 이것으로 끝나지 않는다. 자기중심성의 영향력은 결과를 따라 위로 뻗어 나갈 뿐 아니라, 그것이 출현한 원인을 따라 아래로 뿌리내린다. 이미 언급했던 것처럼, 피아제는 어린이 활동의 이기적 성질을 어린이 생각의 자기중심적 특징 앞에 위치시키고 그것을 어린이 발달 전체의 탈사회적 성질과 결부시킨다.

2-1-63~65] 피아제는 "혼합주의는 어린이 생각의 모든 것을 관통한다."고 말한다. 피아제에 따르면, 8세에 이를 때까지는 자기중심성은 어린이 사고 전체에 영향을 미친다.

2-1-66] 이것이 피아제 연구에서 핵심적이고 그의 저작을 구성하는 모든 사실적 자료들에 대한 분석을 이해하는 데 열쇠가 되는 개념인 자기중심성에 대한 간략한 설명이다.

2-1-67~68] 자기중심성 개념의 당연한 결과로 피아제의 입장은 다음과 같이 성립된다. 사고의 자기중심적 성질은 필연적으로, 내적으로 어린이의 심리적 성질과 연결되며 사고의 자기중심적 성질을 지속적으로, 규칙적으로, 회피할 수 없이, 안정된 양식으로 어린이의 경험과 독립하여 표명된다.

2-1-69] 어린이가 경험에 좌우되지 않는다는 것은 다음과 같은 관념과

연결된다. "어린이 생각을 교육과 성인의 영향력으로부터 고립시킬 수는 없지만, 어린이에게 영향력의 흔적을 각인시킬 수 없다. 경험을 겪고 이 경험을 본인의 실체와 통합시키는 살아 있는 존재에 의해 이러한 영향력은 변형된다. 우리가 기술하고 설명하고자 했던 것은 바로 어린이의 생각에 있어 고유한 구조와 기능이다."

2-1-70] 위와 같은 말로부터 피아제 연구 전체의 방법론적 기초가 드러난다.

2-1-71] 피아제의 마지막 진술을 통해, 피아제의 조사 전체를 관통하는 철학, 어린이의 심리 발달의 사회적 경향성과 생물학적 경향성, 그리고 어린이 발달의 본질에 대한 문제에 가까이 접근한다.

2-1-72] 우리는 어린이의 자기중심성이라는 개념을 검토하고 비판할 것이다.

2-2 피아제: 생각 발달의 최초 단계 "자폐적 사고"

2-2-1] 개체발생적으로든 계통발생적으로든 어떻게 검토하여도 자폐적 생각은 어린이 또는 인류의 정신 발달에 있어서 완전히 초보적 단계도 최초의 형태도 아니다.

2-2-2] 자폐적 생각('의사-환각적 상상')이 가장 일찍 나타나고 생각 발달의 기초가 되어 다른 단계들이 상층에 서게 되며 자폐적 생각을 지배하는 쾌락 원칙이 논리를 통제하는 현실 원칙에 우선한다는 피아제의 입장은 인류의 진화 과정과 영아의 행동을 분석해 보면 정당화될 수 없다.

2-2-3] 블로일러는 '자폐적 생각'이라는 개념 안에는 자폐적 생각과 정신분열적 자폐증이 섞여 있거나, 이기적 생각과 동일시하는 내용이 한데 묶여 있어서 많은 오해를 낳았다는 점을 지적하고 자폐적 생각을 현실적이고 합

리적인 생각과 대비시켜 '비현실적 생각'으로 부를 것을 제안하였다. 지칭의 변화는 개념상의 변화를 내포한다.

2-2-4] 개념상의 변화는 블로일러의 저작에 잘 나타나 있다. 그는 일반적으로 자폐적 생각은 합리적인 생각보다 발생적으로 이른 시기에 나타나는 것으로 받아들여지고 있음을 지적한다. "프랑스 심리학자들은 현실적 기능이 가장 고도의, 가장 복잡한 기능이라고 주장하였다. 프로이트는 발달의 경로에서 쾌락의 기제가 최초로 나타난다고 직접적으로 지적한다. 프로이트에 따르면 젖먹이 아기와 부화 중인 병아리 모두는 훨씬 더 자폐적인 삶을 산다고 상상할 수 있다. 말하자면, 영아는 불편함이나 불쾌감을 울음이나 팔다리 휘젓기와 같은 운동 반응으로 나타내어 환각적인 만족을 야기함으로써 내적 욕구들에 대한 환각적인 만족을 얻는 것으로 보인다."

2-2-5~9] 블로일러는 자기중심적인 생각을 자폐주의에서 합리적 생각으로 이행하는 단계로 정의하는 어린이 발달에 대한 정신분석적 이론에 반하여 다음과 같이 말한다. "이에 대하여 나는 동의할 수 없다. 나는 아기가 환각적인 만족을 하는 것을 본 적이 없다. 실제 음식이 섭취되었을 때만 아기들은 만족감을 표한다. 더 성장한 어린이를 보면, 상상의 사과를 실제의 사과보다 더 선호하는 것을 거의 관찰하지 못한다. 야만인은 현실 정치의 신봉자다. 야만인들은 이성과 경험의 결핍이 있을 경우에만 자폐적인 우둔함을 나타낸다. 아무리 발달상 낮은 위치에 있는 생물체라 할지라도 최우선적으로 현실에 전혀 무관하게 반응하는 하는 것은 어디서도 발견할 수 없을뿐더러 상상할 수도 없다. 자폐적 기능은 과거를 회상하는 복잡한 능력이 필요하다. 따라서 고등동물에게서 발견되는 소수의 관찰을 제외하면 동물들의 심리는 오직 현실적 기능만을 알 뿐이다. 자폐적 기능은 단순한 형태의 현실적 기능만큼 원시적이지 않지만 어떤 의미에서 그것은 현실적 기능의 가장 고등한 형태보다는 원시적이다. 가장 하등한 동물은 오직 현실적 기능만을 가진다. 특정한 발달 단계로부터 아래로 따라 내려가 보면 우리는

현실적 기능이 자폐적 기능과 조우하여 그때부터는 함께 발달하는 것을 발견한다."

2-2-10] 쾌락 원칙의 최초성 내지 생각의 현실적 기능보다 환상, 꿈적인 논리가 우세하다는 논증의 반박은 생물학적 진화의 과정에서 나타나는 생각 발달의 과정들을 조사하는 것으로 충분하다.

2-2-11] 생물학적 진화의 관점에서 쾌락 원칙에의 종속을 가장 앞에 두는 것은, 지성 또는 생각이라 부를 수 있는 새로운 심리적 기능의 출현 과정을 애초부터 생물학적으로 설명할 수 없게 만든다.

2-2-12] 개체발생의 노선에서도 욕구의 환각적인 만족을 어린이 생각의 최초 형태로 인정하는 것은 블로일러가 표현했던 대로 만족은 오직 음식을 실제로 섭취한 후에 시작된다는 사실을 무시하는 것이다.

2-2-13~15] 블로일러의 발생적 명제는 다음의 두 가지 측면에서 논의의 여지가 없다. 그는 첫째, 자폐적 생각이 비교적 늦게 나타난다는 것과 자폐성이 최초적 특성이라는 것을 생물학적으로 해결할 수 없음을 지적했다. 우리는 여기서 이 문제를 심도 있게 다루지는 않을 것이다. 다만, 생각 발달의 네 번째 단계에서만 자폐적 기능이 출현한다는 점만을 일러둔다.

2-2-16~20] 피아제는 다음과 같이 말한다. "개념 형성과 논리적 생각이 더 복잡해질수록, 현실에 대한 그들의 적응은 더 정확해지고, 정서적 영향력으로부터 해방될 가능성은 더 커진다. 개념과 논리가 발달함에 따라, 두 형태의 생각이 드러내는 차이들은 훨씬 더 극명해지며 심각한 갈등으로 나아가게 된다. 이 양극단이 개인 내에서 모종의 평형을 획득하지 못하면 현실에 둔감하고 활동을 기피하는 유형이 나타나며 다른 한편으로는 현실적 생각에 따라 현실만을 위해 살며 미래를 바라보지 않는 세속적인, 현실주의적인 인물이 나타난다. 그러나 계통발생적 발달의 이러한 평형론에도 불구하고, 현실적 생각은 더욱 발달된 것으로 드러나며 일반적으로 볼 때 정신이상의 경우 현실적 기능이 심각하게 둔화된다." 블로일러는 자폐적 기능과 같

은 계통발생적으로 새로운 기능이 어떻게 그렇게 큰 힘을 얻어 2세 또는 그 이상의 어린이들의 정신적 기능을 크게 지배할 수 있는지 질문을 제기한다.

2-2-21] 말의 발달은 자폐적 생각에 호의적인 조건을 만들어 내며 블로일러 자신이 지적한 바와 같이 자폐주의는 인지적 능력들의 실현에 우호적인 토양을 제시한다는 사실에서 블로일러의 질문에 대한 답을 찾을 수 있다.

2-2-22] "고양이가 장난을 통해서 사냥할 준비를 하는 것과 유사하게, 어린이는 군인 놀이를 하거나 엄마 놀이를 할 때 필요한 생각과 감정의 복합체를 시행한다."

2-2-23] 그러나 자폐적 기능의 발생적 본질에 대한 질문이 그런 식으로 설명된다면 그 과정의 기능적 구조적 측면들의 관계에 대한 수정의 필요성을 전면에 드러낸다. 우리가 보기에는 자폐적 생각에 의식이 결여되어 있다는 문제가 핵심적이다. 프로이트와 피아제는 "자폐적 생각은 무의식적이다."를 토대로 하였다. 피아제는 자폐적 생각은 완전히 의식적이지 않으며, 성인의 의식적 추론과 꿈의 무의식적 활동의 중간 지점을 차지한다고 주장하였다.

2-2-24] 피아제는 "무의식적 추론"이란 표현을 사실상 피하며 어린이의 생각에서는 아직 생각의 논리가 없기 때문에 행동의 논리가 지배한다고 말하는 쪽을 택한다. 그 이유는 자기중심적 사고가 무의식적인 것이기 때문인 것으로 보인다. 피아제는 "어린이의 논리 현상의 대부분은 일반적 원인으로 귀속시킬 수 있다. 이 논리의 근원과 그 어려움들의 이유들은 어린이 생각의 자기중심성과 그와 함께 딸려 오는 의식적 파악의 결핍에 있다." 피아제는 어린이가 내관을 할 수 있는 능력이 불충분한 점과 의식적 파악에 곤란을 겪는 점에 천착하여 자기중심적인 개인이 스스로를 더 잘 이해하며 자기중심성은 정확한 내관법으로 이끈다는 일반적 관점이 옳지 않음을 확립하였다.

2-2-25] 따라서 어린이의 자기중심성은 의식적 파악의 결핍을 수반하며

이는 어린이 논리의 어떤 특징들을 설명한다.

2-2-26~27] 자폐적·자기중심적 생각의 속성은 자기를 의식하는 것이 아니라는 입장이 피아제의 자기중심적 생각에 대한 가장 기초에 놓여 있는 관념이다. 피아제가 보기에, 자폐적·자기중심적 사고는 무의식적 충동을 충족시키는 사고이기 때문에 이렇게 정의되는 것이다. 그러나 자폐적 생각은 반드시 의식을 결핍하는 것은 아니라는 점을 연구자들이 증명하였다. 블로일러는 자폐적 생각과 무의식을 개념적으로 엄격히 구분해야 한다는 결론에 도달한다. 블로일러는 "자폐적 생각은 무의식적인 만큼이나 의식적일 수 있다."고 말하며 어떻게 자폐적인 생각이 상이한 두 형태를 취하는지 사례를 제시한다.

2-2-28] 결국, 자폐적 생각과 그 자기중심적 형태가 현실을 향하고 있지 않다는 생각은 새로운 연구들에 비추어 볼 때 불안정하다. "정상적이고 깨어 있는 사람의 자폐주의는 현실과 연결되어 정상적으로 형성되고 견고히 확립된 개념만을 통해 작용한다."

2-2-29] 어린이의 자폐적 생각은 현실과 밀접하게 연결되어 있고 어린이가 마주치는 사실들에 대해서만 작용한다. 현실과 분리된 자폐적 생각은 현실 왜곡으로 인해 꿈과 질환이 되는 것이다.

2-2-30] 이와 같이, 자폐적 생각은 발생적·구조적·기능적 측면 모두에서 최초 단계가 아니며, 이후 생각의 진전된 형태들이 자라나는 토대도 아니며 따라서 어린이 생각의 자기중심성을 중간적·이행적 단계로 보는 관점은 수정되어야만 한다.

2-3 피아제의 가설: 어린이 자기중심성의 증거 "자기중심적 말"

2-3-1] 어린이의 자기중심성이라는 개념은 피아제 이론의 중심 초점이다.

피아제의 각각의 이론들은 어린이의 자기중심성이라는 개념에 의존하고 있으므로 전체 이론적 구조를 의문시하기 위해서는 이 개념을 흔드는 것으로 충분하다.

2-3-3] 먼저 피아제로 하여금 의문의 여지없이 이 개념을 사용하도록 한 사실이 무엇인지 따져 보아야 한다. 앞서 진화심리학과 역사심리학에 근거한 이론에 비추어 이 개념을 비판적으로 검토했었다. 그러나 사실적 토대를 검증해야 한다. 사실적 토대는 오직 경험적 연구를 통해서만 확증될 수 있을 것이다.

2-3-4] 피아제가 자신의 개념을 지지하는 사실들로 파악했던 것을 확정하기 위해, 먼저 피아제의 생각을 설명하고자 한다.

2-3-5] 피아제 이론의 기초는 어린이 말의 기능을 설명한 첫 연구에서 발견된다. 피아제는 어린이의 모든 대화는 크게 자기중심적 말과 사회적 말로 구분할 수 있다는 결론에 도달한다. 자기중심적 말이라는 명칭을 통해 피아제는 기능에 의해 구분되는 말을 의미하고자 하였다.

2-3-6] 피아제에 따르면 어린이는 다른 사람이 듣고 있는지 관심이 없고, 대답을 기대하지 않으며, 대화자에게 영향을 미치고자 하는 욕구나 보고하고자 하는 욕구를 경험하지 못한다. "이 말은 자기중심적이다. 그 까닭은 첫 번째로 어린이가 오로지 자신에게 말하기 때문이며, 무엇보다도 어린이가 대화자의 관점에서 자신을 위치시키고자 하지 않기 때문이다." "어린이는 마치 크게 소리 내어 생각하는 것처럼 자신에게 이야기한다. 그는 누구에게도 말을 걸지 않는다." 이 말들은 행동에 대한 언어적 수반물이다. 피아제는 이들을 자기중심적이라고 명명하여 사회적 말과 구별한다. 사회적 말에서 어린이는 타인과 사고를 교환한다. 명령하고, 위협하고, 요구하고, 보고하고, 비난하며, 질문도 제기한다.

2-3-7] 피아제는 어린이 생각이 자기중심적이라는 것에 대한 직접적 증거를 바로 자기중심적 말에서 찾는다. 자기중심적 말을 측정한 결과는 초기

연령에서 자기중심적 말의 상관계수가 크다는 것을 보여 준다.

2-3-8] 연구의 결론에서 피아제는 "만약 우리가 어린이 말에서 확립한 첫 범주에 속하는 세 하위 범주(반복된 말, 독백, 그리고 집단적 독백)가 자기중심적이라는 것을 인정한다면, 어린이의 생각은 구어 표현들에서 6세 반의 연령에서 44~47%가 여전히 자기중심적이다."라고 한다.

2-3-9] 피아제는 확언한다. "단순하게 표현한다면 성인은 혼자 있을 때도 사회적으로 생각하고, 7세 미만의 어린이는 공동체에 있을 때에도 자기중심적 방식으로 생각하고 말한다고 진술할 수 있다." 만약 낱말로 표현된 것 이외에도 엄청난 표현되지 않은 자기중심적 생각이 있다는 상황을 추가한다면 자기중심적 생각의 상관계수가 자기중심적 말의 상관계수보다 크다는 것이 자명해질 것이다.

2-3-10~11] 피아제는 다음과 같이 말한다. "우리는 5세에서 7세의 어린이들의 자연발생적 발화의 44% 내지 47%가 자기중심적이라는 것을 발견했다. 3세에서 5세 사이의 어린이에게서 우리는 54%에서 60%를 획득했다." "자기중심적 말의 기능은 원리상 개인적 생각 혹은 개인적 행동과 동반할 수밖에 없다. …… 따라서 어린이 언어의 많은 부분에 나타나는 이 특성은 생각 자체의 어떤 자기중심성을 증명하는데, (자기중심적 낱말로) 표현 불가능한 수많은 사고를 어린이는 지니고 있기에 더더욱 그렇다."

2-3-12] 피아제에 따르면, 자기중심적 생각의 상관계수가 자기중심적 말의 상관계수를 훨씬 초과한다. 그럼에도 불구하고 피아제에게 있어서 어린이의 자기중심적 말은 어린이의 자기중심성이라는 개념의 토대를 제공하는 사실이며 증거이다.

2-3-13] 피아제는 연구의 말미에서 이런 질문을 던진다. "이 연구에 근거하여 어떤 결론을 도출할 수 있을까? 6~7세쯤 되는 특정 연령까지 어린이들은 어른들보다 더 자기중심적인 방식으로 생각하고 말하며, 어린이들은 서로 간에 지적 탐색에 대한 의사소통의 정도가 어른들보다 덜하다고 주장

할 수 있다."

2-3-14~15] 피아제의 견해에 따르면 그 까닭은 7세나 8세 전의 어린이들 사이에는 진정한 의미의 사회적 삶이 없기 때문이다. "그 까닭은 7~8세 이하의 어린이들 사이에서 지속적인 사회적 삶이 부재하다는 것과, 다른 한편으로는 어린이의 진정한 사회적 말, 어린이의 주요 활동-놀이-에서 사용하는 말은 낱말로 표현되는 말인 만큼이나 제스처, 동작, 흉내의 말이라는 사실과 관련된다." 피아제의 관찰에 따르면 7~8세에 이르러서야 어린이들에게 함께 작업할 필요성이 생긴다.

2-3-16] 피아제는 말한다. "이제 정확하게 이 연령의 마지막에 이르러서 자기중심적 낱말이 그 중요성을 상실한다고 믿는다."

2-3-17] 초기 연령대에서 자기중심적 형태의 말이 지배적이라는 것을 확립하게 한 사실들에 근거해서 피아제는 "어린이의 자기중심적 사고는 자폐적 생각의 형태와 현실적 생각의 형태 사이에서 이행하는 형태로 간주된다."는 근본적인 작업가설을 세운다.

2-3-18] 피아제 전체 이론 체계의 내적 구조를 이해하기 위해서는 그의 주요 작업가설이 어린이의 자기중심적 말에 직접적으로 기반하고 있다는 점을 지적하는 것이 대단히 중요하다. 어린이의 자기중심성에 대한 피아제의 가설과 자기중심적 말의 출현이라는 이 두 사실의 직접적 연결이 피아제 이론의 전체 체계의 근저에 있다.

2-3-19~20] 피아제가 행한 개별적 연구들을 분석하는 것은 우리의 과제로 설정될 수 없다. 이 이론의 실제 토대를 정밀하게 탐구하기 위해서는 연구의 기저에 놓인 쉽게 눈에 띄지 않는 전제를 드러내어 비판적으로 이해해야 한다. 간략하게 우리의 과제를 진술하면, 이 연구의 철학을 드러내는 것이다.

2-3-21] 오로지 철학의 실제적 실체화라는 관점에서, 우리는 연구의 기저에 놓인 전제를 살펴야만 한다. 최종 분석에서 비판적 검토는 실험적 연구

에 의존해야만 한다.

2-4 실험적 비판: 자기중심적 말의 기능과 운명

2-4-1] 이론적 설명에 초점을 맞춰 자기중심적 말에 대한 피아제의 연구 내용을 정리하면 다음과 같다. "어린 시기 어린이 말은 대부분 자기중심적이다. 자기중심적 말은 의사소통이라는 목적에 기여하지 않으며 의사소통 기능을 수행하지 않고 마치 반주가 주선율에 수반되듯이 어린이의 활동과 정서적 경험에 수반된다." 이 경우, 반주가 주선율을 변화시키지 않듯이, 어린이의 말은 어린이의 활동이나 정서적 경험에 있어 본질적으로 아무것도 변화시키지 않는다.

2-4-2] 피아제가 기술한 어린이의 자기중심적 말은 어린이 생각의 자기중심적 성질의 증상, 곁가지인 것처럼 보인다.

2-4-3] 여기에서 눈여겨보아야 할 주장은 첫째, 자기중심적 말은 어린이 행동에 있어 객관적으로 유용하고 필요한 기능을 수행하지 않는다는 것이다. 이것은 어린이 활동에서 본질적으로 아무런 변화를 낳지 못한다. 주변 사람들이 이해 불가능한 이 말은 사실적 생각의 논리보다는 꿈과 환상의 논리에 더 가까이 있는 어린이의 정신적 산물로서 나타난다.

2-4-4~5] 둘째, 어린이의 자기중심적 말의 운명에 대한 주장으로서, 자기중심적 말이 어린이 행동에 어떤 기능을 수행하지 않는 활동의 부산물이라면 어린이 발달의 과정에서 사라질 것이라고 기대하는 것이 당연하다. 기능적으로 무용하고, 어린이의 활동의 구조와 직접적으로 연결되지 않는 이 반주는 사라질 때까지 그 소리가 줄어들 것이다.

2-4-6] 피아제의 사실적 연구는 실제로 어린이 성장에 따라 자기중심적 말의 상관계수가 떨어지는 것을 보여 준다. 7~8세에 0으로 수렴한다. 피아제

는 자기중심적 말이 사라진 후에도 어린이는 자기중심성이라는 토대는 다른 단면으로 전이되는 것으로 간주한다. (자기중심성은) 직접적인 진술의 형태로 나타나는 것이 아니라 말로 하는 생각의 영역을 지배하기 시작한다.

2-4-7] 따라서 자기중심적 말은 소멸될 운명이라는 두 번째 주장은 자기중심적 말은 어린이의 행동에서 아무 기능도 하지 않는다는 첫 번째 주장과 완벽하게 맞아떨어진다.

2-4-8] 우리는 임상적 탐구 방법으로 자기중심적 말의 운명과 기능에 대해 연구하였다. 연구 결과들은 피아제와는 상이한 자기중심적 말의 심리적 본질의 이해로 인도하였다.

2-4-9] 피아제가 제시한 기본 주장을 확증 또는 거부할 수 있는 사실을 얻을 수 있느냐가 우리의 관심이다.

2-4-10] 우리 연구의 결과 어린이의 자기중심적 말은 대단히 일찍부터 어린이의 활동에서 고유한 역할을 수행한다. 우리는 피아제와 유사한 실험을 통해 자기중심적 말이 어떻게 유발되고 왜 생성되는지 추적하고자 하였다.

2-4-11] 피아제와 동일한 방식으로 하되 어린이의 활동의 흐름을 가로막는 방해와 어려움을 도입하는 차이만을 두었다. 예를 들면, 어린이가 자유롭게 그림을 그리는 상황에서 어린이에게 필요한 순간에 색연필, 종이, 물감이 없는 상황을 만들어 방해했다.

2-4-12] 난관이 제시된 경우에 피아제가 측정한 계수나 난관이 없는 상황에서 측정된 계수에 비해 자기중심적 말이 급격하게 두 배로 증가했다. 우리 어린이들은 난관을 마주치고 난 후 상황을 가늠하고자 시도하였다. "연필이 어디 있지? 군청색이 필요한데…… 상관없어. 그 색 대신 붉은색으로 그리고 물로 적셔야지. 그럼 어둡게 되어서 파랗게 보일 거야." 이 모두는 혼자서 하는 추론의 형태이다.

2-4-13] 우리는 활동의 원활한 진행을 가로막는 난관이나 방해는 자기중심적 말을 부르는 주요한 요인 중 하나라고 가정할 수 있게 되었다.

2-4-14] 우리가 발견한 사실들은 피아제가 발달시켜 온 두 개의 이론적 입장과 쉽게 비견될 수 있다.

2-4-15] 첫 번째는 난관과 방해는 그 활동에 대한 의식적 파악으로 이끈다는 깨달음의 법칙이다. 두 번째는 말의 출현은 언제나 깨달음의 과정을 증명한다는 주장이다. 우리는 유사한 것을 관찰할 수 있었다. 어린이의 자기중심적 말은, 말을 통해 상황을 이해하고 결과의 개요를 그리며 행동의 계획을 세우려는 시도로서 친숙하지만 좀 더 복잡한 상황에서의 어려움에 대한 반응으로 생겨났다.

2-4-16] 더 큰 어린이는 다르게 행동했다. 그는 면밀히 조사하고 숙고한 후 해결 방법을 발견하였다. 따라서 유치원생에게는 크게 말하기를 통해 도달되는 작용이 초등학생에게 있어서는 내적이고 소리 없는 말에서 도달된다고 가정할 수 있다.

2-4-17] 자기중심적 말은 표현적 기능과 분출의 기능 이외에도, 진정한 의미에서 생각의 도구, 즉 계획 형성의 기능을 수행한다. 관찰 결과, 어린이의 우발적인 말은 그의 활동의 전체 과정과 아주 밀접히 연관되어 있고 상황에 대한 인식과 난관의 깨달음, 해결을 위한 탐색, 새로운 목표와 향후 행동의 전체 경로를 결정한 계획의 생성을 뚜렷하게 보여 준다. 따라서 어린이의 자기중심적 말을 어린이 활동의 단순한 부산물로 받아들이는 것은 불가능하다.

2-4-18] 우리는 실험을 통해 어린이의 자기중심적 말과 활동 간의 상호작용에서 구조적 변화와 이동을 자세히 살펴볼 수 있었다.

2-4-19] 어린이의 활동이 발달함에 따라 자기중심적 말은 더 (과정의) 중간으로 나아갔고, (마침내) 자기중심적 말의 작용은 맨 앞으로 나아가 계획 기능과 행동 유도 기능을 했다. 낱말이 어린이의 행동을 계도하고 지휘하기 시작하는 것을 우리는 관찰할 수 있었다.

2-4-20] 이는 어린이의 그림 그리기 활동에서 제목 붙이기와 그림 사이

의 전치와 관련하여 오래전 관찰되었던 것과 유사하다. 어린이는 스케치를 한 후에야 제목을 붙인다. 활동이 발달함에 따라 제목 붙이기는 과정의 중간으로 바뀌며 그것은 처음으로 나아가서 앞으로의 행동과 그것을 수행하는 의도 모두를 지정하고 정의하기 시작한다.

2-4-21] 이와 유사한 것이 어린이의 자기중심적 말에서 발생한다. 자기중심적 말의 발달에 대한 자세한 조사는 다른 곳(7장)에서 더 다룰 것이다.

2-4-22] 지금 우리의 관심을 끄는 것은 자기중심적 말의 기능과 운명이다. 자기중심적 말이 학령기 시작 무렵 사라진다는 사실을 어떻게 해석할 것인가는 실험을 통해 연구하기가 매우 어렵다. 실험을 통해 자기중심적 말이 말의 발달에 있어 외부로부터 내부로 이행하는 단계라는 가설 형성의 토대가 되는 간접적 데이터만을 찾을 수 있었다.

2-4-23~24] 피아제는 자기중심적 말이 이행적 단계로 검토되어야 한다고 한 바가 없다. 오히려 피아제는 자기중심적 말의 운명은 소멸이라고 생각한다. 피아제는 자기중심적 말이 외적 말 또는 사회화된 말에 선행한다고 생각했음이 분명해 보인다. 사회적 말은 자기중심적 말이 멸종한 뒤에야 완전히 확립된다는 피아제의 주장을 끝까지 따라가면 반드시 이러한 결론에 도달할 수밖에 없다고 우리는 생각한다.

2-4-25] 일련의 객관적 데이터는 우리가 제시한 가설을 우호적으로 지지하며 어린이 말 발달에 대한 사실들에 비추어서도 과학적으로 우리의 가설은 잘 설정된 것으로 보인다.

2-4-26] 사실 자기중심적 말(혼잣말)은 어른들에게 훨씬 풍부하다. 우리가 조용히 생각하는 모든 것은 사회적 말이 아니라 자기중심적 말(혼잣말)의 심리적 기능이기 때문이다.

2-4-27] 첫째, 어른의 내적 말과 학령기 어린이의 자기중심적 말의 기능은 공통적이다. 이 모두는, 의사소통과 주변 사람들과의 연결의 과업을 수행하는 사회적 말과는 달리, 혼자서 하는 말이다.

2-4-28~29] 두 번째, 어른의 내적 말과 어린이의 자기중심적 말은 구조적으로 유사하다. 어른의 내적 말은 생략과 지름길을 택하는 경향을 보이며 축약되기 때문에 오직 자신만이 식별할 수 있다.

2-4-30] 단순한 분석으로 자기중심적 말 역시 축약으로의 경향성을 띤다는 것을 보일 수 있다. 이로써 학령기에서 자기중심적 말의 급격한 소멸은 단순한 소멸이 아니라 내적 말로의 변형 또는 그것의 내부로의 침전일 것이라고 가정할 수 있다.

2-4-31] 실험은 또 하나의 사실을 보여 준다. 동일한 상황에서 유치원생은 자기중심적 말을, 초등학생은 무언의 숙고, 즉 내적 말을 사용한다. 이는 무언의 숙고 과정은 자기중심적 말과 기능적 측면에서 동등하다는 사실을 확립해 줄 수 있는 증거로 보인다.

2-4-32] 후속 연구를 통해 우리의 가정이 정당화된다면 우리는 내적 말은 대략 학령기의 첫 번째 시기에 형성되며 이는 자기중심적 말의 급격한 감소의 바탕이라는 결론에 도달할 수 있을 것이다.

2-4-33] 레메트레 등의 학령기 내적 말에 대한 관찰은 이를 지지한다. 이들은 학령기 내적 말은 최고도로 불안정하다고 보고한다. 이처럼 자기중심적 말의 운명과 기능에 관한 데이터들은 자기중심적 말은 자기중심적 사고의 표현이라는 피아제의 입장을 확증하지 않는다.

2-4-34] 요컨대, 위와 같은 사실들은 6, 7세 어린이가 어른보다 더욱 자기중심적으로 행동한다는 주장을 지지하지 않으며 자기중심적 말은 이의 증거로 간주될 수 없다.

2-4-35] 자기중심적 말은 어린이 생각의 자기중심성이 반영된 것이 아니다. 대신 그것은 매우 일찍부터 어린이의 현실적 생각의 수단이 될 수 있다.

2-4-36] 따라서 어린이의 자기중심적 말이 어린이 생각의 자기중심성이라는 본질을 보여 준다는 피아제의 가정은 사실에 의해 확증되지 않는다. 우리의 실험은 자기중심적 말과 자기중심적 생각의 성질 사이에는 어떤 연

결도 없음을 보여 준다.

2-4-37] 이로써 우리는 의심할 바 없는 사실을 실험적으로 확립하였다. 가설의 타당성 여부를 떠나 사실은 사실로서 유효하다. 반복하건대, 어린이의 자기중심적 말은 자기중심적 생각의 표현이 아니라 합리적인 기능을 수행한다는 사실이다. 아울러 어린이 생각의 자기중심적이라는 본질과 자기중심적 말이 연결되었다는 주장은 실험적 비판을 견뎌 내지 못한다는 사실이다. 이로써 이 관념은 지불 불능 상태가 되었다.

2-4-39~40] 피아제가 우리가 검토한 첫 번째 연구를 포함하여 세 가지 연구를 통해 확립했다고 하는 것은 사실이다. 나머지 두 연구는 첫 번째 연구의 기본 개념을 지지하는 새로운 사실적 토대를 도입한다기보다는 첫 번째 연구를 더욱 설득력 있게 만드는 데 기여한다. 두 번째 연구는 말의 자기중심적 형태는 어린이 언어의 사회화된 부분에서조차 관찰되는 것을 보여 주고, 세 번째 연구는 앞의 두 연구를 확인하고 어린이의 자기중심성의 원인을 설명하는 데 기여한다.

2-4-41] 두 연구 역시 실험적 분석을 거쳐야 함은 물론이다. 그러나 본 장의 과업을 생각할 때, 두 연구는 피아제가 도입한 어린이의 자기중심성에 대한 이론에 어떠한 근본적인 사실도 제공하지 않으므로 한편으로 밀어 둔다.

2-5 실험적 비판으로부터 도출한 결론: 어린이 생각의 발달 노선 "사회적인 것→개인적인 것"

2-5-1] 이제 어린이의 자기중심성에 대한 피아제의 첫 번째 연구에 대한 실험적 비판을 토대로 결론을 도출하고자 한다. 이는 피아제의 이론을 올바르게 평가하는 데 중요하다. 이를 위해서는 이론적 고찰이 필요하다.

2-5-2] 우리가 우리 연구의 빈약한 결론 위에 가설을 세워 공식화하는

것은 어린이의 생각 발달과 말 발달에서 기본 노선들의 방향을 결정하는 더 포괄적인 전망을 개괄할 수 있기 때문이다.

2-5-3] 어린이 생각 발달의 노선은 피아제 이론의 관점에서 보면 자폐증에서 사회화된 말로 나아가는 통로를 경유한다. 피아제에게 있어서 어린이 생각의 역사는 어린이의 심리를 사회화하는 역사다. 사회적인 것은 발달의 끝에 놓이며, 사회적 말은 발달의 역사에서 자기중심적 말의 뒤를 따른다.

2-5-4] 우리 가설의 관점에 따르면, 어린이의 생각 발달의 기본 노선은 다른 방향으로 배열되며, 피아제의 관점은 발생적 관계를 왜곡된 형태로 펼쳐 보인다. 데이터와 알려진 사실들은 예외 없이 모두 우리에게 우호적으로 증언한다.

2-5-5] 우리는 앞서 발전시킨 가설을 출발점으로 삼을 것이다.

2-5-6] 우리 가설이 잘못되지 않았다면, 어린이에게서 자기중심적 말이 출현하도록 이끈 길은 피아제가 묘사한 길과 반대 방향을 향하는 것으로 보인다.

2-5-8] 자기중심적 말이 만발하는 기간 동안의 발달 경로를 간결하게 진술하고자 한다. 의사소통과 사회적 연결의 기능은 말의 최초 기능이며 이는 어린이와 어른에게 있어서 동일하다. 즉, 말을 통해 주변에 있는 사람에게 작용하는 것이다. 이와 같이 어린이의 최초의 말은 순전히 사회적인 것이다. 따라서 사회화라는 명명은 변화와 발달 과정을 통해 그렇게 되었다는 것이므로 부정확하다.

2-5-9] 이후 어린이의 사회적 말은 자기중심적 말과 의사소통적 말(피아제는 사회적 말로 명명)로 분화한다. 이 가설에 따르면, 집단적 협력의 형태인 행동의 사회적 형태를 개인의 심리적 기능의 영역으로 전이시키는 어린이에 의해 자기중심적 말은 사회적인 토대로부터 나타난다.

2-5-10] 피아제도 사회적 형태였던 행동과 똑같은 형태의 행동을 어린이가 자신에게 적용하려는 경향에 주목하였다. 피아제는 어린이에게 반성이

이런 과정을 거쳐서 출현한다고 설명하였다. 피아제에 따르면, 집단적 논쟁 후에 반성이 나타난다.

2-5-11] 이와 유사한 일이, 어린이가 다른 이들에게 말하던 것과 똑같이 스스로에게 혼자 말하기 시작할 때, 크게 말하면서 생각하기 시작할 때 일어난다.

2-5-12] 그 후에 어린이의 자폐적 생각의 토대이기도 하고 논리적 생각의 토대이기도 한 어린이의 내적 말이 출현한다. 우리는 외적 말로부터 내적 말로 이동하는 통로라는 발생적으로 가장 중요한 계기를 어린이의 자기중심적 말에서 보고자 한다.

2-5-13] 피아제는 자기중심적 말이 심리적 기능에 있어서는 내적 말이며, 생리적으로는 외적 말임을 보여 주었다. 이를 통해 우리는 내적 말의 발생 과정을 설명할 수 있게 된다. 말의 기능 분화로, 자기중심적 말의 분리로, 자기중심적 말의 점진적인 축약으로, 최종적으로 자기중심적 말은 내적 말로 변형된다.

2-5-14] 자기중심적 말은 외적인 말에서 내적인 말로 이행하는 동안 나타나는 형태이다.

2-5-15] 전체 도식은 이런 형태이다. 사회적 말 → 자기중심적 말 → 내적인 말. 한편 이런 도식은 전통적 이론과 대치시킬 수 있는데, 전통적 이론은 계기들을 이렇게 배열한다. 외적인 말 → 속삭이는 말 → 내적 말. 이는 피아제의 배열과도 대치된다. 말을 사용하지 않는 자폐적 생각 → 자기중심적 말과 자기중심적 생각 → 사회화된 말과 논리적 생각.

2-5-16] 왓슨은 외적인 말로부터 내적 말로의 이행은 속삭이는 말을 중간 단계로 경유하여 달성되어야만 한다고 가정한다. 이와 비슷하게 피아제는 사고의 자폐적 형태에서 논리적 형태로의 이행은 자기중심적 말과 자기중심적 생각을 중간 단계로 거치는 것으로 설계한다.

2-5-17] 우리가 어린이의 자기중심적 말로 지칭한 동일한 지점이 피아제

에게는 개인적인 것으로부터 사회적인 것으로 나아가는 이행의 한 단계이지만, 우리에게 이것은 외적인 말과 내적 말 사이에 위치한 사회적인 말로부터 개인적인 말로 나아가는 이행의 한 형태이다.

2-5-18] 총체적인 발달의 그림을 복원하고자 할 때, 그림은 이 지점에 대한 상이한 이해에 따라 좌우된다.

2-5-19] 어린이 생각 발달의 과정은 어떻게 진행되는가? 자폐증과 꿈의 논리로부터 자기중심적 말이라는 결정적 지점을 가로지르며 사회화된 말과 논리적 생각으로 나아갈까? 아니면 반대로 어린이의 사회적 말로부터 자기중심적 말과 내적 말을 경유하여 (자폐적 생각을 포함하는) 생각으로 나아갈까?

2-5-20] 이 장의 앞부분에서 이론적 공격을 시도했던 그 질문으로 돌아왔다. 피아제가 차용한 자폐적 생각이 사고 발달의 우선적 단계라는 심리분석이 이론적으로 정당화 가능성이 있는지를 우리는 다루어 왔다.

2-5-21] 이 입장의 지급 불능 상태를 인정하지 않을 수 없었던 것처럼, 우리는 다시 동일한 결론에 도달했다. 이러한 관념은 잘못된 방식으로 어린이 생각 발달에 관한 전망과 기조를 제시한다는 것이다.

2-5-22] 어린이 생각 발달 과정에서 진정한 이동은 개인적인 것에서 사회화된 것으로 달성되는 것이 아니라 사회적인 것에서 개인적인 것으로 달성된다는 것이 서두에 제기한 문제에 대한 우리 연구의 결론이다.

2-6 어린이의 실제 활동과 연결된 자기중심적 말의 기능

2-6-1] 이제 피아제의 자기중심성 개념에 대한 대차대조표를 그려 볼 수 있을 것이다.

2-6-2~6] 피아제는 자기중심적 말을 자기중심성의 직접적 증거로 삼았으

나 이에 대한 검토 결과 이러한 주장은 사실과 합치하지 않았다. 따라서 생각과 말의 관계에서 자기중심성(사고)을 어린이가 혼자서 하는 말의 성격으로 간주할 수 없으며 활동의 부산물이라거나 자기중심성의 외적 발현으로 7, 8세경에 소멸된다는 주장도 타당하지 않음을 보였다. 이로써 피아제 이론 구조물의 핵심 개념이 확고하지 않으며 따라서 그 전체 구조물이 무너진 자리에 새 구조물을 세울 수 있게 되었다.

2-6-7] 이 같은 결론들을 일반화하는 일이 남는다.

2-6-8] 우리는 프로이트와 피아제가 자폐적 사고와 현실적 사고를 부정확한 방법으로 다루었다고 생각한다. 어린이의 생각을 동기화하는 것은 무엇인가? 내적 욕구의 만족인가 아니면 객관적인 현실에의 적응인가? 하지만 발달이론의 관점에서 바라보면, 욕구는 현실에 대한 적응에 의해 충족된다는 사실을 포함하므로 이러한 질문은 제기될 수 없다.

2-6-9] 블로일러가 사과의 예를 통해 환각적 즐거움이 아닌 실제 섭취를 통해 어린이의 욕구가 만족된다는 것을 설득력 있게 보여 주었듯이, 실제 사과를 더 좋아한다면 실제 적응을 통해 욕구가 사라졌기 때문이 아니라, 생각과 활동은 바로 그 욕구에 의해서 움직이기 때문이다.

2-6-10] 욕구와 독립적으로 적응 자체를 위한 객관적인 현실에의 적응은 존재하지 않는다. 욕구에 의해 모든 적응은 현실로 지향되어 있다. 이는 자명한 이치이지만 프로이트와 피아제의 이론은 이를 망각했다.

2-6-11] 자폐적 생각과 현실적 생각을 반목시키는 것은 오류이다. 욕구와 적응은 통합체로서 검토되어야 한다. 삶에서 만족되지 않은 욕구를 상상에서 얻으려고 갈구하는 자폐적 생각에서 발견되는 현실과의 분리 자체는 후기 발달의 산물이다. 자폐적 생각은 그 기원에 관한 한 사실적 생각과 그 기본적 결과인 개념적 생각의 덕택이다. 그러나 피아제는 프로이트의 "쾌락 원칙이 현실 원칙에 우선한다."는 입장뿐 아니라 쾌락이 심리적 발달 전체의 최초의 동인이라는 쾌락 원칙의 형이상학을 받아들였다.

2-6-12] 피아제는 "자아에게 쾌락이 유일한 시계 스프링이기 때문에 자폐주의가 현실로의 적응을 보여 주지 못한다는 것을 보여 준 것은 심리분석의 장점 중 하나이다. 따라서 자폐적 생각은 실제를 변형시켜 자아에게 채택시킴으로써 욕구와 흥미에 대한 즉각적이고 무한한 만족을 제공하는 고유한 기능을 가진다."고 말한다. 피아제는 쾌락과 욕구를 현실로의 적응과 분리시키고 품위 있는 형이상학적 기원으로 물들인 후 다른 형태의 생각 즉 현실적인 생각을 실제적인 욕구와 흥미로부터 완전히 뜯겨 나간 순수한 생각으로 나타내는 것으로 나아갔다. 마찬가지로 어린이는 현실에서 떨어져 나간, 욕구와 흥미에서 떨어져 나간 순수한 생각은 전혀 가지고 있지 않다.

2-6-13] 피아제는 자폐적 생각은 "진실의 확립이 아니라 욕망의 만족을 향하는 경향이 있다."고 현실적 생각과 대비시킨다. 그러나 현실을 배제하는 욕망이란 것이 있을 수 있는가? 오직 사고의 형이상학적인 실체만이 이와 같이 제한적일 수 있다. 어린이의 살아 있는 생각의 경로는 어떤 경우에도 그럴 수 없다.

2-6-14~16] 레닌은 "추상적 개념이 환상으로 변형되는 가능성은 가장 단순한 일반화에서조차 일말의 환상적인 조각이 있기 때문이다."라고 했다. 레닌은 인간이 만들어 낸 최초의 상상과 생각이 통합된 개념(일반화)에서조차 그것의 발달 과정에서 상상과 생각이 상충하는 것으로 보인다는 사고를 최고로 잘 표현했다.

2-6-17] 생각과 환상에 대한 레닌의 지적-통합성과 양분, 지그재그적인 발달, 어떤 일반화에건 삶으로부터의 도피와 심도 깊고 정확한 반성이 공존한다는 사실, 모든 일반적 개념에는 조그만 환상의 조각이 있다는 사실-은 현실적이고 자폐적인 생각의 연구를 위한 진정한 통로를 열어 준다.

2-6-18] 이를 따라가면 자폐주의는 어린이 생각 발달의 시작이 아니라 후기 형성을 나타낸다는 사실은 의심의 여지가 없게 된다.

2-6-19] 우리는 지금까지 실험을 통해 어린이의 자기중심적 말은 현실,

어린이의 실제적 활동, 진정한 적응과 동떨어진 말이 아니라는 것을 보았다. 우리는 이 말이 추론적 활동에 필요한 계기로 들어가고, 목표 지향적 활동에 정신을 참여시키며, 의도의 형성을 위한 도구로 기여하기 시작하여 그 자체가 지성화되어 복잡한 활동을 계획하는 기능을 수행하는 것을 보았다.

2-6-20] 어린이의 실제 활동과 연결된 자기중심적 말의 기능을 밝히는 것은 어린이 생각 발달의 새로운 측면을 보여 주는 계기이다.

2-6-21] 피아제는 사물은 어린이의 정신을 형성하지 않는다고 주장한다. 그러나 어린이의 자기중심적 말이 실제 활동과 연결되어 있는 경우, 그것이 어린이의 생각과 연결되어 있는 경우에 어린이의 마음은 사물에 의해 형성된다는 것을 우리는 보았다. 사물은 '실재'를 의미한다. 그것은 실재가 어린이의 지각에 수동적으로 반영되는 것이 아니고 추상적인 관점에서의 실재를 뜻하는 것도 아니며 어린이가 실행의 과정에서 마주치는 실재를 뜻한다.

2-6-22] 이러한 의미의 실재와 실행이 어린이 생각의 발달에서 하는 역할에 대한 문제는 전체 그림을 통째로 바꾸어 놓는다. 우리는 실재와 실행을 피아제 이론의 기본 노선과 방법론에 대한 비판과 함께 아래에서 다룰 것이다.

2-7 피아제: 어린이 발달의 요인 '생물적인 것' 과 '사회적인 것' 의 관계

2-7-1] 현대 심리학 전반, 특히 아동심리학을 보면 최근 심리학의 발전을 결정하고 있는 새로운 경향을 쉽게 알아차릴 수 있다.

2-7-2] 심리학 연구와 철학적 문제의 결합 시도는 동시대 모든 연구에 속속들이 배어 있다. 최근의 심리학은 철학의 가장 중요한 문제들이나 심리학 연구를 위해 필요한 철학적 이해와 관련된 문제들을 심리학 연구 과정에서 다루고 있다.

2-7-3] 이에 대한 예시를 늘어놓지는 않을 것이다. 다만, 피아제의 연구는 철학적 탐구와 심리학적 탐구의 경계선에서 펼쳐지고 있음을 지적할 것이다. 피아제는 "어린이 논리는 매우 복잡한 주제다." "우리는 논리학의 문제와 심지어 인식론의 문제에 직면한다. 이 미궁에서 풀어놓은 실을 꽉 쥐고 있는 것은 쉬운 일이 아니며 게다가 심리학과 연결되지 않은 문제 모두를 체계적으로 배제하는 것은 더더욱 쉽지 않은 일이다."라고 말하고 있다.

2-7-4] 피아제가 피하고자 한 가장 큰 위험은 조숙한 일반화이다. 그의 의도는 배타적으로 사실의 분석에 한정하고 철학으로 나아가지 않는 것이다. 그렇지만 논리학, 철학, 지식 이론은 아동 논리 발달과 밀접하게 관련되어 있는 영역이다.

2-7-5] 클라파레드는 피아제는 자연과학적 사유에 통달하고, 자연주의자의 능력과 철학적 질문에 가장 정통하고 과학자의 박학함을 겸비했다고 피아제의 책 서문에 썼다. "다른 영역에 대한 철저한 숙지는 의심스러운 사색에 빠지지 않게 하였다. 오히려 피아제가 심리학과 철학 사이에 매우 선명한 금을 긋고 엄격하게 심리학의 입장에 머물게 하였다. 그의 저작은 순수한 과학책이다."

2-7-6] 하지만 피아제는 철학을 회피하는 데 실패했다. 철학이 없어야 한다는 것 자체가 명백하게 철학이다. 선입관이 담긴 철학 체계와 연결시키는 것에 대한 두려움에서 피아제의 연구는 순수경험론에 남고자 한다. 우리는 피아제의 연구는 특정한 철학적 세계관의 징후임을 드러내고자 한다.

2-7-7] 우리는 위에서 피아제의 어린이 자기중심성 개념이 이론적으로나 경험적으로나 부적절하다는 결론, 즉 이 이론에서 어린이 발달 과정은 왜곡된 형태로 제시되었다는 결론에 도달했다.

2-7-8] 여기서의 우리의 과제는 독자가 피아제의 책에 담겨 있는 풍부한 자료와 일차적 일반화를 비판적으로 숙달하도록 돕는 것이다. 이를 위해서는 피아제 연구의 방법론적 측면을 비판적으로 검토해야 한다.

2-7-9] 피아제는 어린이 논리를 분석하면서 어린이는 전 인과성의 단계에 있다는 결론을 도출한다.

2-7-10] 이 문제는 피아제의 전체 이론에서 두드러진 위치를 차지한다. 어린이의 물리적 인과성 개념(세계에 대한 어린이의 관념, 움직임에 대한 어린이의 설명, 기계에 대한 어린이의 관념)을 다루는 네 번째 저작에서도 외부 실재에 대한 어린이의 생각 전체에는 인과성이 부족하다는 결론에 다시 도달한다.

2-7-11] 그러나 피아제 자신이야말로 의식적으로 의도적으로 전 인과성의 단계에 자신의 생각을 정지시키려고 한다. 피아제는 인과성의 개념을 초월한 단계로 간주하려 하나 인과성을 거부하는 사람은 원하든 원하지 않든 간에 전 인과성의 단계로 굴러떨어진다.

2-7-12~13] 피아제는 현상에 대한 인과적 설명을 발생적 관점으로 대체한다. 피아제는 "발생적 방법이 없다면, 우리는 심리학 분야에서 우리가 결과를 원인으로 취하지 않았다고 확신할 수 없을 것이다. 그래서 원인과 결과의 관계는 전항과 후항의 발생적 수열관계로 대체된다. 그래야만 처음 출현한 현상을 출발점으로 기술할 순서를 정할 가능성을 간직하면서, 현상 A와 B에 대해 B가 A의 기능인 것처럼, A가 B의 기능이라고 말할 수 있는 권리를 우리는 가진다. 발생적으로 이야기하면, 이렇게 하는 것이 가장 '설명에 도움이' 된다."

2-7-14] 이렇게 피아제는 발달에 대한 인과적 이해를 기능적 이해로 대체하고, 그렇게 함으로써 발달의 개념에서 그 내용물 모두를 빼앗아 버린다. 모든 것이 이런 발달에서는 조건적인 것이 된다.

2-7-15] 이런 분석의 결과로, 발달 요인의 문제가 제거된다. 그는 발생적 수열관계를 가장 잘 설명할 수 있을 것으로 보이는 첫 번째 현상을 선택할 권리만을 가질 뿐이다.

2-7-16~18] 피아제는 같은 방식으로 발달 요인의 문제를 해결한다. 어린이 생각의 발달을 기술하기 위하여 생물적 요소나 사회적 요소 중에서 어

떤 것을 채택할지는 단지 저자의 취사선택의 문제이다. 이러한 단정이 피아제 방법론의 중심을 이룬다. 피아제는 "생각의 심리학은 근본적인 두 요소(생물학적 요소와 사회적 요소)의 관계를 설명해야 할 과제를 가지게 된다. …… 생물학적 관점이나 사회학적 관점 하나를 택하여 기술하면 실재의 절반을 그림자 속에 내버려 두게 된다. 그래서 어느 것도 희생시키지 않는 것이 중요하다. 그러나 우리는 시작하기 위해 하나를 선택해야만 한다. 우리는 사회학적 언어를 선택했다. 그러나 우리는 어린이 생각에 대해 생물학적 설명으로 돌아갈 권리를 갖고 있다. 그러므로 시작하기 위하여 우리가 시도했던 것은, 가장 특징적인 현상(어린이 생각의 자기중심성)을 출발점으로 취하면서, 사회심리학의 관점에서 우리가 기술할 순서를 정한 것뿐이다."

2-7-19] 이 대목에서 사회학적 용어로 제시된 기술이 다른 책에서는 생물학적 기술로 성공적으로 변경될 수 있다는 역설적 결론을 얻는다.

2-7-20] 피아제의 책에는 사회적 요소들이 사고의 구조와 기능에 영향력을 미치기에 전면에 배치되어야 한다는 사고가 흠뻑 배어 있다.

2-7-21~22] 피아제 스스로 책을 이루는 기본 관념을 다음과 같이 밝히고 있다. "어린이와 그의 사회적 환경 사이에 확립된 관계로부터 어린이 생각은 유래한다고 이해해야 한다는 것이 이 저작의 중심 관념이다. 개인의 생각 구조는 사회적 환경에 좌우된다. 개인이 혼자서 생각할 때, 그는 자기중심적이 된다(어린이는 전형적으로 이러하다). 개인이 체계적인 상호작용을 경험할 때 그때서야 그의 사고는 외적 규칙에 복종한다. 개인들이 서로 협동하는 정도에 따라 생각은 규율에 복종한다. 자기중심성, 강제, 협동, 이들 사이에서 어린이들의 생각이 끊임없이 변화하며 어린이가 성장하는 사회적 조직의 유형은 생각의 발달하는 정도와 방향성을 좌우한다."

2-7-23] 이 도식(자기중심성, 강제, 협동)에 사회적 요소를 선명하게 인정하는 내용이 담겨 있는 것으로 봐야 한다. 그러나 조금 전 인용에 따르면 똑같은 사실을 생물학적 설명으로 환원하는 것이 가능하다. 그러므로 피아제의

어린이 생각 발달 이론에서 사회적 사실과 생물적 사실이 어떻게 관련되는지 검토하는 것이 우리의 긴박한 과제가 된다.

2-7-24] 피아제가 보기에, 생물적인 것은 기원적이고, 일차적이며, 심리적 본질을 형성하는 것이며 사회적인 것은 어린이에게 낯선 힘으로, 어린이의 고유한 생각 방법을 대체하며 외부로부터 어린이를 속박하는 외적인 힘으로써 반드시 강제를 통해 작용한다.

2-7-25] 그러므로 피아제가 두 극단적 지점(자기중심성과 협동)을 강제에 연결하는 것은 놀라운 일이 아니다(*자기중심성 → (외적) 강제 → 협동의 발생적 수열관계로 피아제는 파악). 피아제에게 있어서 강제는 어린이 생각 발달을 감독하는 사회적 환경의 기제가 표현된 핵심적인 낱말이다.

2-7-26] 강제와 압력, 이 둘은 어린이 발달에 사회적 환경의 영향력이 행사됨을 표현할 때 언제나 피아제가 사용하는 낱말이다.

2-7-27] 피아제는 이러한 영향력의 과정을 동화•로 간주한다. 그러나 어린이 사고의 질적 특성은 생물적 속성에 의해 결정된다. 어린이는 태어난 첫날부터 사회적 관계의 첫 주체로 간주될 수 없다(*비고츠키는 인간이 태어날 때부터 사회적 주체라고 생각한다). 사회적인 것은 어린이에게 압력을 행사하고 어린이 고유의 생각 양식을 대체하는 어린이에게 밖에 있는 어떤 것으로 간주된다.

2-7-28~29] 클라파레드는 피아제의 이 관념을 아주 잘 표현하고 있다. "피아제는 어린이 정신이 하나 위에 다른 것이 위치한 두 직기에서 동시에 짜인 것임을 보여 준다. 생애 첫해에 아래 틀에서 짜인 것이 훨씬 더 중요하다. 이는 어린이가 자신의 필요성에 따라 스스로 한 일이다. 이것이 주관성, 욕망, 놀이, 변덕 등 프로이트의 용어를 빌리면 쾌락 원리의 단면이다. 대조

• '사회적 동화(사회화)'를 뜻한다. 피아제 이론 체계의 '동화'의 의미가 아니다. 피아제 이론 체계에서 동화 assimilation는 유기체의 생물학적 경향성을 나타내는 용어이다. 피아제에 따르면 지적인 영역에서 동화란 대상이나 정보를 유기체가 기존에 가지고 있는 인지구조에 흡수하는 것을 뜻한다.

적으로 위 틀은 점진적으로 사회적 환경에 의해 구성된다. 이것이 객관성, 말, 논리적 개념, 간단히 말해 현실의 단면이다."

2-7-30] 비록 피아제와 클라파레드는 프로이트의 쾌락 원리를 그 근거로 언급하지 않았지만, 어린이 생각의 특수성을 어린이의 생물적 자질로부터 도출하려 시도한 것이 명백하다.

2-7-31] 피아제에게 있어서 어린이 발달에서 생물적인 것과 사회적인 것은 기계적으로 서로에게 작용하는 외적인 두 힘이다.

2-7-32~33] 따라서 어린이는 이중의 현실에 살고 있다는 결론이 도출된다. 한 세계는 어린이 자신의 고유한 생각에 근거하여 구성되고 다른 세계는 주변 사람에 의해 강요된 논리적 생각에 근거하여 구성된다. 그것은 양립할 수 없고 절대적으로 다르며 화해할 수 없으므로 결합하려 하면 비명을 질러 대야 한다.

2-7-34] 그러면 생물적인 것과 사회적인 것 중 어린이 사고에서 무엇이 더 중요하고 우월한가? 클라파레드는 생물적인 것이 훨씬 더 중요하다고 명료하게 대답한다.

2-7-36~37] 어린이가 이중의 현실에 살기 때문에 고통받고 있는지 아닌지는 입증할 문제로 남는다고 피아제는 추정한다. 그리고 이러한 현실들은 실제로 우리에게 그러한 것처럼 위계적 관계로가 아니라 번갈아 가며 현실이 된다는 사고를 피아제는 용인한다. 2~3세의 어린이는 철저하게 욕망의 세계-쾌락의 법칙이 지배하는 세계에서 살고 있다. 다음 단계에서는 놀이의 세계와 관찰의 세계라는 이중의 세계에서 살게 된다.

2-7-38] "어린이는 두 세계에 산다. 사회적인 모든 것은 외부로부터 어린이에게 강요된 어린이에게 낯선 것이다." 피아제와 같은 입장에 있는 아동심리학 전부가 이 관념에 젖어 있다. 엘리어스버그에 의하면 어린이가 (성인)의 말을 통해 숙달하는 세계의 관념(사회적 요소)과 어린이의 놀이와 그림에서 보이는 것(생물적 요소)은 정반대라고 주장한다. 즉 성인의 말을 통해서 범주

적 형태, 주관-객관의 분리, 나와 너의 분리, 이제와 이후 등을 숙달한다. 원래의 영혼과 성인의 영향력으로 출현한 세계에 살고 있는 영혼, 두 영혼, 두 현실, 이것이 사회적인 것과 생물적인 것이 서로에게 외적인 힘으로 작용하고 시종일관 이질적인 것이라는 근본 주장으로부터 도출된 결론이자 필연적인 논리적 귀결이다.

2-8 피아제: 관념론적 심리학

2-8-1] 이 결과를 따르면, 피아제 이론의 중심에는 사회화에 대한 독특한 이해가 자리한다. 피아제는 사회화를 논리적 생각이 발달하는 유일한 원천으로 보았다. 그러나 사회화의 실질적 과정은 어린이가 자기중심성을 극복하는 과정에 있다. 홀로 내버려진다면 어린이는 결코 논리적으로 생각할 필요와 충돌할 일이 없다. 피아제의 의견에 따르면 "사물은 정신을 논리적으로 입증하려는 필요로 이끌 수 없다. 즉 사물은 정신에 의해 형성된다."

2-8-2] 이렇게 단정하는 것은 외부의 객관적 실재가 어린이의 생각 발달에서 결정적인 역할을 하지 못한다고 주장하는 것이다. "우리 사고와 이질적인 사고들과의 충돌만이 의혹을 제기하고 입증할 필요를 제기한다. 상상력에는 잘못된 관념들, 기만적 생각, 이상향, 신비한 설명, 그리고 과장된 공상이 있다. 증명하고자 하는 우리 욕구의 기원은 타인들과 생각을 나누고 의사소통하고 설득하고자 하는 사회적 욕구에 있다. 증명은 토론에서 태어난다."

2-8-3] 논리적 생각에 대한, 그리고 진리가 되는 지식에 대한 필요가 어린이의 의식과 다른 이들의 의식의 접촉을 통해 출현한다는 사고를 더 명료하게 표현하는 것은 가능하지 않다.

2-8-4] 피아제는 의식적 파악이 행동 뒤에 온다는 것을, 그리고 자동적

적응이 어려움에 직면할 때 출현한다는 것을 보여 주었다. "필요가 의식을 창조하며, 원인에 대한 의식은 인과적 관계에 적용할 필요성이 느껴질 때를 제외하고는 정신에 출현하지 않는다." 그러나 자동적인 본능적인 적응이 이루어지는 동안에는 정신은 범주를 파악할 수 없다. 자동적인 보고를 수행하는 것은 정신의 과제가 아니다. 거기에는 어려움이 없다. 이것은 필요성이 없다는 뜻이다. 거기에는 따라서 의식이 없다.

2-8-5] "우리는…… 그러므로 '어린이는 원인에 대한 관념을 가지기 오래 전부터 어린이는 원인이다.'라는 공식을 받아들였다."

2-8-6] 이는 어린이 활동에서 객관적 인과성은 그의 의식과 독립적으로 존재한다는 사고의 명료한 표현이다. 그러나 피아제는 이 경우 인과성에 대한 관념론적 이해가 아니라 유물론적 이해를 드러내는 것임을 알고 있었다.

2-8-7] 피아제는 심리주의의 관념론적 관점을 취하면서 인과성의 객관성을 부정했던 사실을 다른 범주로 확장한다.

2-8-8] 피아제는 스콜라 학파의 실재론과 칸트의 선험론을 거부하면서 실용적 경험론의 관점을 취한다. "실용적 경험론자들이 스스로 설정했던 과제가 사고의 역사에서 범주가 탄생하는 것에 따라서 범주들을 정의하는 것이기 때문에, 논리적 범주를 심리적인 것으로 특징짓는 것은 지나친 일이 아니다."

2-8-9] 피아제는 주관적 관념론의 입장을 취하고 있음을 볼 수 있다. 또한 피아제가 발견한 사실들을 신뢰한다면, 피아제는 실재론자의 지식이론으로 우리를 인도할 바로 그 사실들과 그 자신이 날카롭게 모순되고 있음을 알 수 있다.

2-8-10] 피아제는 자신의 연구에 근거하여 더 나아간 결론을 도출하면서 한 번 더 모순에 빠진다. 피아제는 세 번째 저서에서 생각의 실재론, 물활론, 인공론이 어린이 세계관의 지배적인 세 특질이라는 결론에 도달했다. 어린이 생각이 기원하는 성질이 피아제 자신에 의해 실재론적으로 그려진다는

사실, 즉 어린이에게 할당한 소박한 실재론은 의식은 바로 시작부터 객관적 실재를 반영해야만 한다는 사실을 피아제는 분명하게 지적했다.

2-8-11] 이런 발상을 발전시켜서 피아제는 네 권의 저서의 결론으로 논리와 실재의 관계라는 문제를 제기한다. 피아제는 "경험은 이성을 만들고 이성은 경험을 만든다. 그러므로 실재적인 것과 이성적인 것 사이에 (논리와 실재의 관계라는-LSV) 상호 의존이 있다. …… 심리학에는 다음과 같이 공식화될 수 있는 문제가 있다. (인과성 등의-LSV) 논리 전개가 실재 범주들을 결정하는가 아니면 인과성 등의 실재 범주가 논리 전개를 결정하는가?"

2-8-12] 피아제는 실재 범주의 발달과 형식 논리 발달 사이에 유사점, 심지어 평행관계가 있다는 지적에 머무르고 있다. 그의 견해에 따르면, 논리적 자기중심성뿐 아니라 존재론적 자기중심성도 있으며 어린이에게 있어 두 범주는 평행을 이루며 전개된다.

2-8-13~14] 이 평행관계를 규명하는 대신 피아제의 최종 결론으로 넘어가겠다. "이 평행관계가 일단 확립된 후에 사람들은 …… '생각의 실재적 내용이 논리적 형태를 형성하게 될까, 혹은 그 반대로 논리적 형태가 생각의 실재적 내용을 형성할까?' 질문할 수 있을 것이다. 이렇게 애매한 방식에 머물러 있으면 당연히 그 문제는 의미가 없어진다. 그럼에도 불구하고 우리는 당분간 그 대답을 미리 판단하지 말도록 하자." 이것이 피아제의 결론이다.

2-8-15] 그래서 피아제는 불가지론의 입장을 보존하기를 갈망하면서, 신중하게 관념론과 유물론의 경계선에 자신을 위치시키지만, 실제로는 논리적 범주의 객관적 가치를 부정하고 온갖 헛된 힘을 쓰며 관념론과 유물론의 경계선에 애처로이 머무르려 한다.

2-9 실재 속에서의 어린이의 실천적 활동과 생각 발달

2-9-1] 피아제가 만약 개념 형성 방법을 일반화하고자 했더라면 두 계기를 빠뜨리지 말았어야 했다. 무엇보다도 1) 실재와, 2) 이 실재에 대한 어린이의 태도(어린이의 실천적 활동)를 빠뜨렸다는 것이 피아제 연구의 근본적인 문제이다. 어린이 생각의 사회화는 피아제에 의해 (어린이의) 실천 밖에 놓여 있는 것, (객관적) 현실과 분리된 것으로 간주된다. 지식은 실재를 실천적으로 숙달하는 과정에서가 아니라, 어떤 사고를 다른 사고에 순응시키는 과정에서 출현한다. 사물들과 현실들은 어린이의 정신을 발달 경로로 몰아세울 수 없기 때문에 진리는 사회적으로 조직화된 경험이다. 피아제에게 있어 사물들은 정신에 의해 처리된 것이다. 그러므로 홀로 내버려진다면 어린이는 정신착란 수준의 발달에 도달할 뿐이다.

2-9-2] 이처럼 어린이의 사회적 실천을 조금도 고려하지 않은 채, 현실로부터 초연한 순수한 의식들과의 접촉으로부터 어린이의 논리적 생각과 어린이의 발달을 도출하려는 시도가 피아제의 전체 구성물에서 중심점을 이룬다.

2-9-3] 레닌은 헤겔 『논리학』을 탐구하면서, 관념론 철학과 심리학에 널리 확산된 유사한 관점에 대하여 다음과 같이 이야기했다. "헤겔은 주어는 '삼단논법'의 논리적 '격'에서 '개념'의 역할을 한다는 것을 지적하면서 논리학의 범주로 가져가려 했을 때 여기에는 매우 심오한, 유물론적 내용이 있다. 우리는 그것을 뒤집어야만 한다. 수십억 번 반복된 인간의 실천은 인간의 의식에 논리의 격들로 부착된다."

2-9-4] 피아제는 자신의 연구들에 의존하여, 어린이들은 말로 하는 사고를 이해할 수 없고 타인의 언어도 이해할 수 없다고 단정한다.

2-9-5] 여기서 모든 논리적 사고의 교수-학습은 행위로부터 독립된, 말로 하는 사고의 순수한 이해로부터 출현한다는 발상이 나온다. 피아제는 행위

의 논리가 생각의 논리를 앞선다고 유창하게 진술했다. 그럼에도 불구하고 그는 계속해서 생각을 현실에 근거한 활동으로부터 완벽하게 뜯긴 것으로 간주한다.

2-9-6] 이것이 인과성의 법칙을 발달 법칙으로 대체하려던 피아제가 행한 조사에서 바로 발달 개념이 사라져 버린 이유이다. 피아제는 어린이의 논리적 생각이 어떻게 발달하는지 어린이 생각의 자질들과 논리적 생각의 자질의 관계를 규명하지 않았다. 대신, 어떻게 논리적 사고가 어린이 생각을 대체하는지를, 그리고 어떻게 외부로부터 논리적 사고가 어린이의 심리에 뿌리를 내리게 되고 이후 그것이 어떻게 변형되는지를 보여 준다. 피아제는 어린이 사고의 독창성은 바로 그 정신 구조의 독창성에 있지, 발달 과정에서 생성되는 것이라고 보지 않는다. 그에게 발달은 자율적인 추동력을 갖지 못한 것이고 그저 무작위적인 환경의 논리에 따를 뿐이다. 피아제는 이렇게 '발달'을 잃어버리고 '대체'를 사용하고 있다.

2-9-7] 피아제가 어린이 생각의 특질을 기술하면서 성인 생각과 비교하여 약점, 불합리성, 비논리성을 피아제가 보여 주고자 했다는 점이 바로 이것의 예다.

2-9-8] 만약에 어린이가 예외 없이 혼합적으로만 생각한다면 어린이의 실제적 적응은 어떻게 발생하는지를, 대체라는 관점에서는 이해할 수 없다.

2-9-9] 이 질문에 답하기 위해서는 먼저, 혼합주의의 영향력을 미치는 범위를 제한해야 한다. 어린이가 논리적 방식으로 생각할 수 없는 경우, 예컨대 태양은 왜 땅으로 떨어지지 않느냐고 질문할 때 어린이는 물론 혼합적인 대답을 할 것이다. 그러나 어린이의 경험, 실천, 훈련에 의해 발견할 수 있는 범위의 사물에 관하여 예컨대, 왜 넌 돌에 걸려 넘어졌느냐고 묻는다면 어린이는 혼합적인 대답을 하지 않을 것이다.

2-9-10] 이와 같이 어린이가 보여 주는 혼합주의의 영역은 어린이의 경험에 의해 결정된다. 따라서 혼합주의 바로 거기서 피아제가 지나치듯이 이야

기한 미래에 펼쳐질 인과 관계의 배아를 발견하는 것이 필요하다.

2-9-11] 실제로, 어린이들이 혼합적 도식의 도움으로 일구는 생각을 과소평가해서는 안 된다. 머지않아 혼합적 도식들은 혼합적 도식이 유효한 영역에서 뛰어난 도구로 다듬어지고 변형될 것이다.

2-9-12~13] 다음으로, 경험으로도 어쩔 수 없는 것(본성)을 가지고 있다는 피아제의 신조를 본질적으로 수정해야만 한다. 피아제에 따르면 경험은 원시인의 그릇된 생각을 깨우쳐 주지 못한다. 그러나 실제로 도구 제작, 사냥, 농업은 실재와 실질적인 접촉을 만들고 생존을 위한 토대를 이룬다. 피아제는 "어린이는 노동을 하지 않기 때문에 사물과의 어떤 실질적인 접촉을 확립할 수 없다. 그는 그것들을 가지고 놀거나 정말로 살펴보지 않고 믿어버린다." 여기서 우리는 피아제 이론의 중심점을 발견하게 된다.

2-9-14~15] 피아제가 발견한 사실들은 제한적 가치만을 지닌다. 그것들은 사회적 환경에 의해 결정되며, 생각하는 어린이들의 일반적인 발달이 아니고 피아제가 연구했던 어린이들의 발달일 뿐이다. 가족과의 삶의 조건들, 어린이의 양육 조건들은 여기서 결정적이다. 그의 관찰은 유치원에서 함께 놀고 있는 어린이들과 관련된 것이다. 이러한 법칙들은 피아제가 관찰한 어린이들의 특별한 환경에서만 사실이기에, 일반화될 수 없다. 스턴은 "함부르크에서 무초우는 유치원의 특수한 구조가 여기에 결정적으로 중요하다는 것을 발견했다. 몬테소리 유치원처럼 나란히 앉아 개별적으로 단순하게 노는 제네바에서 자기중심적 말의 계수는 그룹별로 놀고 있는 어린이들 간에 더 밀접한 사회적 접촉이 펼쳐지는 독일 유치원에서보다 더 높았다. 말로 하는 교수-학습 과정이 너무도 철저하게 사회적인 그런 가족 환경 속에 있는 어린이의 행동은 더더욱 독특하다. 여기서 어린이들은 매우 많은 실천적 필요와 정신적 필요가 제기되며, 또한 어린이가 요구해야만 하고, 탐구해야만 하고, 들어야만 하는 사물이 너무 많이 출현한다."

2-9-16~18] 우리의 관심을 끄는 것은 스턴이 피아제가 발견한 사실을 수

정한 것 즉 자기중심적 말의 양의 문제만이 아니다. 피아제가 확립한 규칙의 문제가 우리의 관심을 끈다. 피아제는 러시아어판 서문에서 "단지 한 사회적 환경에서만 연구하면, 어린이 생각의 개인적인 것과 사회적인 것을 정확하게 확립하는 것이 불가능하다. 이를 달성하기 위해서는 가능한 한 가장 다양한 그리고 너무도 여러 종류의 사회적 상황에서 어린이들을 연구하는 것이 절대적으로 필요하다."고 이에 대해 직접적으로 언급했다. 이것이 피아제가 소비에트 심리학자들과의 협력 연구에 주목한 까닭이다.

2-9-19] 또한 완벽하게 다른 사회적 환경에 놓여 있는 어린이의 생각 발달, 특히 노동하는 어린이들의 생각 발달을 연구해야 가치로운 규칙을 확립하는 것이 가능해질 뿐만 아니라 또한 일반화를 가능하게 할 것이라고 우리는 추정한다. 이렇기 때문에 아동심리학은 방법론적 방향을 근본적으로 변경해야만 한다.

2-9-20] 괴테가 『파우스트』에서 합창단의 입을 통해 영원한 여성성을 노래했듯이, 최근 아동심리학은 폴켈트의 입을 통하여 영원한 아동성을 노래한다. 그러나 심리학은 영원한 아동성의 발견이 아니라 역사적인 아동성을, 이행적인 아동성을 발견하는 데로 나아가야 한다.

3장
W. 스턴의 이론에서 말 발달의 문제

3장은 2장과 마찬가지로 비평론이다. 피아제에 이어 당대의 아동 발달에 관한 최고 이론인 스턴의 이론 비판이 본 장의 내용이다. 2장이 피아제로 대표되는 생물학주의에 대한 비판이었다면 3장은 스턴으로 대표되는 주지주의적 입장에 대한 비판이다. 비고츠키는 생각과 말이 최초로 만나는 순간을 정확히 포착한 스턴의 공적을 인정하면서도, 스턴의 인격주의 철학으로부터 주지주의가 파생되고, 그것이 필연적으로 반발생적이 될 수밖에 없는 이유를 설명하고 있다.
스턴은 말의 세 근원을 표현적 경향, 의사소통으로의 사회적 경향, 의도성(일정한 뜻을 향한 지향성)으로 구분한다. 이 중 의도성은 인간 말의 특징이며 말의 지성화를 나타낸다. 스턴에 따르면 1살 반에서 2살의 어린이는 낱말에 상징적 기능이 있음을 (단번에) 발견한다. 즉 언어가 가지는 가치를 (한 순간에) '인식'하는 것으로 설명한다. 비고츠키는 이를 두고 인간 말의 지성이 "지성을 향한 경향성으로부터 나온다."라고 대답하는 꼴로 결국 아무것도 설명하지 않는다고 꼬집는다. 비고츠키가 보기에 발생적 설명이 필요한 "말의 지성화"라는 특징을 말 발달의 최초부터 이미 있다고 봄으로써, 다시 말해 설명되어야 할 사실을 설명의 출발점으로 삼음으로써 스턴은 반反발생주의로 귀결된다. 스턴 자신은 인격주의적-발생론적 관점으로 칭하지만 실상은 주지주의이며 관념주의이다. 그의 이론은 발생적 관계를 거꾸로 뒤집어 인격으로부터 말을 발생시키는 인격의 형이상학으로 귀결된다.

3-1~2] 스턴의 체계에서 변하지 않고 오히려 강화된 채로 남아 있는 것은 어린이의 말과 그 발달에 대한 주지주의적 관점이다. 스턴은 자신의 관점을 인격주의적-발생론적 관점이라 부르지만, 다른 주지주의적 이론과 마찬가지로 반反발생주의적 본질을 드러낸다.

3-3] 스턴은 말의 세 근원을 표현적 경향, 사회적 경향(의사소통), 의도성(일정한 뜻을 향한 지향성)으로 구분한다. 의도성은 동물의 말에는 없는 인간 말의 고유한 특징으로, 사물이나 어떤 내용, 사실, 문제 등에 이름을 붙이는 것이다. 이는 본질적으로 생각 행위이며, 말의 지성화와 객관화를 나타낸다. 스턴은 말 발달에서 "이 의도적인 순간이 말에 특별히 인간적인 특성을 부여하는" 지점이라고 정확히 지적한다.

3-4] 그러나 스턴은 말 발달의 근원에는 무언가 창조적인 것이 최초에 있다고 보면서, 발생적 설명이 필요한 발달된 말의 특징을 가지고 발생적 설명을 주지주의적 설명으로 대체한다.

3-5] 바로 여기에 주지주의적 이론의 기본적 오류(본질적으로 설명되어야 할 사실로부터 이론을 진행)와 반발생주의가 있다. 인간 말의 지성이 어떠한 근원과 경로를 통해 나타나는가라는 질문에 대해 "의도적 경향성, 즉 지성을 향한 경향성으로부터 나온다."고 대답할 때 이것은 아무것도 설명하지 못하며 논리적 악순환에 빠질 뿐이다.

3-6~8] 스턴은 더 나아가 1살 반에서 2살의 어린이가 "모든 것은 이름을 가지고 있다는 것을 발견한다."고 말하며, 낱말의 상징적 기능에 대한 이러한 발견은 진정한 뜻에서 이미 어린이의 인지적 활동이라고 말한다. 우리가 이를 받아들인다면, 1살 반에서 2살의 어린이에게는 기호와 가치 사이의 관계에 대한 이해, 말의 상징적 기능에 대한 깨달음, "언어의 의미에 대한 의식과 그것을 정복하려는 의지" 그리고 마지막으로 "일반 법칙, 일반적 생각의 존재에 대한 의식", 즉 앞서 스턴이 '일반적 사고'로 지칭했던 일반 개념에 대한 의식이 있다는 것을 수용해야 한다.

3-9] 그러나 실험적·관찰적 연구에 따르면 기호와 가치의 관계, 기호의 기능적 사용에 대한 파악은 대단히 이후에 나타나며, 이 나이의 어린이는 전혀 접근할 수 없는 능력임이 드러났다. 상징 사용의 발달과 상징 기능으로의 전이는 어린이의 발견이나 발명의 결과가 아니며, 한 단계를 통해 즉각적으로 성취되는 것이 아니다. 반대로 기호는 스스로의 자연적 역사를 가지며, 기호의 문화적 역사는 여러 개의 국면과 단계로 나뉠 수 있고 그 자체의 양적·질적·기능적 변화를 가지고 있으며, 그 자체의 성장과 변형, 역동성과 규칙을 가지고 있다.

3-10] 스턴은 이 복잡한 경로 전체를 무시했으며, 말 발달 과정은 단순화되었다. 이는 진정한 발생적 경로의 복잡성을 논리적 설명으로 대체하는 모든 주지주의적 이론(사회적 계약에 대한 합리적 이론 등)의 운명이며, 본질적으로 이는 아무것도 설명하지 않는다.

3-11] 순수한 경험적 측면에 있어서도 이 이론은 허약하다. 왈롱, 코프카, 피아제, 들라크루아, K. 뷜러의 관찰 결과는 다음과 같다. 1) 어린이가 발견하는 낱말과 사물 사이의 연관은 상징적 기능의 연관이 아니며, 어린이에게 오랫동안 낱말은 상징이나 기호가 아니라 대상이 가지는 여러 자질 중 한 속성이거나 자질이고, 따라서 이 시기의 어린이는 기호와 가치의 내적 연결이 아닌 대상과 낱말의 순수한 외적 구조를 파악한다. 2) 실제 일어나는 것은 '발견'이 아니라 장기간에 걸친 복잡한 '분자적' 변화들이며, 이들이 말 발달에 있어 우리를 결정적 순간으로 인도한다.

3-12~14] 어린이의 전체적인 언어적·문화적·지적 발달을 위한 중요하고 결정적인 순간은 스턴에 의해 바르게 발견되었으나, 그는 그것을 주지주의적으로 잘못 설명하였다. 스턴이 지적한 두 가지의 객관적 현상은 1) 사물의 이름에 대한 질문의 출현과, 2) 어휘의 비약적 증대로서, 이는 말 발달에 있어 결정적 순간의 시작을 드러낸다. 이는 동물의 '말' 발달에서는 전혀 유사성을 찾을 수 없는 어린이 발달의 전혀 새로운 국면으로, 어린이는 말의 신

호적 기능으로부터 상징적 기능으로 넘어가는 것이다.

3-15] 이는 스턴의 지대한 공적이지만, 이에 대한 설명의 괴리는 놀랍다. 이 설명의 주지주의적 특성을 드러내기 위해서는 이 설명을 말의 다른 두 가지 근원에 대한 사실과 비교하는 것으로 충분하다. 말의 표현적 경향성에 대해 말할 때 우리는 발생적으로 매우 원시적이며 그 근원을 본능에서 찾을 수 있는 오랜 기간에 걸쳐 발달한 복잡화된 '표현적 움직임'의 체계를 다루어야 하며, 이는 말의 두 번째 근원인 의사소통 기능을 특징짓는다.

3-16] 이 두 기능의 발달의 근원, 이동 경로, 인과적 요인들은 잘 알려져 있으나, 의도적 경향성은 그렇지 않다. 그것은 역사를 갖고 있지 않으며, 본원적이고 1차적이며 스스로 '단박에' 나타난다. 어린이는 이 경향성에 의해 순전히 논리적 조작을 통해 낱말 가치를 발견한다.

3-17] 물론 스턴이 이렇게 직접적으로 말한 것은 아니며, 오히려 그는 지나친 논리화라며 류뮤스를 나무라고 아멘트를 주지주의라며 비판하지만, 실상 그는 더 나아가 주지주의를 명백히 형이상학적이고 관념적인 개념으로 성장시킨다. 스턴은 지적 순간을 최초 원리로 승격시키고 최소 시작점부터 생각을 가정하고 그것을 의미가 부여된 말의 근원이자 원래적 원인으로 간주한다.

3-18] 주지주의가 생각에 대한 연구에 가장 적합한 것이 아니라, 오히려 가장 무력한 것은 역설적으로 보인다. 그러나 주지주의가 가장 취약하고 내적으로 모순되는 측면은 생각과 말의 내적 연결에 대한 문제이다. 말의 핵심 문제(유의미성)를 의지적 경향성과 지적 조작으로 전락시킴으로써 생각과 말의 연결과 상호작용이 밝혀지는 것이 아니라, 오히려 지성과 말 사이의 복잡하고 변증법적인 상호작용을 설명하는 것을 불가능하게 만든다.

3-19] 게다가 스턴은 내적 말에 대한 문제를 다루지 않으며, 외적 말로부터 내적 말로의 전이를 표시하는 발생적 형태로 간주될 수 있는 자기중심적 말의 중요성도 언급하지 않는다.

3-20] 스턴이 어디서도 말 발달에 연관된 생각의 복잡한 기능적·구조적 변화를 추적하지 않았다는 것은, 어린이 말 발달 이론의 일반적 시금석인 어린이의 첫 번째 낱말을 성인의 언어로 '번역'하는 문제에서 명백히 드러난다.

3-21~22] 스턴은 어린이의 첫 번째 낱말의 가치가 "철저히 정서적이고 의지적"이라는 모이만의 의견에 반대하여, 거기에는 잘 다스려진 정서적 분위기를 압도하는 "대상에 대한 지시"가 나타난다는 것을 보여 준다. 대상에 대한 지시는 어떤 의도나 발견과 같은 것이 나타나기 전에 어린이 말에서 가장 이른 전 단계들과 함께 나타난다. 이 현상만으로도 최초의 의지적 경향 가정에 대한 충분히 설득력 있는 반박이 될 것이다. 이와 동일한 사실을 밝히는 다른 사실로 첫 낱말의 가치를 확립하는 데 있어 지시적인 제스처가 하는 매개적 역할 등이 있다.

3-23] 그러나 스턴은 의도성이 발달 과정에서 어떻게 나타나는지 등에 관해 발생적으로 설명하는 길고 복잡한 변증법적 경로보다 주지주의적 설명이라는 지름길을 선호한다.

3-24] 스턴은 어린이의 '엄마'를 발달된 말로 번역하면 '어머니'를 가리키는 것이 아니라 '엄마 의자에 앉혀 주세요.' 등의 명제를 가리킨다고 말한다. 하지만 '엄마 의자에 앉혀 주세요.'와 같이 해석되어야 하는 것은 '엄마'라는 말 자체가 아니라 그 순간의 어린이의 전체 행동이다. 대상을 향한 '정서적 의지적 경향성'과 '의도적 경향성'은 미분화된 통합체로 용해되어 있으며, 일반적으로 어린이의 첫 낱말에 대한 정확한 해석은 지시적 제스처이다. 어린이의 첫 낱말과 지시적 제스처는 처음부터 서로 동등하며 인습적인 대체물이다.

3-25~26] 여기서는 단지 스턴의 모든 설명이 가지는 주지주의적 본성과 반발생적 경향성은 개념 발달의 문제, 생각과 말의 발달 등과 같은 다른 주요한 문제를 다룰 때 다시 드러난다는 것만을 말하고자 한다. 결론적으로

이러한 특징은 우연적이지 않으며 스턴의 방법론적 체계의 철학적 전제인 '인격주의'로부터 필연적으로 흘러나오고 결정된다는 것을 보이고자 한다.

3-27] 스턴은 극단적 경험주의와 생득론을 극복하고자 노력했다. 그는 자신의 관점을 한편으로 '어린이 말이 환경의 산물이며 환경에 대해 어린이는 수동적으로만 참여한다.'고 생각한 분트의 관점과, 다른 한편으로는 '어린이의 처음 말 전체가 수천 년 동안의 셀 수 없이 많은 어린이들의 발명'이라고 생각한 아멘트의 관점과 대조시켰다. 스턴은 "융합의 개념을 사용해야 한다. 어린이의 언어 습득이 일어나는 것은 …… 내적 소질과 …… 환경적 조건과의 지속적인 상호작용 속에서뿐이다."고 말한다.

3-28] 스턴에게 있어 융합은 단지 말 발달을 설명하는 방법이 아니라, 인간 행동의 인과적 설명을 위한 일반 원칙이다. 이 '융합'이라는 그럴듯한 말은 단번에 논쟁 불가능한 방법론적 원칙을 표현하면서, 말 발달에 있어 어떠한 사회적·환경적 요인에 대한 분석으로부터 사실상 저자를 해방시킨다. 스턴이 언어 발달에서 사회적 환경이 중요하다고 주장한 것은 사실이나, 실제로는 그 역할을 내적 규칙에 따라 발달하는 과정들을 지연시키거나 촉진시키는 양적인 영향으로 제한한다. 이는 스턴을 내적 요인에 대한 과대평가로 인도하며, 이는 스턴의 기본 관념으로부터 흘러나온다.

3-29~30] 스턴의 기본 관념은 인격을 정신 물리학적으로 중립적인 통일체로 보는 인격주의 관념이다. 이와 같이 인격에 대한 형이상학적-관념주의적 개념은 말에 대한 인격주의적 이론, 즉 말의 근원과 기능을 "목적을 추구하며 발달하는 인격의 총체"로부터 이끌어 내는 이론으로 인도할 수밖에 없다. 이로부터 주지주의와 반발생주의가 나타난다. 발달의 모든 과정을 그 내재적인 가치로부터 이끌어 내는 인격에 대한 형이상학적 개념은 인격과 말의 진정한 발생적 관계들을 거꾸로 뒤집는다. 그것은 인격 자체로부터 말을 발생시키는 인격의 형이상학을 만들어 낸다.

4장
생각과 말의 발생적 근원

앞장에서 스턴의 반反발생적 접근을 비판한 비고츠키는 4장에서 진정한 발생적 접근의 출발점을 묻는다. 그것을 전인간적 계통발생(호미노이드의 진화)에서 그리고 말 이전 개체발생(영아와 초기 유아기)에서 어린이 말의 근원을 찾으면서 대답하려 한다. 비고츠키는 의식의 계통발생과 의식의 개체발생을 의식의 사회발생을 연구함으로써 연결시키는 심리학을 세우고자 한다.

비고츠키는 계통발생과 개체발생의 두 경우 모두 발생적으로 생각과 말은 서로 다른 근원을 가지지만 문화-역사적 발달의 과정 속에서 생각과 말은 만난다는 사실을 확립하고 인간의 모든 심리 조작의 발달은 공통적으로 다음과 같은 네 가지 주요 단계를 거친다고 정리한다.

첫 번째, 원시적·자연적 단계(예: 전 지적 말, 말 이전의 생각)

두 번째, '소박한 심리학'의 단계(예: 인과, 시간 등의 개념을 파악하기 전에 'ㅇㅇ 때문에'와 같은 말의 형태를 먼저 파악)

세 번째, 외적 기호의 단계. 소박한 심리 경험의 점진적 축적에 따라 외적 조작의 도움으로 내적 심리 과업을 해결(예: 손가락을 이용한 수 세기, 매듭 등의 외적 기호를 기억 보조물로 사용, 말 발달에서는 자기중심적 말).

네 번째, 내적 변혁의 단계. 외적 조작이 내적 조작이 되어 외적 조작이 안에서 작동하는 단계(예: 암산, 내적 말).

결론적으로 생각과 말에 대한 발생적 추적 결과 발달의 형태는 생물적인 것에서 사회-역사적인 것으로 변화하며 말로 하는 생각은 행동의 일차적·자연적인 형태가 아니라 사회-역사적 형태라고 마무리한다.

4-1 계통발생 검토: 생각과 말은 서로 다른 계통발생적 근원을 가진다

4-1-1~2] 생각과 말의 발달은 나란히 그리고 똑같이 전개되지 않는다. 두 발달 곡선은 반복적으로 수렴하고 발산한다. 이것은 계통발생과 개체발생 둘 다에 해당된다. 나아가 우리는 해체, 퇴화 과정과 병리적 변화에서 생각과 말의 관계는 항상적이지 않고, 오히려 혼란과 지체의 전체 그림에 들어맞는 특정한 형식을 취한다는 것을 확립하고자 한다.

4-1-3~4] 우리는 무엇보다 먼저 생각과 말이 발생학적으로 완벽하게 다른 근원을 가진다는 것을 명백히 해야 한다. 이는 동물심리학 분야의 연구를 통해 확립되었으며, 유인원의 지능과 말에 대한 최근 연구들, 특히 쾰러와 여키스의 연구는 결정적으로 중요하다.

4-1-5] 쾰러의 실험에서 동물에게서 지능의 조짐, 즉 진정한 의미에서의 생각은 말 발달과 독립적이고 말의 진전과 무관해 보인다는 명백한 증거를 취할 수 있다. 도구의 생산과 사용 그리고 문제 해결 중 '우회로'의 적용에서 드러난 유인원의 '발명 능력'은 생각 발달의 첫 번째 국면을 이루지만, 그것은 말 이전의 국면이다.

4-1-6] 쾰러 본인도 자신의 연구의 기본 결론은 침팬지가 인간과 같은 형태와 종류의 지적 행동의 조짐을 드러낸다는 사실을 확립한 것이라 생각하며, 말의 부재는 유인원과 가장 원시적인 인간 사이에 존재하는 너무도 큰 차이의 근본 이유인 것 같다고 말한다.

4-1-7] 쾰러의 연구로부터 기본 결론을 간결하게 공식화하면, 유인원의 지능이 존재한다는 것, 그러나 인간과 최소한이라도 유사한 어떤 말이 부재하다는 것, 그리고 유인원의 지적 조작은 '말'로부터 독립되어 있다는 것이다.

4-1-8~9] 쾰러의 연구는 많은 비판을 불러일으켰으며, 쾰러에 의해 보고된 사실에 대해 어떤 이론적 설명이 제공되어야 하는가에 대한 의견 일치

가 이루어지지 않고 있다. 쾰러는 스스로 자기 과업의 범위를 정하여, 꼭 필요한 경우를 제외하고는 지적 행동에 대한 어떤 이론도 전개하지 않고 실제 관찰 내용을 분석하는 것까지로 자신의 역할을 제한했다.

4-1-10~12] 쾰러는 노골적으로 혹은 암묵적으로 초감각적 행위자나 명백한 기적에 호소하는 모든 이론은 과학적 지식의 다른 편에 놓여 있다고 보았다. 그래서 우리는 어떤 완벽하고 과학적으로 설득력 있는 지능 이론을 발견할 수 없다. 도리어 생물학적 심리학의 지지자들(손다이크 등)과 주관적 심리학자들(뷜러 등)은 그들의 관점에서 쾰러의 기본 입장을 논박한다. 그럼에도 불구하고 그들은 쾰러의 관찰에 있는 사실적 내용, 즉 침팬지 행위가 말로부터 독립되었음을 똑같이 인정한다.

4-1-13] 그래서 뷜러는 타당하게도 "침팬지의 수행은 완벽하게 말로부터 독립되어 있고, 그리고 인간의 후기 삶에서 기술적·도구적 생각은 생각의 다른 형태보다 말과 개념에 훨씬 적게 연결된다."고 말한다.

4-1-14] 보로브스키는 이렇게 자문자답한다. "동물에게 인간의 말 습관과 비슷한 것이 있는가? 우리 지식의 현 상태로 보면, 유인원 혹은 인간을 제외한 다른 어떤 동물에게 말로 하는 행동 습관이 있다고 할 이유가 부족하다고 말하는 것이 타당해 보인다."

4-1-15] 그러나 새로운 연구들은 사실상 침팬지에게서 어떤 측면에서(무엇보다도 음성적 측면) 어느 정도는 인간과 비슷한 상대적으로 잘 발달된 '말'이 있다는 것을 발견했다. 가장 주목할 것은 침팬지의 말과 지능이 서로 독립적으로 기능한다는 사실이다. 쾰러는 "예외 없이 음성적 표현은 단지 그들의 경향과 주관적 상태를 표현하고, 결과적으로 그것은 감정적 표현이지 결코 '객관적인' 어떤 것을 나타내는 기호가 아니다."라고 말한다.

4-1-16] 우리는 침팬지의 음성에서 인간의 음성과 닮은 소리 요소를 많이 발견할 수 있기에, 확신을 가지고 침팬지에게 '인간의 언어와 유사한' 언어가 없는 것이 주변적 요인 때문이 아니라고 추정할 수 있다. 들라크루아

는 유인원의 제스처와 흉내가 객관적인 어떤 것을 표현한다는, 즉 기호의 기능을 수행한다는 일말의 암시도 드러내지 못했다고 지적한다.

4-1-17~18] 쾰러는 침팬지 사이에서 '말로 하는 의사소통'의 다양한 형태를 기술하며, 감정적으로 표현적인 동작(흉내, 제스처, 소리 반응)과 사회적 감정을 표현하는 행위(인사 제스처)를 말한다. 동물들은 서로의 표정과 제스처를 잘 이해하며, 제스처를 통해 자신들의 정서적 상태와 다른 대상에 대한 욕구와 충동을 드러낸다.

4-1-19] 이러한 관찰 결과는 다음과 같은 분트의 생각을 옹호한다. 인간 언어 발달에서 가장 원시적인 단계를 구성하는, 무언가를 가리키는 제스처조차도 동물에게서 거의 마주칠 수 없고, 심지어 유인원에서도 이 제스처는 잡으려는 움직임과 가리키려는 움직임의 이행 단계에 위치한다. 우리는 이행하는 제스처에서 감정적인 말로부터 객관을 향해 나아가는 매우 중요한 발생적 단계를 보려 한다.

4-1-20] 이 제스처는 인간의 언어적 명령에 복종하는 개의 복종보다 인간 말에 더 가깝다.

4-1-21~22] '그림 그리기'를 하는 침팬지 등을 관찰하고 쾰러는 "침팬지가 남긴 흔적을 기호 비슷한 것으로 보는 것은 그럴듯하지 않다."고 말한다. 이는 침팬지의 행동에서 '인간 같은 특성'을 정확하게 평가하는 데 일반적 가치를 지닌다. 쾰러는 "거기에는 사실상 침팬지의 행위들을 과대평가하지 말라는 경고가 담겨 있다. (……) 표상적인 언어, 바꾸어 말하면, 이름에 대한 소리적 등가물이 없다. 이 모든 사실들, 다 그렇게 된 그것들의 내적 이유를 지녀야 한다."고 말한다.

4-1-23] 여키스는 침팬지들에게 인간과 같은 언어가 부재한 원인을 '내재적 이유'에서 찾지 않았다. 그는 오랑우탄의 지능을 연구하여 대체적으로 쾰러와 유사한 결론에 도달했지만, 결과를 해석하면서는 쾰러보다 훨씬 더 나아갔다. 여키스는 3세 어린이의 생각을 능가하지는 못하지만, 오랑우탄이

'고등 관념화'를 달성하는 것이 가능하다고 추정한다.

4-1-24~25] 여키스가 행동의 '관념화'를 결정하는 데 결정적으로 중요했던 것은 최종 분석에서 오랑우탄과 인간 행동에 나타난 형식적 유사성에 근거한 유추였다. 이것은 충분히 설득력 있는 과학적 작업은 아니다. 그러나 일반적으로 이것이 고등동물 행동을 연구하는 데 사용될 수 없다고 말하고자 하는 것은 아니다. 우리도 나중에 그런 유추에 의존할 것이다. 그러나 거기에는 과학적 데이터가 있어야 한다.

4-1-26~27] 반대로 쾰러는 실험적 분석을 통해 즉각적 상황의 영향력이 침팬지의 행동을 결정한다는 것을 보여 주었다. 문제 해결을 방해하거나 불가능하게 만들기 위해서는 침팬지가 과일을 얻기 위해 사용한 막대를 멀리 떨어뜨려 놓아, 막대기와 과일이 단일한 시각 장 내에 있지 않도록 하거나, 두 막대를 침팬지 손에 X자 모양으로 엇갈리게 쥐어 주는 것만으로 충분했다.

4-1-28~29] 쾰러는 시각적으로 제시된 상황의 존재를 침팬지의 지능이 기능하도록 하는 기본적이며 필수적인 조건으로 간주했다. 쾰러의 결론에 따르면 '표상(관념화)'의 근본적인 한계가 침팬지의 지적 행동을 특징짓는 기본적인 특성으로 보인다. 이는 쾰러가 수행한 모든 실험의 유일한 논리적 결론이다.

4-1-30] 최근 여키스가 유인원의 '관념화' 행동 가정과 연계하여, 침팬지의 지능과 언어에 관해 실시한 조사들이 있다. 말의 연구라는 면에서 보았을 때, 여키스는 침팬지에게 '인간과 같은 말'이 없음을 설명하기 위해 새롭고 대범한 시도를 한다.

4-1-31] 여키스는 "발성 반응은 어른 침팬지에게서 매우 빈번하고 다채롭지만, 인간에게 해당하는 의미의 말은 존재하지 않는다."라고 말한다. 발성 기관은 발달했고 인간의 발성 기관보다 빈약하게 기능하지 않지만, 침팬지는 소리를 흉내 내는 경향이 부족하다. 바꿔 말하면 그들은 행위를 흉내 내

지만 소리는 흉내 내지 못한다.

4-1-32] "만약에 침팬지의 지능을 특징짓는 자질이 앵무새의 흉내 내는 경향과 결합한다면, 침팬지는 틀림없이 말을 소유할 것이다. 이는 침팬지가 인간의 발성 기제에 비교될 수 있는 발성 기제를 가졌고 말하려는 목적을 위해 필요한 소리를 충분히 사용할 수 있는 지능의 형태와 정도를 소유했기 때문이다."

4-1-33] 여키스는 인간의 소리 사용을 침팬지에게 훈련시키기 위해 네 가지 방법을 사용했으나, 결과는 모두 부정적이었다. 물론 부정적인 결과 자체가 침팬지에게 말을 이식하는 것이 가능한가 아닌가라는 근본적 문제에 결정적으로 중요한 것은 아니다.

4-1-34] 부정적인 결과가 나온 까닭이 조사하려는 현상에 있기보다 조사자 자신에게 있는 경우가 훨씬 많을 수 있다.

4-1-35] 그러나 다른 사람이 아닌 여키스의 실험에서 도출된 부정적 결과와 연계하여 실험자들은 가장 초보적인 형태의 '인간과 같은 말'도 침팬지 사이에 존재하지 않는다는, 그리고 추정컨대, 존재할 수 없다는 것을 보여 준다.

4-1-36] 여키스는 그 까닭을 청각적 모방의 부재 혹은 약함에서 찾는다. 그러나 우리가 침팬지 지능에 관해 알고 있는 모든 것은, 여키스가 선언한 이 가정에 역행한다.

4-1-37] 침팬지가 인간과 같은 말을 창조하는 데 필요한 형태와 수준의 지능을 가지고 있다고 단정할 수 있는 객관적 토대가 있는가? 우리에게는 외적 조건만 허락한다면 이 문제 해결을 위해 곧바로 이용할 수 있는 실험 방법이 있다.

4-1-38] 이 방법은 침팬지에게 말을 가르치는 실험에서 청각적 모방의 효과를 제거하는 것이다. 말은 결코 배타적으로 소리 형태로 구현되지 않는다. 청각 장애자는 말의 시각적 형태를 창조하고 사용하며, 원시인의 말에는

제스처를 통한 말이 소리에 근거한 말과 함께 존재하고 본질적인 역할을 한다. 아마도 침팬지가 '수화'를 배우는 것은 가능할 것이다.

4-1-39] 만약에 침팬지의 지능이 인간 말을 숙달할 수 있는 정도라는 것이 정확하고, 그렇지 못한 까닭이 단지 앵무새와 같은 소리 흉내를 낼 수 있는 능력이 부족하기 때문임이 정확하다면, 침팬지는 실험 과정에서 심리적 기능상 소리에 완벽하게 대응할 수 있는 제스처를 숙달해야 할 것이다. 문제의 본질은 결코 소리에 있는 것이 아니라, 인간 말에 대응하는 기호를 기능적으로 사용하는 데 있다.

4-1-40] 그런 실험은 행해지지 않았기 때문에 그 결과를 자신 있게 예견할 수는 없지만, 우리가 침팬지의 행위에 관하여 알고 있는 모든 것은 침팬지가 기능적 의미에서 말을 동화할 수 있다는 어떤 근거도 제공하지 못한다. 왜냐하면 우리는 침팬지가 기호를 사용한 사례를 단 하나도 알지 못하기 때문이다. 우리가 침팬지 지능에 대하여 알고 있는 것은 '관념화'의 존재가 아니라, 단지 특정 조건하에서 침팬지가 가장 단순한 도구를 제작하여 사용할 수 있고 '우회로'를 적용할 수 있다는 사실뿐이다.

4-1-41] '관념화'의 존재가 말 출현의 필요조건이라고 단정하는 것은 아니다. 이것은 다른 문제이다. 그러나 여키스에게 있어 유인원의 지적 활동의 기본 형태로 '관념화'를 가정하는 것과 유인원이 인간 말에 접근할 수 있는 능력이 있다고 단정하는 것 사이에는 분명한 연결이 있으며, 이 연결은 매우 중요하므로 '관념화' 이론이 무너지기 위해서는 침팬지의 지적 행동에 대한 다른 이론을 받아들일 필요가 있다.

4-1-43] 지금 우리가 도구를 적용한 과제와 말을 지적으로 사용하는 과제 사이의 유추가 얼마나 정확한가에 대해 비판적으로 검토할 필요는 없다. 우리는 말의 개체발생을 검토하면서 이를 비판적으로 검토하게 될 것이다. 지금은 여키스가 발전시킨 '관념화'에 관하여 우리가 이미 말했던 것을 상기하는 것으로 충분하다.

4-1-44] ‘관념화’, 즉 과거 혹은 현재의 자극에 대한 비현실적인 흔적을 사용하는 조작이 없다는 것이 침팬지 지능의 특징임을 기억하자. 유인원이 도구를 올바르게 사용하려면 시각적으로 지각할 수 있는 상황이 펼쳐지는 것이 필수적이다.

4-1-45] 말의 사용은 어떤 상황에서도 시각 장을 파악하는 것과는 다른 종류의 지적 조작을 요구한다. 어떤 사실도 침팬지의 행동에 그런 조작이 존재한다는 것을 증명하지 못하며, 이런 조작이 부재하다는 것이 침팬지와 인간 지능의 차이를 발견할 수 있는 본질적인 특징이다.

4-1-46] 이 입장은 논박의 여지가 없다. 첫째, 유의미한 말의 사용은 지적 기능이고, 어떤 상황에서도 시각적인 구조에 의해 직접 결정되지 않는다. 둘째, 즉각적인 시각 구조가 아니라 다른 종류(예로 기계적인)의 구조로 된 과제와 관련하여 침팬지는 행동의 지적 형태로부터 순수한 시행착오의 방법으로 되돌아간다.

4-1-47] 따라서 침팬지가 인간 말을 능숙하게 사용할 수도 있다는 가정은 심리학적 관점에서 아주 그럴듯하지 못하다.

4-1-48] 쾰러는 침팬지의 지적 조작을 지칭하기 위해 ‘통찰’이라는 용어를 도입했다.

4-1-49] 그러나 쾰러는 이 용어의 정의나 이론을 제공하지 않았다. 따라서 그 용어는 모호한 가치를 지닐 수밖에 없다. 이는 침팬지의 행위와 관련하여, 이런 행위의 구조와 그런 행위를 준비하는 내적 심리 과정을 가리킬 뿐이다.

4-1-50] 뷜러는 특히 이 과정의 내적 성질을 강조하며, 보로브스키는 만약에 원숭이가 “시각적 시도를 행하지 못한다면, 그땐 원숭이가 자신의 근육을 움직여 ‘준비’할 것이다.”라고 추정한다.

4-1-51] 우리는 엄청나게 중요한 이 문제를 잠시 동안 한편으로 내려놓겠다.

4-1-52] 쾰러의 실험은 지적 반응의 기제가 무엇인지에 대해 어떤 대답도 제공하지 않는다. 그러나 즉각적인 시각적 이해 범위 밖에서 침팬지의 지능은 기능하지 못하기 때문에, 이 반응의 토대가 지적 조짐이라기보다는 즉각적인 상황이라는 입장은 여전히 유효하며, 이제 오직 이 입장만이 우리의 관심을 끈다.

4-1-53] 쾰러는 이에 대해 "최상의 도구는 만약에 대상이 발견되는 영역에서 동시적으로 혹은 유사-동시적으로 눈으로 지각될 수 없는 그런 상황에는 도구의 가치를 전적으로 잃게 된다."고 말한다.

4-1-54] 이러한 다소 긴 분석은 다시 한 번 여키스와 대조적으로 침팬지가 말을 숙달할 수 있을 것이라는 가정을 부정한다.

4-1-55] 그럼에도 불구하고 침팬지는 어떤 측면에서는 매우 인간 같은 말을 풍부하게 지닌다. 그러나 이 상대적으로 발달된 침팬지의 말은 여전히 또한 상대적으로 발달된 침팬지의 지능과 공통점이 많지 않다.

4-1-56~57] 러언드는 '말' 혹은 '낱말'이라는 32개 요소로 이루어진 침팬지 언어 어휘 사전을 만들었다. 이것은 감정적 반응을 발성화한 감정적 가치를 담은 사전이다. 이것은 음식과 연합된 자극에 대한 조건반사로부터 다소간 변별이 되고 그 조건반사를 통해 어느 정도 결합된 것이다.

4-1-58~60] 우리는 여기서 침팬지의 말이 지닌 특징과 연계하여 세 가지 계기를 확립한다. 첫째, 말이 감정을 표현하는 행위라는 것은 유인원의 독특한 자질이라기보다는 발성 기관을 지닌 모든 동물의 공통적 자질로 이해하는 것이 더 바람직하다. 그리고 표현적인 발성 반응의 형태는 확실히 인간 말의 출현과 발달의 기초가 된다. 둘째, 감정적 상태, 특히 정서적 상태는 지적 반응이 기능하는 데 우호적이지 않다. 셋째, 감정적 측면은 배타적인 유인원 말의 속성이 아니며, 도리어 침팬지의 말을 다른 동물의 말 형태와 제휴시키며 동시에 인간 말에서 상응하는 기능의 발생적 근원이다. 말은 감정을 표현하는 반응일 뿐 아니라 심리적 접촉 수단이다. 그러나 연결 혹은 접

촉이라는 기능은 결코 지적인 반응, 즉 동물의 생각과 연결되지 않는다. 본질적으로 이것은 본능적 반응이거나, 적어도 그것에 극단적으로 가까운 어떤 것이다.

4-1-61] 말의 사회적 접촉 기능이 생물학적으로 행동의 가장 오래된 형태에 속한다는 것을 의심할 수는 없다. 최근 프리쉬의 꿀벌 언어 연구는 연결 혹은 접촉 기능을 수행하는 행동 형태를 보여 주었다. 이 행동 형태의 독창성과 본능적 기원에도 불구하고, 우리는 이 행동 형태가 침팬지의 발성을 통한 의사소통과 관계있다는 것을 인정하지 않을 수 없다. 이로부터 지능과 발성을 통한 의사소통이 완벽하게 독립되어 있다는 것은 분명하다.

4-1-62~68] 계통발생에서 생각과 말의 관계는 다음과 같이 공식화할 수 있다.

1. 생각과 말은 서로 다른 발생적 근원을 갖는다.
2. 생각 발달과 말 발달은 다른 노선을 따라 발생하고, 두 발달은 각각 독립적이다.
3. 생각과 말의 관계는 계통발생 기간 동안 항상적이지 않다.
4. 유인원은 어떤 측면에서 인간과 같은 지능을 그리고 완전히 다른 측면에서 인간과 같은 말을 보여 준다.
5. 유인원은 생각과 말의 밀접한 관계와 같은, 인간에게 고유한 관계를 보여 주지 못한다. 침팬지에서는 생각과 말이 직접적으로 연결되지 않는다.
6. 생각과 말의 계통발생에서, 우리는 지능 발달에서 말 이전의 국면을 그리고 말 발달에서 지능 이전의 국면을 설정할 수 있다.

4-2 개체발생 검토: 생각과 말은 서로 다른 개체발생적 근원을 가진다

4-2-1] 개체발생에서 생각 발달과 말 발달 사이의 관계는 훨씬 더 모호하고 혼란스럽다. 그러나 다른 복잡한 문제를 제쳐 둔다면, 우리는 생각과 말의 발달에서 서로 다른 발생적 근원과 노선을 구별할 수 있을 것이다.

4-2-2] 아주 최근에서야, 우리는 발달에서 생각하는 어린이가 말 이전 단계를 통과한다는 사실을 뒷받침하는 실험적 증거를 확보했다. 뷜러는 침팬지를 대상으로 한 쾰러의 실험들을 수정하여 아직 말을 숙달하지 못한 어린이를 대상으로 수행했다.

4-2-3] 뷜러는 어린이의 삶에서 완벽하게 침팬지의 행위에 비교될 수 있는 국면, 즉 침팬지의 연령이라 명명할 수 있는 시기를 발견하며, 이는 출생 후 10~12개월에 해당된다.

4-2-4] 이 실험의 이론적 가치는 지적 반응의 조짐들이 말로부터 독립한다는 것이다.

4-2-5] 어린이 발달에서 말의 전前 지적 근원은 아주 오래전에 확립되었다. 울음, 옹알이, 어린이의 최초의 낱말은 말 발달에서 완벽하게 분명한 단계이며, 모두 전 지적 단계이고, 그것은 생각 발달과 관련이 없다.

4-2-6] 전통적 관점은 이 시기 어린이 말을 주로 감정적 행동의 한 형태로 간주했으나, 최근 연구에 따르면 말 발달의 전 지적 국면에서 우리는 말의 사회적 기능이 충분히 발달함을 새로이 확인하게 되었다.

4-2-7~8] 상대적으로 복잡하고 풍부한 어린이의 사회적 접촉이 이른 '의사소통'의 발달로 귀결되며, 이미 생애 셋째 주에 인간 목소리에 대한 단일한 가치를 지닌 특수한 반응(전 사회적 반응)을, 둘째 달에 인간 목소리에 대한 사회적 반응을 확립하는 것이 가능하다. 그리고 똑같은 방식으로 생애 첫 달에 웃음, 옹알이, 가리키기, 제스처가 사회적 접촉 수단의 역할을 하는 것으로 보인다. 이처럼 생애 첫해에 어린이에게는 계통발생에서 지적한 말의

두 가지 기능이 명백히 나타난다.

4-2-9] 그러나 가장 중요한 사실은 별개의 방식으로 진행되었던 생각과 말 발달의 노선들이 초기 연령(두 살쯤)에서 교차하고, 일치하면서 새로운 행동의 형태를 창조하게 되는데, 이것이 인간의 특성이 된다는 것이다.

4-2-10] 스턴은 이 시기 어린이가 "각각의 것은 그 이름이 있다."는 것을 발견한다고 말한다.

4-2-11] 말이 지적인 것이 되고 생각이 말로 표현되는 것이 시작되는 그 결정적 계기는 부정할 수 없는 두 징표에 의해 특징지어지며, 이 두 계기는 밀접하게 상호 연관되어 있다.

4-2-12] 첫 번째 징표는 새로운 것에 대해 무엇이라고 불러야 하느냐고 물으면서 어휘를 능동적으로 확장하기 시작하는 계기에서 드러나며, 두 번째 징표는 어휘의 능동적 확장에 토대를 두고 출현하는, 어휘가 극단적으로 빠르게, 돌발적으로 증가하는 계기에서 나타난다.

4-2-13] 이 단계에서 이미 어린이는 주변 사람들에 의해 제시된 많은 낱말을 알고 있다.

4-2-14] 이제 원리상 입장이 완전히 달라진다. 어린이는 스스로 낱말을 필요로 하고 능동적으로 대상에 대해 의사소통할 수단으로 사용되는 기호를 숙달하려 시도한다. 모이만의 지적처럼 어린이 말의 첫 단계가 정서적-의욕적 단계였다면, 그 계기부터는 말은 말 발달의 지적인 국면에 들어선다. 어린이는 외관상 말의 상징적 기능을 펼친다.

4-2-15] 스턴은 "방금 기술된 과정은 …… 어린이의 인지적 활동으로 규정될 수 있다. …… 표상의 단순한 사용과 표상의 연합 사이에는 근본적으로 다른 것이 있다. 표상의 연합에는 …… 일반적 개념으로 간주되는 것, 한마디로 올바른 명칭이 속하게 되는 것이 필요하다."고 말한다.

4-2-16] 우리는 여기서 멈춰야만 한다. 생각과 말이 교차하는 발생 지점에서 처음으로 생각과 말의 문제라고 지칭되는 매듭이 묶이는 곳을 발견하

기 때문이다. 무엇이 "어린이 삶에서 가장 위대한 발견"일까? 이에 대한 스턴의 해석은 옳은 것일까?

4-2-17~18] 뷜러는 이 발명을 침팬지의 발명에 비유하며, 똑같은 발상을 코프카는 다음과 같이 말한다. "명명하기 기능은 침팬지의 발명과 평행한 어린이의 발견이며 발명이다. …… 우리는 과일을 획득하고자 원하는 상황의 구조에 막대기가 들어간 방식으로, 낱말이 사물의 구조로 들어간다고 말하고자 한다."

4-2-19] 코프카의 말이 맞든 틀리든, 우리에게 중요한 것은 생각 발달과 말 발달의 상대적으로 높은 어떤 단계에서만 "어린이의 삶에서 가장 위대한 발견"이 가능해진다는 것이다.

4-2-20~24] 결론을 다음과 같이 공식화할 수 있다.

1. 생각과 말의 개체발생에서도 우리는 두 과정의 다른 근원을 발견한다.
2. 생각 발달에서 '말 이전 단계'를 설정할 수 있었듯이, 말 발달에서 우리는 분명하게 '전 지적 단계'를 확정할 수 있다.
3. 특정한 계기까지 전자와 후자는, 서로 독립적으로 다른 노선을 따라 발달한다.
4. 특정한 지점에서 두 노선은 교차하고, 그 후 생각은 말이 되고 말은 지적인 것이 된다.

4-3 내적 말의 발생: 생각 발달 노선과 말 발달 노선의 교차

4-3-1] 우리가 생각과 말의 관계에 관한 문제를 어떻게 해결한다 할지라도, 우리는 생각 발달에 미친 내적 말의 두드러진 가치를 인정하지 않을 수 없다. 생각 전체에 미친 내적 말의 영향이 아주 크다 보니 많은 심리학자들은 내적 말을 생각과 동일시한다. 그에 따르면 생각은 억제된, 보류된, 침묵

의 말일 뿐이다. 이런 관점은 외적 말이 어떻게, 언제, 왜 내적 말로 변형되는지를 설명하지 못하고 있다.

4-3-2] 생각과 말을 동일시한 왓슨은 어떤 지점에서 어린이의 명백한 말(외적 말)이 속삭이는 말로 그리고 암묵적인 말(내적 말)로 이행하는지 알 수 없다고 말한다. 왓슨이 질문을 제기하는 방식은 근본적으로 잘못된 것으로 보인다.

4-3-3] 외적 말이 순수하게 기계적으로 말의 공명의 점진적인 감소로 속삭이는 말을 통해 내적 말로 이행한다고 추정할 타당한 근거는 없다. 우리는 어린이 말 발생 단계를 큰 소리로 하는 말(외적 말) → 속삭이며 하는 말 → 내적 말로 배열하는 것을 부정한다.

4-3-4] 왓슨은 더 나아가 "아마도 세 형태 모두 출발부터 함께 나아간다."고 말한다. 이를 지지하는 객관적 데이터는 없다. 도리어 외적 말과 내적 말 사이에는 기능적 차이와 구조적 차이가 깊게 놓여 있는 것이 분명하다.

4-3-5~6] 왓슨은 외적 말과 내적 말이 기능적(사회적 적응과 개인적 적응)으로 다르고, 구조적(내적 말은 생략, 단절, 경제성의 결과로 거의 인식이 불가능함)으로 다르다고 말한다. 그러나 이런 두 과정이 기능적이거나 구조적인 뜻에서가 아닌(유전형적), 기계적이고 형식적이고 외적인 양적 속성(표현형적)을 나타내는 속삭이는 말을 통해 연결된다고 주장할 근거가 어디에 있는가?

4-3-7] 우리는 이를 이른 연령의 어린이가 구사하는 속삭이는 말을 연구하면서 실험적으로 입증했다. 1) 구조적 측면에서 속삭이는 말은 큰 소리로 하는 말로부터 어떤 의미 있는 변화도 그리고 내적 말을 향한 경향을 특징짓는 변화도 입증하지 못한다. 2) 기능적 의미에서 속삭이는 말은 내적 말과 너무 다르다. 3) 발생적 의미에서 속삭이는 말은 매우 이른 시기부터 이끌어 낼 수 있지만, 자연발생적으로는 거의 학령기까지 주목할 정도로 발달하지는 않는다.

4-3-8~10] 우리가 왓슨의 주장을 상세히 살펴본 까닭은 긍정적인 모티

브가 있기 때문이다. 그것은 방법론적 경로로 중간 고리, 즉 외적 말과 내적 말을 연결시키는 고리를 발견해야 한다는 것이다. 우리는 그 중간 고리를 피아제의 '자기중심적 말'에서 찾고자 한다.

4-3-12] 자기중심적인 말은 어린이 활동에 동반하는 역할은 물론, 순수하게 표현적·방출적 기능 이외에, 행동으로 나타나는 조작을 계획하는 기능과 새로운 문제를 해결하는 기능을 가진다. 즉 매우 쉽게 말해 진정한 의미에서 생각이 된다고 할 수 있다.

4-3-13] 만약 이 가설이 실험을 통해 정당화된다면 우리는 매우 중요한 결론을 도출할 수 있다. 우리는 말이 생리적으로 내적인 것이 되기 전에 심리적으로 먼저 내적인 것이 됨을 보게 된다. 자기중심적 말은 그 기능에 있어 내적 말, 자신을 향한 말, 내적으로 물러서는 과정에 위치한 말, 이미 주변 사람들이 반쯤은 이해할 수 없는 말, 아동의 행동에서 벌써 깊이 안쪽으로 성장한 말이며, 동시에 생리적으로 외적 말로 남아 있다.

4-3-14] 또한 우리는 "왜 말은 내적인 말이 되는가?"라는 질문에 답할 수 있게 된다. 그 답은 말이 그 기능을 변화시킨다는 강점 덕분에 내적인 것이 된다는 것이다. 그래서 우리는 말 발달에서 다음과 같은 새로운 배열을 얻게 된다. 이는 외적 말 → 자기중심적 말 → 내적 말이다. 동시에 말 연구에서 객관적인 것이 될 수 있는 매우 중요한 방법론적 관점을 획득하게 된다.

4-3-15] 이 측면에서 우리의 연구는 기호 사용에 의존하는 모든 심리 조작의 발달(기억 기법을 사용한 암기, 계산 과정 등)이 복속해야 하는 일반 규칙에서 말이 예외가 아님을 보여 준다.

4-3-16] 우리는 발달이 네 가지 주요 단계를 경과하다는 것을 확립했다. 첫 번째 단계는 원시적·자연적 단계이다. 행동의 가장 최초 단계에서 조작이 출현하던 그 형태로 이런저런 조작이 이루어진다. 이는 이른바 전 지적 말 단계와 말 이전의 생각 단계와 일치한다.

4-3-17~19] 두 번째로 '소박한 심리학'의 단계가 이어진다. 이는 우리가 실

행 지능 분야에서 조사자들이 '소박한 물리학'이라 명명한 것을 유추하여 가설적으로 명명한 것이다. '소박한 물리학'이란 어린이나 동물을 둘러싼 대상, 사물, 도구 그리고 신체의 물리적 속성의 영역에서 이루어진 동물 혹은 어린이의 소박한 경험을 지칭한다. 이와 유사한 것을 어린이 행동 발달 영역에서도 관찰할 수 있다. 이는 대체로 불충분하고, 불완전하고, 소박하기에 당연히 어린이는 이를 통해 심리적 속성, 자극, 반응을 적절하게 사용하지 못한다. 예컨대, 말 발달의 경우 어린이에게 있어 문법적 구조와 형태는 논리적 구조와 조작의 숙달보다 먼저 생겨난다. 어린이는 인과, 시간, 조건, 대조 관계 등을 파악하기 전에 '○○ 때문에', '○○ 이래로', '비록 ○○하지만', '○○와 대조적으로'와 같은 말의 형태를 먼저 파악한다.

4-3-20] 세 번째로 소박한 심리 경험의 점진적 축적에 따라 외적 조작의 도움으로 어린이가 특정한 내적 심리 과업을 해결할 수 있는 외적 기호의 단계가 이어진다. 이는 손가락을 이용한 계산, 기억 기법으로 외적 기호를 사용하는 단계로, 말 발달에서 자기중심적 말이 이에 해당된다.

4-3-21~22] 이어 네 번째로 외적 조작이 내적 조작이 되어 외적 조작이 안에서 작동하는 내적 변혁의 단계가 시작된다. 이 단계는 마음속으로 또는 암산으로 산수 계산이 가능한 단계이다. 이것이 소위 내적 기호의 형태로 내적 관계들을 사용하는 '논리적 기억'이라 불리는 것이다. 말의 영역에서는 내적 말이 이에 해당된다. 그런데 특정한 각각의 사례에서 외적 조작과 내적 조작 사이에는 항상적인 상호작용이 존재한다. 내적 말은 행동에 단단하게 연결될수록 외적 말에 가까워지며, 외적 말을 준비하는 문제가 제시되면 내적 말은 외적 말과 완벽하게 동일한 형태를 취하기도 한다.

4-3-23] 내적 말의 기원에 대한 질문을 내적 말이 성인에게서 어떻게 기능하는가라는 질문으로 전환한다면, 우리는 어른의 행동에서 생각과 말이 필연적으로 연결되어야 하는가라는 질문에 직면하게 된다. 이에 대한 답은 부정적이다.

4-3-24] 생각과 말의 관계를 서로 교차하는 두 개의 원으로 도식적으로 나타내 보자. 여기서 교차하는 부분이 '말로 하는 생각'의 영역이다. 그러나 말로 하는 생각이 모든 사고와 말 형태를 포함하지는 않는다. 말로 하는 생각과 관계되지 않는 생각의 큰 영역이 있으며, 여기에는 뷜러가 지적한 도구적이고 기술적인 생각이 포함된 실행 지능으로 지칭되는 전체 영역이 포함된다.

4-3-25] 게다가 뷔르츠부르크 학파의 심리학자들은 연구를 통해 내관으로 분별할 수 있는 말로 된 형태와 말을 표현하는 기관의 움직임이 참여하지 않은 채 생각이 이루어질 수 있다는 것을 확립했다.

4-3-26~27] 마찬가지로 말로 하는 활동의 모든 형태가 생각에 기인하는 것은 아니다. 예를 들어, 내적 말 과정에서 외우고 있던 시를 낭송할 때, 제시된 어떤 실험용 구절을 반복할 때 이런 조작들이 생각의 영역에서 유래된다고 할 데이터는 찾을 수 없다. 왓슨은 생각과 말을 동일시하였기에 필연적으로 이러한 오류를 범한 것이다. 비슷하게 감정적-표현적 기능을 지닌 말, '서정적으로 채색된' 말 역시 지적 활동으로 분류될 수 없다.

4-3-28] 우리는 어른들에게 생각과 말의 합류는 말로 하는 생각의 영역에 적용되는 경우에만 힘과 가치를 가지며, 그 외의 비언어적 생각이나 비지적 말의 영역에서는 오직 간접적인 영향을 미치며 그들과 인과 관계를 갖지 않는다는 결론에 도달한다.

4-4 요약: 발달의 형태는 생물적인 것에서 사회-역사적인 것으로 변화한다

4-4-1] 탐구 결과들을 요약하겠다. 현재 지식으로는 인간 이전 시대의 생각과 말의 발생 경로를 충실하게 추적하는 것은 불가능하다. 지금도 유인원에게서 인간과 같은 형태와 종류의 지능이 출현하였음을 확정할 수 있는가

라는 문제는 답변을 기다리고 있다. 쾰러는 이 질문에 긍정적으로 대답하고 다른 저자들은 부정적으로 답변한다. 그러나 이와 별개로 한 가지는 명확하다. 즉 동물 왕국에서 인간의 지능에 이르는 길과 인간의 말에 이르는 길은 일치하지 않는다. 학술적으로 표현하면 생각과 말의 발생적 근원은 다르다.

4-4-2] 쾰러의 침팬지에서 지능 출현이 이루어지고 있음을 부정하는 사람들조차 침팬지에서 우리가 지능에 이르는 경로, 지능의 근원을 관찰했다는 것을 부정하지 못한다.

4-4-3~4] 분명하게 우리에게는 침팬지 행동의 최고 형태는 우리가 그것을 어떻게 간주한다 할지라도, 도구 사용에 의해 특징지어진다는 측면에서 인간의 근원이 되는 것으로 보인다. 이는 이론적으로 마르크스주의에 새로운 것이 아니다.

4-4-5] 엥겔스는 다음과 같이 적고 있다. "우리는 이성적 활동의 모든 상이한 형태를 동물과 공유한다. …… 논리적으로 알려진 모든 과학적 조사 수단은 질적 측면에서 인간과 최고 고등동물에게서 발견된 것들이 완벽하게 동일하다. 그것은 단지 발달의 정도에서만 다르다."

4-4-6] 동물 말의 근원에 대해서도 엥겔스는 단호하다. "관념의 영역 경계선 내에서 앵무새는 말해야 할 것을 이해하도록 배울 수 있다. 당신은 앵무새에게 욕설을 가르쳐서 앵무새가 스스로 그 가치를 숙달할 수 있게 할 수 있다."

4-4-7] 동물의 왕국에 생각과 말의 발생적 근원이 존재한다는 것을 부정할 어떤 근거도 없으며, 이러한 근원들은 생각과 말에 있어 서로 다르다. 마찬가지로 동물의 왕국에서 인간의 지능과 말에 이르는 발생적 경로들의 존재를 부정할 어떤 근거도 없으며 게다가 우리가 관심을 두고 있는 행동의 두 형태(생각과 말)를 위한 경로가 서로 다름이 입증되었다.

4-4-8] 앵무새의 말을 배울 수 있는 능력이 생각의 조짐이 발달하였다는 것을 뜻하지 않으며, 동물의 왕국에서 생각의 조짐들의 발달은 말의 진전과

가시적 연결을 함축하지 않는다.

4-4-9] 우리는 실험적 연구에 근거하여 어린이 발달(개체발생)에서도 역시 지능과 말의 발생적 근원 그리고 그 발생 경로가 다르다는 것을 확립하였다. 특정한 시점까지 어린이의 전 지적인 말의 성숙을 추적할 수 있고, 이와 별개로 어린이의 말보다 앞선 지능 성숙을 추적할 수 있다. 스턴이 단정했다시피, 특정한 시점에서 두 발달 노선의 조우, 그들의 교차가 이뤄진다. 그러면 말은 지적이 되고, 생각은 말이 된다.

4-4-10] 들라크루아를 위시한 몇몇 사람들은 어린이의 질문의 첫 시기(이걸 뭐라고 해요?)의 중요성을 부정하며, 또한 어린이가 "모든 것은 그 이름을 가진다."는 것을 발견하였음을 나타내는 징후로서의 가치를 부정한다. 왈롱은 어린이에게 그 이름이 잠시 동안은 대상의 대체물이라기보다는 대상의 속성에 가깝다고 추정한다.

4-4-11~12] 코프카는 두 의견의 중간에 위치한다. 그는 한편으로 침팬지의 도구 발명과 어린이에 의한 언어의 명명 기능의 발견 사이의 유사점을 강조하며, 다른 한편으로는 이 유사점을 낱말은 사물의 구조에 들어간다는 사실로 제한한다. 잠시 동안 낱말은 어린이에게 대상의 다른 속성들과 나란히 대상의 한 속성이 된다. 그러나 사물의 이 '속성(사물의 이름)'은 사물로부터 분리될 수 있다. 사물의 이름을 듣지 않고도 사물을 보는 것이 가능하다.

4-4-13] 뷜러 역시 어린이에게 새로운 대상은 전반적인 구조적 도식에 따라, 낱말을 이용하여 해결할 수 있는 문제 상황이 됨을 보여 주고, 새로운 대상을 지시할 낱말이 결여된 곳에서 어린이는 어른에게 그 이름을 요구한다고 말한다.

4-4-14] 우리는 이 의견이 진리에 가장 가까우며, 스턴과 들라크루아 논쟁에서 출현한 난점을 제거했다고 생각한다. 어린이 말에 대한 심리학의 데이터는 우리에게 낱말은 오랜 기간 어린이에게 사물의 상징이기보다는 사물의 한 속성이라고 말한다. 바꿔 말하면 어린이는 사물의 내적 구조보다 사

물의 외적 구조를 더 먼저 파악한다. 즉 어린이는 (낱말과 사물의) 외적 구조를 파악한 연후에야 낱말과 사물의 관계를 상징적 구조로 본다.

4-4-15] 그렇지만 우리는 과학에 의해 아직 실제로 해결되지 않은 문제 앞에서 여전히 서성거리고 있다. 우리는 수많은 가설 중에 가장 그럴듯한 것을 선택할 수 있을 뿐이다.

4-4-16] 첫째, 한 살 반 유아에게 쉽게 말의 상징적 기능 발견을 할당하는 것을 우리는 거부할 수 있다. 둘째, 실험은 낱말보다 더 단순한 기호의 기능적 사용이 상당히 늦게 출현한다는 것을 보여 준다. 셋째, 오랜 기간 어린이는 말의 상징적 가치를 깨닫지 못하고 사물의 속성들 중 하나로 낱말을 사용한다. 넷째, 농아에게 말을 가르칠 때 그런 발견은 순간적으로 이루어지지 않으며, 반대로 너무도 많은 분자적 변화들이 발생하여 발견으로 도약한다.

4-4-17] 다섯 번째, 이(말의 상징적 사용)는 기호 숙달의 일반 경로와 완벽하게 일치한다. 우리는 학령기 어린이에게서조차도 즉각적으로 기호를 기능적으로 사용하도록 이끄는 직접적인 발견을 관찰할 수가 없었으며, '소박한 심리학'의 단계, 즉 순수한 기호의 외적 구조를 숙달하는 단계가 그것에 늘 선행하였다. 이 단계는 나중에, 기호 조작 과정에서 어린이가 올바르게 기호를 기능적으로 사용하는 것을 가능하게 하며, 사물의 다른 속성들과 마찬가지로 낱말을 사물의 한 속성으로 간주하는 어린이는 말 발달의 이 단계에 위치한다.

4-4-18~19] 이 모든 것은 스턴의 입장에 우호적이지만 우리의 기본적 결론을 붕괴시키는 것은 아니다. 어린이의 지적 반응들의 최초 형태는 말로부터 독립되어 있다는 것과 어린이의 말 발달에서 최초 단계는 전 지적 단계라는 것에 모든 이가 동의한다.

4-4-20] 만약에 이것이 유아의 옹알이에 대하여 명백하고 의심할 바 없다면, 마찬가지로 이것이 어린이의 최초 낱말에 관하여 최근에 확립된 것으

로 간주될 수 있다. 어린이의 최초 낱말이 완벽하게 정서적-의지적 성질을 가지고 있다는 모이만의 입장은 최근에 많은 저자들에 의해 논박되었다. 스턴과 들라크루아는 첫 낱말들에 객관적 요소가 있다고 생각하였으나, 그럼에도 불구하고 낱말은 안정적인 객관적 가치를 지니고 있지 않다는 데 의견의 일치를 보았다. 즉 첫 낱말은 객관적인 성질에서 학습된 앵무새의 욕설과 유사하며, 그 까닭은 갈망과 기분 그리고 감정적 반응이 객관적인 상황과 관계를 가지기 때문이다.

4-4-21] 우리는 이제 말과 생각의 개체발생에 대한 이제까지의 검토가 산출한 것을 요약할 수 있다. 생각과 말에서 발생의 근원과 발달 경로는 특정한 시점까지는 다른 것으로 보였다. 새로운 것은 두 발달 노선이 교차한다는 것이다. 그리고 이것은 해결되지 않은 여러 질문과 논의에도 불구하고 명백히 근본적인 사실이다.

4-4-22] 마지막으로 내적 말을 검토하면서 산출한 내용을 요약한다. 여러 가지 중요한 질문들이 남아 있지만 근본적인 결론은 똑같다. 내적 말은 오랜 기간의 기능적 변화와 구조적 변화의 축적을 통해 발달하고, 내적 말이 말의 사회적 기능과 자기중심적 기능의 변별과 함께 어린이의 외적 말로부터 갈라져 나오며, 최종적으로 어린이가 숙달한 말의 구조들이 어린이 생각의 기본 구조들이 된다는 것이다.

4-4-23] 확실한 그리고 결정적인 사실 하나가 이와 함께 드러났다. 즉 생각 발달이 말에, 생각의 수단에, 그리고 어린이의 사회 문화적 경험에 의존한다는 것이다. 내적 말의 발달은 본질적으로 외부로부터 규정된다. 어린이의 생각은 사회적 수단을 숙달하는 데 의존적인 방식으로, 즉 말에 의존하는 방식으로 발달한다.

4-4-24] 우리는 이로부터 우리 전체 작업의 기본적 주장을 공식화하고 최고의 방법론적 가치를 지니는 논지를 공식화하고자 한다. 동물과 어린이에서 개별적 노선을 따라 발생하던 말과 지능의 발달을 내적 말과 말로 하

는 생각의 발달과 대조함으로써, 우리는 한 발달이 단순하게 다른 발달의 직접적 연속이 아니라, 오히려 발달의 형태가 생물적인 것에서 사회-역사적인 것으로 변화하다는 결론을 도출한다.

4-4-25] 말로 하는 생각은 행동의 일차적·자연적인 형태가 아니라 행동의 사회-역사적 형태를 표상한다. 주요한 것은 우리가 말로 하는 생각의 역사적 성질을 인식함으로써 인간 사회의 역사적 현상 전부에 대하여 사적 유물론이 확립했던 모든 방법론적 원리를 행동의 이 형태까지 확장해야만 한다는 사실이다. 행동의 역사적 발전에서 행동의 사회-역사적 형태가 본질적으로 역사 발전의 일반 법칙에 직접 의존함이 입증될 것이다.

4-4-26] 이 때문에 생각과 말의 문제는 자연과학을 넘어 인간의 역사심리학, 즉 사회심리학의 중심 문제로 전환된다. 동시에 방법론적으로 그 문제를 제기하는 방식도 변화시킨다.

4-4-27] 생각과 말의 역사적 성질의 문제는 특별히 연구되어야 할 주제이다.

5장
개념 발달에 관한 실험적 연구

개념 발달에 대한 연구와 관련하여 비고츠키는 먼저 개념 연구의 전통적 방법을 비판한다. 전통적 방법은 '질문 또는 과제 부여' 방식인데 이러한 방법들은 발달의 결과를 알 수 있을 뿐, 발달 과정을 결코 알 수 없다는 것이다. 그리고 아흐의 '통합적-발생적 방법'을 소개하면서 이를 통해 '형성 중인 개념'의 존재를 관찰할 수 있다는 의미를 부여하였다. 그러나 아흐의 방법은 추상↔구체의 역동적 과정을 보여 주지 못하는 한계가 있다고 지적하면서 자신들이 고안한 '기능적 이중 자극법'을 제시한다.

새로운 실험 방법을 통해 비고츠키 연구팀은 어린이 발달에서 나타나는 혼합체-복합체-개념의 사고 범주의 형태를 관찰하고 분석할 수 있었다. 5장의 4절부터는 발달 과정에서 나타나는 사고 범주의 단계와 하위 국면의 제 형태를 분석하고 규명한 내용들이다.

혼합체는 주관적이고 무질서한 무리 짓기의 사고 형태이다. 복합체는 혼합적 심상의 주관주의에 비해 대상 사이의 객관적 연결을 토대로 한다. 그러나 시각적이고 경험적·우연적인 성격을 지닌다. 혼합체는 연합, 수집, 사슬, 확산, 의사개념의 국면을 지니며 개념적 사고로 나아가는 토대가 된다.

비고츠키는 사고 범주를 형태적으로 분석하는 것만으로는 부족하며 발생적 분석과 함께 결합되어야 한다고 말한다. 그래서 영유아기 첫 낱말, 융즉 현상, 사회적 언어 발달과 변화, 농아의 말 발달 분석을 진행한다. 이를 통해 실제의 발달 과정을 명확히 하고자 한다.

비고츠키는 혼합체-복합체-개념으로 진행되는 일반화 구조의 발달과 함께 개념적 사고의 또 하나의 원천은 추출, 분석 과정의 발달임을 제시한다. 이 과정은 최대 유사성/잠재적 개념→개념으로의 과정이다. 두 원천이 결합됨으로써 '분석적 종합' 혹은 '종합적 분석'이라는 개념적 사고가 형성된다.

체계적·추상적 사고가 이루어지는 개념적 사고는 청소년기 이후에 비로소 나타난다. 청소년기에 개념적 사고 발달이 이루어지는 것은 기호(말)의 매개적 사용과 숙달, 사회적 입문의 과제에 의한 것으로 본다. 청소년 시기는 개념의 완성 시기가 아니라 위기와 성숙의 시기일 뿐이라고 본다. 또한 비고츠키는 성인도 복합체적 생각, 의사개념이 일상적으로 흔히 나타난다고 서술한다.

이 장을 통해 비고츠키는 인간의 생각 발달은 기호(말)의 매개적 활동을 통해 이루어진다는 점, 생각과 말 발달 과정은 발생적 단계를 거치며 이 과정에서 사고 구조와 낱말 의미는 변화, 발달해 나간다는 점을 강조한다.

5-1 개념 연구 방법: 전통적인 '정의' 내리기 방법과 아흐의 새로운 방법

5-1-1] 지금까지 개념 연구에서 주된 난관은 적절한 실험적 방법이 없다는 것이었다.

5-1-2] 개념 연구의 전통적 방법은 기본적으로 두 개의 그룹으로 나뉜다. 첫 번째 그룹은 '정의'를 내리는 방식을 사용한다. 어린이에게 이미 형성된 개념 내용에 대해 언어적 정의를 조사하는 것이다. 심리검사 연구 대부분이 이 방법을 채택한다.

5-1-3~4] 이 방법은 두 가지 근본적 결함 때문에 깊은 조사를 할 경우 쓸모없다. 우선 이 방법은 이미 완성된 결과물을 다룰 뿐 과정의 역동성이나 발달, 그 경로의 시작과 끝을 다루지 않는다. 이 때문에 이미 형성된 개념을 정의할 때, 어린이의 사고 과정이 아니라 이미 습득된 정보와 이미 이해된 정의에 대한 재생산과 반복을 다루게 된다. 결국 우리는 진정한 의미의 어린이 생각을 알게 되기보다는 그의 지식, 경험, 언어 발달 수준을 알게 되는 것이다.

5-1-5] (한편) 정의의 방법은 거의 전적으로 낱말 사용에 따르는데, 이는 감각적 재료와 밀접히 관련되어 있는 어린이 개념 특성을 간과하는 것이다. 낱말 정의를 묻는 방식은 어린이에게서 낱말과 감각적 재료를 분리시키고 부자연스럽고 순수한 언어적 측면으로 변형시킨다. 이 때문에 이 방법을 사용하면 어린이가 낱말과 객관적 현실과의 생생한 관계에서 부여하는 의미를 파악하는 것이 불가능하다.

5-1-6] 개념에서 가장 본질적인 것, 즉 실재와의 관계는 탐구되지 않았다. 우리는 다른 낱말을 통하여 어떤 낱말의 의미에 접근하고자 했다. 이를 통해 얻은 것은 어린이가 습득한 각각의 어군 사이에 존재하는 관계에 대한 인식이다.

5-1-7] 개념 연구의 두 번째 그룹은 개념을 싹 틔우는 시각적 경험의 분

류와 개념 형성의 기초인 심리적 기능과 과정을 이해하기 위한 추상화 문제를 연구했다. 이 연구에서 어린이는 일련의 구체적 대상에서 공통적인 특징을 선택하는 과제를 부여받는다. 이는 지각 과정에서 나타나는 여러 특징 중 변별적 자질을 구분, 추상하여 일련의 인상에 따라 일반화하는 과업이다.

5-1-8] 두 번째 그룹의 결점은 복잡한 과정을 부분인 기초적 과정으로 대체하고 개념 형성에서 말과 기호의 역할을 무시하는 데 있다. 이로 인해 추상화는 개념 형성과 낱말 사이의 특별한 관계 밖에 있는 것처럼 다루어졌고 추상화 과정은 과대 단순화되었다. 개념에 대한 전통적 연구 방법은 모두 말을 객관적 재료와 분리시키는 것으로 보인다. 그들은 객관적 재료 없이 말을 통해서만 작용하거나 말을 제외한 채 재료를 통해서만 작용한다.

5-1-9] 두 특징, 재료와 말을 모두 포함하면서 개념 형성 과정을 성공적으로 반영한 실험적 방법의 창조는 중요한 일보 전진이었다.

5-1-10] 우리는 새로운 연구 방법이 발달해 온 복잡한 역사를 길게 다루지는 않겠다. 이를 통해 연구자들에게 새로운 세계가 열리면서 이미 형성된 개념만이 아니라 그 형성 과정도 연구하기 시작했음을 지적하는 것으로 충분하다. 이 방법은 아흐가 사용한 것에 따라 '통합적-발생적'이라고 불릴 수 있다. 이는 개념을 구성하는 일련의 특징들을 통합하면서 개념 발달의 과정을 연구하기 때문이다.

5-1-11] 이 방법은 처음에는 피험자들에게 무의미하고 어린이의 경험과 연결되어 있지 않은 실제 존재하지 않는 낱말들과 정상적 개념의 영역에서는 발견되지 않는 일련의 자질들을 조합하여 특별히 구성되었다. 예를 들면 아흐의 실험에서 '가즌'이라는 낱말을 피험자는 처음에는 무의미 단어로 받아들였지만 실험의 과정에서 이 단어는 점차 의미를 획득하여 크고 무거운 것을 뜻하기 시작했다. 실험을 통한 경험 획득의 과정에서 무의미 낱말의 뜻을 알아내려는 노력의 전체적 경로, 즉 낱말 의미의 습득과 개념 구성이

시작된다. 무의미 낱말과 인위적 개념의 도입 덕분에 전통적 방법의 심각한 결점 중 하나를 극복할 수 있다. 즉 피실험자에게 사전 경험이나 배경지식이 전제되지 않으므로 과업 해결에서 어린이와 어른의 입장은 동등해진다.

5-1-12] 아흐는 자신의 방법을 다섯 살짜리 어린이와 어른에게 동일하게 적용하였다. 그 결과 어른에게도 적용이 가능하여 개념 형성 과정을 순수한 형태로 연구할 수 있게 하였다.

5-1-13~14] 정의의 방법이 지닌 주요 오류 중 하나는 개념이 실제의 사고 과정과 떨어져서 경직되고 정적인 형태로 조사된다는 것이다. 실험자가 불쑥 한 낱말을 선택하면 어린이는 그것을 정의해야 한다. 이러한 방식은 실제 상황에서 어떻게 이해하고 다루는지 조금도 알려 주지 않는다. 아흐에 따르면 이같이 기능적 요인을 무시하는 것은 개념이 언제나 생생하고 복잡한 생각 과정에서 언제나 의사소통적·해석적 기능을 수행하거나 문제를 해결하려 한다는 사실을 고려하지 않는 것이다.

5-1-15] 그러나 새로운 방법은 개념 형성의 이러한 기능적 측면에 핵심적 위치를 부여함으로써 결점을 극복한다. 그것은 형성 중인 개념 없이는 실행할 수 없는 설명이나 문제 해결의 상황을 부여하는 것이다. 모든 것을 종합할 때 이 새로운 방법은 개념 발달을 이해하는 데 중요하고 가치 있는 도구가 된다.

5-1-16] 리마트는 청소년기 개념 형성에 수반되는 과정들에 대한 특별한 연구를 실시했다. 그는 아흐의 방법을 조금 변형시켜 연구했는데 기본 결론은 개념 형성이 오직 청소년기의 도래와 함께 나타나며 그 전까지는 어린이가 개념 형성에 도달할 수 없다는 것이었다.

5-1-17] 리마트는 다음과 같이 기술한다. "일반적인 객관적 개념을 독립적으로 형성할 수 있는 능력에 대한 뚜렷한 향상이 오직 12세 이후에야 나타난다는 것을 확실히 말할 수 있다. 나는 이 사실을 고려하는 것이 중요하다고 생각한다. 시각적 경험과는 거리가 먼 기능인 개념적 사고는 …… 12

세 이전까지는 어린이의 심리적 능력을 넘어서는 요구를 만들어 낸다."

5-1-18] 우리는 청소년기에 새로운 심리적 기능이 출현한다는 사실을 부정하고 세 살짜리 어린이가 이미 청소년기의 지적 작용을 소유하고 있다고 주장하는 일부 심리학자의 견해에 반하여, 이 연구가 오직 12세 이후에만, 즉 사춘기의 시작이자 초등학교 학령기의 마지막에만 개념과 추상적 생각의 형성이 어린이에게서 시작된다는 것을 보여 준다는 점만을 지적하고자 한다.

5-1-19~20] 아흐와 리마트의 연구로부터 도출되는 기본적 결론 중 하나는 개념 형성에 대한 연합적 관점에 대한 논박이다. 아흐의 연구는 언어적 기호와 다양한 대상들 사이에 연합적 연결이 아무리 많더라도 이것만으로는 개념 형성이 일어나는 원인이 되기에 턱없이 부족함을 보여 주었다. 아흐의 실험은 개념 형성 과정은 재생산적이 아니라 언제나 창조적인 특성을 가진다는 것을 보여 주었다. 개념이 생겨나 형성되는 것은 문제의 해결을 지향하는 복잡한 작용을 통해서이다. 낱말과 대상 사이의 기계적 연합은 개념 발생의 충분한 원인이 아니다. 개념 형성의 비연합적이고 생산적 특성의 확립과 더불어 이 실험은 또 하나의 중요한 결론으로 인도한다. 이 과정의 경로 전체를 규정하는 근본적 요소의 확립인데, 아흐에 의하면 그것은 소위 '결정적 경향'이라 불리는 것이다.

5-1-21] 아흐는 우리의 표상과 행동을 규제하는 어떤 경향을 지칭하는데 이 용어를 사용한다. 이 경향성은 지향하는 목표에의 표상과 활동을 통해 성취하려는 과업으로부터 나타난다. 아흐 이전의 심리학자들은 우리 지각의 흐름에 종속된 두 가지 기본적인 경향성을 구분하였는데 바로 재생산적 또는 연합적 경향성과 보존적 경향성이다.

5-1-22] 재생산적(연합적) 경향성은 기존의 경험에서 정보와 연합적으로 연결되어 있던 것을 불러일으키는 경향성이고 보존적 경향성은 각각의 개념이 기존의 개념적 흐름에 계속 회귀하려는 경향성을 나타낸다.

5-1-23] 아흐는 초기 연구에서 이 두 가지 경향성으로는 의도적·의식적 생각 작용을 충분히 설명할 수 없다는 것을 보여 주었다. 그는 생각 작용이 목표라는 관념으로부터 유래하는 특정한 경향성(결정적 경향성)에 따라 규제됨을 보여 주었다. 그는 또한 개념 발생에서 필수적인 핵심 자질은 당면한 문제로부터 유래하는 결정적 경향성의 규제 작용임을 보여 주었다.

5-1-24] 아흐의 도식에 의하면 개념 형성은 고리의 연쇄적 연합이 아니라 기본 문제의 해결과 관련된 의도적 과정의 유형에 따라 이루어진다. 단어를 외우고 그것을 대상과 연합하는 것 자체는 개념 형성으로 인도하지 않는다. 개념 형성 과정이 착수되려면 개념 형성의 도움 없이는 다른 어떤 방법으로도 해결이 불가능한 문제에 피험자가 대면해야 한다.

5-1-25] 아흐는 이전 연구자들에 비해 큰 걸음을 내디뎠다. 그러나 그것만으로는 부족하다. 목적은 물론 필요한 특성을 구성한다. 해결책이 솟아오르는 데 연결되어 있기 때문이다. 유치원생이나 더 어린 아동들의 활동에도 목적이 있다. 그러나 12세 미만의 아이들은 목적이 있어도 아직 새로운 개념을 형성하지 못한다.

5-1-26~27] 이는 유치원생들이 당면한 문제를 해결하려는 시도에서 목적을 부정확하게 이해했기 때문이 아니라 해결 방식이 다르기 때문이다. 전학령기 어린이의 개념 형성에 대한 연구에서 우즈나드즈는 기능적 측면에서 어린이가 문제를 공략할 때는 어른들과 동일한 방식을 사용하지만 문제 해결에서는 전혀 다른 방법을 사용함을 보여 주었다.

5-1-28] 우즈나드즈는 아흐가 전면에 내세웠던 요인 중 하나인 의사소통의 순간, 즉 말을 통한 사람들 사이의 상호 이해의 순간에 특별한 주의를 기울인다. "말은 사람들 사이의 상호 이해를 위한 도구로 사용된다."고 말한다. "개념 형성에 결정적인 역할을 하는 것은 바로 이 상황이다. 상호 이해의 필요가 생겨나면 특정한 음성적 복합은 특정한 의미를 가져서 낱말이나 개념이 된다. 이러한 상호작용의 기능적 측면 없이는 어떠한 음성적 복합이

라도 의미든 무엇이든 간에 그것의 전달자가 될 수 없을 것이며 개념도 형성될 수 없을 것이다."

5-1-29] 어린이가 대단히 일찍부터 자신의 환경과 접촉한다는 것은 잘 알려진 사실이다. 처음부터 어린이는 사방이 언어적 환경으로부터 둘러싸인 채 자라나며 어린이 자신도 두 살 이후부터는 이미 이 말의 기제를 적용하기 시작한다. "이들이 뜻 없는 음성적 복합이 아니라 진정한 단어라는 것에는 의심의 여지가 없다. 어린이는 자라면서 더욱 분화된 의미를 이들과 연합시키는 법을 배운다(우즈나드즈)."

5-1-30~31] 그러나 동시에 우리는 완전히 발달된 개념을 형성하는 데 필요한 생각의 사회화 단계에 도달하는 것은 비교적 후기라는 것 또한 확실히 알고 있다. 따라서 우리는 어린이 생각에서 완전히 성숙한 개념이 비교적 늦게 발달하는 반면 비교적 일찍 말을 사용하면서 어른과의 상호 이해 단계에 이르는 것을 본다.

5-1-32] "따라서 완전히 발달한 개념 단계에 도달하지 않은 낱말은 후자의 기능을 취하여 의사소통의 수단으로 사용되는 것이 명백하다. 적합한 연령대의 집단에 대한 특별한 연구는 개념이라기보다는 그에 대한 기능적 등가물로 이해되어야 할 이러한 생각의 형태가 어떻게 발달하는지, 또한 완전히 발달된 생각을 나타내는 단계에 어떻게 도달하는지 보여 줄 수 있을 것이다(우즈나드즈)."

5-1-33] 우즈나드즈의 연구는 개념적 사고와 관련한 어린이 생각의 형태가 청소년이나 성인의 생각과 다르다는 것을 보여 준다.

5-1-34] 문제와 목적에 대한 표상은 어린이 발달 단계에 있어 비교적 이른 시기에 나타날 수 있다. 어린이에게 개념의 기능적 등가물이 일찍부터 발달하는 것은 바로 어린이와 어른에 있어 의사소통의 문제가 기본적으로 동일하기 때문이다. 그러나 문제가 동일하다 할지라도 문제 해결의 과정에서 작동하는 생각의 형태는 어린이와 어른이 근본적으로 다르다. 이는 그들의

조성, 구조, 작용 방식이 다르기 때문이다.

5-1-35] 전체 과정을 스스로 결정하고 규제하는 것은 문제나 목적의 표상이 아니라 아흐가 무시했던 다른 요소라는 점이 명백하다. 문제와 연결된 결정적 경향성은 어른과 어린이들 사이에 나타나는 생각 구조의 발생적·구조적 차이를 적절하게 설명하지 못한다는 것 또한 명백하다.

5-1-36~38] 일반적인 목적은 대답을 제공할 수 없다. 목적 없이는 목적 지향적 행동이 불가능하지만 이 목적의 존재만으로 전체 과정을 설명할 수는 없다. 아흐 자신이 언급한 바와 같이 목적과 그에 따라 생기는 결정적 경향성이 그 과정을 발동시키지만 그것을 규제하지는 않는다. 목적은 목적 지향적 활동이 발생하는 데 필요조건이지만 필요충분조건은 아니다. 목적과 문제가 있다고 해서 목적 지향적 활동이 생겨나는 것을 보장하지는 않으며 그러한 활동의 과정과 구조를 규정하고 규제할 만한 마법적 힘을 주는 것은 아니다. 발달의 어느 단계에서 개인은 답이 없는 질문, 해결되지 않거나 불완전한 문제들, 또는 얻지 못했거나 얻을 수 없는 목적들이 나타나는 다양한 사건들로 가득 차 있다. 단순히 문제가 존재한다는 사실이 해결의 성공을 보장하는 것은 전혀 아니다. 목적이 과정을 설명할 수는 없다.

5-1-39] 인간의 목표 지향적 활동, 즉 노동이 인간이 마주치게 되는 목적이나 문제에 의해 생겨났다고 하는 것은 만족스러운 설명이 될 수 없다. 노동 활동이 생겨나게 한 도구의 사용과 적용을 언급함으로써 노동을 설명해야 하는 것과 같이, 인간이 스스로의 행동을 통달하게 하는 수단의 문제는 고차적 행동을 설명하는 데 있어 중심적 문제가 된다.

5-1-40] 우리가 논의하고자 하는 연구들은 모든 고차적 정신기능들이 하나의 공통된 특징으로 묶인다는 것을 보여 주었다. 말하자면 그들이 매개된 과정임을, 즉 그 구조에 핵심적·기본적 부분으로 기호의 사용을 통합한 것임을 보여 준다. 기호는 심리적 과정을 조절하고 통달하는 기본적 수단으로 사용된다.

5-1-41] 여기서 다루는 개념 형성의 맥락에서 기호는 개념을 형성하는 도구의 역할을 하며 후에 그 상징이 되는 단어로 표상된다. 개념 형성 과정을 이해하는 유일한 열쇠는, 연령대별로 가지각색이며 양적으로 구분되지만 발생적으로 서로 간에 연관되어 있는 낱말들의 기능적 사용과 발달, 다양한 형태들을 연구하는 것이다.

5-1-42] 아흐 연구의 주요 약점은 개념 형성의 발생적 과정을 설명할 수 있게 해 주지 않고 그 과정의 존재 유무만을 확인해 준다는 데 있다. 그리고 그는 개념 형성의 과정을 널리 알려진 도식에 종속시켰다. 아래에서 위로, 개별의 구체적 대상들로부터 그들을 포함하는 몇 개의 개념들로.

5-1-43] 그러나 아흐 자신이 인정하듯 이 같은 실험적 경로는 개념 형성의 진정한 경로와는 정면으로 배치된다. 널리 알려진 포겔의 진술을 인용하면 개념 형성은 개념의 피라미드를 오르는 것, 구체로부터 추상적인 것으로의 전이와 동등하지 않다.

5-1-44] 이것이 바로 아흐와 리마트의 연구가 인도한 근본적 결과 중 하나이다. 그것은 연합적 접근법의 부족함을 드러냈으며 개념의 창조적·생산적 특징을 지적하였고 개념 형성의 기능적 측면의 근본적 역할을 설명하였다. 또한 개념에 대한 특정한 요구나 필요가 있을 때에만, 목표 달성이나 해결을 지향하는 모종의 지적 활동의 도중에만 개념이 형성될 수 있음을 보여 주었다.

5-1-45] 이러한 연구는 개념 형성에 대한 기계적 관념을 단숨에 매장시켰지만 그럼에도 과정의 본질적 특성, 즉 발생적·기능적·구조적 특성을 나타내지는 못했으며 목적 자체가 결정적 경향성의 도움으로 활동을 만들어 내며, 문제가 그 자체 안에 해결을 포함하고 있다는 목적론적 설명에 머물렀다.

5-1-46] 철학적·방법론적 문제와 별개로 이런 설명은 사실적 관점에서도 동일한 문제를 해결하기 위한 생각 형태가 연령대에 따라 근본적으로 다른 이유를 설명하지 못한다.

5-1-47] 이런 관점에서는 생각 형태가 발달을 겪는다는 사실을 전혀 이해할 수 없다. 이것이 아흐와 리마트의 연구가 개념 연구의 새 시대를 열었음에도 역동적·인과적 해결이라는 관점에서는 전혀 미해결로 남겨진 이유이며 우리의 연구가 발달의 역동적·인과적 조건에 대해 연구했어야 하는 이유이다.

5-2 개념 연구를 위한 새로운 실험 방법 고안: 이중 자극법•

5-2-1] 이 문제를 해결하기 위해 우리는 특별한 실험적 연구 방법에 의지했다. 이는 '이중 자극'이라는 기능적 방법으로 기술될 수 있다. 이 방법의 핵심 특징은 두 세트의 자극을 이용하여 고등심리기능의 발달을 연구한다는 것이다. 한 세트는 피실험자에게 주어지는 과업의 역할을 하고 다른 세트는 활동을 조직하도록 돕는 기호의 역할을 한다. 여기서 이를 상세히 기술하지는 않는다. 이는 샤카로프에 의해 이미 제시되었다. 여기서는 중요성을 지니는 기본 특징들을 지적하는 데 그친다.

5-2-2] 이 실험은 아흐의 실험과는 반대로 설계되어야 했다. 아흐 실험은 외우기 단계로 시작한다. 이 단계에서 피실험자는 과제를 제시받지 못한 채 수단, 즉 낱말을 제공받는다. 피실험자는 자기 앞에 놓인 대상들을 집어 살핌으로써 대상들의 이름을 기억한다. 과제는 처음에는 제시되지 않고 나중에 소개됨으로써 전환점을 만들어 낸다. 이중 자극법은 두 측면을 반대의 방식으로 나타내게 한다. 실험 시작부터 과제는 노출되어 있으며 실험 전체 단계에 걸쳐 변하지 않는다. 이와 같이 한 이유는 목적의 출현이 전체 과정이 진행되는 전제 조건이기 때문이다. 새로운 낱말도 문제 해결을 위해 새로

•발제자 주: 2절에 나온 실제 실험 세트를 보고 싶다. 실제 실험 결과 데이터는 언급하지 않고 있다.

운 시도를 하는 과정에서 과제에 점차적으로 도입된다. 낱말을 기억하는 단계가 여기에는 없다. 문제 해결에 요구되는 수단, 즉 자극기호인 낱말을 변수로, 과제를 상수로 둠으로써 우리는 이러한 기호들이 어떻게 피험자의 지적 작용을 안내하는지 그리고 이 낱말들이 사용되는 방식에 따라 어떻게 개념 형성 과정이 하나의 전체로서 생겨나는지 연구할 수 있게 된다.

5-2-5] 동시에 이러한 연구에서는 개념의 피라미드가 거꾸로 뒤집힌다는 것이다. 실험의 과제를 해결하는 과정은 개념 형성의 실제 발생적 과정과 일치한다. 이 과정은 개념 피라미드의 꼭대기로부터 바닥을 향하는, 일반으로부터 특수로 이동하는 것 또한 반대의 과정만큼 특징으로 삼는 과정이다.

5-2-6] 마지막으로 지적할 것은 아흐가 언급했던 기능적 측면이 매우 중요하다는 것이다. 개념은 정적이고 고립된 형태에서 출현하는 것이 아니라 과제를 생각하고 해결하는 과정에서 출현한다. 우리 연구는 생각에서 기능을 수행하는 일련의 별개 단계로 나뉠 수 있을 것이다. 우선 우리는 개념을 추출하는 과정을 거친다. 다음은 추출된 개념을 새로운 과업으로 전이시킨다. 그런 다음 개념을 자유 연상의 과정에서 사용한다. 마지막으로 결론을 내리는 데 새로운 개념을 사용하고는 새롭게 추출된 개념을 정의한다.

5-2-7~8] 실험은 다음과 같이 진행된다. 두 개의 구역으로 나뉜 판 위에 다른 색깔과 형태, 높이와 크기를 가진 물체들이 무작위로 제시된다. 물체의 바닥에는 무의미 단어가 적혀 있고 실험자는 이들을 하나씩 피험자에게 보여 준다. 실험자는 피험자에게 자신이 생각하기에 동일한 낱말이 적혀 있을 법한 모든 모양들을 판의 한 구역으로 옮기도록 요구한다. 매번 피험자가 문제를 해결하려 시도한 후에 연구자는 피험자가 옮긴 블록을 뒤집어 확인해 준다. 확인된 블록은 이름은 같지만 어떤 면에서 상이할 수 있고 반대로 유사하지만 이름이 다를 수 있다. 이런 식으로 해결하려고 시도할 때마다 뒤집힌 블록과 그들이 나타내는 무의미 낱말의 수가 늘어나게 된다. 실험자는 그런 후 이 문제를 해결하는 방식이 어떻게 변하는지 관찰할 수 있

다. 문제는 실험의 모든 단계에서 동일하게 남아 있다. 동일한 명칭이 블록에 매겨지고 이는 그 낱말이 지칭하는 동일한 실험적 개념을 나타낸다.

5-3 낱말 의미의 발달은 유년기에 시작되며 청소년기에 진개념으로 이행

5-3-1~2] 300명 이상의 어린이, 청소년, 성인들이 연구에 참여하였고 이에 더해 지적·언어적 병리 현상으로 고통받는 피실험자를 연구하였다. 우리는 다양한 연령 집단을 비교, 평가하면서 개념 형성의 발생적 통로를 연구하고 발달의 기본 법칙을 밝힐 수 있었다.

5-3-3] 연구 결과는 다음과 같이 공식화될 수 있다. 개념 형성으로 인도하는 발달의 근본은 유년기의 가장 초기에 있다. 그러나 이러한 과정은 오직 과도기적 시기(청소년기)에만 성숙된다. 개념적 사고 영역으로의 마지막 이행이 나타나는 것은 어린이가 청소년기에 접어들 때이다.

5-3-4~6] 그 전에는 진정한 개념적 사고와 외적으로 유사한 독특한 지적 형성이 존재한다. 피상적 연구들은 외적 유사성에 오도된다. 그러나 기능적 가능성에 있어서는 유사하지만, 심리학적 본질, 구성 성분, 구조, 활동 양식은 대단히 다르다. 이는 배아와 성숙한 유기체의 관계와 비슷하다. 영아기에 발견되는 성적 요인이 사춘기를 부인할 수 없음과 같다.

5-3-7] 두 가지를 면밀히 비교하여, 정말로 새롭고 고유한 것이 무엇인지, 성숙을 완성시키는 핵심은 무엇인지 확립하고, 이 과정의 숙달이 왜 사춘기 이후에야 가능한지 밝히고자 한다.

5-3-8~10] 주의력을 능동적으로 조절하는 수단, 속성들을 분할, 구분하며 이러한 속성들을 추출하고 종합하는 수단으로 낱말과 기호를 기능적으로 사용하는 것은 필수 불가결한 부분이다. 낱말에 의한 개념 형성이나 의미 습득은, 모든 기본적인 지적 기능(연상, 주의, 판단, 결정적 성향)들의 복

잡하고 역동적인 활동의 결과로 생긴다. 그러나 이 중 어떤 것도 개념 형성의 결정적이고 필수적 요인은 아니다. 초보적 지적 기능 중 어떤 것도 과도기를 통해 주목할 만한 변형을 겪는 것은 없다.

5-3-11~12] 이 과정의 중심은 기호나 말의 기능적 사용이다. 이를 통해 청소년들은 스스로의 정신적 운용들을 숙달하고 지배하며 직면한 과업의 해결을 위해 이들의 활동을 지휘한다. 기초 기능은 개념 형성 과정에 참여한다. 그러나 일반적으로 생각되는 것과는 완전히 다른 형태를 취한다. 이들은 기호나 말에 의해 매개된 과정으로, 주어진 과업의 해결을 위해 지향되는 과정으로 참여하며, 새로운 조합이나 종합에 도입된다. 이 새로운 종합에서만 진정한 기능적 의의를 획득한다.

5-3-13] 개념은 말 없이는 불가능하며 개념적 사고는 말로 하는 생각 없이는 불가능하다. 핵심은 개념 형성 과정의 수단으로 말을 사용하고 기호를 기능적으로 적용하는 것이다.

5-3-14~15] 과업의 확립이나 개념 형성의 욕구 출현 역시 과업 해결의 단초를 제공할 수 있으나 과제 실현을 보장하지 못한다. 마치 포병에게 포탄의 목표가 되는 표적이 탄환의 비행 궤적을 설명할 수는 없는 것과도 같다. 그렇지만 과제와 목표는 청소년의 생각 발달에서 결정적인 일보 전진을 이루도록 자극, 독려한다.

5-3-16~18] 본능이나 선천적 경향의 성숙과는 대조적으로, 사회적 환경에 의해 청소년에게 주어진 문화적·직업적·사회적 입문과 같은 과업은 개념 형성의 중요한 기능적 요인이다. 부족할 경우 청소년의 생각은 타고난 잠재력만큼 온전히 발달하지 못한다. 그러나 이를 문제 해결의 발생적 열쇠로 간주하는 것은 잘못이다.

5-3-19] 연구자의 당면 과제는 두 측면의 내적 연결을 발견하고, 개념 형성이 청소년의 사회적·문화적 발달의 산물이자 생각의 내용과 기제를 모두 포함한다는 것을 드러내는 것이다. 기표로서의 말의 새로운 용법, 즉 개념

형성의 수단으로서의 용법은 유년기에서 청소년기로 넘어가는 문턱에서 일어나는 이 지적 혁명의 직접적·심리적 원인일 가능성이 매우 높다.

5-3-20] 청소년기에 새로운 기초 기능이 나타나지는 않지만 변화를 겪지 않는 것은 아니다. 유년기에 발견된 기초 기능들은 새로운 종합에 편입되어, 새로운 복잡한 개체의 부차적 부분이 됨으로써 새로운 구조 속에 병합된다. 개념 형성 과정을 위한 근본적 바탕은 개인이 말이나 기호의 기능적 사용을 통해 스스로의 정신 과정을 숙달했느냐에 있다. 이처럼 다른 요소들의 도움과 함께 보조수단을 통해 자신의 행동 과정을 숙달하는 것은 오직 청소년기에만 그 최종 단계에 도달할 수 있다.

5-3-21~22] 개념 형성은 습관의 형성과 다르다. 손다이크가 제시한 고등기능과 습관 형성과 관련된 기초적·연상적 과정의 동일시는 연구 데이터와 모순된다. 고등기능은 하등 형태가 단지 양적으로 복잡해지고 연합적 활동의 수가 늘어나는 것이 아니다. 여기에는 환원될 수 없는 질적 차이가 있다. 그것은 비매개적인 과정으로부터 기호에 의해 매개된 조작으로의 전이에 있다.

5-3-23~25] 기표적 구조는 모든 고등심리형태의 행동 구조에 공통되는 법칙이다. 손다이크가 연합의 양적 차이로 개념 발달을 설명하는 것은 잘못되었다.

5-3-26] 말 자체는 연상적 연관에 바탕을 두지 않고, 기호와 지적 과정의 구조 사이에 근본적으로 다른 유형의 관련성을 요구한다. 이 관계가 고등 지적 과정의 일반적 특징이다.

5-4 개념 발달의 첫 번째 단계: 유아기, '주관적 계기'에 근거한 혼합적 사고

5-4-1] 개념 발달의 경로를 도식적으로 나타내면 세 개의 기본적 단계

(혼합체-복합체-개념)로 이루어지고 각 단계는 다시 별개의 여러 국면으로 나뉜다.

5-4-2] 첫 단계는 유아의 행동에서 가장 흔하게 나타난다. 어린이는 무질서하고 미숙한 형태의 더미를 형성한다. 내적 유사성이나 관련성 없이 더미를 만들며 단어나 기호는 의미가 분산적이고 방향을 갖지 않는다.

5-4-3~4] 이 단계에서 말의 의미는 불완전하고, 형태가 완성되지 않은 대상들의 혼합적 연쇄이다. 대상들은 어떤 식으로든 어린이의 표상, 지각에 결합되어 융합된 이미지를 형성한다. 여기에는 어린이가 지닌 지각과 행위의 혼합주의(지각과 행동이 분리되지 않고 섞여 있는 것)가 결정적 역할을 한다. 어린이가 인상을 토대로 다양하고 서로 관련이 없는 것들을 모아서 폐쇄적이고 공고화된 이미지를 형성하는 경향성을 지닌다는 것은 잘 알려진 사실이다. 클라파레드는 이를 어린이 지각의 혼합주의라고 부르고 블론스키는 어린이 사고의 연결성 없는 연결이라고 칭한다. 물론 주관적 연결의 생성은 후속하는 어린이 생각 발달의 중요한 요인이다. 이는 이후 과정인 실제적 연결을 선택하는 토대가 된다. 일정 단계의 지각 발달에 도달한 어린이가 발화하는 일부 낱말들의 의미는 어른 낱말의 의미 중 하나를 상기시킬 수 있다.

5-4-5~6] 어린이는 의미를 가진 말을 통해 어른과의 사회적 상호작용을 확립한다. 혼합적 연결 속에는 객관적 연결의 많은 부분이 반영되어 있다. 객관적 연결은 어린이 자신의 인상과 지각에 상응하는 만큼 반영된다. 이는 말이 어린이 주변의 구체적인 대상과 연결되어 있을 때 특히 더 그렇다. 따라서 어린이 말은 어른과 일치하는 경우가 있으며 이를 통해 어른과의 상호이해가 가능하다. 그러나 교차점으로 인도하는 정신적 통로, 생각 양식은 전혀 다르다.

5-4-7] 첫 단계에는 세 국면이 있다.

5-4-8] 첫 국면(혼합적 연합)은 어린이 생각의 시행착오 시기와 일치한다. 새로운 대상들을 무작위로 모아 새로운 그룹을 형성하고 오류가 드러날 때

마다 대상들을 교체하는 시도가 계속된다.

5-4-9] 둘째 국면(혼합적 공간 분포)은 대상들의 공간적 분포이다. 시각적 장의 지각과 어린이 지각을 지배하는 순수한 혼합성이 중요한 역할을 한다. 이 시기에 항상 기본적인 것은 사물들의 객관적 연결이 아니라 어린이의 지각에 따른 주관적 연결들에 인도된다는 것이다.

5-4-10~12] 셋째 국면(혼합적 2단계 재분류)은 첫 단계(혼합체)의 완료와 두 번째 단계(복합체)로의 이행을 나타낸다. 혼합적 이미지가 더욱 복잡한 토대 위에 생겨나며 어린이 지각 속에 이미 통합된 적이 있는 다양한 그룹으로부터 견본을 수집하는 능력에 의존한다. 대표를 뽑아 새로운 무리를 만들지만 요소들 사이에 내적인 연결은 없다. 연결성 없는 연결로 이루어진 무리이다. 앞의 두 국면과의 차이는 고립된 지각의 산물이 아니라 앞의 혼합적 연결의 처리 과정의 산물이라는 점이다.

5-4-13] 셋째 국면 도달로 첫 단계 달성 후, 혼합적 더미를 버리고 두 번째 단계(복합체 형성의 단계)로 전진한다.

5-5 개념 발달의 두 번째 단계: "복합체적 사고"의 첫 번째 유형 "연합적 복합체"

5-5-1~3] 두 번째 단계는 여러 유형을 포함한다. 이러한 유형들은 기능적·구조적·발생적으로 변화한다. 이 단계의 생각 양식은 연관의 형성, 구체적 인상들 간의 관계 확립, 개별 대상들의 통합과 일반화, 어린이의 경험의 체계화로 인도한다. 그러나 그 본질과 작용 방식은 개념과는 근본적으로 다르며 '복합체적으로 생각하기'로 이름 붙이는 것이 가장 적절해 보인다.

5-5-4] 복합체적 사고는 본질과 작용 방식에서 혼합주의의 '관련성 없는 관련(주관적 연합)'을 넘어서서 대상 사이의 객관적 연결을 토대로 한다. 실제

로 존재하는 객관적 연결을 토대로 통합된 대상이나 사물의 복합체를 나타낸다.

5-5-5] 복합체적 사고는 생각 발달의 새로운 단계를 나타내며 어린이 삶에 있어 대단히 중요한 전진이다. 어린이는 유사한 대상들을 통합하기 시작하고 대상들 속에서 발견할 수 있는 객관적 연결의 법칙에 따라 그들을 결합시킨다.

5-5-6] 이 과정에서 어린이는 어느 정도는 자기중심성을 극복한다. 주관적 인상이 아니라 대상들 사이의 실제 연결을 취한다. 어린이는 객관적 사고의 숙달로 향하는 결정적 발걸음을 내딛는다. 복합체적 사고는 연합성과 객관성을 지닌다. 그러나 청소년기에 획득되는 개념적 사고의 연합성과 객관성과는 여전히 다르다.

5-5-7] 복합체는 개념과는 전혀 다른 법칙에 의해 형성된다. 어른의 말 역시 복합체적 생각의 흔적을 많이 가지고 있다. 어른의 말에서 복합체적 생각의 기본 구조를 잘 보여 주는 예는 가족의 성姓일 것이다. 어떤 의미에서 복합체 단계의 어린이는 가족 성의 방식으로 생각한다고 할 수 있다. 복합체는 개별 대상을 그 안에 편입시킨다.

5-5-8~9] 복합체는 추상적 논리적 연관이 아니라 개별적 요소의 연관에 기반하여 구성된다. 복합체적 사고는 개인의 경험적 연관들에 기초를 둔다. 경험적 유사성에 기초를 두면서 집합으로 통합한 것이다. 복합체의 중요한 특징은 추상적-논리적 사고가 아니라 구체적-경험적 측면에서 일어난다는 점이다.

5-5-10~12] 개념에서의 일반화와 복합체에서의 일반화는 다르다. 개념은 단일한 특성에 의거해 일반화되지만 복합체는 다양한 사실적 특징들에 (일반화의) 기반을 둔다. 개념은 단일하고 필수적이고 한결같은 연관을 반영하는 반면 복합체 내에서의 연관은 경험적·우연적·구체적이다. 즉, 복합체에서의 연관들은 이질적이다. 반면 개념에서는 동일한 기준을 토대로 형성된다.

5-5-13] 복합체는 다섯 가지 유형을 지닌다(연합적 복합체, 수집체-복합체, 사슬복합체, 분산복합체, 의사개념).

5-5-14~15] 첫 번째 유형은 연합적 복합체이다. 핵을 중심으로 대상들 사이의 연상적 관계에 기반하기 때문이다. 어린이는 이 핵을 중심으로 아무리 다양한 대상들도 구성 요소로 하여 복합체를 채울 수 있다(같은 색깔, 형태, 크기 등 어린이의 주의를 끄는 모든 특징).

5-5-16] 핵과의 이러한 연합은 무질서하고 일관성이 없으나 이러한 다양성은 실제의 연관들을 기반으로 한다.

5-5-17] 이 단계의 어린이에게 말은 더 이상 각자의 이름을 갖고 있는 개별 사물들을 지칭하는 수단으로 기능하지 않는다. 특정 사물을 어떤 명칭을 이용해 지칭하는 것은 어린이에게 그것과 연관된 특정 복합체와 연결하는 것을 뜻한다. 사물의 이름을 말하는 것은 가족의 성을 부여하는 것이다.

5-6 복합체적 사고의 두 번째 유형: "수집복합체"

5-6-1~2] 복합체의 두 번째 국면은 사물의 실제 이미지를 특별한 그룹으로 모으는 것을 통해 형성된다. 이 그룹은 흔히 수집품이라 불리는 것을 연상시킨다. 이들은 단일한 전체를 형성하는데 서로 다르지만 상호 보완적인 부분으로 이루어진다. 수집체를 이용한 구성 요소들 간의 상호 보완과 상호 결합이 특징이다.

5-6-3] 연합적 복합체와 다른 점은 같은 특징을 지닌 두 대상이 발견되지 않는다는 점이다. 각 그룹을 대표하는 표본은 그룹당 하나만 선택된다. 유사성에 따른 연합보다 대조에 따른 연합을 형성한다. 어린이는 연합에 의해 서로 다른 속성을 연결시키면서도 상이한 특징에 근거해 수집체를 형성한다(컵, 받침 접시, 숟가락, 포크, 나이프 등).

5-6-4] 이 국면은 장기간에 걸쳐 안정적으로 나타난다. 이 국면은 어린이의 구체적·시각적·실제적 경험에 깊은 뿌리를 둔다. 어린이는 서로 간에 상호 보완하는 집합체를 다룬다. 직관적 경험을 통해 어린이가 습득하는 구체적 인상의 가장 흔한 일반화 형태는 실제적 관점에서 중요성을 가지고 기능적으로 상호 연관된 대상들을 수집체에 넣는 것이다.

5-6-5] 이에 따라 말로 하는 생각에서도 수집적 복합체를 구성한다. 더 나아가 이 유형은 성인의 생각에서도 지극히 중요한 역할을 하는데 특히 신경생리학적·정신적 환자들의 경우 더욱 그렇다. 어른이 접시나 옷에 대해 발화할 때 그가 생각하는 것은 추상적 개념이 아니라 수집체를 형성하는 일단의 사물인 경우가 자주 있다.

5-6-6~7] 연합적 복합체가 대상들 사이의 반복적·지속적 유사성에 기반을 둔다면 수집체는 어린이의 직관적 경험과 실제 활동에서 확립된 사물들 사이의 연결에 기반을 둔다. 수집체는 단일한 실제적 조작에서 사물들의 기능적 협력을 토대로 대상들을 일반화한 것이라고 말할 수도 있다.

5–7 복합체적 사고의 세 번째 유형: “사슬복합체”

5-7-1] 실험적 분석에 의하면 수집복합체 뒤에 사슬복합체를 두어야 한다. 사슬복합체는 개념 정복을 위한 과정에서 필수 불가결하다.

5-7-2~3] 사슬복합체는 고립된 요소들을 통합된 사슬로 역동적·일시적으로 통합하는 원리와 고리를 통해 의미를 이동시키는 원리로 구성된다. 어린이는 기준 물체에 대해 연상적 연관에 의해 하나 또는 여러 개의 대상을 선택하고 계속해서 대상을 선택함으로써 통합된 복합체를 형성한다. 그러나 이 선택은 앞에서 선택된 대상의 부차적인 특징들에 따라 좌우된다(노란 삼각형 → 모서리나 각 → 나중엔 파란색의 대상 → 원이나 반원의 둥근 대상: 한 특

징에서 다른 특징으로의 끊임없는 전이).

5-7-4~5] 동일한 방식으로 낱말의 의미도 사슬복합체의 연결에 따라 전달된다. 이 유형의 특징은 선행하는 고리와의 연결 양식이 후속하는 고리의 관계와 완전히 다를 수 있다는 것이다. 구체적 요소들 사이의 연합적 연관에 의지하지만 꼭 기준 대상과 관련짓는 것은 아니다. 사슬의 각 고리는 연결 속에 삽입되는 순간 기준 물체와 어깨를 나란히 하는 멤버가 된다.

5-7-6] 우리는 복합체적 생각의 지각적-구체적, 심상적 특성을 알 수 있다. 연합적 특성에 의해 복합체에 편입된 대상은 편입된 (특정) 자질의 운반자가 아니라 모든 구체적 특성을 지닌 채 들어가는 것이다(즉 추상화되지 않는다는 것). 어린이는 단일한 특징을 추출해 내지 않으며 어떤 특정한 역할을 수행하지도 않는다. 많은 속성 중 하나가 될 뿐이다.

5-7-7] 여기서 복합체적 생각과 개념적 생각을 일반적으로 구분하는 기본 특징을 감지하기 시작한다. 개념과는 반대로 복합체에서는 속성들 사이에 위계적 연결, 관계가 없다. 모든 속성들은 기능적 의미에서 원칙적으로 동등하다.

5-7-8] 사슬복합체 안에서는 구조적 중심이 전혀 없을 수도 있다. 사슬의 첫 번째와 세 번째는 전혀 공통점이 없을 수도 있는 것이다.

5-7-9] 이런 이유로 사슬복합체를 복합체적 사고 중 가장 순수한 형태로 볼 수 있다. 연합적 복합체와 같은 중심적 요소를 가지지 않기 때문이다.

5-7-10] 개념이 구체적 대상들의 상위어인 것과 달리 복합체는 상위어가 아니다. 복합체는 구체적인 대상들과 사실적으로 혼합된다.

5-7-11] 일반과 특수의 병합, 복합체와 그 요소의 병합은 복합체적 사고의 본질을 구성한다. 그 결과 복합체는 비규정적이며 유동적인 특징을 지닌다.

5-7-12] 사슬복합체에서 연결은 부지불식간에 교체되며, 연결의 특징과 유형 역시 변한다. 때로는 매우 적은 유사성과 아주 피상적인 접촉만으로도

사실적 연결에 충분할 수 있다. 그럴 경우 대상 간의 연결은 진정한 유사성보다는 모호한 인상에 기초할 수 있게 된다. 이러한 조건하에서 네 번째 국면인 분산(확산) 복합체가 나타난다.

5-8 복합체적 사고의 네 번째 유형: "확산(분산) 복합체"

5-8-1] 네 번째 유형의 복합체는 요소들과 복합체와의 연결이 확산적이고 부정확하며 유동적이고 모호하다는 특징을 지닌다. 그 결과 다양하고 비규정적인 연결을 통해 심상, 대상들의 무리를 재통합하는 복합체를 형성한다(예: 어린이는 기준 물체인 노란 삼각형에 삼각형만이 아니라 사다리꼴도 연결. 꼭짓점 잘린 삼각형 연상 → 사다리꼴 옆에 정사각형 → 정사각형 옆에는 육각형 → 반원 → 원. 색깔도 마찬가지[노란색-녹색-파란색-검정색]).

이는 대단히 흥미로운 것을 제시한다. 복합체적 생각에서 새롭고 본질적인 특성을 보여 주기 때문이다. 이는 경로의 부정확성과 한계가 없는 경계 확장이다.

5-8-2] 자손들이 하늘의 별과 바닷가의 모래알과 같이 번성하기를 꿈꾸었던 성서의 옛 부족들처럼 어린이의 확산복합체는 무한한 확장의 가능성을 가지는 대상들의 가족적 연합을 나타낸다.

5-8-3] 수집복합체가 살아 있는 개별 대상의 (경험에 기초한) 기능적 유사성을 기반으로 한 일반화로 나타난다면 분산복합체와 자연스럽게 연결되는 것은 경험의 바깥, 즉 생각 영역에서 형성된 일반화라 할 것이다(생각 영역의 도입!). 우리는 어린이의 경우 경험을 넘어 추론할 때 어른들이 이해하기 힘든 무수한 뜻밖의 조합, 과도한 비약, 대담한 일반화, 확산적 전이가 일어남을 알고 있다.

5-8-4] 이를 통해 어린이는 변별적 특징들이 변화, 동요하며 미묘한 분산

적 일반화의 세계로 들어선다. 여기엔 명백한 경계, 경로가 없이 무한한 복합체가 지배하며 연결의 무궁무진성은 우리를 놀라게 한다.

5-8-5] 여기서 주의 깊게 살펴보아야 할 점은 원칙이 제한적인 구체적 복합체의 원칙과 동일하다는 점이다. 둘 모두 어린이는 상이한 대상들 간의 구체적 심상, 경험적 연결을 초월하지 못한다. 다만 분산복합체에서 특별한 것은 어린이의 실제적 지식을 넘어서는 것들을 통합한다는 것이다.

5-9 복합체 단계의 마지막 국면: "의사개념"

5-9-1] 의사개념은 개념 발달의 과거와 미래를 모두 비추어 준다. 한편으로는 복합체적 생각 발달 단계의 마지막 국면으로서 기존의 복합체 국면들을 명료화하고 다른 한편으로는 새로운 단계(개념 단계)에 이르는 다리 구실을 하기 때문이다.

5-9-2] 우리는 이 유형의 복합체를 의사개념이라고 지칭하고자 한다. 의사개념은 외형상 어른이 사용하는 개념과 유사하지만 그 본질과 심리적 특성은 완전히 다르다.

5-9-3] 의사개념은 발생적 성질과 그것을 출현시키고 발달시키는 조건들, 그리고 그 기저에 놓인 역동적 인과 관계로 볼 때 개념이 아니며 복합체이다(즉 외적으로는 개념이지만 내적으로는 복합체, 그래서 의사개념).

5-9-4~6] 추상적 개념을 써서 일련의 대상들을 기준 물체에 따라 분류할 때 어린이는 의사개념을 형성한다. 예를 들어 삼각형을 고르라고 할 때 어린이는 기준 대상인 노란 삼각형에 모든 삼각형을 연결한다. 어린이의 이러한 무리 짓기는 삼각형에 대한 개념이나 관념을 기반으로 한 것이 아니라 대상들 사이의 구체적인 연관, 연합적 유사성을 토대로 대상들을 분류한 것일 뿐이다. 어린이는 제한된 연합적 복합체를 구성한 것이며 다른 길을 통

해 같은 지점에 도달한 것이다(삼각형의 개념은 잘 모르지만 삼각형을 고를 수 있다).

5-9-7~8] 이런 유형의 복합체와 구체적 사고가 어린이의 실제 생각을 지배한다.

5-10 의사개념의 성격과 역할

5-10-1] 전 학령기 복합체의 단계에서 의사개념은 가장 광범위하고 지배적이며 배타적이다. 이는 (말의) 기능적 의미와 관련이 깊다. 유년기의 복합체적 단계에서 말의 의미는 어린이 자신이 그리는 선이 아니라 성인의 말속에 이미 부여된 의미들에 의하여, 즉 미리 결정된 방향에 따라 결정된다.

5-10-2] 오직 실험 상황에서만 어린이는 낱말의 정해진 의미에서 자유로울 수 있으며 의미를 지닌 말들을 서서히 주입시켜 자신의 자유로운 판단에 따라 복합체적 일반화를 할 수 있다. 이 실험은 세상 속 언어의 지배를 받지 않을 경우 어린이들의 언어가 어떻게 나타나고 어떤 일반화를 이루어 낼지 보여 준다.

5-10-3] 이 같은 조건적 상황을 반대하는 의견이 있을 수 있다. 실제로 어린이는 성인의 말로부터 자유롭지 않기 때문이다. 그러나 이 실험을 통해 우리는 말의 안내적 영향력에 상관없이 자유롭게 일반화할 경우 일어나는 일만이 아니라 어린이가 일반화를 이루어 가는 데 사용하는 실질적이고 지속적인 활동 규칙을 알 수 있다. 어린이의 사고 과정은 의미가 정해진 말의 지배를 받지만 활동의 기본 법칙은 변하지 않는다.

5-10-4] 사람들의 말은 이미 확립된 의미를 통해 어린이의 일반화 과정이 발달하는 길을 사전에 결정한다. 어린이의 개인적 행위들을 제한하고 특정 경로로 좁혀 가도록 유도한다. 어린이는 이렇게 미리 정해진 길을 가면서도

고유한 방식으로 사고한다. 어른들은 어린이 일반화의 경로를 결정할 수 있지만 자신들의 사고방식을 전해 줄 수는 없다. 어린이는 성인으로부터 이미 정교화한 말을 획득하지만 이들을 구체적 대상과 복합체로 (생각하고) 표현할 수밖에 없다.

5-10-5] 어린이는 어른의 사고를 즉시 자기 것으로 흡수하지 못하며 어른들의 산출물과 비슷한 결과물을 습득할 뿐이다. 이러한 결과물은 어른과 완전히 다른 지적 작용을 통해 습득하며 이를 우리는 의사개념이라 부른다.

5-10-6] 그러나 성인과의 실용적 일치와 내적 차이라는 이중성을 어린이 사고 과정에서 나타나는 부조화나 불일치의 산물로 바라보는 것은 큰 실수이다. 그것은 관찰자의 눈에만 존재하며 어린이 자신에게는 복합체, 즉 의사개념이 존재하는 것이다.

5-10-7~8] 사고의 최종 산출물의 (실용적) 일치 때문에 연구자들은 실제로 다루고 있는 것이 복합체적 사고인지, 개념적 사고인지 구별하기 어렵다. 세 살짜리 사고와 성인의 사고 간에 관찰되는 표면적 유사성, 어린이와 성인 간의 구어적 의사소통과 상호 이해를 가능하게 하는 의미들 사이의 실용적인 일치, 복합체와 개념 간의 등가성 등 때문에 어린이의 사고와 어른의 사고를 같은 것으로(단지 능숙함의 차이만 존재하는 것으로) 인식하도록 만들었다. 그 같은 잘못이 어디서 비롯되었는지는 명백하다. 어린이는 어린 나이에 많은 수의 낱말을 자기 것으로 만드는데 그러한 낱말이 지시하는 바는 어른과 동일하다. 이로 인해 낱말 의미의 발달이 처음과 끝이 동일하며 이미 존재하는 의미가 처음부터 주어지고 따라서 발달의 여지가 없는 것으로 착각하게 만든다(어린이가 낱말을 습득하는 순간 의미 발달은 끝).

5-10-9] 외적 유사성에만 근거한다면 의사개념은 고래가 물고기처럼 보이는 것만큼이나 진정한 개념과 유사해 보인다. 그러나 동물들의 지력에 대한 '종의 기원' 이론을 받아들인다면 의심할 여지없이 의사개념은 '복합체로 생각하기' 범주에 해당한다. 이는 고래가 포유류로 분류되는 것과 마찬

가지이다.

5-10-10] 의사개념은 이름에 나타나듯 내적 모순을 포함한다. 이 모순은 한편으로는 과학적 분석의 장애물이 되기도 하고 다른 한편으로는 어린이 생각 발달 과정 중 가장 중요한 요인으로 발생론적 중요성을 부여한다. 모순의 본질은 의사개념의 형태로 복합체가 존재한다는 것이다. 기능적 측면에서는 차이를 의식하지 못하는 한 개념과 등가물이다.

5-10-11] 우리는 한편으로는 실용적 관점에서 개념과 등가물인 복합체를 다루게 된다. 그것은 어떤 작가가 비유했듯이 "결코 개념에 대한 단순한 의사표시라고 이해될 수 없는 이미지이다. 그보다는 오히려 어떤 그림, 즉 개념을 나타내는 내면적 스케치 혹은 그것에 관한 짧은 이야기이다." 다른 한편으로는 복합체, 즉 진정한 개념과는 전혀 다른 규칙에 근거한 일반화를 다룬다.

5-10-12] 어린이는 자신의 복합체를 마음대로 만들어 내지 않는다. 어린이는 낱말의 의미를 선택하는 것이 아니라 어른들의 말을 해석하는 과정에서 이미 형성되어 있는 의미를 익힌다. 그는 복합체들에 포함될 개별의 구체적 요소들을 자유롭게 선택할 수 없으며, 자유롭게 통합할 수도 없다.

5-10-13] 그는 낱말의 의미를 어떤 대상에서 다른 대상으로 전이시키며 복합체에 포함되는 대상들의 범위를 넓혀 나간다. 그들은 복합체를 구성할 때 자의적으로 하는 것이 아니라 성인의 말을 흉내 내며 사회적으로 확립된 객관적인 정의들을 자기 것으로 흡수하는 것이다. 즉 일상적인 낱말이나 명칭들에 의해 이미 형성, 분류된 것을 발견하는 것이고 그렇기 때문에 의사개념과 성인개념이 일치하게 된다. 이것이 의사개념이 존재하게 되는 이유이다.

5-10-14~15] 의사개념이 어린이 사고의 주요 형태가 아니라면 어린이의 복합체와 어른의 개념은 전혀 상반된 방향으로 치달을 것이다. 즉 어린이와 성인은 생각이 겹쳐지는 복합체-개념에서 서로 접촉하기 때문에 상호

소통이 가능하다. 이에 따라 의사개념에 막대한 기능적 중요성을 부여할 수 있다.

5-10-16] 어린이의 발달 초기부터 말은 어른과의 의사소통과 상호 이해의 수단이 된다. 의사소통과 상호 이해라는 기능적 요인이 없다면 어떠한 소리의 복합도 의미의 전달자가 될 수 없으며 어떤 종류의 개념도 형성되지 못할 것이다.

5-10-17] 어린이와 어른과의 언어에 의한 상호 이해는 아주 일찍부터 이루어지며 충분히 발달된 개념은 어린이 사고에서 늦게 발달한다.

5-10-18] 우즈나드즈는 "분명한 것은 충분히 발달된 개념 상태에 미처 이르지 못한 말들이 개념의 기능을 취하여 화자들 사이의 의사소통의 수단으로 작용할 수 있다는 것이다."라고 말하였다. 개념의 늦은 발달과 구어적 이해의 이른 발달 사이의 모순은 의사개념에서 진정한 해답을 찾게 된다.

5-10-19] 우리는 어린이의 복합체적 사고가 지닌 원인과 의미를 밝혀낼 수 있었다. 남은 일은 마지막 단계가 갖는 포괄적 의미에 대한 의견을 말하는 것이다. 의사개념이 갖는 이원적인 기능적 본질에 비추어 볼 때 의사개념의 발생론적 의의를 충분히 이해할 수 있다. 의사개념은 복합체적 사고와 개념적 사고의 연결고리가 된다. 이는 어린이들이 개념을 형성해 가는 과정을 보여 준다. 내적 모순 덕택에 의사개념은 복합체임에도 불구하고 그 안에 발전해 나갈 미래의 개념의 핵을 내포하고 있다. 성인과의 의사소통은 어린이 개념 발달의 강력한 추진력이며 불가결한 요인이다. 복합체에서 개념적 생각으로의 이행은 부지불식간에 이루어지는데 이는 의사개념이 이미 실용적으로는 성인의 개념과 일치하기 때문이다.

5-10-20] 이러한 발생론적 상황이 갖는 특수성은 이 시기에 어린이가 개념에 대해 의식적으로 인식하기에 앞서 개념들을 실제로 사용하고 다루기 시작한다는 사실에 기인한다. 그 자체로서의 개념과 타인을 향한 개념은 자기 자신을 향한 개념 이전에 발달한다. 그 자체로서의 개념과 타인을 향한

개념은 이미 의사개념 속에 존재하며 진정한 개념 발달을 위한 기본적인 발생론적 필수조건이다.

5-10-21] 의사개념은 어린이 복합체적 사고 발달에서 특별한 국면으로 간주된다. 그것은 어린이들에게서 나타나는 구체적이며 시각적-외형적 사고의 영역과 추상적 사고의 영역을 잇는 다리를 나타낸다.

5-11 실험 데이터와 실제의 변증법적 결합을 통한 분석과 설명

5-11-1~2] 우리는 다양한 형태의 복합체적 사고를 분석하면서 하위 수준과 상위 수준 복합체의 윤곽을 명료하게 하였다. 관련들 사이 통일성의 부재, 위계성의 부재, 관계 저변의 구체적-객관적 특성, 일반에서 구체로, 구체에서 일반으로의 관계 그리고 복합체적 일반화를 지배하는 법칙 등의 모든 고유성이 논의되었다. 그러나 앞서 서술된 것으로부터 잘못된 결론을 도출할 수 있는 실험적 분석의 일부 특징에 주의해야 한다.

5-11-3] 실험을 통해 추출된 개념 형성 과정은 결코 실제 발달의 과정을 거울에 비추듯이 완전히 재현할 수 없다. 그러나 이는 약점이라기보다 강점이다. 실험은 개념을 형성하는 발생적 과정의 정수(실제적 경로)를 추상적 형태로 나타낼 수 있도록 하며 어린이의 실제 삶에서 이해할 수 있는 단초를 제공한다.

5-11-4~5] 변증법적 생각은 지식을 얻는 데 있어 논리적 방법과 역사적 방법을 서로 대립시키지 않는다. 논리적 방법은 우연적인 요소를 쳐냈을 뿐이다. 논리적 방법의 경로는 역사적 과정이 추상화되고 일관된 형태로 반영된 것일 뿐이다. 이러한 방법론을 적용하면, 발달의 관점에서는 각 순간이 가장 성숙한 단계와 고전적인 형태로 고려될 수 있다. 앞서 열거한 구체적 생각의 기본적 형태들 역시 고전적이고 순수하며 논리적 한계까지 밀고 간

형태들을 나타낸다. 발달의 실제 경로에서 이러한 생각 형태들은 복잡하고 혼합된 형태로 나타난다. 논리적 서술은 개념 발달의 실제 경로를 추상적으로 반영한 것이다.

5-11-6] "따라서 실험 분석에 의해 나타난 개념 발달의 가장 중요한 순간들은 역사적 관점에서 조망해야 하고, 어린이 생각 발달(개념 발달)의 실제 과정에서 일어나는 가장 중요한 단계를 반영하는 것으로 간주되어야 한다. 역사적 평가는 개념을 논리적으로 이해하는 열쇠이다. 발달적 관점은 과정을 전체적으로 밝히면서 개별 순간 각각을 명확히 하는 출발점이다."(크뤼거)

5-11-7~8] 발생학적 분석 없이 복잡한 정신적 형성과 현상의 형태학적 분석은 불완전하다(크뤼거). 순수하게 형태론적인 연구는 정신 형성 조직과 분화가 복잡해질수록 더더욱 불가능해진다. 발생적 과정의 여러 조각들을 비교 분석할 때만 심리 구조의 실제적 구성과 내적 연관을 밝힐 수 있다.

5-11-9~10] 발달(과정의 탐구)은 고차원적 형태를 이해하는 열쇠이다. 게젤은 다음과 같이 밝힌다. "현재의 모든 발달은 과거 발달에 기반을 두고 있다. 발달은 유전의 X요인과 환경의 Y요인의 단순한 결합이 아니다(인위적 이원론). 각 단계에서 과거에 포함된 것을 선택하는 역사적인, 복잡한 이야기다. 환언하면 환경과 유전의 인위적인 이원론은 그릇된 길로 인도했다. 그것은 발달이 두 개의 줄로 조정되는 인형이 아니라 연속적이고 독립적으로 결정되는 과정이라는 것을 숨긴다."

5-11-11] 그런데 한편으로 실험적 분석은 필연적으로 기능적이고 발생적 분석으로 인도한다. 따라서 형태론적 분석을 한 후에 실제 발견한 생각 형태를 상응시키는 노력을 해야 한다. 다른 한편으로는 실험적 데이터를 이용하여 생각 발달의 실제 과정을 명확히 해야 한다. 이렇게 실험과 발생학적 분석을 결합함으로써 형태론적 분석을 극복하고 복합체들의 실세 기능적인 의미와 실제 발생론적 구조에 대한 연구로 옮겨 갈 수 있다.

5-11-12] 우리 앞에 열린 과업은 형태론적이고 기능적인 그리고 실험적이고 발생적인 분석을 한데 모으는 것이다. 실험적 분석으로 얻은 데이터는 실제 발달의 데이터에 의해 입증되어야 하고 동일하게 개념 발달의 실제 경로는 실험적 데이터를 통해 밝혀져야 한다.

5-12 복합체적 사고의 실제 사례: 어린이의 낱말

5-12-1] 개념 발달의 두 번째 단계의 근본적 결론은, 복합체적 사고 단계에 있는 어린이는 낱말의 의미를 두고 동일한 대상에 대해 생각하지만 어른(개념적 사고)과는 다른 방식, 다른 양식, 다른 지적 조작을 통해 생각한다는 것이다.

5-12-2] 이 이론이 옳다면 그것을 기능적으로 증명해야 할 것이다. 복합체적 사고와 개념적 사고가 다르다면 활동 역시 다른 방식으로 나타날 것이다. 이를 우리는 어린이 심리 연구와 원시적 생각에 대한 연구에서 확립한 데이터를 우리 연구 결과와 비교하여 입증할 것이다.

5-12-3] 어린이 생각의 발달에서 주의할 만한 첫 번째 현상은 첫 번째 낱말의 의미가 순수하게 연합적인 경로를 통해 전이된다는 잘 알려진 사실이다. 여기서 어떤 대상 집합이 포함되고 어떻게 결합하는지 알 수 있다면 우리가 제시했던 연합적 복합체와 혼합적 심상이 섞여 있음을 볼 수 있을 것이다.

5-12-4] 아이델버거 연구 사례를 보자. 태어난 지 251일 된 아이델버거의 아들은 '바우-바우'라는 낱말을 갖고 놀고 싶은 도자기 인형을 가리키는 데 사용-307일째에는 동일한 단어를 개와 조부모의 초상화, 목마, 벽시계를 가리키는 데 사용-331일째에는 개 머리 모양 장식이 달린 스카프, 장식 없는 스카프 지칭-334일째에는 부르면 소리 나는 인형 지칭-396일째에는 아빠

의 소매 단추 지칭-433일째에는 드레스의 진주 장식, 욕조의 온도계를 지칭하는 데 사용한다.

5-12-5] 이에 대해 베르너는 바우-바우로 지칭한 여러 대상을 다음과 같은 방식으로 정렬할 수 있다고 결론지었다. 먼저 진짜 개와 개 인형-고무 인형이나 인형 형태에 포함되는 작은 물체(욕조 온도계)-단추나 작은 물체(진주 구슬). 이 분류는 타원형의 형태(눈을 연상시킴)와 빛나는 표면을 토대로 이루어진다.

5-12-6] 이처럼 어린이는 복합체의 원칙에 따라 각각의 구체적 대상을 무리 짓는다는 것과 어린이 낱말의 첫 번째 장은 이러한 유형의 자연적 복합체로 가득 차 있음을 볼 수 있다.

5-12-7] 또 다른 예는 어린이가 '쿠아'라는 낱말을 처음에는 연못의 오리-그 다음은 모든 액체-그런 후에는 우유병 속의 우유를 지칭하는 것이다. 어느 날 이 어린이는 독수리 문양이 들어간 동전을 지칭하고 그 이후엔 동전을 연상시키는 모든 둥근 물체를 지칭한다. 여기서 우리는 각 대상이 다른 요소와 공통적인 특징을 가질 때에만 복합체 내에 포함되고 대상을 연결하는 특징이 무한히 변화할 수 있는 사슬복합체의 전형적인 사례를 본다.

5-12-8] 어린이의 복합체적 사고는 동일한 낱말이 서로 다른 상황에서는 다른 의미를 가지며 다른 대상을 지칭할 수 있다는 특징을 지닌다. 심지어 두 대상이 완전히 반대되는 의미를 나타내더라도 포크와 나이프 같이 어떤 관련이 있다면 동일한 낱말로 그들을 지칭한다.

5-12-9] 어린이가 '앞'이라는 낱말을 '앞'뿐 아니라 '뒤'를 나타내는 데 사용하거나 전날과 다음 날 모두 '내일'이라는 낱말로 사용하는 것은 고대 언어 연구에서 나타나는 것과 매우 유사하다. 두 개의 상반된 의미를 같은 단어가 나타내는 것이다. 고대 로마인들은 같은 낱말로 높다와 깊다를 나타내었다. 하나의 낱말에 반대되는 의미를 짝짓는 것은 복합체에 편입되는 대상이 스스로를 상실하지 않고 모든 구체적 독립성을 보존하면서 편입될 때 가

능하다.

5-13 복합체적 사고의 실제 사례: 원시인과 정신분열증 환자의 '융즉'

5-13-1] 어린이의 생각은 복합체적 사고를 기능적으로 증명하는 데 탁월한 수단이며 대단히 흥미로운 특징을 보여 준다. 앞서 제시한 어린이들보다 조금 더 높은 발달 단계에 있는 어린이들에게 있어서 복합체적 생각은 이미 의사개념의 특징을 취한다. 그러나 의사개념은 특성상 복합체이며 표면상의 유사성에도 불구하고 실제 작용의 모습에 있어서는 개념과 구별된다.

5-13-2~5] 상당히 오래전부터 연구자들이 인지한 흥미로운 생각 특징이 있다. 레비 브륄이 원시사회와 관련 제일 먼저 기술하고, 스토크가 정신병 환자와 관련하여, 그리고 피아제가 어린이들과 관련하여 기술한 '융즉'이라는 현상이다. 이 용어는 "원시적 사고에서 부분적으로 일치하는 두 대상, 현상들이 그 둘 사이에 어떤 공간적 접촉이나 이해 가능한 결합이 없는데도 마치 이들이 서로 간에 영향을 미치는 것과 같은 관계가 확립되는 것"을 의미한다. 피아제는 어린이 생각에서 논리적 관점에서는 전혀 이해가 불가능하고 객관적 연결이 전혀 없는데도 상이한 대상과 행동들을 연결하는 융즉의 사례가 나타난다고 보았다. 레비 브륄은 원시 부족의 생각에서 융즉의 사례로 보로로라는 브라질 북부의 한 부족이 자신들과 붉은 앵무새를 동일시하는 것을 들었다. 스토크 역시 정신병 환자에게서 동일한 융즉 현상을 밝혀낼 수 있었다.

5-13-6~7] 융즉 현상 그 자체에 대해서는 설득력 있는 심리학적 설명이 부재한데 이는 첫째, 연구자들이 현상적 측면만을 독립적인 특성으로 연구하면서 그러한 연합을 만들어 내는 기능들과 생각의 형태, 지적 작용들을 무시했기 때문이다. 즉 결과물만을 연구함으로써 원시적 사고의 결과 그 자

체가 신비하고 불명료한 성격을 가지게 된 것이다.

5-13-8] 두 번째 문제는 융즉 현상을 연구하면서 원시적 생각에 대한 지식을 충분히 교류하지 않았기 때문이다. 연구자들은 일상적 생각에서 이탈된 특이한 현상이 나타날 때 주목하였다. 자신이 붉은 앵무새라는 보로로족의 주장이 너무도 터무니없었기 때문에 연구자들의 주의를 끌었던 것이다.

5-13-9~11] 그러나 겉으로 보기에 크게 이상하지 않은 원시적 생각들을 분석해 보면 둘 모두 본질적으로 동일한 복합체적 사고 기제가 자리 잡고 있음을 확인하게 된다. 융즉은 복합체적 사고의 산물임이 명백하다. 개념적 사고에서는 불가능한 대상들 간의 연합과 연관이 복합체적 사고에서는 나타난다.

5-13-12] 실험적 연구에서 우리는 한 대상을 둘 이상의 복합체에 포함시킴으로써 한 대상이 여러 명칭을 가지게 되는 융즉 현상을 자주 관찰할 수 있었다. 융즉은 예외적인 것이 아니라 오히려 복합체 사고에서는 일반적이다. 원시적 사고에서 융즉이 드러나지 않는다면 그것이 기적일 것이다.

5-13-13~14] 원시 부족의 융즉을 이해하는 열쇠는 원시적 생각의 특성이 복합체 유형과 같으며 그들의 언어에서 낱말이 기능적으로 완전히 다르게 적용, 사용된다는 사실에 있다. 여기서 낱말은 단순히 개념을 만들고 전달하는 수단이 아니라 사실적 유사성에 따라 결합된 대상들의 모임을 지칭하는 가족의 성과 같은 역할을 한다. 이러한 유형의 복합체적 생각은 어린이에게와 같이 여러 복합체들의 엮음을 낳을 것이며 이는 다시 융즉을 만들어 내게 된다. 이러한 생각 과정의 토대에는 시각적 그룹이 놓여 있다. 융즉은 인간 지성 발달의 특정한 역사적 단계를 특징짓는 말과 생각의 고유한 결합 방식에 기초한다고 할 수 있다.

5-13-15] 정신분열증 환자 역시 그러한 복합체적 특징을 지닌다. 스토크는 다음과 같이 말한다. “그들은 모두 생각의 원시적 단계와 연관이 있다는

점에서 하나의 공통된 특징을 갖는다. 이 환자들의 생각에서 개별적 관념들은 복잡한 집합적 속성 속에서 연결되어 있다." 정신분열증 환자는 개념적 사고에서 원시적 사고로 퇴행하는데 뷜러에 따르면 이 단계는 심상과 상징의 풍부한 사용으로 특징지어진다. 스토크는 "원시적 생각의 가장 변별적인 특징은 아마도 추상적 개념 대신 완전히 구체적인 심상이 사용된다는 점일 것이다."라고 말한다.

5-13-16~17] 투른발트가 원시 부족의 생각의 기본 특징으로 간주한 것이 바로 이것이다. "원시 부족의 생각은 현상에 대한 집합적이고 미분화된 심상을 이용한다…… 그들은 대상이 현실에 나타나는 구체적인 심상만으로 생각한다." 분열증 환자에게서 사고 과정의 최전선에 나타나는 시각적이고 집합적인 형태들은 원시적 단계에서는 논리적 범주 구조를 대신하는 개념과 유사한 심상들이다. 따라서 정신병자, 원시 부족, 어린이 생각에서 관찰되듯 융즉은 생각 발달의 원시적 단계가 나타내는 일반적 징후이며 특히 복합체적 생각의 징후이다. 세 가지의 특수성을 감안해도 마찬가지이다. 복합체적 생각의 기제와 낱말을 가족의 성처럼 이용하는 기능적 사용이 이 현상이 뒷받침한다고 보인다.

5-13-18] 이런 이유로 융즉에 대한 레비 브륄의 해석은 옳지 않다. 자신들을 붉은 앵무새라고 주장하는 보로로 사례를 레비 브륄은 우리 자신의 논리에서 취한 개념을 사용하였기 때문에 보로로들이 존재의 동일성으로 이해하고 있다고 가정한 것이다. 그러나 보로로족에게 낱말은 개념을 전달하는 것이 아니라 구체적 대상을 지칭하는 가족적 성을 나타내는 것이므로 그들에게는 완전히 다른 의미임이 분명하다. 그들이 붉은 앵무새와 자신들을 분류하는 데 사용하는 '아라라'라는 낱말은 새와 사람이 모두 연결되는 어떤 복합체를 의미한다. 두 사람이 같은 성을 지니며 서로 관계가 있다는 진술이 두 사람의 동일성을 나타내는 것이 아닌 것과 마찬가지로 그들에게 앵무새와 사람이 동일함을 나타내는 것은 아닌 것이다.

5-14 인류 언어의 역사에서 복합체적 사고의 예: 명칭 전이

5-14-1~2] 말의 역사를 돌이켜 보면 우리는 복합체적 생각이 그 특성들을 유지한 채, 말이 발달하는 토대가 됨을 알게 된다. 현대 언어학은 낱말의 의미, 표현과 그 객관적 지시 대상을 구분하는 것이 필수적이다(페터슨). 의미는 하나이지만 지칭 대상이 다양한 경우도 있고 반대인 경우도 있다. 우리가 '예나의 승리자'라고 하든지 '워털루의 패배자'라고 하든지 지칭되는 인물(나폴레옹)은 동일하다. 그러나 두 표현의 의미는 상이하다.

5-14-3] 어린이의 복합체적 사고에 이를 적용해 보면 어린이 낱말이 지칭하는 구체적 대상은 어른과 일치(낱말이 동일한 대상과 현상의 범위를 가리킴)하나 의미에 있어서는 일치하지 않는다.

5-14-4] 객관적 지시 대상의 일치와 의미의 비일치는 어린이 복합체적 사고의 가장 본질적인 특징이다. 어린이는 어른과 동일한 대상을 가리키며 그를 통해 어른과의 상호 이해가 가능하다. 그러나 어린이들은 동일한 내용을 다른 방식으로, 다른 절차에 따라 상이한 지적 작용의 도움을 통해 생각한다.

5-14-5~7] 동등한 공식이 발달과 언어심리학 일반에 온전히 적용될 수 있다. 낱말이 가리키는 지시 대상이 일치하기 위해서는 당연히 동일한 대상을 지칭해야 한다. 그러나 상이한 방식으로 지칭할 수 있다. 낱말 의미의 기저에 놓인 정신적 작용들은 일치하지 않지만 낱말들이 지칭하는 지시 대상이 일치하게 되는 전형적인 사례가 바로 '동의어'(러시아어에서 다른 두 단어는 동일한 대상인 '달'을 지칭하는데, 낱말 발달 역사에 새겨진 방식에 따라 한 낱말은 '형태의 변화, 전이'에서 유래되었고 다른 한 낱말은 '측정하다'에서 유래되었다)이다.

5-14-8] 우리는 어린이의 낱말과 어른의 낱말이 동일한 대상을 가리킨다는 의미에서 동의어(명명적 기능에서는 일치)라고 할 수 있지만 각각이 의지

하는 생각의 작용은 상이하다. 어린이와 어른 각각이 명명하기에 도달하는 절차와, 그들로 하여금 동일한 대상을 생각하도록 하는 작용, 그에 따른 낱말의 의미는 두 경우에 있어 확연히 다르다.

5-14-9] 정확히 동일한 방식으로 각기 다른 언어에서도 동일한 대상에 대한 명칭은 기능상 일치하지만 각 언어마다 상이한 기준에 따라 정해진다. 재단사를 뜻하는 러시아어는 '천 한 조각', '솔'에서 유래했지만 프랑스와 독일어에서는 '자르다'와 같이 다른 의미로부터 유래한다.

5-14-10] 이를 명제로 기술하기 위해서는 낱말의 의미에서 편의상 두 요소를 구분하는 것이 필요하다. 의미와 지시 대상을 지칭하는 기능의 구분이다.

5-14-11] 낱말의 의미와 대상 사이의 구분, 즉 의미와 명명 사이의 구분은 생각 발달의 초기 단계를 정확히 분석할 수 있도록 해 준다. 소르는 두 요소의 차이가 어린이 어휘에서 확연히 드러남을 관찰하였다.

5-14-12~13] 모든 언어에서 낱말 발달의 역사를 관찰하면 낱말은 어린이에게서 그러하듯 그 의미를 변화시킨다는 것을 보게 된다. 앞서 인용된 사례에서 '바우-바우'가 매우 다양하고 관련이 없어 보이는 일련의 대상 전체에 사용되는 것처럼 우리는 낱말의 역사에서도 그 같은 의미 전이를 발견한다. 이는 복합체적 사고의 기제에 의존한다(러시아어 'сутки'의 예: 처음에는 솔기[두 개의 천이 만나는 지점]-이후 이음새, 집의 구석, 두 벽이 만나는 지점-황혼, 낮과 밤이 교차하는 시점-낮과 밤[24시간]으로 변화). 이처럼 말의 역사적 발달에서 우리는 다양한 현상들이 공통된 시각적 특성에 따라 단일한 복합체로 결합되는 것을 본다. 어린이 역시 시각적 특징을 이용하여 상이한 대상들을 하나의 복합체 안에 결합시킨다.

5-14-14] "어원을 연구하기 시작하는 사람은 누구나 처음에는 어떤 대상의 명칭과 관련된 표현들이 가지는 단조로움과 시시함에 놀라게 된다."고 소르는 말한다.

5-14-15] (예: 돼지와 여성이 모두 '생명의 제공자'를 뜻하고 곰과 비버가 모두 '누렁이'로 불림……) 낱말들의 역사를 조사하면 우리는 개념들 사이의 논리적 연결이 아니라 어린이 생각과 동일한 특징을 가지는 구체적 복합체와 연결되어 있음을 알게 된다.

5-14-16] 러시아어 '소'는 뿔 달린 것을 뜻한다. 이 동일한 어근은 다른 언어에서 유사한 낱말을 낳았다. 이들은 뿔 달린 것을 지칭하지만 염소, 사슴 등이다. 쥐는 도둑을 뜻하고 황소는 '우는 것'을 뜻한다.

5-14-17] 이러한 단어군의 재통합 규칙을 찾는다면 우리는 논리적 관점이 전혀 중요하지 않은 변별적 특징에 따라 명명된다는 것을 알 수 있다. 이제 막 생겨나기 시작한 명칭이 개념이 되는 일은 없다. 논리적 관점에서 명칭은 너무 협의적이고 다른 한편으로는 너무 광의적이다. '뿔 달린 것'은 소의 전체를 가리키기에는 너무 협의적이고 동일한 명칭이 모든 일련의 대상들에 사용 가능하다는 점에서 광의적이다.

언어의 역사에서 우리가 개념적 생각과 복합체적·원시적 사고 사이의 지속적·연속적인 투쟁을 발견하게 되는 것은 바로 이 때문이다. 복합체적 양식으로, 특정한 변별적 특징에 의해 선택된 어떤 명칭은 그것이 묘사하는 개념과 모순되게 된다. 그 결과 명칭과 이미지 사이의 갈등이 뒤따른다. 이 이미지는 삭제되며 화자의 의식에서 망각되고 지워진다. 이에 따라 우리는 소리와 낱말의 의미인 개념 사이의 연결을 이해할 수 없게 된다.

5-14-18] 예를 들어 오늘날 러시아어 '창문'의 어원인 '눈'과의 연관성은 완전히 잊혀 있다(러시아어 창문 окно: 바라보는 장소, 빛이 생겨난 곳을 의미, 창틀뿐 아니라 무언가 연다는 개념을 아는 이는 없음. 그러나 유리판을 틀에 끼운 것을 지칭하는 데 окно이라는 단어를 사용하며 눈око이라는 어원론적 연관을 잊고 있음). 잉크는 검은 액체에서 유래했는데 오늘날 붉은색 잉크, 푸른색 잉크라는 단어 조합이 부조리하다고 해서 그러한 이름을 사용하지 못하는 것은 아니다.

5-14-19] 명칭의 전이를 연구한다면 우리는 명칭이 연상, 연속성, 유사성에 따라 전이됨을 본다. 즉 논리적 법칙이 아니라 복합체적 생각 법칙에 따르는 것이다. 오늘날에도 새로운 낱말을 만들어낼 때 광범위한 대상을 하나의 단일한 그룹에 복합체적으로 귀속시키는 사례가 매우 많음을 관찰할 수 있다.

5-14-20] 명칭 전이의 본질은 복합체적 생각의 법칙에 따르는 것으로 낱말이 수행하는 기능이 의미론적이지도, 해석적이지도 않다는 것을 알 수 있다. 여기서 낱말은 명명적 또는 지시적 기능을 수행한다. 낱말은 지시하고 사물에 이름을 붙이며 이 경우 낱말은 사고의 작용에 연결된 어떤 의미에 대한 기호가 아니라 감각적으로 감지된, 다른 사물과 연합적으로 연결된 사물에 대한 기호이다. 명칭은 대상과 연합적으로 연결되어 있으므로 그 전이는 다양한 연합에 따라 작용한다. 이러한 전이는 의미의 전이가 일어난 역사적 맥락을 정확히 알지 못하면 재구성할 수 없다.

5-14-21] 이러한 전이는 어린이 생각의 복합체와 마찬가지로 사실적·구체적 연결을 토대로 한다. 어린이가 어른의 언어를 이해할 때는 제시한 예시들과 유사한 과정이 진행된다고 할 수 있다. 어린이는 어른과 동일한 낱말을 발화할 때 대상은 동일하지만 떠올리는 것은 다르다. 한쪽은 예나의 승자를 떠올리지만 한쪽은 워털루의 패배자를 떠올린다.

5-14-22] 페테브냐에 따르면 언어는 자신을 이해하는 수단이다. 우리가 이해하는 방식과 다르게 어린이가 자신을 이해한다는 것을 분명히 할 필요가 있다. 어린이가 언어의 도움을 통해 수행하는 사고의 작용은 어른의 생각에서 수행되는 작용과 일치하지 않는다.

5-14-23] 첫 낱말은 개념에 대한 단순한 기호로 볼 수 없다. 그것은 이미지, 그림, 그에 대한 짧은 이야기에 가깝다. 사실 그것은 하나의 예술작품이다.

5-14-24] 우리가 한 대상을 위와 같이 그림/개념의 도움으로 명명할 때

우리는 그 대상을 특정한 복합체에 편입시키며 하나의 그룹에 통합시키는 것이다.

5-15 복합체적 사고의 실제 사례: 농아 어린이들과 어른들

5-15-1] 농아 어린이들의 경우 순수한 복합체적 사고의 예를 보여 준다. 의사개념 형성을 결정하는 근본적 원인이 결여되어 있기 때문이다. 의사개념은 어린이가 다양한 대상들을 자신만의 복합체로 마음대로 구성하는 것이 아니라, 어른의 말을 통해 이미 한정된 그룹이나 대상들과 연결하기 때문에 형성된다. 때문에 객관적인 지시성에 있어 어른과 상응한다. 어린이와 어른은 '개'라는 말을 서로 이해한다. 그러나 한쪽은 구체적인 복합체인 '개'를 떠올리는 반면 다른 한쪽은 추상적인 개념인 '개'를 떠올린다.

5-15-2] 농아들의 경우 어른들과의 음성적인 상호작용이 없기 때문에 이러한 요인은 그 영향력을 잃는다. 그 결과 복합체적 사고의 특성이 특히 명확하게 나타난다.

5-15-3] 따라서 농아의 언어에서 '치아'는 '희다', '돌' 그리고 '치아'의 세 가지 다른 의미를 가질 수 있다. 특정 의미와의 객관적인 관련성을 명확히 정의하기 위해서는 지시적이고 비유적인 제스처의 결합이 요구된다(예를 들면 먼저 치아를 지시하고 치아의 표면으로 주의를 이끌거나 팔로 던지는 행위를 함으로써 무엇과 연결되어 있는지를 표현한다).

5-15-4] 어른의 생각에서도 흥미로운 현상이 발견된다. 비록 어른은 개념을 획득하고 그 기반 위에서 생각이 작동하지만 모두 그러한 것은 아니다.

5-15-5] 꿈에서 발견되는 가장 원시적인 형태의 인간 사고를 보면 복합체적 사고의 원시적 기제인 구체적 이미지들의 혼합석 출현, 압축 그리고 이미지들의 교차 등을 관찰할 수 있다. 크리쉬머가 지적했듯이 꿈에서 관찰되는

일반화에 대한 연구는 원시적 생각을 이해하는 열쇠이다. 이는 생각에서의 일반화가 개념적 사고에서만 형성된다는 편견을 없애준다.

5-15-6] 옌쉬의 연구에서는 순수하게 구체적인 사고의 영역에도 특정한 형태의 일반화 또는 이미지 조합이 관찰되었는데 이는 개념에 상응하는 구체적인 유사물로 간주될 만하다. 옌쉬는 이를 유의미한 구성과 유동체라고 불렀는데 성인의 생각에서 우리는 개념적 생각으로부터 구체적이고 복합체적인 생각으로의 전이를 흔히 발견한다.

5-15-7] 의사개념은 어린이만의 독점적 성취가 아니며 일상생활에서 우리의 생각은 흔히 의사개념으로 일어난다.

5-15-8] 변증법적 논리의 관점에서 보면 우리 실생활의 살아 있는 발화에서 발견되는 개념들은 진정한 의미에서의 개념이 아니다. 그들은 사물의 일반적 표상들이다. 그러나 변증법적 의미에서 이러한 표상들이 복합체 또는 의사개념으로부터 개념으로의 이행적 단계라는 데에는 의심의 여지가 없다.

5-16 개념 발달의 두 번째 근원: 추상(최대 유사성의 추출)

5-16-1] 지금까지 기술한 어린이의 복합체적 생각은 개념 발달의 첫 번째 원천을 구성한다. 두 번째 근원은 개념 발달의 주요 단계를 구성하며 복합체와 마찬가지로 일련의 국면, 스텝들로 나뉜다. 의사개념은 복합체적 생각과 어린이 개념 발달에서의 두 번째 근원 사이의 전이적 단계를 구성한다.

5-16-2] 개념 발달 경로에 대한 우리의 설명은 실험이라는 인위적 조건에서 보여졌다는 것을 염두에 두어야 한다. 인위적 조건은 개념 발달의 논리적 연속성을 나타내지만 필연적으로 실제의 경로와는 달라진다. 이런 이유로 어린이의 실제 개념 발달의 단계, 국면의 순서는 그에 대한 서술과 일치

하지 않는다.

5-16-3] 우리는 발생적 경로를 따르면서 각각의 계기들을 가장 성숙하고 고전적인 형태로 나타내고자 했으며 이로 인해 복잡하고 꼬불꼬불하며 지그재그의 경로를 지닌 어린이 개념 발달의 실제 경로로부터 벗어나게 되었다.

5-16-4] 이 시점에서 우리는 실제로, 복합체적 생각이 그 발달의 전체 주기를 완성한 후에 세 번째 단계의 첫 번째 국면이 즉각적으로 시작되는 것은 아니라는 점을 지적해야 한다. 반대로 더 고차적 형태의 복합체적 생각, 즉 의사개념은 일상적 언어에 기초를 둔 일상적 생각에 존속하는 이행적 형태라는 것을 보았다.

5-16-5] 개념 발달의 기초적 시원은 의사개념보다 훨씬 선행한다. 그러나 논리적 본질에서는 두 번째의 독립적 근원을 나타내며 완전히 다른 발생적 기능과 역할을 수행한다.

5-16-6] 복합체적 생각 과정의 가장 특징적인 자질은 연결과 관계를 형성하는 계기를 획득하는 것이다. 이 단계에서 어린이의 생각은 지각된 개별의 대상들을 복합체로 모으고 그들을 특정한 그룹들로 다시 모음으로써 분산된 인상들의 재통합을 위한 기초적인 토대를 형성한다. 경험의 분산적인 요소를 일반화하는 길로의 첫걸음을 내딛는 것이다.

5-16-7] 그러나 개념은 그 자연스러운 형태에서 경험의 개별적 구체적 요소들의 재통합과 일반화만을 전제로 하지 않고 각 요소들의 추출, 추상, 분리와 이 요소들을 구체적이고 사실적인 연합의 틀 밖에서 바라볼 수 있는 능력도 전제로 한다.

5-16-8] 이러한 측면(분리, 분석)에서 복합체적 사고는 무능하다. 그것은 연관의 과잉과 과잉생산에 완전히 물들어 있으며 추상에 있어서는 매우 부족하다. 복합체적 사고를 통해 특징을 추출하는 과정은 매우 허약하다. 개념은 종합의 과정에 의지하는 만큼 동등하게 분석의 과정에 의지한다. 흩어

놓기와 한데 모으기는 개념 건설을 위해 필요한 내적 계기를 동일한 정도로 구성한다. 괴테의 유명한 표현에 따르면 분석과 종합은 들숨과 날숨같이 서로를 전제한다. 이는 사고 전체만이 아니라 각각의 개념 구성에 대해서도 동일하다.

5-16-9~10] 어린이 발달의 진정한 경로를 관찰한다면 우리는 독립된 형태로 복합체를 형성하는 발달 노선을 볼 수도 없고, 개별 단위로 분해하는 기능의 발달 노선도 발견할 수 없을 것이다. 그들은 융합된 형태로 합쳐져 있으며 우리가 두 개의 개별적 노선으로 나타내는 것은 오직 정확하고 과학적인 분석을 위해서다. 그럼에도 이 같은 분리는 임의적인 것이 아니다. 그것은 각각의 심리적 본질이 상이하기 때문이다.

5-16-11~12] 우리는 어린이 생각 발달의 세 번째 단계가 가지는 발생적 기능은 분해, 분석, 추상임을 보았다. 이 세 번째 단계의 첫 번째 국면은 의사개념의 그것과 엄청나게 유사하다. 이것은 요소들 사이의 최대한의 유사성이라는 토대 위에서 다양한 대상들을 재통합한다. 이러한 유사성은 완벽하지 않으며 대단히 흥미로운 상황을 부여한다. 어린이는 주어진 대상의 다양한 속성을 균등한 조건에 두고 주의를 기울이지 않는다. 기준 물체와 최대한의 유사성을 가진다고 해석되는 특징들은 어린이의 주의의 초점을 끌게 되고 그 결과 어린이 관심의 주변부에 남아 있는 다른 속성들로부터 분리와 추상의 과정을 겪는다. 우리는 여기서 어린이가 변별적 특징을 명확히 구분하는 것이 아니라 공통성이라는 모호한 인상을 바탕으로 대상을 무리 짓기 때문에(보통은 알아채기 힘든) 이 과정이 출현하는 것을 다소 명확히 관찰할 수 있다.

5-16-13] 그럼에도 어린이의 전체적인 지각에 간극이 생기고 벌어진다. 변별적 속성들은 이제 두 개의 평등하지 않은 부분으로 나뉘고 긍정적·부정적 추상이라는 두 개의 과정들이 확인된다. 구체적 대상은 이제 그 모든 특징과 모든 사실적 통합성을 유지하면서 일반화의 형태로 복합체에 편입되

지 못하며, 복합체에 들어가면서 그것은 그 요소들의 일부를 복합체의 문턱 밖에 버리고 빈곤해진다. 그러나 다른 한편으로는 대상이 복합체에 포함되는 토대로 기여한 속성들은 어린이 생각에서 특히 두드러지게 나타나게 된다. 최대한의 유사성이라는 토대 위에 생성한 이 일반화는 의사개념에 비해 더 빈곤한 동시에 더 풍요롭다.

5-16-14] 그것이 의사개념보다 풍요로운 것은 공통된 지각적 특징의 그룹에서 중요하고 본질적인 것을 분리함으로써 구성되었기 때문이다. 그것이 의사개념보다 빈곤한 것은 이 구성의 기반이 대단히 모호한 공통적 인상 또는 최대한의 유사성에 제한되기 때문이다.

5-17 잠재적 개념: 눈에 띄는 우월한 속성의 분리

5-17-1~2] 두 번째 국면은 잠재적 개념 단계라 할 수 있다. 실험에서 이 국면의 어린이는 대체로 단일한 공통 속성에 따라 일반화한 대상 그룹을 선택한다. 이 역시 얼핏 의사개념을 상기시키며 진개념으로 받아들여질 수 없다. 어른에서도 이 같은 현상이 나타난다. 잠재적 개념은 의사개념과 관련 있으나 특성상 본질적으로 다르다.

5-17-3] 진 개념과 잠재적 개념 구분 방식은 그로스에 의해 심리학에 도입되었다. 그로스에 의하면 잠재적 개념은 유사한 인상을 수용하는 것으로서 현실로 나타낼 때 습관적 행동 이상의 것이 아니다. 잠재적 개념은 습관적인 무언가를 향한 특정한 자세로 이루어져 있으며 따라서 어린이에게서 아주 이른 시기에 나타난다. 이는 비교와 평가를 위해 필요한 예비적 조건이지만 자체로서 지적인 것을 포함하고 있는 것은 아니다.

5-17-4~5] 이런 측면에서 동시대 심리학자들은 잠재적 개념은 동물적 사고의 자질이라고 보았다. 그로스는 "추출적인 인상은 이미 동물에게도 존재

한다."고 하였다. 실제로 형태, 색깔의 추상 과정 연구를 위해 닭을 대상으로 한 실험에서 개별적 속성의 분리, 추출이 동물 행동 발달의 아주 이른 시기에 나타난다는 것이 드러났다.

5-17-6] 이런 관점에서 잠재적 개념을 습관적인 방식으로 반응하는 경향으로 간주하고 어린이 생각 발달의 신호가 아니며 발생적 차원에서 전 주지적 단계로 분류한 그로스는 옳다. 잠재적 개념들의 활동은 어떠한 논리적 과정 없이도 얼마든지 가능하다. 이 경우 "낱말과 의미의 관계는 실제로는 낱말의 의미를 포함하지 않는 단순한 연합이 될 수 있다."

5-17-7] 어린이의 첫 번째 말은 잠재적 개념과 대단히 가깝다는 것을 볼 수 있다. 이 개념은 첫째 주어진 대상과의 실제적 관계로 인해, 둘째 근본적 특징을 추출하는 추상의 과정으로 인해 잠재적이다. 그들은 아직 잠재성을 실현하지 못한 잠재적 개념이며 아직 개념이 아니지만 개념이 될 수 있는 무엇인가이다.

5-17-8] 뷜러는 어린이가 새로운 대상을 보았을 때 자신의 습관적 낱말 중 하나를 사용하는 것과 침팬지가 막대기가 유용한 상황에서는 여러 물건이 막대기를 닮았다고 인지하면서도 다른 상황에서는 막대기를 떠올리지 못하는 것 사이에 유사성이 있다고 말한다. 이는 타당하다. 쾰러는 침팬지들이 도구의 기능과 의미를 확장시켜 광범위한 물건들을 막대기로 사용할 수 있음을 보여 주었다.

5-17-9~10] 이들 현상과 개념의 표면적 유사성은 놀랍다. 사실상 잠재적 개념이라는 명칭을 얻을 만하다. 쾰러는 다음과 같이 정리한다. "이런 식으로 막대기는 시각적인 장에서, 이 특정한 상황에서 어떤 기능적 가치를 획득했으며 이 가치는 막대기와 비슷한 자질을 가진 다른 대상들에 병합된다……." 침팬지는 신발, 철사, 지푸라기, 손수건 등 외형상 막대를 대신할 온갖 물체를 막대기로 사용할 수 있었다. 여기서도 우리는 어느 정도까지는 일련의 구체적 대상으로부터 일반화 과정이 나타난다는 것을 볼 수 있다.

5-17-11] 그러나 이것과 그로스의 잠재적 개념은 차이가 있다. 그로스는 유사한 인상을 이야기하는 반면 여기서는 유사한 기능적 의미에 대해 말하고 있다. 그로스의 경우는 시각적 생각의 영역에서 상술되는 반면 여기서는 실제적인 기능적 생각에서 상술된다. 베르너에 따르면 운동적 개념 또는 역동적 개념이, 퀼러에 따르면 기능적 가치들이 학령기 훨씬 이전부터 존재한다. 개념에 대한 어린이의 정의는 기능적 특징을 포함한다는 것이 널리 알려져 있다. 어린이에게 대상, 개념을 정의한다는 것은 그 대상이 하는 것 또는 그 대상을 이용하여 할 수 있는 것에 이름을 붙이는 것이다.

5-17-12] 추상적 개념에 대해 어린이가 말하게 될 때 전면으로 나오는 것은 일상 행동을 수반하는 구체적 상황이다. 이는 어린이의 낱말 뜻과 등가물이다. 메서의 연구에서 초등학교 1학년의 추상적 개념에 대한 정의의 예가 나오는데 "그 이유(즉, 추론)는" 어린이는 말한다. "내가 아주 더울 때에는 물을 마시지 않는 거예요."

5-17-13~14] 복합체적 단계에서 이러한 유형의 잠재적 개념은 엄청나게 중요한 역할을 하며, 복합체 형성 도중에 흔히 합쳐진다. 이미 말한 바와 같이 복합체의 건설은 다양한 요소들에 공통적인 어떤 속성을 추출하는 것을 전제로 한다. 이 속성이 대단히 불안정하고 쉽게 다른 속성에게 자리를 내어 주며 남아 있는 다른 속성과 비교할 때 우월한 특징으로 간주될 수 없다는 사실은 복합체적 생각의 특징이다. 이는 잠재적 개념의 특징이 아니다. 잠재적 개념에서 대상을 어떤 그룹에 포함시키는 속성은 추상된 우월한 속성이다.

5-17-15] 낱말 발달의 역사에서 잠재적 개념은 대단히 중요한 역할을 한다는 것을 기억해야 한다. 우리는 앞서 눈에 띄는 어떤 속성의 분리를 통해 새로운 낱말이 생겨나는 사례와 동일한 낱말로 속성이 같은 다수 사물을 명명, 지시하는 사례를 보았다. 그러한 잠재적 개념들 중 일부는 진개념으로 나아가지 않은 채 남아 있기도 한다.

5-17-16] 그러나 어떤 경우에든 잠재적 개념은 어린이 개념 발달에서 엄청나게 중요한 역할을 한다. 처음으로 상이한 속성들을 추상함에 의해 물리적 상황의 구체적 연합을 초월하고 속성들을 새롭게 조합하는 데 필요한 사전 조건을 만든다.

5-17-17] 복합체적 생각의 발달과 더불어 오직 추상의 과정을 숙달함으로써 어린이는 진개념을 형성할 수 있는 단계에 도달한다. 어린이 생각 발달에서 네 번째이자 마지막 국면을 구성하는 것이 바로 진정한 개념을 형성하는 이 능력이다.

5-17-18] 일련의 추상된 특징들이 새롭게 종합되고 이러한 추상적 종합이 생각의 기본 형태가 되어 적용할 때 개념이 나타난다. 실험은 개념 형성에서 결정적 역할이 낱말에 의해 주어진다는 것을 보여 준다. 어린이가 자신의 주의를 특정한 특징에 기울이는 것은 낱말의 매개를 통해서이며, 어린이가 종합하는 것 또한 낱말을 통해서이며, 어린이가 추상적 개념을 상징화하고 인간이 만들어 낸 신호 중 가장 뛰어난 신호로 활용하는 것 또한 낱말을 통해서이다.

5-17-19] 낱말은 복합체적 생각에서도 대단히 명백한 역할을 한다. 복합체적 생각은 가족의 성과 같은 역할을 하며 유사성의 인상에 따라 대상 그룹을 재통합하는 낱말 없이는 나아갈 수 없다. 이러한 의미에서 우리는 복합체적 생각을 말로 하는 생각 발달의 확고한 단계로 구분하며 이를 동물들의 비언어적인 구체적 생각의 발달과 대조시킨다. 베르너가 말한 바와 같이 동물의 생각에서는 복합체적 생각이 상이한 인상들을 단순히 혼합함으로써 형성된다.

5-17-20] 어떤 저자들은 꿈에 나타나는 응축, 전이와 원시인의 복합체적 생각 사이에 등호를 놓는 경향이 있다. 폴켈트와 같은 경우는 심지어 거미의 정서적 복합체적 생각과 어린이의 원시적인 언어적 생각을 동일시하기까지 한다.

우리가 보기에는 생각의 생물학적 진화의 산물과 역사적인 인간 지성의 형태에는 원칙적인 차이가 있다. 그러나 낱말이 복합체적 생각에서 결정적인 역할을 한다고 해서 개념적 생각에서 낱말이 하는 역할과 동일한 것은 결코 아니다.

5-17-21] 복합체와 개념의 차이는 무엇보다도 일반화와 관련 복합체의 경우에는 낱말의 기능적 사용의 결과이며 개념에서는 완전히 다른 사용의 결과라는 데 있다. 낱말은 기호이다. 우리는 이 기호를 다양한 방식으로 사용할 수 있다. 그것은 지적 작용에 기여하며 복합체와 개념 사이의 근본적인 차이를 만들어 낸다.

5-18 연구의 발생론적 결론: 청소년기 진개념 형성의 시작

5-18-1~2] 우리 연구의 가장 중요한 발생론적 결론은 오직 사춘기(청소년기, 과도적 시기)에서만 어린이는 지적 발달의 세 번째 단계(개념에 근거하여 생각하는 경지)에 도달한다는 것이다. 청소년을 대상으로 한 실험은 청소년이 지성 성장과 함께 원시적인 혼합적·복합체적 생각이 후퇴하고 잠재적 개념들이 축소되는 반면 진정한 개념을 점차 많이 사용하기 시작한다는 사실을 명확히 밝혔다.

5-18-3] 그러나 이와 같은 사고 발달의 연속적 과정을 선행 국면이 완성되고 다음 국면이 시작되는 것과 같은 기계적 과정으로 나타낼 수 없다. 발달의 그림은 훨씬 복잡하다. 상이한 지질학적 시대를 대표하는 지층이 지각 내에 혼재되어 공존하듯 다양한 발생적 형태들이 공존한다. 이는 일반적인 현상이다. 우리는 인간의 행동은 언제나 발달에 있어 동일하게 고양되고 고차적인 단계에만 위치하는 것이 아니라는 것을 알고 있다. 인간 역사에서 가장 최근의 행동 형태는 가장 고대의 형태와 공존한다.

5-18-4] 어린이의 생각 형태도 그렇다. 고차적 사고를 숙달한 어린이가 기초적 사고와 이별을 고하는 것은 아니다. 기초적 형태들은 어린이 경험 영역에서 양적으로 지배적이고 우세하다. 어른도 언제나 개념적으로 생각하지 않는다. 종종 복합체적으로 생각하고, 때로는 심지어 더욱 원시적인 수준(혼합적 더미)으로 전락하기도 한다.

5-18-5] 일상적 영역에서는 성인이나 청소년들도 의사개념을 벗어나지 못하는 경우가 빈번하다. 그들이 형식 논리의 관점에서는 개념의 특성을 가지고 있을지라도 변증법적 논리의 관점에서는 단순히 일반 표상, 복합체일 뿐이다.

5-18-6] 그렇다면 청소년 시기는 생각의 완성 시기가 아니라 위기와 성숙의 시기일 뿐이다. 이 시기는 다른 모든 측면에서 그렇듯이 과도적 시기이다. 청소년 생각의 과도적 특징은 기능적인 증거에 비추어 보면 특히 분명하다.

5-18-7] 실험에서 드러난 바와 같이 개념 형성과 개념을 입말로 정의하는 것에는 괴리가 있다. 이 괴리는 청소년만이 아니라 어른에게도 나타난다. 때로는 고도로 정교화된 생각 과정에도 나타난다. 개념은 개념에 대한 자각보다 먼저 출현하며 독립적으로 작용한다. 개념을 매개로 현실을 분석하는 것은 개념 자체를 분석하는 것보다 훨씬 먼저 발생한다.

5-18-8] 이러한 사실은 개념 형성에서 낱말과 행위가 일치하지 않는 청소년의 특성에 잘 반영되어 있다. 구체적 상황에서 청소년은 개념을 바르게 사용한다. 그러나 구어적 정의에 마주치면 극심한 난관에 봉착한다. 이들이 내리는 개념적 정의는 언제나 개념을 실제 사용하는 것보다 지극히 제한적이다. 여기서 우리는 어린이가 개념에 스스로 도달하는 것이 아니며 개념을 의식하고 논리적으로 처리하는 것은 훨씬 나중의 일이라는 것을 확인하게 된다.

5-18-9] 청소년들은 개념을 구체적인 상황에서 사용한다. 개념이 구체적

이고 감각적인 상황에 붙어 있을 경우 청소년의 생각은 더 쉽고 오류가 적어진다. 개념을 전이시키는 것은 큰 어려움을 부과한다. 개념을 상이하고 이질적인 사물, 경험에 적용할 때 어려워한다. 구체적·감각적 상황이 변화하면 개념 적용을 극도로 어려워하는 것이다. 그러나 대체로 청소년들은 생각 성숙의 첫 번째 단계에서 이러한 유형의 이행에 성공한다.

5-18-10] 개념이 구체적 인상에 의존하지 않고 완전히 추상적인 차원에서 작용할 때 그러한 개념을 적용하는 것은 훨씬 더 어렵다. 이 단계에서 개념을 의식적으로 자각하고 정의할 수 있는 능력은 현저한 어려움을 포함한다. 어린이나 청소년이 이미 발달된 개념을 정의할 때 가장 원시적인 수준에서 개념이 지칭하는 구체적 대상들을 열거하는 모습을 종종 관찰할 수 있다.

5-18-11] 청소년은 단어를 개념으로 사용하되 복합체로서 정의한다. 이처럼 복합체적 사고와 개념적 사고 사이에서 주저하는 것이 과도적 시기의 두드러진 특징이다.

5-18-12] 그러나 청소년 시기의 가장 큰 어려움이자 과도적 시기의 마지막에서야 비로소 극복하게 되는 난관은 발달된 개념의 의미나 뜻을 새로운 구체적 상황에 확장하여 전이시키는 것이다.

5-18-13] 청소년들에게 추상으로부터 구체로의 길은 구체로부터 추상으로의 길만큼이나 어려운 것이다.

5-18-14] 전통적인 심리학에서는 형식적 논리를 맹종하는 노예로 개념 형성의 과정을 기술하였다. 전통적 심리학에서 개념은 일련의 표상을 토대로 세워진다. 어떤 심리학자는 '나무'라는 개념을 예를 들어 설명한다. 세 그루의 나무를 보고 형태, 색깔, 크기가 다르다 하더라도 표상에서 유사하다. 유사한 부분들 사이에서 모종의 동화가 일어나며 그 결과 일반적 표상이 생겨난다. 그리하여 나무라는 일반적 관념 또는 개념이 생겨난다.

5-18-16] 이러한 개념 형성 과정은 한 집안에 속한 개개인을 토대로 집합

적인 사진을 찍어서 한 가족을 대표하는 초상화를 얻어 내고자 한 갈톤의 작업과 유사하다.

5-18-17~18] 이를 통해 유사한 특징들이 나타나게 되며 동일한 방식으로 공통 특징의 모음이 일련의 대상들로부터 나타날 것이다. 전통적 관점에 따르면 이렇게 공통 속성들이 구분되고 합쳐진 결과로 진정한 개념이 나타난다. 실제의 개념 발달 경로를 이보다 더 왜곡한 표현은 없을 것이다.

5-18-19] 청소년의 개념 형성은 전통적인 도식이 묘사하는 경로를 따르지 않는다. 포겔은 "어린이가 먼저 특정한 관점을 출발점으로 취한 후 그 관점을 극복함으로써 추상적 개념의 영역으로 들어가는 것이 아니다. 그와는 반대로 어린이는 최초부터 가장 일반적인 개념에서 시작한다. 어린이는 추상화를 통해 또는 하위에서 상위로 가면서 중간 수준의 개념에 도달하는 것이 아니라 상위에서 하위로 옮아감에 따라 도달한다. 어린이의 표상 발달은 미분화에서 분화로 수행되며 그 반대로 움직이지는 않는다."는 것을 보여주었다.

5-18-20] 포겔의 예시적 표현에 따르면 개념 피라미드에서 생각은 거의 언제나 정점에서 저점을 향하며, 수평으로 움직이는 경우는 드물다. 개념이 일련의 구체적 대상으로부터 공통된 특징이 출현한 결과라는 전통적 관념 대신 연구자들은 개념 형성 과정을 생각이 개념의 피라미드에서 움직이는 복잡한 과정으로 여기기 시작했다. 이러한 과정은 일반에서 특수로 또한 특수에서 일반으로의 쉼 없는 움직임을 포함한다.

5-18-21~23] 최근 뷜러는 개념의 기원에 대한 이론을 발전시켰다. 뷜러 역시 전통적 개념 발달 이론을 거부하는 경향을 지닌다. 그는 개념 형성에 있어 두 발생적 근원을 구별한다. 하나는 어린이가 자신의 관념들의 통합체를 분화된 집단으로 나눈 후 이 집단들을 연합적 복합체에 융합하는 것(표상)이고, 다른 하나는 개념과 관련된 판단(기능)을 하는 것이다. 개념 형성 과정에 표상과 판단은 함께 작용한다.

5-18-24] 이같이 개념 발달 과정은 일반과 특수 양방향에서 거의 동시에 발달한다.

5-18-25] 이 입장에서 어린이가 처음 사용하는 말이 사실은 일반적인 지시이며 구체적이고 특정한 지시는 이후에 나타난다는 사실은 매우 중요한 증거가 된다. 어린이는 개별 꽃들의 이름을 배우기 전에 꽃이라는 말을 배운다. 설사 특정한 꽃 이름(장미 등)을 먼저 숙달하더라도 이 말은 장미만이 아니라 모든 꽃들을 지칭하는 데 사용된다.

5-18-26] 이런 의미에서 뷜러가 개념 형성 과정은 피라미드의 밑에서 위로 올라가는 것이 아니라 토대에서 터널을 뚫는 것과 같이 양방향에서 동시에 수행된다고 말한 것은 전적으로 타당하다. 물론 이는 심리학에서 대단히 중요하고 어려운 문제와 연관이 있다. 많은 심리학자들은 이제 추상적 생각이 사춘기에 발달한다는 전통적 주장을 재고하기 시작하였다.

5-18-27] 그러나 이 심리학자들은 일반적 이름이 먼저 나타난다는 올바른 관찰에 근거하면서 추상적 개념이 아동의 일반적 이름과 함께 일찍 나타난다는 잘못된 결론을 이끌어 냈다.

5-18-28] 샬럿 뷜러의 이론이 좋은 예이다. 이 이론은 청소년 시기의 생각에 특별한 변화나 중요한 진전이 없다는 잘못된 주장을 낳고 있다. 이 이론에 따르면 세 살짜리 어린이의 지적 활동과 청소년의 생각이 근본적으로 차이가 없다는 것이다.

5-18-29] 이 시점에서 우리는 일반적 의미를 지닌 낱말 사용이 결코 추상적 사고의 조숙한 숙달을 함의하는 것은 아니라는 사실을 지적하고자 한다. 어린이는 어른과 같은 낱말을 사용하고 대상을 지시하지만 이 대상들을 생각하는 양식은 어른들과는 완전히 다르기 때문이다.

5-18-30~31] 어린이가 추상적인 말을 사용한다는 것이 어린이가 추상적인 사고를 한다는 근거가 되지는 않는다. 어린이는 추상적인 낱말을 사용하면서도 동시에 매우 구체적인 방식으로 그에 상응하는 대상을 생각한다.

5-18-32] 뷜러의 판단 기능에 대한 주장 역시 논박의 여지가 없다. 개념은 판단과 추론 속에 자연스럽게 자리 잡고, 판단과 추론은 개념을 구성하는 데 일조한다. '집-크다', '나무-사과가 달려 있다'고 자연스럽게 반응하는 어린이에게 개념은 일반적인 판단의 구조 안에, 그 구조의 필수 부분으로 존재한다는 것을 보여 준다.

5-18-33] 마찬가지로 낱말은 절 안에 포함된 채 존재한다. 심리학적으로 어린이 발달에서 절은 낱말보다 먼저 출현하며 어린이 생각에서 판단은 개념보다 먼저 생겨난다. 뷜러의 주장과 같이 개념은 순수하게 연합의 결과물일 수 없다. 다양한 요소들이 연합적으로 연결되는 것은 개념 형성의 필요조건이지만 충분조건은 아니다. 뷜러의 견해로 표상과 판단이라는 두 근원은 개념 형성 과정을 올바로 이해하기 위한 발생적 열쇠가 된다.

5-18-34~38] 우리는 뷜러의 주장을 실험을 통해 효과적으로 관찰하였다. 그러나 개념의 이중 근원에 대한 그의 결론은 그릇된 것으로 보인다. 어린이는 아주 어릴 때부터 일반적인 명칭을 올바르게 사용하는 것을 배우고 사용한다. 또한 어린이 개념이 개념 피라미드를 올라감으로써 발달한다는 생각에는 진실의 여지가 없다. 어린이는 기준 대상이 주어졌을 때 같은 이름을 가진 일련의 대상들을 기준 대상과 짝지우면서 그 낱말의 의미를 확장시키고 이 명칭을 구체적이고 분화된 명명이 아닌 매우 일반적인 뜻으로 사용하는 것을 관찰할 수 있다.

5-18-35] 또한 실험은 개념이 구체적 대상들의 집합적 사진으로, 기계적으로 나타나지 않는다는 것을 보여 주었다. 정신은 집합적 모습을 보여 주는 카메라와 같이 작용하지 않으며 생각은 이러한 것들의 조합으로 이루어지지 않는다. 구체적이고 능동적인 생각 과정은 개념이 형성되기 훨씬 전에 생겨난다. 개념은 어린이 생각 발달의 길고 복잡한 여정의 결과물이다.

5-18-36] 개념은 지적 기능들이 참여하는 과정에서 생겨난다. 이러한 지적 작용에서 핵심은 의지적으로 주의를 조절하고, 특징을 추상화하고, 추상

화된 특성을 추출하여 종합하고, 이러한 결과를 상징화하는 데 낱말을 기능적으로 사용한다는 것이다.

5-18-37] 낱말의 초기 기능(한정적인 특징을 지시하는 기능)은 상징적 기능(일련의 구체적 인상을 표현하고 그것에 의미를 부여하는 기능)보다 먼저 발생한다. 실험에서 낱말의 의미가 처음에는 뜻을 갖지 않고 오직 구체적인 상황만을 지시하였기 때문에 우리는 낱말의 의미가 어떻게 최초로 나타나는지 연구할 수 있었다.

5-18-38] 개념 형성은 언제나 청소년이 어떤 문제를 해결해야 하는 과업에 직면할 때 이루어진다. 개념은 오직 문제 해결의 결과로 생겨난다.

5-18-39] 개념은 발달 경로에서 두 개의 근본적 노선을 따라 여행한다.

5-18-40~41] 개념 형성의 진정한 두 근원은 복합체적 생각의 토대가 되는 결합, 연결의 과정과 잠재적 개념에 내재된 공통된 특징의 추출 과정이다. 뷜러는 개념의 진정한 근원이 아닌 피상적 근원에 대해 말하고 있다.

5-18-42~43] 개념의 토대를 형성하는 것은 표상들의 구체적인 혼합이 아니라 낱말의 사용에 토대를 두고 형성된 복합체이다. 뷜러의 오류는 첫째, 개념에 선행하는 복합체에서의 낱말의 역할을 잘못 이해하고 개념을 자연적인, 인상 발달의 형태로부터 도출하려 했다는 것이다. 그는 자연적 복합체와 생각에 토대를 둔 복합체를 구별하지 못하였다.

5-18-44~46] 뷜러는 두 번째 근원을 판단과 생각 과정에 두면서 같은 오류를 범한다. 뷜러의 주장은 개념이 반추를 통해 생겨나므로 논리적 추론의 결과라는 관점으로 이끈다. 그러나 여기서 우리는 구체적·기능적 생각의 산물과 개념의 차이를 보아야 한다. 여기서도 뷜러는 개념 형성의 중심이 되는 낱말을 간과한다. 그럼으로써 판단과 표상 같은 이질적인 과정이 어떻게 결합하는지 이해할 수 없게 된다. 그 결과로 세 살 어린이와 청소년의 차이를 구별하지 못했다. 뷜러는 외적 유사성에 근거하여, 발생적·기능적·구조적 차원에서 역동적인 인과 관계를 고려하지 못한 것이다.

5-18-48] 우리 실험은 완전히 다른 결론으로 이끌었다. 실험은 낱말 사용을 통해, 혼합적 더미에 의한 심상, 복합체적 생각, 잠재적 개념을 경유하여, 진정한 개념(특정한 상징적 구조)이 나타나는 과정을 보여 주었다.

6장
아동기 과학적 개념 발달 연구 –작업가설을 세우기 위한 실험

서문에서 비고츠키가 밝혔듯이 5장과 함께 6장은 이 저작의 핵심이다. 5장에서 "낱말 의미가 발달한다."는 것을 인위적 실험 상황을 통해 입증하였다면 6장에서는 실제 개념 발달을 연구한다. 5장에서 혼합체, 복합체, 진개념의 단계로 낱말 의미의 발달 단계와 그 형태를 실험을 통해 확정하였다면 6장은 진개념 형성을 일상적 개념과 과학적 개념이라는 변증법적 쌍의 역동적 관계 변화를 통해 그야말로 변증법적인 방식으로 논의를 전개해 나간다.

비고츠키는 먼저 일상적 개념과 과학적 개념을 구분한다. 변증법적 대립물의 통일(비고츠키는 진개념의 형성을 일상적 개념과 과학적 개념 즉 구체와 추상이 통일되어 가는 변증법적 운동의 과정으로 설명한다)을 규명하려면 구분이 우선되어야 하기 때문이다. 이 둘의 관계는 모국어와 외국어 학습의 관계, 입말과 글말의 관계로부터 유추된다고 비고츠키는 설명한다. 하지만 이러한 유추에 포함되지 않는 과학적 개념의 특수한 성질을 강조한다. 그것은 바로 '체계'이다. 개념 형성의 심리적 토대는 의식적 파악과 숙달(지성화의 다른 측면이며 번역은 숙달이지만 통제를 의미)인데 체계는 바로 개념에 대한 의식적 파악과 숙달을 요구한다. 따라서 일상적 과정에서 자연발생적으로 형성되는 개념과 비교해서 과학적 개념은 체계의 존재로 인해 정신기능의 발달에 있어서 중차대한 역할을 한다. 나아가 과학적 개념의 발달은 교사와의 체계적 협력을 특징으로 하는 교수-학습을 통해서라는 것이 비고츠키가 확증하고 강조하는 바이다.

6장은 교육에 관심을 지닌 독자들에게 가장 흥미로운 장이 될 것이다.

6-1 일상적 개념과 과학적 개념의 구분

6-1-1] 학령기 과학적 개념의 발달이라는 문제는 과학적 지식 체계를 따라 아동을 교수-학습하는 것이 학교의 당면 과제라는 점에서, 최우선의 중요성을 지닌 실천적 쟁점이다. 이에 못지않게 이 문제는 이론적 가치도 중요하다. 그 까닭은 과학적 개념의 발달을 연구하면 필연적으로 개념 형성의 모든 과정에서 가장 본질적인 규칙성을 분명하게 알 수 있기 때문이다.

6-1-2] 어린이 생각 발달의 실제 경로를 연구하려는 이 시도는 다음과 같은 네 가지 기본적인 전제로부터 싹텄다. 첫째, 개념은 그리고 낱말의 의미는 발달한다. 둘째, 과학적 개념도 발달하며 과학적 개념은 최종적 형태로 학습될 수 없다. 셋째, 일상적 개념에서 확립한 결과를 과학적 개념에 전이하는 것은 잘못된 것이다. 넷째, 전체적으로 이 모든 문제는 실험을 통해 검증되어야만 한다. 우리는 특별한 실험 방법을 개발했다. 실험 대상에게 동질적인 구조를 가진 문항들을 제시하고 일상적 자료와 과학적 자료에 관한 실험 대상자들의 해결 결과물을 병행하여 연구하는 것이다. 실험 방법은 일련의 그림을 사용하면서 '○○ 때문에' 혹은 '비록 ○○ 하지만'이라는 낱말로 끝나는 이야기를 들려주고, 말을 완성하게 하는 것과, 과학적 자료와 일상적 자료에 있는 순서와 인과 관계에 대한 파악 수준을 확인하기 위한 임상적 인터뷰로 되어 있다.

6-1-5] 이 연구 성과로 우리는 과학적 개념의 발달이라는 특정한 문제와 학령기 어린이의 생각 발달이라는 포괄적 문제에 관한 결론을 도출할 수 있었다. 우리는 과학적 개념의 발달이 자연발생적 개념의 발달에 선행한다는 것을 확인했다.

6-1-6] 실험은 과학적 개념에 대한 학습을 통해 일상적 개념에 대한 의식적 파악이 급격히 증대되고, 과학적 생각 또한 점진적으로 고양됨을 보여준다. 이는 (과학적) 지식의 누적이 더욱 상승된 수준의 과학적 생각으로 이

끌며 이어서 자연발생적 생각의 발달에도 영향을 미친다는 것을 의미한다. 이것은 학령기 어린이의 발달에서 교수-학습이 선도적 역할을 한다는 증거이다.

6-1-8] 과학적 개념의 경로는 일상적 개념의 경로와 비교해 볼 때 약간 특별한 경로를 따라 발달한다는 가설을 세우게 만들었다. 그 까닭은 과학적 개념 발달의 주요한 요소가 언어적 정의로부터 시작된다는 사실 때문이다. 언어적 정의는 체계 속에서 구체적·현상적 수준으로 내려가는 경향이 있고, 일상적 개념은 이와 다르게 어떤 한정된 체계 밖으로 발달하여 일반화를 향해 위로 올라가는 경향이 있기 때문이다.

6-1-9] 사회과학의 과학적 개념의 발달은 교육과정이 진행되는 동안 이루어진다. 이 교육과정은 교사와 학생의 체계적인 협력이라는 특수한 형태로 나타난다. 어린이의 고등정신기능의 성숙은 어른의 참여를 통해 이루어지는 협력 과정에서 발생한다.

6-1-10] 교육과정의 중심인 어린이와 어른 사이의 이런 종류의 협력은 어린이에게 지식이 정연한 체계 안에서 전달된다는 사실로부터 시작된다. 그리고 이는 과학적 개념의 이른 성숙을 설명하고, 과학적 개념의 발달 수준은 일상적 개념과 관련하여 근접 가능성 영역으로 나타날 수 있다는 것을 보여 준다. 여기서 근접 가능성 영역은 일상적 개념의 발달을 위한 안내자로서, 일상적 개념이 나아갈 길을 보여 준다.

6-1-11] 이러한 연유로 동일한 어린이의 똑같은 발달 단계에서 과학적 개념과 일상적 개념 각각의 서로 다른 장점과 단점에 직면한다.

6-1-12] 일상적 개념의 약점은 적소에 이들을 사용하여 추상화하고 의도적·의지적으로 조작하지 못한다는 데 있다. 이와 달리 과학적 개념의 약점은 그것의 기계적 표현에, 즉 구체성에 그것이 제대로 침투하지 못했다는 것에 있다. 이것은 과학적 개념 발달에서 피할 수 없는 위험이다. 과학적 개념의 장점은 행위를 위한 준비가 된 상황에서, 자의적 방식으로 그것을 사용

할 수 있는 어린이의 능력에 있다. 이런 양상은 4학년에서 변화하기 시작한다. 과학적 개념의 기계적 표현은 자연발생적 개념의 발달에도 영향을 미치는 구체성에 굴복하면서 사라지기 시작한다. 궁극적으로 이 두 발달 곡선은 병합되기 시작한다.

6-1-13] 과학적 개념은 학교 교수-학습 과정에 참여한 어린이의 정신에서 어떻게 발달할까?

6-1-14] 근대 아동심리학의 입장은 과학적 개념은 자신의 내적 역사를 가지고 있지 않다는 입장을, 즉 진정한 의미 발달 과정을 겪지 않는다는 입장이다. 대신 과학적 개념은 식별 학습 그리고 이해 과정을 매개로 해서 완성된 형태로 단순하게 배우거나 지각되는 것 또는 어른 생각의 영역으로부터 완벽한 형태로 제시되는 것을 어린이가 채택하는 것으로 간주된다.

6-1-15] 우리는 개념은 기억의 도움을 받아 학습한 단순한 연합적 연결로 얻은 수집품이 아니라는 것을 알게 되었다. 우리는 개념은 단순한 기억 과정을 통해 숙달할 수 없는 복잡하고 진정한 생각 작용이라는 것을 알게 되었다. 연구는 개념 발달의 어떤 단계에서도 개념은 하나의 일반화 작용이라는 것을 알려 준다. 이 분야의 모든 조사를 통해 알게 된 가장 중요한 사실은 개념이 낱말의 의미가 발달할 때 심리적으로 표상된다는 견고한 입장이다. 개념 발달의 본질은 우선적으로 한 일반화 구조에서 다른 일반화 구조로 이행한다는 데 있다. 어떤 연령에서도 모든 낱말의 의미는 일반화된 것이다. 그렇지만 단어의 의미는 발달한다.

6-1-16] 개념과 낱말 의미의 발달 과정은 자발적 주의집중, 논리적 기억, 추상, 비교, 대조 같은 많은 기능 발달을 전제로 한다. 그리고 이런 매우 복잡한 정신 과정은 단순하게 기억되고, 학습되고, 숙달될 수 없다. 이런 이유로 다른 지적 습관을 동화시키는 것처럼 개념을 동화시킨다는 견해는 결함투성이임이 명백하다.

6-1-17] 교육적 경험은 개념을 교수를 통해 직접적으로 가르치는 것이 실

제적으로 불가능하며 교육적으로 무의미하다는 것을 드러낸다. 이런 접근법을 사용하려는 교사는 오직 낱말들의 공허한 학습, 순수한 기계적 표현 외에는 아무것도 얻지 못한다. 이는 상응하는 개념의 존재를 흉내 내거나 모방하지만 실제적으로는 아무것도 만들어 내지 못한다. 이런 조건하에서 어린이는 개념이 아닌 낱말을 학습하고 이 낱말을 생각이 아니라 기억을 통해 취하게 된다.

6-1-18] 톨스토이는 직접적으로 교사에서 학생으로 개념을 전송하려는 시도가, 다른 낱말들을 이용하여 한 사람에게서 다른 사람으로 낱말의 의미를 기계적으로 전이하는 것이 불가능함을 정확하게 파악하고 있었다.

6-1-20] 이 입장의 진실은 개념 혹은 낱말의 의미가 발달한다는 사실과 이 발달 과정이 복잡하고 미묘하다는 사실에 있다.

6-1-21] 교수-학습 문제에 대한 톨스토이의 잘못된 측면은 개념 발달 과정을 그 자체의 내적 경로로 버려둔다는 데 있고, 그리고 발달의 과정을 교수-학습으로부터 분리하고 과학적 개념 발달의 문제에 있어서 교수-학습에는 수동적인 역할을 부여한다는 데 있다.

6-1-22] 반면에 더 정교하고 더 복잡하고 더 간접적인 교수-학습 방법은 어린이의 개념 발달 과정을 더 높은 수준으로 나아가게 할 수 있는 그런 개입이다.

6-1-23] 그렇지만 톨스토이는 그 내부에서 이루어지는 외부와 단절된 개념 형성의 내적 측면에, 부연하면 자연발생성에, 우연에, 표상과 모호한 감각 작용에 많은 중요성을 부여하였고, 이 과정에 영향을 미칠 수 있는 가능성을 과소평가하였으며, 결국 교수-학습과 발달을 갈라놓았다. 바꿔 말하면, 우리의 관심을 끄는 것은 새로운 개념과의 첫 만남으로부터 이 개념이 어린이의 자산이 되는 순간까지의 길은 복잡한 내적 심리 과정이라는 완벽하게 정확한 관념이다. 이는 새로운 낱말의 점진적인 이해는 혼란스러운 표상으로부터 시작되어 어린이 스스로의 사용을 거쳐 종국에 가서야 진정한 학습

을 낳는다는 것을 함축한다. 우리가 어린이 자신에게 새로운 낱말의 의미를 처음으로 가르치려는 계기에, 개념 발달 과정은 완결된 것이 아니라 단지 시작이라고 말했을 때, 우리는 철저하게 똑같은 발상을 표현한 것이었다.

6-1-24] 새로운 개념과 낱말 형태는 어린이에게 의도적으로 가르치는 것이 가능할 뿐만 아니라, 어린이에게 이미 형성되어 있는 개념의 상위 발달을 위한 출발점이 될 수 있으며, 개념에 직접적으로 영향을 미치는 것이 가능하다는 것을 보여 준다. 그러나 이 영향은 과학적 개념 발달의 끝이 아니라 시작일 뿐이며, 적절한 개념 발달 과정을 배제하는 것이 아니라, 발달 과정에 새로운 방향을 제시하고, 학교의 궁극적 목적에서 볼 때 교수-학습과 발달 과정에 새롭고 최고로 호의적인 관계를 성립하게 한다.

6-1-25] 반면에 우리 연구의 목표는, 어떤 과학 지식의 체계를 교수-학습하는 과정에서 아동에게 실제로 형성되는 과학적 개념의 발달 문제를 규명하는 것이다.

6-1-26] 과학적 개념 발달 과정과 일상적 개념 발달 과정에 객관적인 차이가 존재하는지를 정확히 결정하고, 그 차이가 존재한다면 그것은 무엇으로 구성되어 있는지, 그리고 그것들의 비교 연구를 정당화하는 그 차이가 무엇인지를 정확하게 규정하는 것이다. 우리는 과학적 개념이 일상적 개념과 전혀 다르게 발달한다는 것을, 즉 과학적 개념 발달의 경로는 일상적 개념의 발달 경로를 반복하지 않는다는 것을 확립해야 한다.

6-1-29] 아동기 개념 형성 문제를 다룬 모든 연구는 그 연구 대상이 일상적 개념임을 확인할 수 있다. 그런 후 어떠한 확인 작업도 없이 이 법칙들은 어린이의 과학적 생각이라는 영역까지 확대되었다. 이렇게 이 법칙들은 완벽하게 다른 개념 영역에 직접적으로 전이되었다.

6-1-32] 피아제는 우리가 관심을 가지고 있는 문제를 가장 심층적으로 다루었다.

6-1-33] 그러나 피아제는 동시에 다수의 오류를 범했다. 첫 번째는 아동

의 비자연발생적 개념을 독립적으로 연구할 수 있는 가능성과 이 개념이 어린이 사고에 뿌리를 깊이 내리고 있다는 사실을 인정하면서도 그와는 정반대의 단정에 도달했다는 것이다. 피아제에 의하면 주변의 어른의 영향 속에서 형성되는 어린이의 비자연발생적 개념은 어린이 생각의 특수성을 반영한다기보다는 그 어린이가 동화한 성인 관념의 정도와 특성을 반영한다. 이렇게 진술함으로써 피아제는 어린이는 개념을 동화하면서 이를 다시 정교화하고, 이 재정교화의 과정에서 개념에 어린이 생각의 특정한 특수성의 흔적을 남긴다는 자신의 올바른 가설을 반박한다.

6-1-34] 두 번째 오류는 첫 번째 것에서 직접 도출된다. 피아제는 자연발생적 개념과 비자연발생적 개념을 변별하는 데에만 관심을 가졌을 뿐, 어린이의 정신 발달 과정에서 구성되는 독특한 개념 체계에서 무엇이 두 개념을 통합하는지 보지 못했다. 피아제는 개념 발달을 두 과정 사이에 공통점이 없고 어떤 의미에서는 두 개의 절대적으로 구별되는 궤도를 따르는 별개의 두 과정에서 기계적으로 발생하는 어떤 것이라고 제시했다.

6-1-35] 세 번째 오류는 어린이의 비자연발생적 개념이 그 자체로는 어린이 생각의 특수성을 반영하지 못하며 이러한 특권은 배타적으로 자연발생적 개념에만 속한다고 주장하는 것이다. 그에 따라 어린이의 특수한 지식은 일반적으로 실제적 주요성을 전혀 가지지 않음을 당연히 인정하게 된다. 그런데 비자연발생적 개념 형성이 이루어지는 본질적이며 가장 압축적인 형식의 하나는 학교의 교수-학습이다. 그리고 결과적으로 학교의 교수-학습에서 드러나게 되는 생각의 사회화 과정은 어린이 발달에서 가장 중요하지만, 실제적인 어린이의 지적 발달의 내적 과정과 다소 독립적으로 보이게 된다.

6-1-38] 피아제는 어린이의 정신 발달을 어린이 생각의 특징이 서서히 사라지는 과정으로 표현한다. 피아제에게 어린이의 정신 발달은 어린이 사고의 고유한 성질과 특성이 어른의 생각으로 점진적으로 교체되는 과정이다. 발달의 과정은 더 초보적이고 기본적인 형태의 생각으로부터 좀 더 수준 높

고 복잡하며 발달된 형태의 사고가 연속적으로 나타나는 과정으로 표현되지 않는다. 대신 발달은 한 사고의 형태가 다른 형태에 의해 점진적으로 연속적으로 떠밀려나는 과정으로 묘사된다. 이러한 의미에서 발달은 용기 외부로부터 주입된 액체가 용기를 채우고 있던 기존 액체를 교체하는 과정과 견줄 만하다.

6-1-40] 피아제의 생각을 확장해 보면 교수-학습과 발달 사이의 관계는 어린이의 개념 형성에 있어 하나의 적대감으로 표현된다. 하나가 다른 것으로부터 생겨나는 것이 아니라 다른 것을 배제하는 것인데, 전자는 후자와 완전히 대조적이다. 나이에 따라 바뀌는 것은 오직 그들 사이의 양적인 관계이다. 학교에서의 교수-학습의 결과로 비자연발생적인 개념은 자연발생적인 개념을 마침내 퇴거시킨다. 이 과정 속에서 어린이의 자기중심성은 궁극적으로 사라지고 없어지게 된다.

6-1-43] 우리가 가정한 바에 따르면 비자연발생적 개념의 한 유형인 과학적 개념의 발달은 특별한 연구를 통해, 이 연령대의 발달 단계에 있는 어린이 사고의 모든 주요한 질적 특성을 드러낼 것이다. 과학적 개념이 단순히 어린이에 의해 습득되거나 기억되어서 어린이의 기억에 의해 동화되는 것이 아니라 어린이의 모든 생각 활동에서 가장 높은 수준의 긴장을 통해 생겨나고 형성된다는 단순한 철학에 우리는 의지한다.

6-1-44] 우리 가정에 따르면 가장 순수한 형태의 비자연발생적 개념인 과학적 개념은 자연발생적 개념에 대한 연구로부터 우리가 알고 있는 것과 반대되는 특성을 보여 줄 뿐 아니라, 그것과 동일한 특성도 보여 줄 것이라고 추정해야만 한다. 그 까닭은 이 두 유형의 개념을 나누는 경계는 유동적이고, 발달의 실제 경로에 있어 앞뒤로 수시로 움직이기 때문이다. 자연발생적 개념과 과학적 개념의 발달이 밀접하게 연결된 과정이어서 이들이 서로 지속적으로 영향을 미친다는 것이어야만 한다. 과학적 개념의 발달은 과학적 개념 형성과 무관할 수 없는 어린이의 자연발생적 개념이 일정 수준의 발달

에 도달하였을 때에만 가능해지며, 이러한 수준의 발달은 전형적으로 학령기가 시작될 때까지는 이루어진다. 다른 한편으로는 과학적 개념의 발달은 특정 수준의 자연발생적 개념의 성숙에 필연적으로 의존해야만 한다. 오히려 그들은 항상적으로 계속해서 상호작용을 한다.

6-1-45] 우리의 가정에 따르면, 개념 형성의 과정에서 교수-학습 과정과 발달 과정 사이의 관계는 피아제가 제안한 단순한 적대감보다 훨씬 더 복잡하고 긍정적이어야 한다. 우리는 교수-학습이 어린이 개념 발달의 근본적 근원이며 이 과정을 조정하는 대단히 강력한 힘임을 드러낼 것이라고 예상할 수 있다. 우리는 고등의 과학적 개념은 기존에 있던 더 낮은 수준의 더 기본적인 형태의 일반화로부터 시작함으로써만 어린이 머리 안에 생겨날 수 있고, 그리고 그것들은 단순히 외부로부터 어린이의 의식 속으로 소개될 수 없다는 고려에 의존할 뿐만 아니라, 교수-학습이 개념의 발달을 포함하는 학령기 중 어린이의 정신 발달의 모든 운명을 결정짓는 결정적 계기라는 잘 알려진 사실에 의존한다.

6-1-46] 우리는 정당한 근거를 가지고 자연발생적이고 일상적인 개념과 비자연발생적 개념, 특히 과학적 개념으로 구별했다. 이 두 유형의 개념은 동일한 논리적 조작을 요구하는 유사한 과업에서 다르게 작용함을, 부연하면 동일한 어린이에게서 동일한 순간에 취한 두 유형의 개념이 다른 발달의 수준을 나타냄을 명백하게 보여 준다. 그러나 작업가설을 세우고 이론적으로 설명하려면 우리가 실험에서 사용한 이와 같은 구분이 현실에 존재한다고 추정하게 한 전제 조건을 검토해야 한다.

6-1-47] (전제 조건의) 첫 번째 무리. 실험적 연구보다 경험적인 지식과 관련이 깊다. 두 개념 발달이 일어나는 내적 조건과 외적 조건이 다르다는 사실을 무시해서는 안 된다. 과학적 개념은 자연발생적 개념과는 전혀 다르게 어린이의 개인적 경험과 관련을 맺는다. 학교의 교수-학습에서 개념은 어린이의 개인적 경험이 취하는 경로와는 완전히 다른 경로를 따라 생겨나고 발

달한다. 종합하면, 교수-학습 과정에서 형성되는 과학적 개념은 어린이의 경험과 상이한 관련을 맺고, 그들이 나타내는 대상과 다른 관계를 가지고 있으며, 그들이 탄생에서부터 마지막 최종 형태에 이르기까지 다른 경로를 따른다는 점에서 자연발생적 개념과 다르다.

6-1-48] 어린이는 '아르키메데스의 법칙'이라는 개념을 '형제'의 개념을 배울 때와는 다르게 배운다. 이 어린이는 형제가 무엇인지 알고 있지만, 이 낱말을 정의하는 방법을 배우기 위해서는 여러 개의 발달 수준을 올라가야 한다.

6-1-49] 두 번째 무리. 여기는 이론적 고려와 관련이 깊다. 어린이 개념의 고유한 특성의 증거로 피아제는, 어린이가 말조차도 단순한 모방에 의해 동화하는 것이 아니며 어린이에 의해, 즉시 사용될 수 있는 형태로 차용될 수 없다는 스턴의 논증을 인용한다.

6-1-50] 자연발생적 개념을 형성할 때와 마찬가지로, 과학적 개념을 나르는 새로운 용어나 의미를 학습하는 것은 어린이에게 과학적 개념 형성의 완성이 아니라 오직 시작일 뿐이다. 이것은 자연발생적 개념과 과학적 개념의 발달에 있어 동일한 정도로 적용되는 낱말의 의미 발달에 관한 일반 법칙이다. 핵심은 이 두 유형의 개념이 형성되는 최초 계기가 근본적으로 다르다는 사실이다.

6-1-51] 어린이가 모국어 발달과 전혀 다른 방식으로 학교에서 외국어를 발달시킨다는 것은 잘 알려져 있다. 외국어 발달 과정은 모국어 발달 과정과는 매우 다르다. 모국어 자체가 비교적 성숙되어 있어서 이 단어 의미가 단순히 외국어로 번역되기 때문이고, 발달 과정을 특징짓는 조건이 모국어 발달 과정을 특징짓는 것과 대단히 다르다는 사실 때문이다. 하지만 이로 말미암아, 모국어 발달과 외국어 발달의 두 과정이 공통점이 많으며, 원래 언어 발달이라는 단일한 과정의 구성원이고, 덧붙여 글말의 발달이라는 지극히 고유한 과정을 수반한다는 사실이 가려져서는 안 될 것이다. 괴테에

따르면, 최소한 하나의 외국어를 모르는 사람은 진정으로 모국어를 이해하지 못하는 사람이다. 연구는 괴테의 이러한 생각을 완전히 입증한다. 외국어의 숙달은 언어 형태의 파악, 언어 현상에 대한 일반화, 생각의 도구와 개념 표현으로써 낱말의 의지적·의식적 사용이라는 의미에서 모국어를 더 높은 단계로 고양시킨다.

6-1-52] 조사에서는 외국어 발달이 어린이의 모국어에 의존함을 그리고 반대로 모국어 자체의 발달에 영향 미침을 보여 준다. 이는 외국어가 모국어 발달의 경로를 그대로 따르지 않기 때문이며 한편의 강점과 약점은 다른 편의 그것과 다르기 때문이다.

6-1-53] 이와 비슷한 관계가 일상적 개념과 과학적 개념 사이에도 있으리라고 믿을 만한 충분한 이유가 있다. 첫째, 과학적 개념의 발달과 같이 자연발생적 개념의 발달은 원래 입말 발달 전체의 일부이거나 한 측면일 뿐이다. 심리학적으로 말해, 개념의 발달과 낱말 의미의 발달은 상이한 측면에 속한 동일한 과정들이다. 둘째, 외국어 발달과 과학적 개념 형성의 내적 조건과 외적 조건은 그 가장 핵심적인 특징에 있어 일치한다. 모국어와 자연발생적 개념은 다시 서로 유사하다. 무엇보다도 모든 차이점은 발달에 있어 교수-학습이 새로운 요소로서 존재한다는 점에서 좌우된다.

6-1-55] 두 번째로 살펴야 할 이론적 숙고는, 과학적 개념 또는 일상적 개념이 대상과 다른 관계를 가지며, 그리고 사고에서 대상을 파악하는 다양한 행위와 다른 관계를 가진다는 사실로 이루어진다. 결과적으로 이 두 유형의 개념 발달은 이들의 저변에 놓여 있는 지적 과정이 구분된다는 의미를 담고 있다. 지식의 체계 안으로 교수-학습을 받아들임에 있어 어린이는 그의 눈앞에 있지 않은, 자신의 실제적 또는 심지어 잠재적인 즉각적 경험의 한계를 훨씬 뛰어넘는 대상을 학습하게 된다. 과학적 개념의 교수-학습은 어린이 사고가 자연발생적 활동의 토대 위에 생성한, 폭넓게 발달한 개념적 기초를 전제로 한다. 새로운 언어를 교수-학습할 수 있는 것은 오직, 이전

에 정교하게 다듬어진 개념 그리고 대상들의 세계, 이 둘을 매개하는 관계에 의해서 가능하다. 그리고 개념 형성의 이 과정은 개념 체계 내에서 자유로운 이동과 관련되고, 앞서 형성된 일반화들을 일반화하는 것과 관련되며, 똑같은 개념을 더 의식적으로 더 의도적으로 조작하는 것과 관련되는 사고의 완전히 다른 행위를 필요로 한다.

6-1-56] 세 번째 무리. 우리는 발견적 탐구 방법에 관심을 둔다. 이 분야 연구에 있어서 시급한 방법론적 과제는 실제 개념의 피상적 연구와 실험적 개념의 심도 있는 연구로부터, 개념 형성 과정을 분석하기 위하여 현재 통용되는 두 방법의 주요 결과들을 활용하면서 실제 개념에 대한 심도 있는 연구로 이동하는 것이다. 과학적 개념은 어린이의 실제 개념에 속하고, 어린이 삶 전반에 걸쳐 지속되는 특별한 개념들의 무리이다. 그러나 과학적 개념 발달의 경로는 실험적 개념 형성과 매우 가깝기에 이는 의식 속에 실제로 존재하는 어린이 개념의 탄생과 발달을 실험적으로 분석하는 것이 가능하도록 두 방법의 장점을 연결시킨다.

6-1-57~58] 네 번째 무리. 우리는 실천적 고려를 포함한다. 우리는 교수-학습과 과학적 개념 발달 사이에는 교수-학습과 습관 형성 사이에 놓인 관계보다 더 복잡한 관계가 있다는 바로 그런 관념을 가지고 있었다. 오직 교수-학습과 과학적 개념의 발달 사이에 존재하는 복잡한 관계를 밝힘으로써, 이 풍부한 관계 속에서 갈등과 적대적 관계 이외에는 보지 못하였던 피아제의 생각을 혼란에 빠뜨렸던 모순에서 벗어날 수 있다.

6-1-59] 이것으로 과학적 개념과 일상적 개념을 구분하면서 현재의 조사를 공식화하는 데 필요할 고려를 모두 살펴보았다. 우리 질문은 다음과 같이 간단히 정리된다. 일상적 개념, 즉 '형제'라는 개념 그리고 과학적 개념, 즉 '착취'라는 개념의 발달 경로는 같은가 다른가? 우리는 사실에 대한 분석의 결과를 완전히 정당화할 "두 개념(과학적 개념과 일상적 개념)은 기능하는 방식에서처럼 발달 경로에서도 구분된다."는 가설을 세워야 한다.

6-1-60] 조사해야 할 두 과제가 남는다. 첫째, 경험적 데이터에 의거하여 과학적 개념이 일상적 개념과 같은 발달 경로를 택한다는 생각이 타당한지 평가해야 한다. 둘째, 동등한 경험적 토대 위에서 과학적 개념의 발달이 일상적 개념의 발달과 공통점이 전혀 없다는 주장, 바꿔 말하면 과학적 개념이 어린이 사고가 보이는 활동의 고유한 특성에 대해 아무것도 알려 줄 수 없다는 주장이 얼마나 타당성을 가지는지 평가해야 한다. 둘 다 사실적 측면에서 정당화될 수 없다는 것을, 그리고 과학적 개념과 일상적 개념의 실제적이고 복잡한 양면적 관계를 규정하는 세 번째 가설이 실제로 있다는 것을 우리 조사는 보여 줄 것이다.

6-1-61] 세 번째 가설을 찾는 유일한 방법은 과학적 개념과 일상적 개념을 비교하여 이 두 무리의 개념을 명확히 정의하는 것이다. 관계 일반은, 게다가 우리가 상정하는 대단히 복잡한 관계는 더더욱 서로 일치하지 않는 대상들 사이에서만 존재할 수 있다. 사물은 그 자체와 관계를 가질 수 없기 때문이다.

6-2 개념에 대한 의식적 파악 결여의 원천

6-2-1] 우리는 학령기 아동의 일상 개념을 특징짓는 것을 명확히 해야 한다.

6-2-2] 피아제는, 이 시기의 개념과 일반적인 생각에서 가장 두드러진 특징은 어린이가 자연발생적이고 자동적으로 완벽히 정확하게 사용할 수 있는 관계를 의식하는 것이 불가능한 것임을 보여 주었다.

6-2-3] 어린이가 스스로의 생각에 대한 의식을 갖지 못하는 것과, 그 결과로 생기는 논리적 연관 확립 능력의 부재는 11~12세까지 이어진다. 이러한 논리의 근원과 그 어려움의 이유는 7~8세 어린이의 자기중심성과 이 자

기중심성이 낳은 무의식성에 있다.

6-2-4] 어린이는 생각의 과정에서 논리적 조작이 자연스럽게 일어날 때에는 일련의 논리적 조작을 하는 모습을 보이지만 모든 면에서 유사한 조작들이 자연발생적이 아니라 의지적이고 의도적으로 실행되어야 한다면 이러한 조작을 수행하지 못하는 모습을 보인다.

6-2-5] 어린이 생각의 이 두 특징은 한편으로는 어린이 생각의 자기중심적 속성과 밀접하게 연관되어 있다. 그리고 다른 한편으로는 어린이가 관계적 사고를 하지 못함으로 인해 나타나는 일련의 어린이 논리의 특징을 낳는다.

6-2-7] 사실, 어린이는 비슷한 대상들과 직면할 경우 동일한 태도를 취한다. 말하자면, 어린이들은 유사성에 대한 생각 없이 그에 따라 행동하는 것이다. 반대로, 대상 간에 존재하는 차이점은 어린이에게 부적응을 초래하며 이 부적응은 의식의 고양을 이끌어 낸다. 이 사실을 통해 클라파레드는 그가 '의식적 인식의 법칙'이라고 부르는 것을 만들었다.

6-2-8] 그러나 이 법칙은 의식적 고양이 실제로 어떻게 일어나는지에 대해 알려 주지 않는다. 의식적 인식의 첫 번째 법칙은 기능적 법칙이다. 조작에 대해 의식적으로 인식한다는 것은 사실상 그것을 행동의 측면에서 언어의 측면으로 이동시킨다는 뜻이다. 즉, 그것은 말로 표현하기 위해 상상에서 재창조하는 것이다. 행동의 측면에서 조작을 익히면서 만난 어려움이 언어적 측면에서 다시 나타남은, 의식적 인식의 두 번째 법칙인 구조적 법칙의 본질이다.

6-2-10] 의식적 인식의 출현을 오로지 그에 대한 필요의 출현으로 설명하는 것은 새가 날기 위해서는 날개가 필요하므로 새에게 날개가 있다고 설명하는 것과 근본적으로 같다. 의식적 인식 자체에 대하여는, 이것이 전혀 발달하지 않지만 언제나 작용할 준비가 되어 있고, 결과적으로 의식적 인식은 이미 형성되어 있는 것이라고 상정된다.

6-2-11] 유사와 차이의 개념의 발달에 대한 실험적 분석은 유사에 대한 의식적 인식이 유사 관계를 가지고 있는 모든 대상들을 포함하는 일반화 또는 기초적 개념의 형성을 필요로 함을 보여 준다. 반면 차이에 대한 의식적 인식은 꼭 그러한 개념의 형성을 요구하지는 않으며 다른 방식으로 생겨날 수 있다. 다시 말하면, 행동은 의지적 지각보다 어린이에게서 먼저 발달한다. 하지만 발달의 경로에서 지각의 의미 발달은 전체 발달 기간 동안 행동의 의미 발달을 선도한다.

6-2-12] 피아제 논리의 일반적 의미는 7~12세 사이의 어린이는 자신의 정신 작용과 어른의 생각과의 부적응을 계속하여 경험하게 되며 자신의 논리가 빈곤함으로 인해 나타나는 실패와 패배를 지속적으로 경험한다. 어린이는 쉴 새 없이 머리를 벽에 부딪친다. 그렇게 생긴 혹들은, 루소의 지혜로는 어린이에게 있어 최고의 스승이 된다.

6-2-13] 이에 대한 대답은 아니라는 것이 명백해진다. 어린이의 필요에 따라 의식적 파악이 생겨난다고 설명할 수 없는 바와 같이 어린이의 정신 발달을, 학령기의 긴 기간에 걸쳐 매 순간 쉼 없이 나타나는 어린이 생각의 실패와 파산으로 설명할 수 없다.

6-2-14] 피아제가 의식적 파악에 대한 자신의 설명에 도입하고 있는 두 번째 법칙, 이 원칙은 한 과정이 가지는 발달의 역동성은 다른 과정의 역동성을 반복하거나 재생산해야 한다는 것이다. 그 결과 후반 과정이 더 고등한 수준에서 일어난다는 사실로 인해 생기는 두 과정들 사이의 차이들이 그들의 유사성으로 인해 희미해진다. 그 결과 우리는 발달 과정의 표상을 나선형이 아니라 단일한 원을 끊임없이 움직이는 과정으로 가지게 된다.

6-2-17] 보다시피 이 두 가지의 법칙은 문제를 해결하지 못한다. 그것들은 (해결해야 할) 문제의 일부분이다.

6-2-19] 피아제에게 초등학생에 있어 개념에 대한 의식적 파악의 부재의 원천은 의식적 파악의 결핍이 어린이 사고를 훨씬 많이 지배하고 있었던, 어

린이 발달의 초기 단계에 있다. 어린이가 학교에 들어가면서 그의 마음의 일부는 이러한 지배로부터 해방된다. 그러나 다른 부분들은 여전히 그 영향력 아래 있다. 발달의 사다리를 내려가면 갈수록 비의식적으로 간주되어야 하는 정신의 영역은 넓어진다. 피아제가 순수한 유아주의로 특징지었던 영아기의 세계는 완전히 비의식적이다.

6-2-20] 개념의 비의식성을 설명하기 위해 피아제는 어린이로 하여금 의사소통을 어렵게 만드는, 어린이의 자폐적 생각의 잔존물과 그의 사고의 불충분한 사회화에 의존한다. 학령기 어린이의 비의식적 개념을 수반하는 어린이 생각의 자기중심적 특징으로부터 직접적으로 생긴다는 사실을 확립하는 것이다. 초등학교 학생들의 정신 발달에 대한 우리의 지식에 비추어 볼 때 이는 의심스러운 명제이다.

6-2-22] 피아제의 관점에서는 의식적 파악은 성숙과 함께 생겨나는 사회적 사고가 말로 표현되는 자기중심성의 잔존물을 퇴거시킴에 따라 일어난다. 그것은 바깥으로부터 도입된다. 행동의 한 양식이 다른 것을 간단히 대신한다. 그러나 의식적 파악은 어린이의 외부, 즉 어린이를 둘러싸고 있는 사회적 생각 안에 존재한다. 그리고 이것들은 어린이 스스로가 가진 사고의 적대적인 성향이 더 이상 방해하지 않을 때 완전한 형태로 어린이에게 학습된다.

6-2-23] 개념에 대한 의식적 파악의 부재와 그것을 자발적으로 사용하는 능력이 없는 것을 이 연령대의 어린이가 일반적으로 의식적 파악을 할 수 없다는, 즉 자기중심적이라는 사실에 근거하여 설명하는 것은 그 자체로서 불가능하다. 연구가 보여 주듯이 바로 이 연령대에서 발달의 핵심인 고등심리기능들이 출현하며, 이 고차적 심리기능들의 근본적인 변별적 자질이야말로 바로 지성화와 숙달이며 말하자면, 의식적 파악과 의지의 개입이기 때문이다.

6-2-24] 학령기 어린이에게 있어 발달의 초점은 저차적 형태의 주의와 기

억으로부터 자발적 주의와 논리적 기억으로의 전이이다. 이는 기능들의 지성화와 기능의 숙달이 하나의 단일한 과정의 두 측면일 뿐이라는 사실을 반영한다. 우리는 이 과정을 고차적 정신기능으로의 전이라고 부른다. 사람들은 어떤 기능이 지성화되는 만큼 그 기능을 숙달하게 된다. 어떤 기능의 활동에서 의지의 개입은 언제나 그에 대한 의식적 파악과 한 쌍을 이루는 부분이다. 학령기 어린이들에게 기억이 지성화된다고 말하는 것은 자발적인 기억이 나타난다고 말하는 것과 정확히 동일하다.

6-2-25] 우리는 주의와 기억의 영역에서 초등학생들의 의식적 파악과 자발적 행동의 가능성을 나타내는 것을 볼 뿐 아니라 이 능력의 발달이 바로 전체 학령기의 주요 본질을 형성함을 본다.

6-2-26] 그러나 피아제가 확립한 한 가지 사실은 논박의 여지가 없다. 즉, 초등학생은 그 자신의 개념에 대해 의식적으로 파악하고 있지 않다는 점이다.

6-2-27] 이를 해결하기 위해 우리는 이 연령대 어린이의 정신 발달의 기본 법칙을 고려해야 한다. 의식은 다른 모든 것과 마찬가지로 매번 새로운 단계에서 그 내적 구조 전체와 그 부분들 사이의 연결을 수정하면서 발달하며 각 기능의 발달에 개입하는 부분적인 수정들의 총합으로 발달하지 않는다. 의식의 각 기능적 부분들의 운명은 전체의 변화에 의존하며 그 역은 성립하지 않는다.

6-2-28] 그럼에도 구심리학과 최근의 심리학에서도 의식이 기능적 통합체이며 의식 활동의 다양한 측면들 사이에는 분해할 수 없는 연결이 있다는 이 생각은 근본적으로 옳지만 언제나 주변부로 밀려나 있었으며, 우리는 이로부터 적절한 결론을 전혀 이끌어 내지 못해 왔다.

6-2-30] 발달의 일반 법칙에 따르면 의식적 파악과 숙달은 오직 기능의 고차적 단계에만 적합하다. 그들은 나중에 출현한다. 그들은 반드시 어떤 활동 형태의 기능의 비의식적·비자발적인 단계에 뒤따라 나타난다. 의식적

으로 되기 위해서는 반드시 의식되어야 하는 그 대상을 먼저 소지하고 있어야 한다. 숙달하기 위해서는 반드시 우리의 의지에 따라 마음대로 사용할 수 있는 것을 먼저 가지고 있어야 한다.

6-2-31] 학령기 초기에는 지각과 기억이 이미 일정하게 성숙하게 되며 이는 이 시기의 심리적 발달 전체를 위한 근본적인 전제의 일부를 형성한다.

6-2-32] 어린이는 자신이 의식하고 숙달해야 할 것을 가지고 있는 것이다. 따라서 우리는 어린이가 의식하게 된 의지적 기능, 즉 기억과 의지가 이 시기의 중심으로 이동하는 이유를 알 수 있을 것이다.

6-2-33] 개념, 좀 더 정확히 말하면, 발달의 고등 단계에 도달하지 못한 초등학생들의 의식하지 못하는 선개념은 바로 학령기에 처음으로 출현하며 이 시기에만 성숙하게 된다. 이때까지는 어린이는 일반적 표상 또는, 다른 곳에서 전 학령기를 지배하는 일반화의 초기 구조를 지칭하는 데 사용했던 바와 같이, 복합체에 따라 생각하게 된다. 이것은 의식이 그 자체의 기능에 대해 의식하고 숙달할 수 있을 뿐 아니라 그들이 발달하기 전부터 무로부터 그들을 창조해 낼 수도 있으며 새로운 것을 만들어 낼 수 있다는 것을 의미하기 때문이다.

6-2-35] 의식의 발달을 (프로이트가 말하는) 무의식으로부터 완전한 의식으로의 점진적인 전이라고 생각하는 것은 옳다. 그러나 프로이트의 연구는 의식으로부터 억압된 무엇인가로서의 무의식은 후기에 나타나며, 어떤 의미에서는 무의식은 의식의 발달과 분화의 파생물이라는 것을 확립하였다. 이 때문에 우리는 무의식과 우리가 인식하지 못하는 것 사이에 커다란 차이를 보게 되는 것이다. 비의식은 결코 부분적으로 무의식적이고 부분적으로 의식적인 것이 아니다. 그것은 의식의 정도를 나타내는 것이 아니라 의식 활동의 다른 방향을 나타낸다. 의식이 고양되는 것은 의식의 작용이다. 여기서 의식 활동의 대상은 바로 의식 자체가 된다.

6-2-36] 이미 피아제의 연구는 학령기에 이르러서야 내관이 최소한 감지

될 정도로 발달하기 시작한다는 것을 보여 주었다. 이 시기에 어린이는 비언어적인 내관에서 언어적인 내관으로 이동한다. 그는 자기 자신의 심리적 과정의 의미에 대한 내적 지각을 획득한다. 언어적 내관으로의 이동은 필연적으로 활동의 심리적 형태가 스스로를 일반화하기 시작했다는 것을 나타낸다. 새로운 유형의 내적 지각으로서의 전이는 또한 우월한 유형의 심리적 활동으로 전이했다는 것을 의미한다. 다른 식으로 대상을 지각하는 것은 동시에 그에 대한 다른 행동의 가능성을 획득하는 것과 같기 때문이다. 대략적으로 말하자면, 이것은 기억이라는 나의 일반적인 의식 활동으로부터 어떤 과정이 선택되는 것과 같다. 즉 기억 활동을 나의 의식의 대상으로 삼는 것이다. 선택이 발생한다. 동일한 방식으로 모든 일반화는 대상을 선택한다. 이로 인해, 일반화로 인식되는 의식의 고양은 곧장 숙달로 인도한다.

6-2-37] 이런 식으로 의식의 고양은 특정한 심리적 과정의 일반화에 의존하며 이는 그들의 숙달로 이끈다. 이 과정에서 무엇보다도 학교에서의 학습은 의심의 여지없이 결정적인 역할을 한다. 다른 개념과의 매개를 통해 대상들과 다양한 관계를 가지며, 위계의 내적 체계와 그들 사이의 상호 관계를 가지는 과학적 개념은 개념에 대한 의식적 파악의 성취와 그에 따른 그들의 일반화와 숙달이 처음으로 그리고 최우선적으로 일어나는 영역이다. 다른 교수-학습이 없이도 뒤이어 다른 생각과 개념의 영역으로 전이된다. 이와 같이 과학적 개념은 의식적 고양의 문을 열어젖힌다.

6-2-38] 피아제 이론의 두 요소는 이러한 관점에서 주목할 만하다. 자연발생적 개념이 의식적이지 않다는 사실은 그 고유한 본성으로부터 유래한다.

6-2-39] 자연발생적 개념이 반드시 무의식적이라는 것이 사실이라면 과학적 개념은 그 본질상 마찬가지로 반드시 의식적 파악을 포함한다.

6-2-40] 오직 체계 안에서만 개념은 의식의 대상이 되고 오직 체계 안에서만 어린이들은 의지적 통제력을 획득한다. 자연발생성, 비의식 그리고 비

체계성이 어린이 개념의 본질에 있는 동일한 것을 의미하는 세 개의 다른 낱말인 것과 같이, 의식과 체계성은 개념에 관한 한 완전히 호환된다.

6-2-41] 개념에 대한 의식적 파악이 일반화를 뜻하는 것이라면 일반화는 바로 일반화의 체계 안에 특정한 사례로 포함되는 상위 개념의 형성을 뜻한다. 이런 식으로 개념의 일반화는 개념들 사이의 가장 근본적이고 자연스러우며 중요한 관계를 나타내는 규정된 관계의 체계 속에 위치하게 된다. 일반화는 의식적 파악과 개념의 체계화를 동시에 의미한다.

6-2-44] 자연발생적 개념에 대한 과학적 개념의 의존과 자연발생적 개념에 대한 과학적 개념의 호혜적 영향은 과학적 개념이 그 대상에 대하여 가지는 고유한 관계로부터 나온다. 이 관계는 다른 개념을 통해 매개되며 따라서 대상에 대한 관계와 다른 개념에 대한 관계, 즉 개념 체계에 있어 다른 기본 세포에 대한 관계를 동시적으로 포함한다는 사실이 특징이다.

6-2-45] 과학적 개념의 본질은 마르크스에 의해 대단히 심오하게 정의되었다. "사물의 외양과 그 본질이 일치한다면 모든 과학은 쓸모없을 것이다." 이것이 과학적 개념의 본질이다. 따라서 과학적 개념은 반드시, 개념 밖에서는 불가능한, 대상과의 또 다른 관계를 전제로 하며, 그 과학적 내용 안에 포함된 이 다른 관계는 다시 개념들 간 관계, 즉 개념 체계의 존재를 반드시 전제로 한다. 이것을 순수하게 논리적인 관점에서 이해한다면 어린이의 자연발생적 개념과 비자연발생적 개념을 구분하는 것은 일상적 개념과 과학적 개념을 구분하는 것과 일치한다는 것이 명백해진다.

6-2-47] 비의식의 원인은 자기중심성이 아니라 자연발생적 개념의 비체계성에 있으며, 이는 필연적으로 그들의 비의식성과 비자발적 특징을 낳는다는 것을 우리는 보았다. 우리는 의식적 파악은 개념들 사이의 규정된 일반화의 관계에 토대를 둔, 개념 체계의 형성 덕분에 실현되며, 이는 개념들을 의지적으로 만든다는 것을 발견하였다. 반대로 과학적 개념은 그 특성으로 인해 체계를 전제로 한다. 의식적 파악은 과학적 개념이라는 문을 통해

어린이 개념의 영역으로 입장한다.

6-2-48] 피아제가 제시한, 의식적 파악이 어떻게 생겨나는가라는 문제를 해결하기 위해 우리는 피아제가 한쪽 측면에 밀어 두었던 것을 중심으로 가져와야 한다. 이는 바로 체계이다.

6-3 교수-학습과 발달의 관계: 세 가지 입장

6-3-2] 비자연발생적 개념, 특히 과학적 개념은 본질적으로 학습과 발달의 문제이다. 비자연발생적 개념이 그 발달의 원천인 학교에서의 교수-학습 과정 중에 나타나는 것은 자연발생적 개념이 존재함으로써 가능하기 때문이다.

6-3-3] 과학의 역사의 여정을 통해 발전되어 온 다양한 해결책을 제시하는 대신, 우리는 이 문제를 해결하고자 했던, 그리고 소련 심리학계에 여전히 남아 있는 세 가지 근본적인 시도를 설명하는 것으로 제한할 것이다.

6-3-4] 첫 번째 이론은 학습과 발달을 두 개의 독립적 과정으로 간주한다. 어린이 발달을 자연법칙에 따라 성숙에 의해 일어나는 과정으로 기술한다. 따라서 학습은 발달 도중에 나타나는 가능성을 외적으로 사용하는 것으로 생각된다. 여태껏 이것을 증명하는 데 성공한 연구가 없기에. 그래서 연구자들은 추상화를 통해 어린이의 지적 자질을 1) 발달의 결과로 인한 특징, 2) 학교 학습으로 인한 특징으로 구분함으로써 이 결핍성을 메워 넣었다. 발달은 어떤 학습도 없이 자체의 경로를 따라 고등정신기능에 이를 수 있다.

6-3-5] 그러나 이 이론은 조금 다른 관점을 빈번히 취한다. 그것은 이 두 과정 사이에 존재하는, 확실한 의존성을 인정함으로써 시작한다. 발달은 가능성들을 창조하고 학교에서의 교수-학습은 그것을 실현한다. 이런 식으로

발달은 그 자체에 모든 가능성을 포함하고 있으며 이들은 교수-학습의 과정에서 구체화된다고 생각되었다. 학습은 발달에 의존한다. 이것은 명백하다. 그러나 발달은 학습의 영향 속에서 스스로를 변화시키지 않는다. 이 이론은 매우 단순한 형태의 추론에 근거한다. 모든 학습은 필요조건으로 일정 수준의 정해진 심리적 기능의 성숙을 요구한다.

6-3-6] 한 살짜리 아기에게 읽기 쓰기를 가르칠 수는 없다. 이와 같이 학습의 심리적 과정의 분석은 필요한 일련의 기능이 무엇인지 또 학습이 가능하기 위해서 그 성숙의 단계는 무엇인지를 가리키는 것으로 제한된다.

6-3-7] 이 이론은 교수-학습이 발달에 일방적으로 의존한다는 사실을 인식했지만 이 두 과정 사이의 상호 침투 또는 내적 상호 호혜성 내지는 조합은 배제되었다. 따라서 우리는 이 이론이 두 과정을 독립적으로 보는 공리에 토대를 둔 가장 최신의 변이형이라고 할 수 있다.

6-3-8] 발달과 교수-학습의 과정이 독립적이라는 관념에 필수적인 요소는, 이는 발달과 교수-학습 사이에 존재하는 연속의 순서의 문제이다. 발달은 어떤 주기를 완성해야 하며, 정해진 단계에 도달해야 하고, 특정한 열매를 맺어야 한다. 그래야 비로소 학습이 가능해질 것이다.

6-3-9] 새로운 학습은 반드시 어린이 발달의 어떤 주기를 완성하는 데 의존한다. 그럼에도 이 의존성은 우리가 보게 되듯이, 본질적인 것이 아니라 종속적인 것이며 이를 현상의 본질적·지배적인 원인으로 만들려는 시도는 수많은 오해와 오류로 우리를 인도할 수 있다. 말하자면 그들이 변화한다면 이는 연습의 결과이며 그들의 발달 경로에서는 변화하는 것이 없다는 것이다. 우리가 어린이에게 읽고 쓰기를 가르쳤다는 사실로부터 어린이의 정신 발달에 새롭게 나타나는 것은 아무것도 없다. 어린이는 글만 알게 된 것일 뿐 여전히 같은 어린이인 것이다.

6-3-10] 기존의 교육심리학을 특징짓는 이러한 생각은 피아제에 의해 그 논리적 한계까지 발달되었다. 피아제에 있어서 어린이가 교수-학습을 받든

지 안 받든지 간에 어린이의 생각은 반드시 몇 개의 국면과 단계를 거친다. 어린이가 교수-학습을 받는다 해도 이는 어린이 자신의 사고 과정에서 통합체로서 형성되지 않는 순전한 외적 요인이다. 피아제에게 있어서 어린이 생각의 발달을 나타내는 지표는 어린이가 무엇을 배울 수 있는가가 아니라 어린이가 배경지식을 갖고 있지 않은 분야에서 어떻게 생각하는가이다. 여기서 우리는 교수-학습과 발달, 지식과 생각 사이의 명확한 대비를 보게 된다. 이와 같이 일단 학습과 발달이 서로 엄격히 대조되면 우리는 필연적으로 과학적 개념은 자연발생적 개념으로부터 생기고 그들을 변형시키는 것이 아니라 자연발생적 개념을 뽑아내고 그 자리에 들어선다는 피아제의 근본 명제에 필연적으로 도달하게 된다.

6-3-11] 두 번째 관점은 학습과 발달을 하나의 동일한 과정으로 취급한다. 즉, 학습은 발달이며 학습은 발달과 동의어이다.

6-3-12] 교육심리학에서 이것의 부활은 손다이크와 반사학에서 나타난다. "정신 발달은 점진적이고 연속적인 조건반사의 축적일 뿐이다." 이를 통해 이 이론은 학습과 발달은 동의어라는 손다이크와 완전히 동일한 결론에 도달한다. 어린이는 배우는 만큼만 발달한다. 발달은 학습이고 학습은 발달이다.

6-3-14] 마지막으로, 특히 유럽의 아동심리학에서 영향력을 가진 세 번째 이론의 그룹이 있다. 그들은 두 이론을 초월하지 않고 그 둘 사이에 위치하여, 한 극단을 피하는 동시에 다른 극단에 빠지게 된다. 원래 이들은 이원론적 이론들로서, 두 개의 반대되는 관점 사이의 위치를 점하여 두 관점 사이의 모종의 재통합을 형성한다.

6-3-15] 이것이, 처음부터 발달은 언제나 이중적 성격을 갖고 있다고 천명한 코프카의 관점이다. 코프카는 첫째 성숙과 같은 발달과 둘째 학습과 같은 발달을 구분한다. 첫 번째 관점을 따르면 학습과 발달의 과정은 독립적이다. 코프카는 이를 취하여 발달은 그 내적 법칙이 학습에 의존하지 않

는, 성숙과 정확히 같은 것이라고 단언한다. 그러나 두 번째 관점에 따르면 학습은 발달이다. 코프카는 이 입장 역시 그대로 취한다.

6-3-16] 반대되는 두 관점에 비해 코프카가 취하는 입장은 사실 문제를 해결하는 것과는 멀며 문제를 더욱 혼란하게 할 뿐이다. 그것은 원칙적으로 이원론적인 발달에 대한 관념으로 시작한다. 발달은 단일한 과정이 아니다. 성숙과 같은 발달과 교수-학습과 같은 발달이 있다. 그럼에도 앞선 두 이론들과 비교하면 이 새로운 이론은 세 가지 새로운 수준에서 논의를 진전시킬 수 있도록 해 준다.

6-3-17] 1) 두 개의 반대되는 관점의 재통합이 가능하기 위해서는 우리는 반드시 성숙과 발달 사이에 상호 의존성이 있다는 것을 받아들여야 한다. 코프카의 이론에서는 상호 의존성을 받아들인다. 그는 성숙은 교수-학습을 통한 기관 기능의 완벽화에 의존한다고 하였다. 또한 역으로 이 성숙의 과정은 학습을 촉진시켜 새로운 가능성을 열어 준다. 학습은 어느 정도까지 성숙에 영향을 미치며 성숙은 어느 정도까지 학습을 확장시킨다. 하지만 '어느 정도까지' 서로 영향을 미치는지 전혀 결정되지 않은 채 두 과정 사이에 내적 의존성이 있다는 공리에 만족한다.

6-3-18] 2) 세 번째 이론 역시 학습에 대한 새로운 관념을 도입한다. 손다이크에게는 학습은 시행착오로부터 만족스러운 결과를 얻는 기계적 과정으로서 이해를 포함하지 않는 과정인 반면, 구조 심리학에 있어서 학습의 과정은 새로운 출현과 기존 구조의 완성화이다. 만일 학교 학습의 과정에서 어린이가 구조를 형성한다면, 즉 새로운 정신 작용을 배운다면 우리는 이 발달을 통해 이 구조를 재생산할 수 있는 가능성을 열 뿐 아니라 다른 구조의 영역에서도 어린이에게 다른 새로운 가능성을 주는 것이 된다. 그것은 학습의 즉각적 결과를 훨씬 뛰어넘을 수 있는 가능성을 제공할 것이다.

6-3-20] 3) 학습과 발달 사이의 시간적 연결의 문제는 앞선 두 이론과 세 번째 이론을 본질적으로 가른다. 첫 번째 이론에서는 학습은 발달을 뒤따

른다는 입장이다. 두 번째 이론에서는 순서에 대한 질문이 제기되는 것조차 불가능하다. 두 과정은 동일한 것으로 간주되어 서로 섞여 있기 때문이다. 세 번째 이론은 확실히 학습과 발달 사이의 시간적 관계에 대한 두 표상을 모두 간직하고 있다. 그러나 이 이론은 완전히 새로운 방식으로 이를 완성한다. 학습은 그 즉각적 결과를 내포하는 것 이상의 발달을 가져올 수 있다. 어린이 생각 영역의 한 지점에 적용하면 그것은 다른 많은 지점을 교정, 변화시킨다. 학습은 발달 뒤에서 따르기만 할 수 없다. 발달과 어깨를 나란히 발맞추어 나갈 뿐 아니라 발달을 진전케 하고 그로부터 신형성을 이끌어 냄으로써 발달을 이끌 수도 있다. 이는 무한히 중요하고 가치 있는 것이다.

6-3-22] 그러나 변증법적으로 발달하는 과학적 사고의 역사에서 흔히 일어나듯, 좀 더 발전된 관점에서 어떤 이론을 재검토해 보는 것은 과학으로 하여금, 이들보다 훨씬 오래된 이론들에 담겨 있는 올바른 명제를 다시 환기하게 해 준다.

6-3-23] 우리가 염두에 두고 있는 것은 형식교과의 오래된 학설(형식도야론)이다. 우리가 알다시피, 형식 교과의 관념은 특정한 학습의 경로는 어떤 교과목에 내재적인 지식과 능력뿐 아니라 어린이의 일반 정신 능력의 발달 또한 일어나게 한다는 생각을 포함한다. 그 자체로는 진보적이나 실제로는 보수적인 교수 형태를 불러일으켰다.

6-3-24] 이 형식교과 이론을 이론적·실제적 파산 상태로 몰고 간 것은 현대 부르주아 교육학에 실제로 적용하는 데 부적절했기 때문이다. 이렇게 만든 이데올로기 사상가는 손다이크로서, 그는 일련의 실험을 통해 형식교과는 신화이며 발달에 영향을 미치거나 연쇄적 결과를 낳지 않음을 보여주고자 노력하였다. 이 연구의 결과, 과도하게 희화화함으로써 형식교과 이론이 바르게 발달시켜 온 학교 학습과 발달 사이의 의존성을 완전히 부정하는 데 성공하였다. 그러나 그는 이 이론의 핵심에 있는 관념을 논박하지 못한 채 그것을 둘러싸고 있는 껍질만을 공격하였다.

6-3-25] 사실, 손다이크는 무엇이든 배우면 모든 것에 영향을 미친다는 관점에 대해 형식교과의 이론적 문제를 제기하였다, 그는 구구단 학습이 배우자를 잘 선택하는 데 또는 이야기를 더욱 잘 이해하는 데 영향을 미치는지 묻는다. 즉, 학습과 발달에서 모든 것이 모든 것에 영향을 미치지 않으며 발달과 학습 사이의 심리적 특성상 공통점 없이, 아무 이유 없이 발달의 한 지점과 학습의 한 지점을 연결하는 것은 불가능하다는 것을 진술할 뿐이다.

6-3-26] 손다이크는 발달과 더불어 모든 학교에서의 학습을 연합적 연관을 기계적으로 형성하는 것으로 전락시킨다. 그 결과 모든 의식의 활동은 단일한 과정을 따르는 통일된 방식으로 연관되어 있다.

6-3-27] 그러나 형식교과 이론에 대한 비판에는 코프카가 간과하고 지나친 두 번째 요소가 있다. 그것은, 헤르바르트의 이론을 논박하기 위해 손다이크는 대단히 협소하고 유별나게 기초적인 기능에 의존했다는 점이다(예: 선분의 길이 구별, 각도의 차이 구분 실험). 첫째, 손다이크가 가르친 것은 학교에서의 전형적인 학습이 아니었다. 자전거 타기, 수영, 골프하는 방법-이들은 각도의 크기 구분에 비해 대단히 복잡한 형태의 활동이다-을 배운다고 이것이 어린이의 일반 정신 발달에 미세한 영향이라도 미친다고 주장한 사람은 없다. 손다이크는 두 가지 종류의 학습이 존재한다는 것을 보여 주었을 뿐이다. 하나는 성인의 직업교육에서 발견할 수 있는, 제한적이고 특화된 형태이다. 다른 하나는, 심리기능들의 복합한 전체를 이해하는 것으로 이루어진 학령기의 전형적인 형태로서, 어린이 생각 전체의 광활한 영역을 활성화시키고 필연적으로, 유사하거나 심지어 일치하는 근접한 심리적 기능에 수반하는 다양한 교과목의 다양한 측면을 다루어야 하는 형태이다.

6-3-28] 두 번째로, 손다이크는 저차적 기능과 연결될 것을, 즉 그 구조에 있어 가장 기초적이고 단순한 것들을 학습 활동의 대상으로 삼았다. 반면, 학교의 학습은 더욱 복잡한 구조로서 구별될 뿐 아니라 완전히 새로운 형성물들-복잡한 기능 체계를 대표하는 고차적 심리기능들과 관련되어 있

다. 우리는 형식교과의 가능성은 원칙적으로 기초적 심리 과정의 영역과 어린이의 문화적 발달 과정에서 생겨나는 고차적 과정의 영역에서 같을 수 없으리라고 짐작할 수 있다. 우리에게 확신을 주는 것은 고등정신기능의 구조적 동일성과 그들의 기원상의 동일성이다. 모든 고차적 기능들은 동질적인 토대를 가지고 있으며 그에 대한 의식적 파악과 숙달 덕택에 고차적으로 된다고 한 바 있다. 우리는 자발적 주의력이 논리적이라고 불릴 수 있는 것과 마찬가지로 논리적 기억은 자발적 기억으로 불릴 수 있다고 하였다. 우리는 이러한 기능은 추상적 차원을 가지고 있으며 이것이 더 추상적 형태의 기억과 생각으로부터 구체적 형태와 생각을 분별하였다는 것을 덧붙여야 한다.

6-4 우리의 접근: 협력적 교수-학습은 근접발달영역에서 발달을 이끈다

6-4-1] 우리의 접근법에 기본이 되는 것은 교수-학습과 발달은 두 개의 독립된 과정이나 하나의 단일한 과정이 아니고, 복잡하게 연결되어 있다는 것이다.

6-4-2] 그 기본 과업은 어린이가 학교에서 하는 일, 즉 읽기, 쓰기, 문법, 산수, 자연과학 그리고 사회과학에 초점을 둠으로써 교수 학습과 발달 사이의 복잡한 관계를 탐구하는 것이었다.

6-4-4] 우리의 연구는 모두, 어린이 학습의 초기에 학습이 잘 이루어지고 있더라도 어린이에게 그러한 심리적 전제가 성숙되었다는 징후는 전혀 찾아볼 수 없다는 것을 보여 주었다.

6-4-5] 왜 입말과 글말의 발달은 (우리가 이들을 비교할 때) 교수-학습의 한 단계에서는 6년에서 8년까지의 차이를 보일까?

6-4-6] 따라서 2세 어린이의 입말의 원시성을 설명하는 어휘의 부족과

통사적 미발달은 초등학교 학생의 글말이 가지는 원시적 성격을 설명할 수 없다.

6-4-7] 연구는 글말의 발달이 입말의 발달을 반복하지 않는다는 것을 보여 준다. 글말은 입말을 문자적 기호로 번역하는 것 이상이다.

6-4-8] 글말은 완전히 고유한 발화 기능이다. 그 구조와 기능하는 양식은 내적 발화의 구조와 기능 양식이 외적 발화와 다른 것과 같이 입말과 다르다. 글말은 그 발달의 가장 낮은 단계에 있어서조차도 높은 수준의 추상화를 요구한다. 글말은 음악적 억양과 표현성을 갖지 않는, 즉 일반적으로 소리의 측면을 갖지 않는 언어이다. 글말은 입말의 본질적 특징인 물질적 재료를 갖지 않는 생각과 표상의 언어다.

6-4-9] 입말을 통하여 어린이는 객관적 세계에 대한 어느 정도의 높은 수준의 추상을 획득하였다. 글말을 통하여 어린이는 새로운 과업에 당면하게 된다. 어린이는 말 자체의 물리적 측면으로부터 추상화를 해야 한다. 어린이는 말 자체가 아니라 말의 표상을 사용하는 추상화된 말로 이동해야 한다. 이러한 측면에서 추상적 사고가 지각적 사고와 다른 것과 똑같이 글말은 입말과 다르다. 손 근육의 미발달이나 쓰기 기술과 관련된 요인의 미발달이 중요한 문제라고 고집하는 이들은 정말 존재하는 어려움의 근본을 보지 못하고 핵심 문제를 사소한 것으로 치부한다.

6-4-10] 글말은 대화자가 없는 담화이다. 그것은 흰 종이와의 대화이며 가상의 개념화된 대화자와의 대화이다. 글말은 어린이에게 이중의 추상화를 요구한다. 그것은 발화의 음성적 측면으로부터의 추상화와 대화자로부터의 추상화를 요구한다. 글말은 발화의 대수이다. 대수를 학습하는 과정은 산술의 학습 과정을 반복하지 않는다. 그것은 새롭고 더 고차적이며 산술적 사고를 뛰어넘는다.

6-4-11] 모든 새로운 활동의 형태에 있어서 그러하듯이 발화의 동기와 그에 대한 필요는 그 발달을 위해 근본적이다. 이러한 요구가 성숙되지 않는

경우 우리는 말의 발달이 지연되는 것을 발견하게 된다. 초등학생은 이 새로운 언어 기능의 필요를 느끼지 못할 뿐만 아니라 일반적인 그 필요성에 대해서도 막연한 생각만을 갖고 있을 뿐이라고 말할 수 있다.

6-4-12] 동기가 활동에 선행해야 한다는 사실은 계통발생적인 수준뿐 아니라 각각의 대화와 구에서도 입증된다. 발화에 대한 동기는 모든 대화와 구절에 선행한다. 입말의 경우 발화의 동기를 만들어 낼 필요가 없다. 이러한 의미에서 입말은 역동적인 상황의 경로에 의해 규제된다. 반면 글말의 경우 우리는 상황을 창조해 내야 하거나 또는 좀 더 정확하게 말하면, 상황을 사고로 표현해야 한다. 글말의 사용은 상황에 대한 근본적으로 다른 관계를 전제로 한다. 그것은 더 자유롭고 더 독립적이며 더욱 의지적이다.

6-4-13] 글말에서 어린이는 의지적으로 행동해야 하며, 글말은 입말보다 더욱 의지적이다. 글말에 있어서는, 반대로 어린이는 낱말의 음성적 구조에 대해 인식해야 하며 그것을 분해하여 의지적으로 시각적 기호로 재구성해야 한다. 글말의 통사론은 그 음성학만큼 의지적이다. 마침내 언어의 의미론적 체계는 통사론과 음성학에서 그랬던 것만큼 낱말의 의미에 대한 의도적인 작업과 특정한 순서로의 배열을 요구한다. 내적 말의 생각의 문법과 글말의 문법은 서로 일치하지 않는다. 뜻의 통사는 입말과 글말의 통사와 다르다. 여기에는 전체와 의미 있는 단위의 구성을 지배하는 완전히 다른 법칙들이 있다.

6-4-14] 내적 발화는 생략되어 있고 속기술 식으로 표상화되어 있으며 최대한 축약되어 있다. 글말은 최대한 전개되어 있으며 입말보다도 형식에 있어서 훨씬 더 완성적이다. 글말은 말의 가장 확장된 형태이다. 입말에서 생략될 수 있는 것들조차 글말에서는 명확히 되어야 한다. 글말은 다른 이에게 최대한 이해 가능하도록 되어야 한다. 모든 것이 완전히 펼쳐져야 한다. 최대한 압축된 내적 말(스스로에게 하는 말)로부터 최대한 확장된 글말(다른 이를 위한 말)로 전이하기 위해서는 의미 조직의 자발적 구성에 있어

복잡한 조작을 할 수 있어야 한다.

6-4-15] 글말의 두 번째 기본 특징은 그 자발적 성질과 밀접히 연결되어 있다. 그것은 입말에 비해 글말이 가지는 더욱 의식적인 특징이다.

6-4-16] 의식적 파악과 의도는 어린이 글말의 초기를 지배한다. 글말의 기호와 사용은 어린이에 의해 의식적이고 자발적으로 동화된다. 반면 입말은 무의식적으로 학습되고 사용된다. 글말은 어린이가 더욱 지성적으로 행동하도록 압력을 가한다. 그것은 말하는 과정 바로 그 자체에 대한 의식적 파악을 요구한다.

6-4-17] 글말은 언어의 대수로서 더 어렵고 복잡한 형태의 의도적이고 의식적인 말 활동이다. (1) 이는 초등학생의 입말과 글말 사이의 커다란 차이를 설명한다. (2) 글말에 대한 교수-학습이 시작될 때 그것의 바탕이 되는 기본 정신기능들은 아직 다 발달한 상태가 아니다.

6-4-18] 산술, 문법 그리고 자연과학에서의 교수-학습은 상응하는 기능들이 성숙한다고 시작되지 않는다. 반대로, 교수-학습의 초기에 요구되는 정신기능들의 미성숙은 학교 교수-학습의 영역에서 일반적이고 기본이 되는 법칙이다.

6-4-20] 물론 어린이는 학교에 들어오기 전부터 어형을 변화시키거나 동사를 활용할 수 있다. 그럼에도 그는 어형을 변화시키거나 동사를 활용할 때 자신이 어형을 변화시키거나 동사를 활용하고 있다는 것을 모른다. 이와 같이 어린이는 어떤 소리를 발음할 수 있지만 그것을 의지적으로 발음할 수 없다. 이는 학령기에 접어든 어린이의 모든 말 조작에 적용되는 중심적인 사실이다.

6-4-22] 어린이는 제한된 구의 구조에서 정확한 격과 정확한 동사형을 사용한다. 그러나 그는 그러한 형태가 얼마나 많이 존재하는지 깨닫지 못한다. 그러나 어린이는 글말과 문법 덕분에, 자신이 학교에서 하는 것을 의식적으로 파악하고, 자신의 기능을 의도적으로 사용하는 것을 배운다. 어린이

의 능력은 무의식적·자동적인 측면에서 의지적·의도적 그리고 의식적인 측면으로 이동한다. 글말과 문법에 대한 교수-학습은 이러한 과정에서 근본적인 역할을 한다.

6-4-23] 우리는 망설임 없이, 의식적 파악과 숙달의 발달 없이 글말은 불가능하다고 말할 수 있다. 따라서 문법과 쓰기 모두는 언어 발달에 있어 높은 수준으로 올라갈 수 있는 가능성을 제공한다.

6-4-24] 여기서는 쓰기와 문법, 이 두 개의 교과만이 고려되었다. 그러나 모든 기본적인 학교 교과목에 대한 우리의 다른 모든 연구들은 우리를 동일한 결론으로 이끈다는 사실을 밝히고자 한다. 즉, 교수-학습이 시작될 때 생각이 성숙되어 있지 않다. 학교 교수-학습을 위한 심리적 기반의 발달은 교수-학습을 앞서지 않고, 그들은 교수-학습의 진전의 경로 속에서 그와 분해 불가하며 내적인 연결 속에서 발생한다.

6-4-25] 어린이는 어떤 기능을 의식적·의도적으로 적용하는 것을 배우기 전에 그 기능에 능숙해진다. 연구는 학교 교수-학습과 이에 상응하는 기능들의 발달 사이에는 언제나 괴리가 있으며 이들 사이에는 병렬적 관계가 없음을 보여 준다.

6-4-26] 학교교육의 과정은 그 자체의 순서, 논리 그리고 복잡한 조직을 가지고 있다.

6-4-27] 이 시점에서 발달의 곡선은 급격히 상승하여 교수-학습 과정을 추월하기 시작할 것이다. 이후에 학습되는 것은 완전히 다른 방식으로 학습될 것이다. 여기서 발달에 있어 교수-학습의 역할에 갑작스러운 변화가 생긴다. 어린이는 마침내 무언가 핵심적인 것을 이해하고 배우게 된다. 이 '아하 경험'을 통해 일반적인 원리가 명백해진 것이다. 발달의 경로와 교수-학습의 경로, 두 곡선에 있어 이 결정적인 지점들은 일치하지 않으며 복잡한 내적인 상호 관계를 보여 준다. 두 곡선이 하나의 곡선으로 결합한다면 일반적으로 교수-학습과 발달 사이의 어떠한 관계도 맺어질 수 없을 것이다.

6-4-28] 발달은 교수-학습과는 상이한 리듬에 따라(이렇게 표현될 수 있다면) 실현된다. 발달은 학교 프로그램에 종속되지 않는다. 그 자체의 내적 논리를 가지고 있다. 교수-학습과 발달은 같은 표준으로 잴 수 없다.

6-4-29] 즉, 어떤 산술적 조작이나 과학적 개념이 습득된 순간 이러한 조작이나 개념의 발달은 완성과는 거리가 멀며 오직 시작되었을 뿐이다. 그 발달을 나타내는 곡선은 학교의 교육 프로그램을 나타내는 것과 일치하지 않는다. 이는 다시 한 번, 본질적으로, 교수-학습은 발달에 선행한다는 것을 나타낸다.

6-4-31] 우리의 연구는 어린이의 정신적 발달이 그런 식으로 학교 교과의 체계에 따라 일어나지 않음을 보여 주었다. 어린이의 추상적 생각의 발달은 모든 수업 속에서 발달하며, 그의 발달은 학교의 교수-학습을 위해 분리된 다양한 교과목에 상응하는 개별의 경로를 따라 분해되지 않는다.

6-4-32] 학습의 과정이 있다. 이는 그 자신의 내적 구조, 순차성, 논리와 발달을 가지고 있다. 학습을 하는 각 초등학교 어린이의 마음 안에는, 학교에서의 학습을 통해 발생되고 활성화되기는 하지만 그럼에도 그 스스로 발달의 논리를 가지고 있는 과정의, 일종의, 표면 아래 잔존물이 있다. 바로 이러한 내적 논리, 이러한 발달의 내적 경로를 보여 주어야 한다.

a) 상이한 과목들의 학습에 필요한 심리적 토대는 대부분 공통적이다.

b) 고차적 심리기능 발달에 학습이 영향을 미친다.

c) 고차적 심리기능(의지적 주의, 논리적 기억, 추상적 생각, 과학적 상상력)의 의존성과 상호 연결은 공통 토대(의식적 파악과 숙달) 덕분에 서로를 하나의 복잡한 과정으로 완성시킨다.

6-4-33] 네 번째 그룹에 속하는 우리의 연구는 동시대 심리학에 새로운 질문에 대한 것이고, 교수-학습과 발달 문제에 핵심적인 것이다.

6-4-34] 발달의 수준을 결정하는 유일한 근거는 그 아동이 독립적으로 해결하는 과제이다. 심리학자는 이미 성숙한 기능들뿐 아니라 성숙하고 있

는 상태의 기능들도 고려해야 하며, 실제의 수준뿐 아니라, 근접발달지역도 고려해야 한다.

6-4-35] 이와 같이, 혼자서 해결할 수 있는 문제를 통해 결정되는 정신연령 혹은 현재 발달 수준과 어린이가 혼자가 아닌 협력을 통해 얻는 발달 수준의 차이가 근접발달지역을 결정한다. 연구는, 실제적 발달 수준보다 근접발달영역이 지적 발달의 역동성에 더욱 직접적인 의미를 가진다는 것을 보여 준다.

6-4-36] 협력을 통해, 인도를 따르면서, 도움을 통해서 어린이는 늘 자신이 독립적으로 할 수 있는 것보다 더 많은 과제를 그리고 더 어려운 과제를 해결할 수 있다. 전통적 심리학과 일상적 의식에서 모방이 순수한 기계적 활동이라는 생각이 널리 퍼져 있다. 독립적으로 도달하지 못한 해결 방안은 그 어린이의 지적 발달의 지표 또는 징후로 고려되지 않는다. 그러나 이런 관념은 잘못이다.

6-4-37] 모방을 하기 위해서는 내가 할 수 있는 것에서 할 수 없는 것으로 나아가게 하는 어떤 가능성이 있어야만 한다.

6-4-38] 실험 결과, 어린이들이 자신의 발달 수준에 근접한 문제의 경우에는 협력을 통해 더욱 쉽게 해결했지만 그 이상의 수준에 대해서는 어려움이 증가하여 궁극적으로 협력을 통해서도 극복할 수 없게 된다는 것을 발견하였다. 어린이가 혼자서 할 줄 아는 것으로부터 협력을 통해 할 수 있는 것으로 이동할 수 있는 가능성이 큰가, 적은가 하는 것은 어린이의 발달과 성공의 역동성을 특징짓는 가장 섬세한 지표이다. 그것은 근접발달영역과 온전히 일치한다.

6-4-39] 퀄러는 침팬지를 대상으로 한 그의 유명한 실험에서 이미 이 문제에 봉착했었다. 동물의 모방할 수 있는 잠재력은 지적 잠재력에 의해 엄격하게 제한된다는 것을 그의 실험은 보여 주었다. 물론 훈련을 통해 스스로 지능으로 할 수 없는, 많은 복잡한 조작을 배워서 할 수 있다. 그렇지만 여

기서 하는 조작들은 무의미한 습관처럼 자동적으로 기계적으로 수행되는 것이다.

6-4-40] 이 사실은 동물과 인간 심리학에 매우 중요한 내용을 담고 있다. 이들은 단지 훈련을 통해서만 학습할 수 있다. 인간에게 사용하는 특정한 뜻으로서 교수-학습은 동물에게는 일어날 수 없다고 말할 수 있다.

6-4-41] 그러나 어린이에게 있어, 협력과 모방을 통한 발달, 특별히 인간만이 가진 의식의 모든 자질들의 근원, 교수-학습을 통한 발달은 근본적 사실이다. 넓은 의미에서 모방은 학습이 발달에 영향을 미치는 주요 형태이다. 사실상 어린이는 학교에서 자신이 혼자서 할 줄 아는 것을 배우는 것이 아니라 아직 할 줄 모르는 것을, 교사와의 협력을 통해, 교사의 지도 아래에서 성취할 수 있는 것을 배운다. 어린이가 접근할 수 있는 이행 영역을 정의하는 근접발달영역은 교수-학습 및 발달과 관련하여 가장 중요한 요소이다.

6-4-42] 오늘 협력을 통해 할 줄 아는 것을 내일은 혼자서 할 줄 알게 될 것이다. 발달을 앞서서 발달의 전진을 이끄는 학습만이 효과적이다. 교수는 모방이 가능할 때만 가능하다. 학습의 가능성은 근접발달영역에 따라 결정된다.

6-4-43] 그러나 일반적으로, 경험적으로 볼 때 글쓰기 학습은 학교교육의 최초부터 가장 중요한 교과목 중 하나이며 이것은 어린이에게서 아직 성숙하지 않은 모든 기능의 발달을 야기함을 알 수 있다. 우리는 언제나 학습의 최저 임계점을 결정해야 한다. 그러나 이로써 질문이 끝나는 것은 아니다. 우리는 학습의 최고 임계점을 결정해야 한다. 오직 이 둘 사이에서만 우리는 주어진 교과를 학습할 수 있는 최적의 시기를 찾을 수 있다. 교육학은 아동 발달의 어제가 아니라 내일을 지향해야 한다.

6-4-44~45] 1920년대 소련에는 복합체를 가르치는 학교 체계가 지배적이었다. 어린이가 할 수 있는 것으로 지향되었고, 이행 가능성을 무시했다.

과학에서 기초에 대한 체계적인 연구의 억압, 그 결과 일반 지식수준의 저하를 가져왔다. 이것은 어린이 발달의 뒤에서 따라가는 체계이다.

6-4-46] 이제 긍정적 해결책을 일반화하겠다.

6-4-47] 학습은 오직 발달에 앞설 때에만 가치를 가진다. 어린이의 학습과 동물의 훈련을 구분한다. 모든 과목에 포함된 형식도야의 효과는 학습의 영향이 발달에 나타나고 실현되는 영역이다.

6-4-48] 학습은 근접발달영역에서 규정된 기간 한에 나타날 때 더욱 많은 결실을 맺을 수 있다. 몬테소리의 민감한 시기는 발달의 최적 시기와 일치한다. 오직 두 가지 측면에서만 차이가 있다. 1) 이 시기의 본질을 실험적·이론적으로 확립하고자 시도했고, 특정 유형의 학습이 이 시기에 특정한 민감성을 가지는 것에 대한 설명을 발견했다. 이는 이 시기를 결정하는 방법을 발달시킬 가능성을 제공한다. 2) 문자 언어의 복잡한 학습을 직접적인 생물학적 유추를 하여 민감한 시기에 대한 이론을 세웠다.

6-4-49] 몬테소리에 의하면 4살 반이나 5세의 이른 글쓰기 연습에서 어린이의 자연발생적이고 풍부하며 다채로운 글말의 사용이 관찰되며, 이후에는 관찰되지 않는다. '폭발적'이라고 표현된 쓰기 학습의 최적 시기가 이 연령대이다.

6-4-50] 모든 교과에서도 마찬가지이다. 민감한 시기의 본질을 명확히 밝혀내야 한다. 발달의 특정한 과정이 미완이라는 사실은 민감한 시기가 되기 위한 필요한 전제 조건이다.

6-4-51] 어린이가 아직 할 수 없는 것을 가르치는 것은 어린이가 이미 혼자서 할 수 있는 것을 가르치는 것만큼이나 무익한 일이다. 학습은 어린이 발달의 모든 단계에 일어나지만, 다음에서 보게 되는 것처럼, 모든 단계와 모든 시기에 그것은 특정한 형태를 가질 뿐만 아니라 발달과 특정한 관계를 가지기도 한다.

6-4-52] 학습의 심리적 토대는 모든 기초 학교 교과목에 일정 부분 공통

된다.

6-4-53] 학령기는 의식과 의지적 기능들이 최고점에 바탕을 두는 교과목을 학습하기에 최적의 시기이다. 이 과목들을 학습하는 것은 근접발달영역에서 발견되는 고등심리기능들의 발달을 위한 최적의 조건을 보증한다.

6-4-54] 이는 학령기 과학적 개념의 발달에 대한 문제에 완전히 적용된다. 이 발달은 그 원천을 학교에서의 학습에 두고 있다. 따라서 학습과 발달의 문제는 과학적 개념의 기원과 형성의 중심적인 문제이다.

6-5 학령기 과학적 개념 발달과 교수-학습

6-5-1] 같은 연령의 어린이에게서 일상적 개념과 과학적 개념의 비교 분석은 개념 형성의 계기와 상응하는 프로그램이 주어지면 과학적 개념은 일상적 개념보다 먼저 발견된다는 것을 보여 주었다.

6-5-2] 어린이가 일상적 개념을 사용하는 과업('자전거 타는 사람이 자전거에서 떨어졌다. 왜냐하면' '화물을 실은 배가 바다에 가라앉았다. 왜냐하면')을 해결하는 데 사회과학 영역에서의 개념과 사실 사이의 인과적 연결의 확립을 요구하는 과학적 과업보다 더욱 어려움을 느낀다는 것은, 자전거에서 떨어지는 것이나 배가 가라앉는 것이 어린이에게 계급투쟁, 착취, 그리고 파리코뮌보다 덜 알려져 있다는 사실은 받아들이기 어렵다. 일상적 개념의 단면에서 풀린 문제들이 경험과 어린이 자신의 지식에 의해 더 알기 쉽다는 것은 의심할 바 없는 사실이다.

6-5-3] 어린이에게 이것이 어려운 것은 이 문제는 어린이가 일상생활에서 자연발생적이고 비의식적으로 하는 것을 의식적이고 의지적으로 하도록 요구하기 때문이다. 어린이는 관계에 대해 의식적으로 되기 전에 먼저 사용한다. 이 구조에 대한 의지적 사용, 상응하는 상황에서의 숙달은 아직 어린이

에게 불가능하다.

6-5-4] 조작은 그 스스로의 역사를 가지며, 실험의 순간에 형성되지 않으며 그것은 어떤 의미에서 모든 선행하는 연결의 기능으로만 이해될 수 있는 최종 연결이다. 개념에 대한 이 모든 과정에서 그들의 형성 과정 모두는 어른과의 협력을 통해, 즉 학습의 과정에서 어린이에 의해 세세히 수행되었다. 그에게 요구되는 것은 무엇일까? 모방을 할 수 있는 능력, 즉 이 협력적인 상황에서 교사가 실제로 없더라도 당면한 상황에서 교사의 도움을 통해 해결하는 것이다. 그것은 과거에 속한다. 어린이는 이제 과거 협력의 모든 결과를 스스로 활용해야 한다.

6-5-5] 학생이 교실에서 시범을 본 학교 과업을 풀 때, 그 순간 교사가 주변에 없더라도 그는 계속하여 협력을 통해 행동하는 것이다. 우리는 심리학적 관점에서 두 번째 테스트의 해결은 집에서의 과업의 해결과 유사하게 교사의 도움을 통한 해결이라고 생각할 수 있는 근거를 가진다. 이 도움은, 협력의 이러한 요소는 눈으로 볼 수 없지만 어린이의 독립적인 해결에 분명히 포함되어 있다.

6-5-6] 사회과학과 관련된 테스트의 해결이 협력을 통한 숨겨진 해결의 형태를 가진다면 우리는 왜 그것이 일상적 테스트의 해결보다 우월한지 이해할 수 있다.

6-5-7] 일상적 개념의 테스트의 해결 곡선은 과학적 개념의 해결 곡선과 합쳐지는 것을 본다. 과학적 개념은 일상적 개념에 대해 어떠한 우월성도 가지지 않는다. 이 영역에서 일상적 개념은 과학적 개념이 그들을 활용할 수 있는 정도까지 성숙하지 않았음이 명확하다. 그가 즉시적 생각에서조차 접속사 '그럼에도'로 표현되는 관계를 숙달하지 못하였다면, 과학적 생각에서도 자신이 아직 가지지 못한 것에 대한, 부재한 능력에 대한 의식적 파악을 하지 못하는 것이 당연하다. 이것이 과학적 개념의 곡선이 일상적 개념을 포함하는 문제 해결의 곡선만큼 낮은, 사실상 그와 합쳐지는 이유이다.

6-5-8] 만일 어린이가 어떤 개념의 영역에 대한 숙달과 의식적 파악을 함에 따라, 특정한 상위 구조의 숙달을 이루었다면 그는 이전에 형성된 일상적 개념 각각에 대해 같은 작업을 모두 다시 할 필요 없이 구조의 근본적 법칙에 의거하여 이미 구성된 구조를 이전에 정교화되었던 모든 개념으로 직접적으로 전이시킬 수 있다는 뜻이다.

6-5-10] 이 모든 사실은 특정한 교과에서 지식 발달의 가장 처음에 과학적 개념과 일상적 개념 사이의 상관관계를 해결할 수 있도록 하는 대단히 높은 가능성을 허용한다.

6-5-11] 과학적 개념의 발달은 그 최초 시점부터 어린이의 일상적 개념의 발달이 추구하는 것과는 반대의 길을 취한다는 결론을 내리도록 해 준다. 그들은 어떤 면에서 서로 반대된다.

6-5-13] 과학적 개념의 발달은, 학령기에, 일상적 개념에서는 완전히 발달하지 않는 바로 그러한 개념과 함께 시작한다. 그것은 흔히 개념 자체를 개념으로 나타내는 작업으로부터, 그 언어적 정의로부터, 이 개념의 비자연발생적 사용을 필요로 하는 조작들로부터 시작한다.

6-5-15] 새로운 과학적 개념의 학습은 그 학습 과정에서 이 연령에서는 불가능한 바로 그러한 상관관계와 조작들을 요구한다.

6-5-16] 연구는, 우리가 동일한 어린이의 두 개념 사이에서 발견하는 수준의 차이 덕분에 일상적 개념의 강점과 약점이 과학적 개념의 강점과 약점과 다르다는 것을 보여 준다.

6-5-17] 자연발생적 개념의 분석은 우리로 하여금 어린이는 개념 자체에 대한 의식적 파악을 하기 훨씬 이전에 대상에 대한 의식적 파악을 한다는 것을 확신케 하였다. 과학적 개념에 대한 분석은 우리로 하여금 어린이는 처음부터 개념이 나타내는 대상보다 개념 자체에 대한 의식적 파악을 먼저 한다는 것을 확신케 하였다.

6-5-23] 우리는 어린이의 자연발생적 개념은 더 낮은 데서 더 높은 데로,

더 기초적이고 열등한 자질로부터 우월한 자질로 발달하는 반면, 과학적 개념은 위에서 아래로, 더 복잡하고 더 높은 자질로부터 더 낮고 더 기초적인 자질들로 발달한다고 인습적으로 말할 수 있다.

6-5-24] 오직 기나긴 발달의 과정을 거쳐서 어린이는 대상에 대한, 또 개념 자체에 대한 의식적 파악을 획득하며 개념을 추상적으로 조작하는 능력을 획득한다. 반면 과학적 개념의 탄생은 사물에 대한 즉각적인 만남이 아니라 대상에 대해 매개된 관계로 시작된다. 과학적 개념은 어떤 의미에서 안쪽을 향하여 자람으로써, 대상을 향한 길을 열어 줌으로써, 이 영역에서 어린이가 가지고 있는 경험과 과학적 개념을 연결하여 그 경험을 개념에 흡수함으로써 서서히 발전한다.

6-5-25] 어린이가 과학적 개념을 배우고 그에 대한 의식적 파악을 획득하기 위해서는 일상적 개념의 발달이 일정한 수준에 도달해야 한다.

6-5-26] 일상적 개념들 또한 과학적 개념들에 의존한다. 기초부터 고등의 기나긴 발달 경로를 밟아 온 일상적 개념은 후속하는 과학적 개념의 하향 성장을 위한 길을 밝혔다. 그것이 개념의 더 낮은, 기초적 특징이 출현하는 데 필요한 일련의 구조를 만들었기 때문이다.

6-5-27] 과학적 개념은 일상적 개념을 통해 하향 성장하고 일상적 개념은 과학적 개념을 통해 상향 성장을 한다. 일상적 개념은 과학적 개념에 의해 열린 그들 발달 경로의 상층부를 빠르게 포함하면서 과학적 개념이 준비해 둔 구조로 자신을 재조직한다. 이는 과학적 개념보다 훨씬 낮았던 일상적 개념을 나타내는 곡선이 급격히 상승하여 과학적 개념을 나타내는 곡선의 수준에 이르는 모습에 반영되어 있다.

6-5-28] 과학적 개념의 강점은 개념의 고차적 특성에, 즉 의식적 파악과 의지에 있다. 반면, 이는 어린이의 일상적 개념의 약점이다. 과학적 개념의 발달은 의식적 파악과 의지의 영역에서 시작하여 개인적이고 구체적인 경험의 영역을 향해 하향 성장한다. 반면, 자연발생적 개념의 발달은 구체적이고

경험적인 영역에서 시작하여 개념의 고등적 특징으로, 즉 의식적 파악과 의지로 이동한다. 이것이 근접발달영역과 실제 발달의 수준을 잇는 연결이다.

6-5-29] 이는 과학적 개념은 자연발생적 개념의 일정한 발달 수준, 즉 근접발달영역에서 나타나는 의식적 파악과 의지가 나타나는 수준을 전제로 한다는 것뿐 아니라 과학적 개념은 자연발생적 개념을 변형시키고 이들을 높은 수준으로 올리면서 그들의 근접발달영역을 형성한다는 것 또한 설명한다. 요컨대 어린이가 오늘 다른 누군가와의 협동을 통해 할 수 있는 것을 내일은 독립적으로 할 수 있게 될 것이다.

6-5-31] 다시 말해 과학적 개념의 동화가 그에 상응하는 가능성이 어린이에게서 아직 성숙하지 않은 영역에서 일어난다면, 우리는 비로소 과학적 개념의 학습이 어린이의 정신 발달에 있어 막대하고 결정적인 영향을 효과적으로 행사할 수 있다는 것을 이해할 수 있게 된다.

6-5-33] 어린이는 의식적 파악이나 의도 없이 모국어를 배우는 반면 외국어의 경우 의식적 파악과 의도를 가짐으로써 시작된다. 이것이 우리가 모국어의 발달은 아래로부터 위로 올라간다고 말할 수 있는 이유이다. 외국어의 경우 먼저 발달하는 것은 언어의 고차적이고 복잡한 자질들로서 이들은 의식적 파악 및 의도와 연관되어 있다. 말의 즉시적이고 자유로운 사용과 관련된, 더욱 기초적인 말의 특징은 나중에야 발달한다.

6-5-34] 어린이는 모국어를 사용함에 있어 그 문법적인 형태들을 완벽하고 흠잡을 데 없이 사용하지만 그러한 문법 형태의 사용에 대한 의식적인 파악을 하고 있지는 않다. 그러나 외국어의 경우 이 어린이는 여성성을 가진 단어와 남성성을 가진 단어를 처음부터 구분하며 어형 변화와 문법적 변형에 대해서도 의식적 파악을 하고 있다.

6-5-35] 그 어린이는 모국어의 음성적 측면을 완벽하게 사용하지만 자신이 발음하고 있는 이러저러한 낱말들의 소리에 대해서 인지하지 못한다. 이 때문에 어린이는 낱말의 철자를 말하는 것을, 즉 낱말을 구성하는 독립된

소리들로 나누는 것을 대단히 어려워한다. 그러나 외국어의 경우 어린이는 이를 쉽게 해낸다. 모국어의 발달이 말의 자유롭고 자연발생적인 사용으로 시작되며 그 언어적 형태에 대한 의식적 파악과 의지적 사용으로 시작하여 자유롭고 자연발생적인 언어로 그 발달을 완성하게 된다. 이 두 발달의 과정들은 반대의 방향으로 움직인다.

6-5-36] 대수가 일반화이며 따라서 산술적 조작에 대한 의식적 인식의 파악과 숙달을 나타내듯이 모국어에 토대를 둔 외국어의 발달은 언어 현상의 추상화와 언어적 조작의 의식적 파악을, 즉 의식적·의지적이 된 언어의 고차적 측면으로의 전이를 나타낸다.

6-5-37] 이러한 점에서 학교에서의 외국어 학습이 모국어 학습과 구분되는 것과 같이 과학적 개념의 학습은 일상적 개념의 학습과 구분된다는 것을 보이는 것이 중요하다. 과학적 개념들이 다른 상황(즉 비과학적인 상황)에는 적절하지 않으며 이러한 현상은 모국어의 강점이 잘 드러나는 상황에서는 외국어가 약해지고 외국어가 강한 상황에서는 모국어가 약점을 드러낸다는 사실과 완전히 일치한다는 점을 보이는 것이 중요하다.

6-5-38] 마치 과학적 개념의 발달이 최소한이나마 과학적 언어의 숙달, 즉 과학적 상징의 숙달을 요구하듯이, 외국어 학습은 외국어 발화의 의미적 측면에 대한 어느 정도의 숙달을 조금이라도 필요로 한다. 그러나 모국어에 대한 외국어 학습은 일상적 개념에 대한 과학적 개념의 발달과 어떤 한정된 관계에 있어서 유사성을 가지지만 또한 이 두 종류의 과정들은 많은 측면에서 중대한 차이점들을 가진다.

6-5-39] 외국어를 학습함에 있어 이미 발달된 의미 체계가 모국어로 처음부터 주어진다. 이 기존의 체계는 새로운 체계에 대한 전제 조건이다. 반면 과학적 개념의 발달에 있어 이 체계의 출현과 개념의 발달은 동시에 일어나며 이 체계는 일상적 개념을 변형시킨다. 여기서 드러나는 이 차이는 두 과정들 사이의 유사성보다 더욱 중요하다. 이 차이가 외국어나 쓰기와

같이 다른 새로운 형태의 말의 발달과 과학적 개념의 발달을 구분하는 것을 밝혀 주기 때문이다. 체계의 문제는 어린이의 진정한 개념 발달의 전체 역사에 있어 핵심점이 된다.

6-6 개념 체계의 문제: 일반성의 관계와 일반화의 구조(혼합체, 복합체, 선개념, 진개념)의 관계

6-6-2] 모든 개념은 일반화이다. 각각의 개념의 존재는 개념들의 체계를 함의한다. 실제로 개념들은 누군가 자루 속에 완두콩을 쏟아붓듯이 아동의 정신에서 출현하지 않는다. 개념들 각각이 고립되어 서로 관계가 없는 것이라면 아동의 그 모든 복잡한 생각은 불가능할 것이다.

6-6-3] 개념들 사이의 가장 기본적이고 자연적이고 흔한 관계 형태는 일반성의 관계이다(식물, 꽃, 장미와 같은 차이와 일반성의 관계). 모든 개념이 일반화라면, 한 개념이 다른 개념과 가지는 관계는 일반화의 관계라는 것이 분명하다. 일반화의 관계에 대한 연구는 주로 보편과 개별의 논리적 관계에 집중되었으나 이제 개념 형태들 사이의 발생적이고 심리적인 관계를 연구해야 한다.

6-6-4] 어린이의 개념 발달은 특수에서 일반으로의 절대적 논리적 경로를 따르지 않는다. 어린이의 생각에서 개념이 발달하는 과정에서 일반에서 특수로 특수에서 일반으로 이동하는 근본적 법칙을 확립하고자 한다.

6-6-5~7] 어린이의 개념 형성 과정에서 일반성은 일반화의 구조(혼합체, 복합체, 의사개념, 진개념)와 일치하지 않는다. 첫째, 상이한 수준의 일반성을 지닌 개념들이 동일한 일반화 구조 내에 공존하는 것이 가능하다. 둘째, 상이한 일반화의 구조에 동일한 수준의 일반성을 가진 개념이 존재할 수 있다. 하지만 일반성의 관계(꽃: 장미)는 각각의 일반화의 구조에 따라 다르다.

6-6-8] 또한, 일반성의 관계와 일반화의 구조 사이에는 복잡한 상호 의존성이 있다. 둘은 서로 연결되어 있는 것은 사실이지만 정확히 일치하지는 않는다.

6-6-9] 조사와 실험을 통해 밝혀진 바에 따르면 각 일반화의 구조(혼합주의, 복합체, 선개념, 개념)에는 그에 상응하는 특정한 일반성의 체계와, 일반적 개념-특수 사례들 사이의 관계가 있다.

6-6-10~14] 농아인 어린이는 의자, 탁자, 장식장, 소파, 책장의 의미를 배울 수 있었지만, 더욱 일반적인 개념인 '가구'라는 낱말은 배울 수 없었다. 이미 숙달한 다섯 개의 낱말에 여섯 번째 낱말을 더하는 것이 아니라 일반적인 관계를 숙달(하위 개념을 포함하는 상위 개념의 숙달)하는 것을 나타낸다. 이는 수평적일 뿐 아니라 수직적이기도 한 개념의 이동 형태를 숙달한 것을 나타낸다. 마찬가지로 이 아동은 '의복'이라는 낱말을 배울 수 없었기 때문에 이미 배운 단어군(웃옷, 모자, 털 코트, 긴 장화, 바지)을 더 이상 확장하지 못하였다. 위계적 관계가 상실되고 대상과 직접적으로 연결되어 있는 상태의 모든 개념은 대상이 떨어져 있듯이 상호 간에 분리되어 있을 뿐이다. 이는 아동의 자율적인 말, 즉 말 발달의 이행기 단계에서 관찰된다.

이런 방식으로 구성된 개념의 체계에서는 어린이의 언어적 생각을 구체적 생각의 논리가 지배해야 한다는 것이 명확할 것이다. 이 단계에서 언어적 생각은 객관적·구체적 생각의 비자연발생적 측면으로서만 가능하다. 최초의 상위 개념('가구', '의복')의 출현은 아동의 말에서 유의미한 측면이 발달한다는 아주 중요한 징후이다. 후속하는 개념 발달의 각 연속적인 단계는 일반성의 관계의 형성으로 시작할 것이다. 하지만 연구에서 보여 주듯, 각 단계에서 일반성의 관계는 그 단계에만 적용되는 특정한 관계의 체계를 형성할 것이다. 여기에 아동 개념에 나타나는 일반과 특수 사이의 발생적 관계와 심리적 관계를 연구하는 열쇠가 있다. 일반적인 것에서 특수로, 특수한 것에서 일반적인 것으로의 이동은 의미 발달의 단계에 따라 이 단계를 지배하는 일반화의 구조에 따라 다른 것으로 드러난다.

6-6-15~24] (개념 등가성의 법칙) 모든 개념은 무한히 많은 다른 방식으로 다른 개념들을 통해 표현할 수 있다. 이는 낱말 의미 발달과 일반성의 관계 발달의 상위 단계에서만 나타나는 현상이다. 각 개념을 지구본 표면의 점들이라고 생각해 보자. 구체와 추상의 통합성 정도에 따라 개념의 위도와 경도가 결정된다. 개념의 위도는 동일한 위도를 가지는 다른 개념들 사이에서 상이한 실재의 지점과 관련하여 차지하는 위치이고 개념의 경도는 대상을 개념으로 파악하되, 이 개념 속에 포함된 구체와 추상을 통합체적으로 조망하는 것을 나타낸다. 종합하면, 개념의 경도와 위도는 두 요소, 즉 개념이 포함하는 생각의 작용과 개념이 나타내는 대상의 관점에서 개념의 성질에 대한 철저한 표상을 제공할 수 있을 것이다.

모든 개념에서 한 개념이 차지하는 위치, 그리고 그 개념과 다른 개념과의 관계를 이해할 수 있게 하는 교차점을 우리는 개념이 가지는 일반성의 정도라고 칭할 것이다. 각 개념이 일반성의 정도를 가짐에 따라 한 개념과 모든 개념의 관계가 나타나며 개념에서 개념으로 이동할 수 있으며 개념들 사이에 무수한 경로를 통해 관계가 확립될 수 있으므로 개념의 등가성이 가능해진다. 수의 개념에서 예컨대 숫자 1은 무수히 많은 방식으로 정의될 수 있는 반면 어린이의 자율적 언어에서 개념은 다른 개념들과의 일반성의 관계가 없기 때문에 등가물 없이 단일하고 고유한 방법으로만 표현 가능하다. 등가성은 개념들 사이의 일반성의 관계에 의존하고 개념 등가성의 법칙은 일반화 발달의 각 단계에 따라 각기 특정한 방식으로 다르게 작용하며 각 일반화의 구조는 그 영역 안에서 가능한 개념의 등가성을 결정한다.

6-6-25] 일반성의 관계는 개념의 기능에 있어서 기본적·최초적 요소이다. 각 개념은 그에 해당하는 일반성의 관계의 바탕 위에 두드러지게 표현된 형상으로서 의식 속에서 나타난다. 우리는 이 바탕에서 우리의 생각에 필요한 방향을 선택한다. 이 때문에 일반성의 정도가 개념으로 생각할 때 가능

한 모든 정신 작용의 총체를 결정짓는 기능적 측면인 것이다. 어린이의 개념 정의에서 이 정의들은 어떤 단어 의미 발달의 단계에서 지배적인 개념 등가성의 법칙을 직접적으로 나타내며 동일한 방식으로 모든 판단과 연역은 개념의 위도선과 경도선의 연결망 속의 어떤 구조적인 이동을 전제로 한다. 각 새로운 일반화의 구조와 함께 변경되는 일반성의 관계가 발달하는 과정은 이 단계에서의 어린이의 모든 생각 작용에 변경을 촉진시킨다. 일반성의 관계가 발달함에 따라 개념이 낱말에 대해 갖는 독립성과, 의미가 표현에 대해 갖는 독립성이 덧붙여져서 의미에 대한 생각 작용은 그 언어적 표현으로부터 최대의 자유를 맞이하게 된다.

6-6-26~27] 일반화의 구조와 일반성의 관계 사이의 연결에서 우리는 '어린이 낱말의 실제 의미에 해당하는 일반화 구조를 특징짓는 기준 확정'의 문제와 '실험적 개념의 실제 개념으로의 전이 가능성(두 연구 사이의 교량 발견)'의 문제를 푸는 열쇠를 발견했다. 개념의 성질(혼합적·복합체적·선개념적)이 가장 완전히 드러나는 것은 다른 개념들과의 특정한 관계에서이며 이는 개념들이 특정한 정도의 일반성을 갖는다는 의미이다. 어린이의 실제 개념(부르주아, 자본가, 지주, 부농)에 대한 연구는 개념의 각 단계(혼합적 개념~진개념)를 지배하는 특정한 일반성의 관계를 확립하도록 해 줌으로써 인위적 실험으로는 연구할 수 없었던 일반화의 근본적 구조의 핵심적 측면을 밝힐 수 있게 해 주었다. a) 대상 및 낱말의 의미 간의 상이한 관계, b) 상이한 일반성의 관계, c) 가능한 정신 작용의 집합 간의 상이성.

6-6-28~31] (실제 개념 발달 연구의 의의) 어린이의 실제 개념에 대한 연구는 실험적 단어 의미와 실제 단어 의미의 연구를 이어 주는 가교 이상이다. 선행 연구에서는 새로운 단계에서의 일반화의 발달은 이전 단계에서 확립된 일반화에 기반을 둔다는 것을 무시하였다. 선행 연구에서는 발달 단계들 사이의 연관이 부재했다. 이러한 약점은 a) 개념 발달의 단계 간에 존재하는 관계와 이동 경로를 밝히는 가능성, b) 일반성의 관계들을 밝히는 가

능성을 배제하는 실험의 구조적 특성에 기인하며 이로 인해 우리는 이 단계들이 나선형을 형성한다기보다는 단일한 차원에서 점차 확대되는 일련의 원들로 나타내야 했다. 실제 개념에 대한 연구로 선행 연구의 이러한 결함을 채울 수 있었다.

새로운 일반화의 단계는 오직 이전 단계의 토대 위에서만 나타난다(일반화들에 대한 일반화, 전 단계의 무효화가 아닌 재형성을 통한 획득). 일반화의 새로운 관계는 독립적 대상을 새로운 양식으로 일반화함으로써 생겨나는 것이 아니라 대상의 선행 구조에서 일반화된 것의 일반화로부터 나타난다(예: 학령기 어린이의 산술 개념과 같은 전개념으로부터 성인의 대수적 개념과 같은 진개념으로의 전이. 대상으로부터 수를 추상화하여 이를 토대로 대상의 수적 특성을 일반화한 것이며 (대수적) 개념은 수로부터 추상화하여 이를 토대로 수들 사이의 관계를 일반화한 것).

6-6-33~36] 자기 자신의 생각을 추상화하고 일반화하는 것은 사물을 추상화하고 일반화하는 것과는 근본적으로 다르다. 그것은 동일한 방향으로 확장된 움직임을 구성하는 것이 아니다. 우리는 새로운 방향으로의 출발, 생각의 새롭고 더 높은 차원으로의 전이를 다루고 있는 것이다. 대수적 일반화의 성장에 병행하여 수 조작에 대한 자유가 성장한다. 수 세계에 대한 의존으로부터의 해방은 시각적 장에 대한 의존으로부터의 해방으로만 검증된다. 대수적 일반화의 출현에 따라 생기는 자유의 확대는 고등 일반화에 내재하는, 고차원적 단계로부터 기초 단계로의 역행에 대한 가능성으로 설명된다. 기초적 조작이 이미 고등 조작의 특정한 사례로 간주되는 것이다. 산술적 조작들은 대수가 학습된 후에도 보존된다. 저학년 학생들에게 산술 개념은 최종 수준이다. 저학년 어린이는 특정한 산술적 상황의 조건을 넘어서지 못하지만 청소년은 가능하다. 청소년의 우월한 능력은 높은 차원의 대수적 기능을 숙달한 데서 기인한다. 어린이는 십진법 체계에 대해 의식적으로 파악하기 이전에 십진법 체계로 조작하는 것을 배운다. 이 단계에서 어

린이는 그 체계를 숙달한 것이 아니라 그에 종속되어 있는 것이다. 십진법 체계에 대한 의식적 파악, 즉 수 체계의 한 종류로서 십진법 체계를 이행할 수 있도록 해 주는 일반화는 어떤 수 체계 내에서 의지적인 조작을 할 수 있는 잠재 가능성으로 인도한다.

6-6-37] 과학적·일상적 개념에 대한 연구는 지금까지 연결 짓지 못했던 전 학령기 어린이의 일반적 표상들이 학령기 어린이의 전 개념으로 이행하는 데 있어서 같은 유형의 의존성을 가짐을 확인하도록 해 줄 것이다.

6-6-38~41] 어린이의 실제 개념 발달에 대한 연구로 인해 단계 사이의 이동의 성질뿐 아니라 단일한 단계 안에서의 전이에 대해 논의할 수 있게 되었다. 일반화들의 일반화라는 원칙은 여전히 유효하다. 단일한 발달 단계의 한 국면에서 다른 국면으로의 전이에서는 대상에 대한 관계는 보존되며 급격하게 재형성되지 않는 반면, 단계에서 단계로의 전이에서는 개념들 간 일반화의 관계가 재구성되는 것은 물론 개념과 대상과의 관계에서도 현격한 재구성이 일어난다. 전이의 방식에 있어서 실험 연구는 선행 구조가 무효화되고 대체될 것이라는 가정, 이전까지 사고가 한 일이 무위로 돌아가는 것을 의미했다면 새로운 연구에서는 사고의 이전 노동들은 그냥 사라져서 개념이 재창조되어야 하는 것이 아니라 개념들의 구조를 재구성 또는 재형성하는 방식으로 전이가 이루어짐을 보여 주었다. 이전 개념들은 이전에 비해 생각의 더욱 고차적 작용에 연루되어 그 자체의 구조를 바꾼다. 어린이의 생각을 움직이게 만들 수 있는 가능성은 교수, 학습을 통해 만난 일반화의 새로운 구조이다.

6-6-42] 끝으로, 뷜러는 사고의 기억이나 재상산은 연상의 법칙이 아니라 유의미한 연관에 따라 일어난다는 것을 보여 주었다. 구조심리학은 이 연관을 구조적으로 정의하려고 시도하였다. 생각은 그 자체의 고유한 법칙을 가지지 않는다. 지각과 기억의 영역을 관할하는 동일한 법칙을 토대로 생각을 설명하려고 한다. 그렇기 때문에 구조심리학은 생각의 연관들을 구조적 연

관들로 환원함으로써 생각 발달의 가능성과 생각을 고차적으로 고유한 활동으로 이해할 가능성을 배제하였다. 사고가 이동하는 법칙을 기억 속에서 이미지들이 연동하는 법칙과 동일시하는 것은, 개념 발달 각각의 새로운 단계와 함께 새롭고 고차적인 유형의 연관이 나타난 것과 관련된 우리의 발견과 위배된다.

6-6-46] 개념들은 일반성의 관계의 원칙에 따라 연관된다. 개념의 정의, 그것들의 비교와 구분, 그들 사이의 논리적 관계의 확립 등 모든 사고의 작동은 개념들을 일반성의 관계들로 연결하는 선들을 통해, 한 개념에서 다음 개념으로 이동하는 잠재적인 경로를 결정하는 선들을 통해 일어난다.

6-6-48] 생산적인 사고의 출현을 위해서는 현재의 구조적 의존성의 한계를 넘어야 한다. 우리의 사고 속에 주어진 어떤 구조로부터 문제점이 뜯겨나온 후 새로운 구조에 포함되어야 한다. 연구는 이것이 '일반성의 관계'를 나타내는 노선에 따라 움직임으로써 실현됨을 보여 준다. 구조적 의존성을 극복하는 독특한 양식은 개념들 사이에 있는 일반성의 한정된 관계가 존재함으로써만 가능하다. 어떤 일반화 구조 A는 어떤 일반성 관계들의 체계 속에 존재하고 일반화 구조에는 그 구조에 가능한 생각의 특정 체계가 대응한다. 그것은 구조와 기능의 통일성, 즉 개념과 그에 가능한 조작들의 통일성을 나타낸다.

6-7 학령기 과학적 개념 발달과 일상적 개념 발달의 내적 관계

6-7-1] 과학적 개념과 일상적 개념 사이의 심리적 성질상 온전하고 완전한 그 차이를 결정하는 중심점은 체계가 있느냐 없느냐에 있다. 체계 밖에서는 개념은 한정된 체계 안에서 발견되는 것과는 사뭇 다른 관계를 대상과 맺는다. 체계 밖에서 개념이 가질 수 있는 유일한 관계는 대상 자체들 사

이에 확립된 관계들, 즉 경험적 연결들이다. 개념 대 개념의 관계의 체계가 나타는 순간, 우리는 일반적으로 개념과 대상 사이의 새로운 관계를 보게 된다. 개념은 경험을 넘어선 연결을 가능하게 한다.

6-7-2] 피아제 자신은 어린이의 자연발생적 개념과 어른의 개념을 분별하는 핵심 요소는 전자의 비체계적인 특징과 후자의 체계적인 특징이라는 것을 알고 있다. 바로 이 때문에 피아제는 어린이 발화 속에 포함된 자연발생적 개념을 드러내기 위해서는 그 발화로부터 모든 체계의 흔적을 지워야 한다는 원칙을 제안한 것이다. 피아제는 체계의 부재로부터 자연발생적 개념의 핵심적 특징을 보고자 했다. 그러나 그는 비체계적 조직이 단순히 어린이 생각의 여러 특징 중 하나가 아니라 어떤 의미에서 피아제가 열거한 모든 어린이의 특성들이 도출되는 뿌리가 된다는 것을 알지 못한다.

6-7-4] 어린이 생각에서 연결이 부족하다는 것은 개념들 간의 일반성의 관계가 발달되지 않았음을 직접적으로 보여 주는 것이다. 특히 연역의 부재는 바로 개념들 사이의 종적 관계의 발달이 일어나지 않아 일반성의 관계에서 수평적 선을 따르기 때문에 나타난다.

6-7-6] 어떤 개념에 대해 두 개의 모순적 판단이 내려졌을 때, 이 개념이 그에 상위하는 고유한 개념의 구조로부터 유래할 때에만 우리는 그 모순을 알아차리게 된다. 그러나 어린이에게는 일반성의 관계의 발달이 완성되지 않았기 때문에 두 개의 개념이 하나의 상위 개념의 구조 아래 재통합될 수 없다. 이 때문에 어린이는 서로 배타적인 두 개의 판단을 내리는 것이다. 일반적으로 지각의 논리에는 모순이라는 것이 없다. 여기서 어린이의 두 개의 판단은 언제나 올바르다. 이들은 어른들에게는 모순일지 몰라도 어린이에게는 그렇지 않다. 관념의 논리에는 모순이 존재하지만 지각의 논리에는 존재하지 않는다.

6-7-7] 이와 동일하게, 명제의 병치는 상위의 일반성의 정도를 가지고 있는 개념으로부터 하위의 개념으로의 이동이 없을 경우 필연적으로 나타나

게 된다.

6-7-8] 개념 발달의 각 단계를 지배하는 일반화의 구조는 그에 상응하는 개념 간 일반화의 관계 체계와 각 단계에서 가능한 전형적인 사고 작용의 전체 범위를 결정한다. 이 특성의 원천은 꿈의 논리와 행동의 논리를 절충시키는 어린이 생각의 자기중심성이 아니라, 자연발생적 개념으로 엮인 생각에 나타나 있는 개념들 사이의 특정한 일반성의 관계이다. 피아제가 기술한 특정한 생각의 이동이 어린이에게서 나타나는 것은 이 개념들이 어른들의 개념에 비해 실제 대상과 멀리 떨어져 있거나, 이들이 여전히 어린이의 자폐적 생각의 논리에 젖어 있기 때문이 아니라, 이것들이 어른의 개념에 비해 대상과 더 가깝고 직접적인 다른 유형의 관계를 갖고 있기 때문이다.

6-7-9] 어린이의 과학적 개념은 그들의 다른 성질을 증명하며 애초부터 다른 특성을 가진다. 다른 개념들의 의미로부터 그리고 위로부터 나타나므로, 과학적 개념들은 학습의 과정에서 성립된 개념들 사이의 일반화의 관계 덕에 탄생하게 된다. 그 성질상 그들은 모종의 이러한 관계, 모종의 체계를 포함한다. 이 과학적 개념을 포함하는 형식교과는 어린이의 모든 자연발생적 개념의 영역을 재조직함으로써 나타난다. 여기에 어린이의 정신 발달의 역사에 형식교과가 엄청난 중요성을 갖는 이유가 있다.

6-7-10] 원래 이 모든 것이 피아제의 이론에 잠재하고 있다. 피아제 자신은 클라파레드의 이론인 의식적 파악의 법칙에 의지한다. 즉, 개념의 자연발생적 사용이 가능하면 할수록 그에 대한 우리의 의식은 줄어들게 된다. 따라서 자연발생적 개념은 그 성질상 그들을 자연발생적 개념으로 만드는 것으로 인해 비의식적으로 되며 의지적으로 사용할 수 없게 된다. 우리가 본 바와 같이, 이 비의식적 특징은 일반화의 부재, 즉 일반성의 관계 체계의 발달에 있어서의 미완성을 나타낸다. 또한 반대로 과학적 비자연발생적 개념들은 그 속성상 그들을 과학적 개념으로 만드는 것으로 인해 처음부터 의식적 파악의 대상이 되어야 하며 또한 처음부터 체계 내에 속해 있어야 한

다. (피아제와의) 논쟁은 다음과 같이 정리될 수 있다. 즉, 체계에 포함된 개념이 체계에 속하지 않는 개념을 밀어내고 교체의 법칙에 따라 그 자리를 차지하는가, 아니면 그들은 체계에 속하지 않는 개념을 토대로 발달하여 그들을 스스로의 형상으로 변형시켜 어린이 개념의 영역에서 사상 처음으로 규정된 체계를 만드는가에 따라서 학령기 어린이의 개념의 역사는 체계를 주축으로 하여 돌아가게 된다. 이것이 과학적 개념의 발달과 더불어 어린이 생각에서 일어나고 어린이의 생각을 고등의 지적 수준으로 진보하게 하는 새로운 것이다.

6-7-11] 생각의 발달과 지식의 습득 사이의 관계, 그리고 학교에서의 학습과 발달 사이의 관계에 대해 피아제는 하나를 다른 하나로부터 분리시킨다. 즉, 피아제가 보기에 어린이가 학교에서 배운 개념은 어린이 생각의 특성에 대한 연구에 아무 관심거리가 되지 않는다. 피아제에게 있어 학교의 학습과 발달은 공통점이 없는 과정들이다. 그들은 두 개의 제각각인 독립적 과정들이다. 어린이가 학습한다는 사실과 어린이가 발달한다는 사실은 서로 간에 아무런 관계를 갖지 않는다.

6-7-15] 생각의 기능들은 작용 중인 생각의 구조에 의존하는 것이 명백해 보인다. 사실 모든 생각은 의식에 표상된 실재의 부분들 간의 연결을 확립한다. 이 실재가 의식에 나타나는 방식은 생각의 가능한 작용들에 있어 중요하지 않을 수가 없다. 다시 말하면, 생각의 다양한 기능들은 오직 그들의 기능과 이동 방식 그리고 이 과정을 구성하는 것에 의지하지 않을 수가 없다.

6-7-16] 생각의 기능은 관념 그 자체의 구조에 의존한다. 어떤 지성이 이용할 수 있는 작용의 특성은 생각이 기능적으로 구성되는 방식에 달려 있다. 피아제 연구가 가진 근본적 경향은 어린이 생각을 구성하는 것, 그 내적 구조, 그 내용의 풍부함에 대한 분석으로 돌아가는 것이다.

6-7-17] 그러나 피아제는 이 문제를 해결하지 못했다. 다른 측면을 위해

한 측면을 배제함으로써, 필연적으로 학교에서의 학습은 심리적 연구의 대상이 될 수 없다는 결과를 낳는다.

6-7-18] 낱말의 의미 자체가 규정된 한 체계의 유형에 속해 있다면 특정한 일련의 작용들 또한 주어진 구조의 틀 안에서만 가능하며 다른 일련의 작용들은 다른 구조의 틀 안에서만 가능하다.

6-7-19] (생각에 대한 구체적 연구에서 직면하는 두 측면 중) 첫 번째 측면은 어린이 개념 또는 단어 의미의 성장과 발달이다. 단어의 의미는 일반화이다. 이 일반화의 구조가 다르다는 것은 생각에서 실재를 반영하는 양식이 다르다는 것을 의미한다. (둘째) 상이한 일반성의 관계는 어떤 생각에 대해 가능한 상이한 유형의 작용을 결정한다. 기능의 양식과 특징들 자체는 기능의 내용과 이 기능이 구성된 방식에 의존한다. 이것이 생각의 두 번째 측면이다.

6-7-20] 자연발생적 개념과 과학적 개념은 우리의 연구에 비추어 보았을 때, 복잡한 내적 관계로 서로 연결되어 있는 것을 보여 준다. 학습은 학령기에만 시작되는 것은 아니다. 학습은 전 학령기에도 일어난다. 미래의 연구는 과학적 개념이 학교에서의 학습의 산물인 것과 같이 어린이의 자연발생적 개념은 전 학령기 학습의 산물이라는 것을 잘 보여 줄 것이다. 각 연령기에 따라 발달이 이 관계의 특성을 변화시킬 뿐만 아니라 또한 학습이 각 단계에서 완전히 특정한 조직, 즉 고유한 내용을 가지며, 학습과 발달 사이의 관계는 각 연령에 따라 특정하다.

6-8 이 연구의 의의와 앞으로의 과제

6-8-1] 쉬프가 수행한 연구는 일상적 개념과 과학적 개념을 비교하는 것이며, 학령기에 이 두 개념의 발달 경로를 추적한 것이다. 연구 결과는 1) 과

학적 개념이 일상적 개념과 다른 고유한 경로를 따라 발달한다는 것을 실험적으로 입증했다는 측면에서, 2) 교수-학습과 발달이라는 일반적인 문제의 특수한 사례로 두 개념 발달 경로를 다루었다는 측면에서 너무도 중요하다.

6-8-2~3] 연구를 진전시키면서 부차적인 두 문제, 어린이의 일상적 개념의 성질이 무엇인가의 문제와, 학령기 어린이의 심리 발달이라는 일반적 문제가 제기되었다. 우리의 연구 결과물은 간접적이지만 이 두 문제에 대한 우리 가설이 적절하다는 것을 지지한다.

6-8-4] 우리 연구의 가장 중요한 성과는 학령기 어린이의 개념 발달에 대해 새롭게 진술할 수 있게 되었다는 것이다. 이를 토대로 우리 작업가설을 그리고 연구 방법을 정교화하게 다듬을 수 있었다. 이제 우리는 과학적 개념을 과학적으로 연구할 수 있게 되었다.

6-8-5] 우리 연구의 실천적 중요성은 아동심리학에서 이제 진정한 심리 분석을 가능하게 했다는 것이다. 즉, 과학적 개념을 교수-학습하는 교육 행위를, 어린이의 머릿속에서 벌어지는 과정의 성질을 발달의 원칙에 근거하여 분석할 수 있게 되었다.

6-8-6~9] 새로운 길을 연 우리 연구는 세 가지 주요 오류를 담고 있었다.

1) 우리는 어린이의 사회과학적 개념에 담긴 고유한 특징이 아니라 일반적인 특징에 초점을 두었다. 그럼에도 불구하고 그렇게 연구한 까닭이 있다. 과학적 연구를 추동하는 논리를 따른 것이다. 그에 따르면, 먼저 과학적 개념과 일상적 개념의 경계를 정해야 한다. 경계를 확립한 후에야 과학적 개념의 다양한 유형들, 수학적 개념, 자연과학적 개념, 사회과학적 개념 등을 연구할 수 있다. 그래서 우리는 사회과학적 개념의 특정한 특징보다 일상적 개념과 대비되어 (교육과정에서 다루는) 과학적 개념에 적합한 일반적 성질을 밝혀야 했다. 또한 사회과학적 개념과 동일한 사회적 삶에서 벌어지는 일상적 개념을 비교하지 못하고 다른 영역에서 벌어지는 일상적 개념을 비교해야 했다.

2) 우리는 개념 구조를, 어떤 구조에 고유한 일반성들의 관계를, 그리고 일반성의 특정한 구조 혹은 특정한 관계를 결정짓는 기능을 너무 일반적이고 간략한, 비구별적인, 비분석적인 방법으로 연구했다. 그 결과 첫 번째 오류 때문에 사회과학적 개념들의 체계 내에서 서로가 관계하게 되는 내적 연관이 개념 체계 발달에 대단히 중요한 문제임에도 이에 접근할 수 없었다. 거기에 더해 두 번째 오류 때문에 개념 체계와 일반성의 관계라는 결정적인 문제를 충분하게 해결할 수 없었다. 너무 단순화된 우리 분석은 예를 들면 피아제가 제시한 다양한 유형의 (예를 들면, 경험적·심리적·논리적) 인과 관계를 담아내지 못했다. 그럼에도 불구하고 이런 단순화를 받아들인 것은 과학적 개념 발달의 고유한 특징을 정확하고 확실하게 파악하기 위한 고육지책이었다.

3) 우리는 일상적 개념의 성질과 학령기 어린이 심리 발달의 일반 구조를 실험적으로 검증해 내지 못했다. 피아제가 기술한 어린이 생각의 구조와 자연발생적 개념이 우리가 실험을 하는 동안 파악하게 된 학령기 어린이에게 개념 체계의 출현과 더불어 발달하는 의식적 파악과 의지적 숙달과 어떤 관계를 갖게 되는지 실험 과정에서 해결되지 못했으며, 우리는 이를 실험 대상으로 설정하지도 못했다. 그 까닭은 관계를 파악하기 위한 전제 조건인 양자를 이해하는 것이 특별한 연구 과제가 될 수밖에 없기 때문이다. 그 결과 우리는 피아제 이론을 통렬하게 비판하지 못했다.

6-8-10] 우리 연구의 오류를 열거한 이유는 새로운 연구 방향을 제시하기 위함이다.

6-8-11] 우리는 작업가설을 세우고 실험 연구를 하는 동안 처음에는 여기서 제시하고 있는 바와 너무도 그 내용이 달랐다는 것을 분명히 밝힌다. 이는 레빈의 말처럼 가설과 연구는 단일한 역동적 전체의 양극단이기 때문이다. 작업가설은 거점 연구를 통해 세워졌고, 그 거점 연구는 어설픈 가설에

근거했었다. 가설과 연구는 하나의 단위처럼 구성되고 전개되고 발달한다. 매 순간 하나의 진척은 다른 쪽을 풍부하게 하며 서로를 밀고 끌어 준다.

6-8-12] 우리가 판단컨대, 우리가 제시한 이론적 가설과 실험적 연구는 조화를 이루고 있으며 동일한 발견으로 우리를 이끌었다. 우리가 찾아낸 확증된 발견의 내용은 낱말의 의미에 상응하는 개념 발달은 그 낱말을 처음 배울 때 완성되는 것이 아니라 단지 시작일 뿐이라는 것이다. 말의 의미 측면이 변화한다는 것은 어린이 생각 발달과 말 발달에 근본적이고 본질적인 과정이다. 톨스토이의 옳고도 옳은 지적을 우리는 명심해야 한다. "개념이 준비되면 말은 거의 언제나 준비되어 있다."

7장
사고와 낱말

7장에서 비고츠키는 '사고와 말의 내적 관계'와 '사고에서 말로/말에서 사고로의 역동적 이주'에 대한 논의를 전개한다. 먼저 낱말의 특성을 다룬다. 낱말(의미)은 언어적 현상인 동시에 생각의 현상이며 말과 생각의 통합체이다. 그런데 기존의 잘못된 연구들은 발생적 뿌리가 다르다고 해서 외적으로만 연결해 왔음을 비판한다.

그리고 말의 내적 과정을 다룬다. 비고츠키는 생각과 말의 관계를 어떤 사물이 아니라 과정으로 다루어야 한다고 본다. 비고츠키는 의미론적 측면/형상적 측면이라는 차원에서 말의 두 측면을 분석한다. 어린이 말의 외적 측면은 '하나의 단어-문장과 구-복잡한 문장과 여러 개의 명제'로 발달한다. 부분에서 전체로 발달하는 것이다. 반대로 의미적 측면은 '전체 구-음절-개별 낱말의 의미 파악'으로 발달한다. 혼합된 덩어리에서 점차 분명한 개개의 것으로 분화되는 것이다. 또한 문법적·심리적 주술 사이의 불일치를 논의한다. 이를 통해 생각과 말의 관계가 '의미에서 소리로/소리에서 의미로의 복잡한 과정'임을 논증한다.

비고츠키는 내적 말 분석을 위해 자기중심적 말을 분석한다. 비고츠키가 볼 때 자기중심적 말은 외적 말이 내적 말로 이행해 가는 과정이다. 따라서 자기중심적 말은 음성적 측면만 쇠퇴할 뿐 기능과 구조는 내적 말로 상승, 발전해 간다. 이와 달리 자기중심적 말을 자기중심성의 표현으로 보면서 사라진다고 본 피아제 견해를 비판하고 실험을 통해 이를 입증하고자 한다.

이후 비고츠키는 내적 말의 특성을 정리해 나간다. 내적 말은 축약과 절대적 술어성이라는 통사적 특성을 지니며 음성적 축소, 뜻의 우세성과 의미의 함축이라는 의미론적 특성을 지닌다. 내적 말은 외적 말과 구분되는 다른 또 하나의 언어임을 강조한다.

이어 비고츠키는 내적 말의 새로운 단면들을 추적한다. 내적 말의 새로운 단면은 사고思考 자체이다. 사고와 말의 관계에서 둘은 일치하지 않는다. 사고에서는 동시에 포함되는 것이 말에서는 순서적으로 펼쳐진다. 사고에서 말로의 이행은 사고를 나누어 그것을 낱말로 재구성하는 대단히 복잡한 과정이다. 사고는 낱말로 표현되는 것이 아니라 낱말 속에서 성취되는 것이다. 그 밑의 또 하나의 단면은 정서와 의지이다. 사고 자체는 다른 사고로부터 나오는 것이 아니라 우리의 충동과 동기, 정서와 감정을 포함한 의식의 동기 영역으로부터 나온다. 비고츠키는 낱말을 빗방울로, 사고를 구름으로 그리고 사고의 동기는 구름을 움직이게 하는 바람에 비유한다. 사고와 낱말 그리고 정서, 의지의 관계를 다루면서 비고츠키는 인간의 말과 생각이 끊임없이 상호 이주하는 역동적 관계임을 강조하고자 했다. 생각과 말의 상호 역동성에 대한 비고츠키의 설명에는 단지 생각과 말의 관계만이 아니라 주체와 객관, 의미와 뜻, 형태와 의미, 발생과 분석 등의 관계에 대한 변증법적 분석과 묘사가 생생하게 나타난다. 비고츠키는 최종적으로 역사(발생)를 강조한다. 사고와 낱말의 연결이 발달 경로 속에서 나타나며 발달한다는 것이며 역사적 심리학(발생적 방법)을 통해 낱말에서 사고가 탄생하는 생생한 과정임을 발견할 수 있었다는 것이다. 즉 역사적 성격을 갖는 대상을 역사적 방법을 통해 탐구할 수 있었다는 것이다. 그리고 마지막으로 '말과 사회적 의식의 관계'라는 장대한 과제를 제출하면서 끝을 맺는다.

7-1 사고와 말에 있어서 지금까지의 심리학의 문제

7-1-1] 우리는 계통발생적 발달과 개체발생적 발달 과정에서 사고와 말의 내적 관계를 밝히려는 연구를 해 왔다. 발달의 두 과정에서 사고와 말은 발달의 시작에서부터 발생적 뿌리 사이에 어떤 특정한 관계나 의존성이 없음을 발견하였다. 따라서 낱말과 사고 사이의 내적 관계는 인간 진화의 결과물이다.

7-1-2~3] 오직 인간 의식의 역사적 발달에서만 말과 사고는 내적 관계를 긴밀하게 맺는다. 아동 발달의 초기 단계에서 전 지성적 단계의 말과 전 언어적 단계의 생각이 존재함은 분명한 사실이다. 사고와 낱말은 원래 결합되어 있던 것이 아니라 발달의 과정에서 관계 맺기 시작하고 변화하고 성장한다. 그런데 최초의 관념과 최초의 낱말 사이에 관계가 없다고 해서 두 독립된 실체가 외적으로만 연결되어 언어적 사고를 낳는다는 생각은 지금까지 대부분의 연구들이 오류에 빠지게 된 핵심적인 원인이다.

7-1-4] 이런 잘못된 연구 방식들은 실패할 운명이었다. 언어적 사고를 구성 요소로 분해함으로써 언어적 사고가 지니고 있는 구체적인 특성이나 자질을 분석하는 데 도움이 되는 것이 아니라 엉뚱한 수준으로 추상화해 버린다.

7-1-5~7] 이런 이유로 우리는 언어적 사고를 요소로 분해시키는 방법이 아니라 단위로 나누는 것에서 출발하고자 하였다. 우리 연구의 출발점은 언어적 생각의 내재적 속성을 담고 있는 가장 단순한 형태인데, 그것은 바로 낱말(의 의미)이다. 모든 낱말은 필연적으로 의미를 지니고 있으며 그것은 말의 현상이다. 낱말이 의미를 담지하는 과정은 반드시 일반화의 과정을 수반한다. 그런데 이런 일반화는 명백한 사고 작용이다. 따라서 낱말의 의미는 언어적 현상인 동시에 생각의 현상이다. 그런데 이는 두 영역(생각과 말)이 순수하게 외적으로 참여하는 것이 아니다. 낱말의 의미는 오직 생각이 낱말

과 연결되고 낱말 속에서 구체화되는 한에서 생각의 현상이고 반대로 말이 생각에 연결되고 생각에 의해 명료해지는 한에서 말의 현상이다. 그것(낱말 의미)은 말과 생각의 통합체이다.

7-1-8~9] 낱말의 의미를 언어적 생각의 기본 단위로 사용하는 것이 언어적 생각 발달에 대한 구체적 탐구를 가능하게 한다. 그런데 이보다 더 중요한 사실은 언어적 생각의 발달 과정에서 낱말의 의미가 계속 발달한다는 것이다. 그러한 발견을 통해 우리는 낱말의 의미가 변하지 않는다는 이전 이론들의 공리를 극복할 수 있게 되었다. 구심리학에서는 낱말과 그 의미의 연결을 단순한 연합적 연결로 생각한다. 사람의 코트가 그 사람을 환기시키는 것처럼 낱말은 그 자체의 의미를 환기시킨다. 물론 낱말과 의미의 연합은 풍부해질 수 있는데 그것은 대상들의 더 큰 범위까지 유사성 혹은 인접성에 의하여 확대될 수 있기 때문이다(붉은 장미꽃만을 본 아이에게 꽃이라는 낱말은 붉은 장미를 환기시킬 것이다. 하지만 하얀 장미, 그리고 다른 꽃들을 보면서 꽃이라는 낱말이 환기시키는 범위는 확대된다). 하지만 이는 낱말의 의미의 발달이 아니다(즉 일반화나 추상화 방식의 구조적 발달을 의미하지 않는다). 즉 이들에게 낱말의 의미 발달은 개별적 낱말과 개별적 대상들 사이에 연합적 연결을 수정하는 것(양적 변화)으로 환원된다. 즉 그들은 언어 발달 과정에서 낱말과 의미 간의 연결의 성질과 구조 자체가 수정되면서 원시적 형태의 일반화에서 고등하고 복잡한 형태로 상승하여 추상적 개념으로 표현되는 과정을 이해할 수 없었다. 또한 언어 발달의 역사적 경로에서 낱말의 객관적 내용에 제한되지 않고 넘어섬으로써 언어 자체의 역사적 발달이 진행될 수 있음을 이해할 수 없었다.

7-1-10~11] 이들에게 말을 이해한다는 것은 낱말이 주는 친숙한 이미지를 표상하는(의식에 떠올리는) 것이고, 말을 한다는 것은 반대의 과정 즉 사고에 표상된 대상을 언어적 지시물로 전환시키는 것이다. 이런 관점으로는 어린이의 의미 발달 과정을 설명할 수도 상정할 수도 없었다. 그들은 낱말에

서 의미로, 의미에서 낱말로 이동하는 단선적 움직임만을 발견할 뿐이다.

7-1-12~14] 연합주의의 모순은 이미 실험적·이론적으로 논증되었다. 뷔르츠부르크 학파는 생각이 표상들의 연합적 흐름으로 환원될 수 없으며, 단순한 연합의 법칙으로는 사고의 기능을 설명하는 것이 불가능하다는 것을 증명하는 것을 주요한 과업으로 삼았다. 하지만 이들은 사고를 감각으로부터 완전히 분리시켜 극단적인 유심론으로 떨어졌으며, 사고를 언어로부터도 완전히 단절시켰다. 그들은 낱말이 사고의 본성에 어떤 영향도 미치지 못한다고 생각하였으며, 그만큼 사고는 말로부터 독립된 것으로 간주하였다.

7-1-15] 낱말 의미를 연구 대상으로 삼으면서 최초로 연합주의 극복의 길로 나아간 이는 아흐였다. 그러나 아흐마저도 개념 형성 과정에서 연합 경향과 함께 '결정적 경향성'을 인식하는 수준을 넘지 못하였다. 그 역시 낱말의 의미가 형성되는 순간 모든 발달이 종결되는 것으로 생각함으로써 낱말의 의미의 발달을 탐구할 수 있는 가능성을 상실하였다.

7-1-16~18] 구조주의 심리학의 경우 사고뿐만 아니라 언어도 연합주의 법칙이 아니라 구조 형성의 법칙에 복속시키려 하였다. 연합주의로부터 벗어나려 한 것은 의미 있지만 그들은 생각과 말 사이의 깊은 골을 여전히 유지하였다. 그리고 이들은 낱말과 낱말의 의미가 관계 맺는 구조를 다른 모든 일반적인 대상 간의 관계 구조와 동일시하였다. 즉 낱말이 대상을 의식에 나타내는 양식, 낱말을 낱말로 만드는 특정한 방식, 낱말이 낱말 가치와 가지는 관계의 구체적 특성을 부정하고 일반적인 구조 법칙으로 용해시켰다. 또한 낱말의 의미가 발달하지 않는다고 생각하였다. 이들은 병아리의 지각, 침팬지의 지적 조작, 어린이의 첫 유의미한 낱말, 성인의 발달된 생산적 사고, 이 모두를 동일한 심리학적 보편 구조의 공통 요소로 환원시킨다.

7-1-19~22] 지금까지의 심리학의 문제점을 정리하면 첫째, 이들은 근본적이고 핵심적인 낱말의 심리적 성질, 즉 의식에 실재를 반영하는 완전히 특정한 방식으로서의 일반화를 낱말에 포함시키지 않았다. 둘째, 낱말과 그

의미가 발달한다는 것을 고려하지 않았다. 그리고 이 둘은 서로 연결되어 있다. 낱말의 성질의 특성에 대하여 제대로 이해하지 못하고 있는 것이다.

7-2 말이 지닌 두 단면: 의미와 형상(소리)

7-2-1] 말의 의미는 고정적이지 않으며 발달의 경로에서 변한다. 그것은 다양한 사고의 기능의 양상과 함께 변한다. 의미는 역동적 형성이다. 의미의 핵심적 성질은 일반화이다.

7-2-2~3] 발달의 각 단계에는 언어적 의미의 특별한 구조가 있으며, 이 구조에 의해 결정되는 생각과 말 사이의 특별한 관계가 있다. 기능적 측면을 분석하기 위해 우리는 가장 고차적으로 발달된 형태를 다루고자 한다. 기능적 문제는 기능적 구조의 복잡성이 완전히 분화되고 성숙된 형태를 연구할 때 쉽게 해결된다.

7-2-4] 생각과 말의 관계는 사물이 아니라 과정이다. 이 관계는 생각에서 말로, 말에서 생각으로의 움직임이다. 이 관계는 일련의 국면과 단계를 거치며 그를 통해 변화하는, 말 그대로 발달이라 정의할 수 있다. 분명히 이것은 연령이 아닌 기능, 즉 생각 과정이 사고에서 말로 이동하는 기능에 기반한 발달이다. 사고는 낱말로 표현되는 것이 아니라 성취된다. 모든 사고는 무언가와 무언가를 연결하고자 하며 무언가와 무언가 사이의 관계를 확립하고자 한다. 모든 사고는 이동, 흐름, 발달을 가지고 있다. 한마디로 사고는 모종의 기능에 기여하며, 모종의 노동을 수행하고 모종의 문제를 해결한다. 사고의 흐름은 생각에서 말로, 말에서 생각으로의 이주와 같이 전체 단면들을 가로지르는 내적 이동을 통해 일어난다. 따라서 분석의 첫 번째 과업은 이러한 이동이 일어나는 국면들과 사고가 낱말이 될 때까지 거치는 단면들의 구별이다.

7-2-5~6] 무엇보다 우리 분석은 말이 지닌 두 단면으로 이끈다. 말은 '의미론적 측면'과 '형상적 측면'을 지닌다. 두 측면은 참된 통일성을 지니지만 동질적이거나 동일하지 않으며 각각의 특별한 이동 법칙을 지니는데, 말의 의미론적 그리고 음성적 측면에서 이동이 존재한다는 사실은 어린이의 언어 발달 과정에서 잘 드러난다. 예컨대, 어린이 말의 외적 측면은 하나의 단어에서 두세 개의 단어의 연결로, 그리고 간단한 문장과 구들의 연결로 훨씬 이후에는 복잡한 문장들과 여러 개의 명제로 이루어진 일관성 있는 말로 발달한다. 부분에서 전체로 말의 형상적 측면이 발달한다. 그러나 의미적 측면에 있어 첫 번째 낱말 가치는 전체 구로서, 전체에서 시작하여 이후에 개별 낱말의 의미를 파악하게 된다. 양자는 반대 방향으로 발달한다.

7-2-7] 말의 의미적 측면과 형상적 측면에서의 움직임은 서로 일치하지도 하나의 단일한 선으로 병합되지도 않는다. 그러나 두 단면 간에 괴리가 있다거나 상호 독립적이라는 뜻은 아니다. 두 단면의 구별은 내적 통합성을 확립하기 위해 제일 먼저 필요한 것이다. 그들의 통합성은 말의 두 양상이 각각의 움직임을 가지고 있으며 두 움직임 사이에 복잡한 관계가 있음을 함의한다. 어린이의 생각은 처음에 모호하고 분화되지 않은 전체로 나타난다. 이 때문에 언어적 표현을 하나의 낱말에서 찾아야 하는 것이다. 어떤 의미에서 어린이는 자신의 생각에 맞는 언어적 옷을 고르는 것이라 할 수 있다. 이후 어린이의 생각이 분화되고 스스로를 개별 부분들로 구성하면서 그의 말은 분화된 부분들로 이동한다. 반대로 어린이가 그의 언어에서 분화된 부분들로 이동하면서 생각 또한 미분화된 전체로부터 부분들로 이동할 수 있다. 언어의 구조는 단순히 거울을 보는 것처럼 생각의 구조를 비춰 주는 것이 아니다. 말은 기성복처럼 단순히 생각에 입혀질 수 없다. 말은 생각에 대해 미리 만들어진 표현이 이니다. 스스로를 언어로 변형시키면서 생각은 스스로를 재구조화하고 수정한다. 생각은 말로써 자신을 표현하는 것이 아니라 말로써 자신을 실현한다. 이들이 진정한 통합체를 형성하는 것은 바로 의미

적 측면과 음성적 측면의 발달 과정이 서로 반대의 방향을 지향하기 때문이다.

7-2-8] 두 번째 중요한 사실은 발달의 후속 시기에 포함된다. 피아제는 어린이가 접속사 '때문에', '그럼에도 불구하고', '왜냐하면', '비록'으로 구성된 종속절의 구조를 의미론적 구조를 숙달하기 이전에 기능적으로 숙달함을 확인했다. 어린이의 발달에서 문법은 논리를 예기한다. 학령기 전체에 걸쳐 접속사를 정확하고 적절하게 사용하지만 접속사의 의미를 의식하지 못하며 의지적으로 사용하지 못한다. 즉 통사 구조의 숙달에서 의미론 측면의 이동과 형상적 측면의 이동이 일치하지 않는 것이다. 이 같은 불일치는 통합성을 배제하는 것이 아니다. 반대로 이야말로 내적 통합성을 가능하게 하는 것이다.

7-2-9] 풍부히 발달된 생각에서 불일치는 덜 직접적으로 나타나지만 다른 한편으로는 더욱 두드러진다. 의미적 측면과 음성적 측면의 발달이 반대 방향(말은 많아지고 의미는 쪼개짐)이라면 둘 사이의 완전한 일치는 불가능하다. 이 사실은 현대 언어학에 잘 알려졌다. 많은 관련된 사실 중 우리가 최우선으로 놓으려는 것은 문법적 주어, 술어와 심리적 주어, 술어 사이의 불일치이다.

7-2-10~14] 포슬러는 언어의 정신적 뜻을 해석하는 데 있어 문법적 해석보다 잘못된 방식은 없을 것이라고 했다(예: 무엇인가 떨어지는 소리를 듣고 무엇이 떨어졌는지를 물었을 때 "탁상시계가 떨어졌다"의 심리적 주어는 "떨어졌다"이다). 동일한 문법 구조에서 대단히 다양한 의견들이 숨어 있을 수 있다. 오히려 현실에서는 불일치가 더 많다. 우리는 음성학, 형태학, 어휘 그리고 의미론 심지어 리듬, 운율, 음악 등 모든 곳에서 문법적·형식적 범주 뒤에는 심리적 범주가 숨어 있음을 발견한다. 우리는 주어, 술어 등의 형식적 개념과 그에 대한 심리적 원형의 존재를 인정해야 한다. 언어적 관점에서는 오류인 것이 그것의 원래적 성질에서 발산된 것이라면 예술적 가치를 가질 수 있다.

정확한 표현을 위해 부조화를 완전히 제거한 것은 수학에서만 발견된다. 불일치로 인해 우리의 입말은 일상적으로 수학적 조화와 환상적 조화 사이의 불안정한 평형상태에서 발견된다. 이(입말)는 끊임없는 이동 중에 있으며 우리는 이를 진화라고 부른다.

7-2-15~18] 말의 형상적 측면과 의미적 측면의 불일치를 나타내는 이 모든 예들은 서로 간의 통합성을 배제하지 않을 뿐 아니라 오히려 반드시 그것을 전제로 함을 명확히 한다. 사실 이러한 부조화는 생각이 낱말로 이동하는 것이 가능하기 위한 필요조건이다. 두 단면 사이의 내적 의존성을 밝히기 위해 두 사례를 통해 형식적·문법적 구조의 수정이 어떻게 말의 전체 뜻을 깊숙이 바꾸어 놓는지 보일 것이다. 크릴로프가 자신의 우화에서 프랑스어 베짱이의 가벼움과 경박스러운 뉘앙스를 살리기 위해 잠자리로 대체하면서 별명을 '깡총이'로 사용한 것은 의미를 간직하기 위한 방법이었다. 쮸체프는 하이네의 시 「전나무와 야자나무」에서 전나무를 삼나무로 번역함으로써 여성에 대한 남자(전나무)의 사랑이라는 의미를 유지하고자 하였다.

7-2-19] 말의 두 단면에 대한 분석 결과, 이 단면들의 불일치 즉 생각의 문법과 낱말 의미의 통사적 문법의 독립성은 언어의 의미적 측면과 음성적 측면 사이에 의미가 낱말로 체화되면서 일어나는 이동을 보도록 한다.

7-2-20~23] 언어의 형상적·의미적 측면이 일치하지 않는다면 말의 발화 전체가 즉각적으로 나타날 수 없음이 명백하다. 언어적 통사와 의미론은 함께 생겨나지 않고 한편에서 다른 편으로의 전이와 이동에 의한 것이다. 의미에서 소리로의 복잡한 과정은 말과 생각의 완성을 위한 노선 중 하나를 형성하면서 발달한다. 말을 의미론과 음성학으로 나누는 것은 즉각적으로 주어진 것도 처음부터 주어진 것도 아니다. 그것은 오직 발달 과정에서 생겨난다. 어린이는 처음에는 언어적 형태와 의미에 대한 의식적 파악을 지니지 않으며 구분하지 않는다. 말과 음성적 구조는 어린이에게 오직 어떤 사물의 부분 또는 자질로 지각된다. 전 학령기 어린이들은 대상의 명칭을 그

들의 자질에 근거하여 설명한다. '소'는 뿔이 있기 때문에 소라고 부르고, '송아지'는 뿔이 작기 때문에 송아지로 '말'은 뿔이 없기 때문에 말로 불린다. 어린이에게 명칭과 자질을 분리하는 것은 매우 어려운 일이다. 어린이에게 낱말의 음성적 측면은 미분화되고 무의식적이고 즉각적인 통합체를 제공한다. 어린이 언어 발달에서 가장 중요한 노선 중 하나는 바로 이 통합체가 분화하기 시작하여 의식적 파악의 대상이 된다는 것이다.

7-2-24] 발달의 처음에는 두 단면 사이의 융합이 일어나고 뒤이어 점진적으로 분화하며 나이가 들면서 간격이 벌어진다. 두 측면 사이의 분화가 충분히 일어나지 않으면 영아기에 사고의 표현과 이해 가능성에 제한이 있게 된다.

7-2-25] 낱말의 의미 구조에서 대상 지칭과 의미는 일치하지 않는다. 기능적인 관점에서 이는 다시 낱말의 지시적·명명적·상징적 기능을 구분하게 한다. 여기에는 대상 지시 → 대상 지칭 및 명명 → 상징의 발생적 법칙이 존재한다.

7-2-26~27] 어린이 낱말의 이러한 구조적·기능적 특징은 어른 낱말과 두 가지 다른 방향을 지닌다. 낱말의 대상 지시가 어른보다 훨씬 강력하다. 낱말이 대상에 엄격하게 연결되어 있다. 또한 낱말이 대상의 부분을 나타내기 때문에 어른보다 대상으로부터 쉽게 분리할 수도 있으며, 대상을 낱말로 쉽게 대체할 수 있고, 낱말이 스스로의 자율적 삶을 지닐 수 있다. 대상 지시와 낱말 가치의 불충분한 분화로 어린이는 실제와 더욱 가까워지는 동시에 멀어지는 것이다. 발달의 과정에서 이러한 구분은 일반화 발달의 정도까지만 획득되며, 진개념이 이미 존재하게 되는 발달의 마지막에는 두 단면 사이에 복잡한 관계들이 나타나게 된다. 해가 지나면서 두 단면 사이에 자라나는 이 분화는 의미에서 낱말로의 경로 발달을 수반한다. 발화는 내적 단면에서 외적 단면으로의 이주를 요구하며, 이해는 이와 반대의 움직임으로서 발화의 외적 단면으로부터 내적 단면으로의 이주를 전제한다.

7-3 내적 말 연구의 열쇠: 자기중심적 말

7-3-1] 지금까지 살펴본 말의 의미적 측면은 말의 모든 내적 측면들 중 첫 번째일 뿐이다. 우리는 말의 내적 측면으로 더욱 깊게 파고들어야 한다. 내적 말의 심리적 성질에 대한 이해 없이는 사고와 말 사이의 복잡한 실제적 관계를 밝힐 수 없다. 특별한 연구가 필요하다.

7-3-2] 혼란의 시발점은 용어상의 혼란이다. 내적 말 또는 내어라는 용어는 광범위한 현상을 나타내는 의미로 사용된다. 오해를 낳고, 지식을 체계화하지 못했다. 최초에 내적 말이라는 용어는 시의 암송 등 말로 하는 기억을 지칭한 것 같다. 하지만 말로 하는 기억은 내적 말의 성질을 규정하는 계기 중 하나일 뿐이다. 책 읽기, 수학 문제 머리로 풀기 등은 내적 말을 사용하나 언어적 기억은 아니다.

7-3-3~6] 두 번째로 내적 말은 발화되지 않은 말, 조용한 말 또는 무음의 말로 불린다. (외적) 말에서 소리를 제한한 것이다. 내적 말은 완성되지 않은 외적 말이다. 예를 들면 속으로 읽기, 즉 입속말이 있다. 그러나 이는 이 개념(내적 말)의 전체를 포괄하지 못할 뿐 아니라 전혀 일치하지 않는다. 내적 말은 수동적 측면만이 아니라 능동적 과정이라는 점에서 다르다.

7-3-7~9] 세 번째는 내적 말에 매우 산만하고 대단히 넓은 해석을 제공한다. 골드슈타인은 운동적 행위에 앞서는 모든 것들, 즉 말 자체의 내적 측면 모두를 가리키는 데 내적 말이라는 용어를 사용했다. 골드슈타인의 관점을 끝까지 따라가면 말하기 직전의 순간까지 일어나는 모든 내적 과정들의 미분화된 형태, 인지적-정서적-의지적 활동까지 포함한다. 즉 외적 말의 모든 내적 단면들을 포함한다.

7-3-10] 내적 말은 특별한 형태의 언어적 활동이다. 심리적 성질과 구조에 있어 외적 말과 구분된다. 내적 말을 생각과 낱말로부터 구분하는 것이 무엇인지 밝혀야 한다. 고유한 기능을 밝혀야 한다. 내적 말은 자신을 향한

말이며 외적 말은 타인을 향한 말이다. 핵심은 발성의 문제가 아니다. 외적 말은 생각을 말로 변형시키는 과정이며 생각의 물질화이며 대상화이다. 내적 말은 완전히 반대 방향이다. 내적 말은 바깥에서 안쪽으로 이동하며 그 과정에서 말은 생각 속에서 증발한다.

7-3-11] 내적 말은 심리학 연구 영역에서 가장 어려운 것 중 하나이다. (가시적으로 확인할 수 없기 때문에) 실제 데이터는 거의 전무하다. 발생적 방법이 적용되기 전까지는 실험으로 거의 접근 불가능했다. 여기서 발달이 인간 의식의 복잡한 내적 기능의 하나를 이해하는 열쇠임이 밝혀졌다. 적절한 연구 방법의 문제가 전체의 문제를 움직여 왔다. 방법의 문제에 대해 생각해 보자.

7-3-12] 피아제는 어린이의 자기중심적 말이 가지는 특별한 기능과 이론적 가치를 처음으로 알아냈지만, 내적 말의 발생적 근원과 그것이 내적 말과 가지는 관계에 대해서는 전혀 알아내지 못했다. 우리는 자기중심적 말과 내적 말의 관계를 중심에 세우고 내적 말의 연구를 시작했다. 이는 내적 말을 실험적으로 연구할 가능성을 최초로 열어 주었다.

7-3-13] 자기중심적 말은 내적 말 발달에 선행하여 그 자체로 다양한 단계를 거친다. (기능적·구조적·발생적으로 볼 때) 자기중심적 말이 내적 말의 초기 형태라면, 자기중심적 말은 내적 말 연구의 열쇠가 된다. (기능적으로) 둘은 유사한 지적 기능을 수행하며, (구조적으로) 자기중심적 말은 내적 말의 구조와 가까워지며, (발생적으로) 학령기에 자기중심적 말이 위축되면서 내적 말이 발달하기 시작한다.

7-3-14] 자기중심적 말은 내적 말 연구의 열쇠이다. 첫째 편의점은 표현 양식이 외적인 동시에 기능과 구조에 있어서 내적 말이라는 점이다. 직접적 관찰과 실험이 가능한 내적 말이다.

7-3-15] 두 번째 장점은 자기중심적 말을 정적이 아니라 발달의 과정에서 역동적으로 연구할 수 있게 해 준다는 점이다. 어떤 특성은 점차 사라지

고 어떤 특성들은 점차 성장한다. 따라서 내적 말의 발달에서 나타나는 경향, 강화되는 것, 탈락되는 것을 분석할 수 있다. 마지막으로 내삽법의 도움을 빌리면 자기중심적 말에서 내적 말로의 움직임이 한계에 다다랐을 때 나타나는 것, 즉 내적 말 그 자체의 성질에 대한 결론을 내릴 가능성이 나타난다.

7-3-16] 피아제에 의하면 어린이의 내적 말은 어린이 생각의 자기중심성을 직접적으로 나타내며, 이는 그 자체가 어린이의 초기 자폐적 생각과 그것의 점진적인 사회화 사이의 타협이다. 이는 연령마다 특정한 역동적 타협이다. 이 타협 속에서 어린이 발달의 비율에 따라 자폐성의 요소가 줄어들며 사회화된 사고 요소들이 증가한다. 그 덕에 말에 있어서와 같이 생각에 있어서도 자기중심성은 점차 감소하여 없어진다.

7-3-17] (피아제에 의하면) 자기중심적 말은 자기중심성의 부수적 현상이다. 따라서 자기중심적 말은 어린이의 자기중심성과 함께 사라지도록 발생적으로 운명 지어져 있다(자기중심적 말이 어린이의 행동과 생각에서 독자적 기능을 하지 않음). 따라서 자기중심적 말 발달은 하강 곡선을 따른다. 이 곡선의 정점은 발달의 시작 이전이며 학령기에 0에 이르듯이 어린이와 함께 성장, 발달하지 않고 소멸해 간다. 자기중심적 말은 원래 개인적인 것으로, 말의 불완전한 사회화를 보여 주는 직접적 현상이 된다.

7-3-18~19] 우리 이론에 따르면 어린이의 자기중심적 말은 정신 간 기능에서 정신 내 기능으로서 일반적인 이행 현상들 중 하나이다. 즉 어린이의 사회적·집단적 활동이 개인적 정신기능으로 이행하는 한 현상이다. 이 이행은 모든 고차적 정신기능 발달의 일반 법칙이다. 자기를 향하는 말은 최초에는 사회적이었던 말의 기능 분화, 즉 타인을 향한 말의 분화를 통해 나타난다. 어린이 발달의 중심 경향은 외부로부터 주입되는 점진적 사회화가 아니라 어린이의 내적인 사회적 본성에 바탕을 두고 나타나는 점진적 개인화이다. 다시 말하면 새로운 과제와 기능에 맞추어 자연스럽게 말의 구조가

재구성된다. 내적 말을 이루는 특징들은 쇠퇴하거나 감소하는 것이 아니라 강해지고 성장한다. 어린이가 나이 듦에 따라 진화하고 발달한다. 이들은 전체적인 자기중심적 말과 함께 하강 곡선이 아닌 상승 곡선을 따른다.

7-3-20] 우리 연구는 자기중심적 말의 기능이 내적 말의 기능과 밀접히 연관되어 있음을 명확히 보여 준다. 자기중심적 말은 어린이 활동에 부수적인 것이 아니라, 정신적 지향성, 의식적 파악, 어려움과 장애물의 극복, 회상과 생각의 목적에 사용되는 독립적 기능이다. 그것은 자신을 향하는, 즉 어린이 생각에 직접적으로 기여하는 말의 기능이다. 내적 말의 발생적 운명은 피아제의 견해와는 완전히 다르다. 자기중심적 말은 하강 곡선이 아니라 상승 곡선을 따르며 퇴화가 아니라 진정한 진화이다. 탯줄의 탈락, 몽고반점의 소실 등의 현상과는 전혀 다르다. 그것은 전방을 향하고 성질상 형성적·창조적이며 발달을 위해 완전히 긍정적인 의미를 지닌 것으로 어린이 발달의 다른 과정들과 마찬가지이다. 자기중심적 말은 그 정신기능에 있어 자신을 향한 말이며 그 구조에 있어서만 외적인 말이다. 그것은 내적 말로 발달할 운명을 가지고 있다.

7-3-21~22] 이러한 가설은 피아제의 가설보다 이론적인 측면에서 자기중심적 말의 구조, 기능, 운명에 대해 더 적절한 설명을 제공한다. 우리 가설은 과업의 난이도가 높아져 의식적 파악과 반성의 요구가 높아질수록 자기중심적 말의 상관계수가 높아진다는 실험 데이터와 일치한다. 또한 경험적 데이터는 3세와 7세 어린이의 자기중심적 말 중 더욱 이해하기 힘든 것이 7세의 것임을 보여 준다. 즉, 자기중심적 말은 줄어들어 학령기 시작 무렵 사라지지만, 자기중심적 말의 구조적 특성은 반대 방향으로 계속 발달한다. 자기중심적 말의 구조적 특징은 세 살 때쯤에는 거의 없다가 점차 증가하여 고유한 구조가 된다. 피아제는 이를 설명하지 못한다.

7-3-23] 내적 말의 구조적 특징과 기능적 분화는 나이와 함께 증가한다. 쇠퇴하는 것은 음성화, 즉 소리 내기뿐이다. 음성화만이 사라진다는 것을

자기중심적 말 전체가 사라진다는 것으로 볼 수 없다. 그럴 경우 자기중심적 말의 기능적·구조적 특성의 발달이 전혀 설명될 수 없다. 음성화가 사라지는 현상과 다른 특성들이 강화되는 현상은 결합하는 것이다.

7-3-24] 3세에는 자기중심적 말과 의사소통적 말 사이에 차이가 거의 없다. 7세에는 100% 다르다. 이 사실은 미분화된 말의 기능에서 자기를 향한 말과 타인을 향한 말이 떨어져 나옴을 의미한다. 어린 유아는 미분화된 말로 두 기능을 모두 수행한다.

7-3-25~27] 자기중심적 말의 (내적) 구조적 특성들이 발달하는 만큼 그 완전한 음성화는 불필요, 불가능해진다. 자기를 향한 말은 성질상 외적 말로는 표현될 수 없다. 자기를 향한 말이 발달할수록 필연적으로 외적 말과 멀어지며 음성화를 잃게 된다. 완전히 분리되면 더 이상 음성적 말이 안 된다. 이로부터 자기중심적 말이 사라진다는 환각이 생긴다. 표면적으로만 퇴화적 현상일 뿐 암산이 계산의 소멸이 아니듯, 새로운 말 형태가 탄생한 것이다.

7-3-28] 자기중심적 말의 외적 표현이 쇠퇴하는 것은 말의 음성적 측면으로부터 추상적 표현의 발달로 간주되어야 한다. 단어를 생각할 수 있는 능력, 말하지 않고 표현할 수 있는 능력, 단어 자체가 아닌 그 이미지를 다룰 수 있는 능력의 발달을 나타낸다. 이것이 자기중심적 말의 음성화 쇠퇴의 긍정적 의미이며 내적 말로의 방향을 취한다.

7-3-29] 내적 말의 발달은 외적 말로부터 기능적·구조적 분화로부터 시작하며, 외적 말 → 자기중심적 말 → 내적 말의 경로를 거친다. 자기중심적 말은 기능, 구조, 발생의 세 측면 모두에서 내적 말을 향하여 발달하며, 그 발달의 전체 움직임은 내적 말의 기본적이고 독특한 자질들을 점진적으로 획득하는 움직임으로만 이해될 수 있다.

7-3-31] 이제 우리의 가설이 진정한 이론이 되기 위해서 핵심적 실험의 데이터를 검사해 보겠다.

7-3-32~33] 자기중심적 말은, 피아제 관점에서는 원래 개인적 말의 형태였던 것이 불충분하게 사회화된 것이고, 하강하여 사라져 버리는 곡선 위의 점과 같으며 과거만을 가지고 있을 뿐이다. 우리의 관점에서는 자기중심적 말은 원래 사회적이었던 말이 불충분한 개인화로부터 나타난 것이고 자기중심적 말은 내적 말과 함께 발달되며 미래를 가진다. 피아제의 관점에서 내적 말은 외부로부터 사회화 과정과 함께 도입되고, 우리의 관점에서는 자기중심적 말로부터 생겨난다. 지금까지의 피아제에 반대하기 위해 제시한 증거는 엄청난 중요성을 가지고 있지만 우리의 입장에 대한 간접적 설명과 일반적 해석에 의지하는 데 그치므로 실험을 통해 직접적 대답을 하겠다. 우리는 이를 결정적 실험으로 간주한다.

7-3-34] 피아제가 옳다면, 어린이가 집단과 가지는 연결을 끊고 심리적 고립을 증가시킬 때 자기중심적 말은 사회적 필요와 압력이 줄어들므로 증가할 것이고, 우리가 옳다면, 사회적 말에서 불충분하게 개인화된 것이므로 자기중심적 말은 감소할 것이다.

7-3-35] 실험의 구성에서 피아제 자신이 밝힌 자기중심적 말의 특징을 사용했다.

7-3-36] 피아제는 이를 외적 특징이라고 했으나 우리가 볼 때는 본질적이다. 1) 자기중심적 말은 집합적 독백이다. 어린이의 개인 활동이 아닌 집합적 활동과 수반한다. 2) 타인에게 이해되리라는 착각과 수반한다. 3) 외적 발화의 특성을 가진다. 즉, 사회적 말과 유사하다.

이 특징들만 보아도 어린이의 관점에서 본다면 자기중심적 말이 아직 주관적으로 사회적 말로부터 분화되지 않았다는 것을 알 수 있다. 또한 사회화의 부족이 자기중심적 말의 원천이라는 피아제의 이론이 틀렸음을 판단할 수 있다. 사회적 구속력이 너무 커서 자기를 향한 말과 다른 사람을 향한 말 사이의 구분이 충분치 않음을 보여 준다. 이 특성들은 자신을 향한 말이 다른 사람을 향한 말을 특징짓는 객관적·주관적 조건으로부터 흘러나옴을 시사한다.

7-3-37] 그륀바움도 피아제의 데이터를 재해석하는 것만으로 유사한 결론에 도달했다. 피상적 관찰은 어린이가 자신의 생각과 환상에 빠져 있는 것처럼 보이지만, 집합적 독백은 오히려 어린이 정신의 사회적 연결을 증명한다. 피아제조차 집합적 독백에서 아이들이 서로 말하고 듣는다고 믿는 것을 모를 수 없었다.

7-3-39] 첫 실험에서는 이해되고 있다는 착각 문제를 다루었다. 어린이를 농아 집단이나, 외국어를 사용하는 집단에 놓아두었다. 상관계수는 0으로 떨어졌다.

7-3-40] 피아제가 맞는다면 어린이와 사회적 연결을 줄일 때 자기중심적 말이 증가되어야 하나 그렇지 않았다. 이해의 착각은 부수적인 것이 아니라 자기중심적 말의 필수적 부분이며 기능적 측면에 있어 분리될 수 없다. 자신을 향하는 말의 개인화의 부족과 다른 사람을 향한 말로부터의 비분리가, 독립적으로 사회적 말의 밖에서는 살 수도 기능할 수도 없는 자기중심적 말의 진정한 근원이다.

7-3-41] 두 번째 실험에서는 어린이의 집합적 독백이다. 어린이를 낯선 친구들 사이에 두거나, 멀리 혹은 아예 혼자 두었다. 첫 실험보다 덜하지만 상관계수는 떨어졌다. 피아제가 맞는다면 집단으로부터의 고립 역시 자기중심적 말의 증가를 가져와야 했으나 정반대로 나타났다.

7-3-42] 세 번째 실험에서는 자기중심적 말의 음성화다. 큰 강당에서 큰 간격을 두게 하거나, 소음으로 목소리가 들리지 않게 했다. 크게 말하는 것이 금지되고 대화는 오로지 소리 없이 속삭이는 것만 허용했다. 상관계수는 떨어졌다. 우리 연구의 토대로 삼은 이해된다는 착각, 집합적 독백, 음성화는 자기중심적 말과 사회적 말에 공통적인 현상이다. 우리는 이 현상이 나타났을 때와 그렇지 않을 때를 실험을 통해 비교하였으며 이러한 특성을 배제시켜 자신을 향한 말을 다른 사람을 향한 말에 가깝게 만들었을 때 자기

중심적 말은 필연적으로 감소함을 발견하였다. 이로써 어린이의 자기중심적 말이 이미 구조와 기능의 관계에 있어 분화된 특별한 형태의 말이지만 표현에 있어 사회적 말로부터 아직 완전히 분화되지 않았다는 결론을 내릴 수 있다. 빈방에서 방 안에 누가 있다고 생각하고 상대에게 말하는 경우, 우리가 하는 말은 심리적으로 사회적 말이며 외형상으로는 자기중심적 말이다. 어린이의 자기중심적 말은 반대이다. 어린이의 자기중심적 말은 자신을 향한 말이지만 외형상으로는 사회적 말이다. 우리의 입장은 훨씬 복잡하다. 어린이의 말은 주관적으로 완전히 내적 말로 실현된 것도 아니며 타인을 향한 말과 분리된 것도 아니다. 객관적으로는 사회적 말의 기능과 구분되지만 완전히 분리된 것도 아니다. 사회적 말을 가능하게 하는 상황에서만 기능한다. 두 가지를 모두 고려할 때 자기중심적 말은 혼합된 말의 형태로서 다른 사람을 향한 말에서 자기를 향한 말로의 이행에서 나타나는 말이다. 이것이 내적 말 발달의 기본 법칙을 구성한다. 내적 말은 그것이 표현되는 외적 형태보다 그 기능과 구조에 있어 그 심리적 성질에 있어 더욱 내적이 된다.

7-3-43] 우리는 우리가 발전시켜 온 입장의 확립에 다다른다. 자기중심적 말은 내적 말의 심리적 성질을 연구하는 열쇠가 된다. 이제 우리는 우리 연구의 일반적 결과를 설명하고, 내적 말에 대한 설명으로 건너갈 수 있다.

7-4 자기중심적 말, 친근한 이와의 말: 축약, 술어성

7-4-1~2] 내적 말은 외적 말과는 전혀 다르게 기능한다는 사실로 인해 한 단면에서 다른 단면으로의 이행 중에 외적 말과 분해될 수 없는 역동적 통합체로 발견된다. 내적 말의 주요한 첫 번째 특징은 특별한 통사이다. 외적 말과 비교할 때 명백한 단편성, 불연속성, 생략성을 지닌다. 행동주의자들도 중심적인 특징으로 간주했듯이 이는 새로운 관찰은 아니지만 단순한

기술을 넘어서지 못해 왔다.

7-4-3] 매우 유사한 현상이 아동의 자기중심적 말에서 관찰된다. 자기중심적 말은 연령에 따라 성장하며 내적 말에 근접하는 정도에 있어 학령기의 문턱에서 정점을 이룬다. 이 곡선을 더 진행시킨다면 그를 통해 내적 말의 완전한 이해 불가성의 한계, 단편성과 생략성으로 인도될 것이다. 자기중심적 말 연구의 이익은 내적 말의 특징들이 형성되는 과정을 단계별로 추적할 수 있다는 것에 있다.

7-4-4] 발달에 비례하여 자기중심적 말이 드러내는 것은 낱말의 축소와 생략으로 나아가는 단순한 경향과 경로가 아니라, 술어와 연결된 명제 부분들을 보존하고 주어와 그와 연결된 낱말을 희생하면서 구와 명제의 축소로 나아가는 독특한 경향이라는 것이다. 내적 말의 기본적인 통사적 형태는 순수하고 절대적인 술어성이다.

7-4-5~6] 내적 말의 이러한 특별한 자질을 규명하기 위해 특수한 상황에서 외적 말에 나타나는 유사한 자질과 비교해야 한다. 외적 말에서 순수한 술어성은 상황과 주체가 미리 대화자들에게 알려져 있는 상황인 경우에 나타난다. "차 한잔 드시겠어요?"라는 질문에 그 누구든 "아니오. 나는 차 한 잔 들지 않겠습니다."라고 확장된 구문으로 시작하는 대신 "아니오."라고 순수하게 술어로 대답할 것이다. 이런 예는 일상 대화에서 허다하다.

7-4-7~10] 외적 말의 축약과 이 축약이 술어로 환원되는 명쾌한 사례가 톨스토이 소설에서 발견된다(『안나 카레니나』에서 연인 레빈과 키티가 초성만으로 사랑 고백하는 장면이 등장). 대화자 간의 사고의 동일성과 의식의 동일한 방향이 있다면 음성적 자극의 역할은 최소치로 축소된다. 이는 예외라기보다는 규칙에 가깝다. 대화 말에서 유사한 종류의 축소를 연구한 자쿠빈스키는 공유된 지식에 대응하는 추측에 의한 이해와 힌트를 사용한 진술이 입말을 나누는 동안 엄청난 역할을 한다는 결론에 도달했다. 필리바노프는 "본질적으로 우리가 말하는 모든 것은 소재가 되고 있는 것이 무엇인지를

이해하는 청자를 요구한다."고 말한다. 외적 말에서도 상황이 공유되는 만큼 단순화된 술어성으로 나아가는 경향을 드러낸다. 귀머거리 법정은 반대의 예에 해당한다. 타인의 생각과 완전히 단절된 상태를 보여 준다. 외적 말의 두 극점을 발견하게 된다. 귀머거리 법정에서는 확대된 말로 진척되어도 이해에 도달하지 못한다. 그래서 때때로 귀머거리 사이에서뿐만 아니라 똑같은 낱말에 다른 내용을 채우는 두 사람 혹은 대립되는 관점을 견지하는 두 사람 사이에서도 이해를 조정하는 것이 불가능하다. 톨스토이가 지적한 대로, 생각에서 독창적이고 고립된 사람들은 다른 사람의 사고를 이해하는 데 무관심하고 자신의 생각에 치우치게 되는 반면 친근한 사람들 사이에서는 절반의 낱말로도 이해가 가능하다. 그런 이해를 톨스토이는 가장 복잡한 사고가 간결하지만 명료하고 거의 말이 없이 교환되는 의사소통이라고 부른다.

7-5 내적 말의 특성

7-5-1] 축약은 특별한 상황에서만 내적 말에서 나타나는 현상이 아니라 내적 말의 기능이 발생될 때는 언제든지 나타난다. 축약의 중요성은 외적 말(입말)을 글말과 내적 말에 비교할 때 명확해진다. 폴리바노프는 "우리가 말하고자 하는 바가 모두 우리가 사용하는 단어들의 형식적 가치로 이루어져 있다면 개별 생각들을 표현하기 위해 우리가 사용하는 것보다 더 많은 단어들을 필요로 할 것"이라고 말한다. 그러나 이는 글말에서 발견되는 현상이다. 글말에서는 입말보다 훨씬 넓은 범위에서 우리가 사용하는 낱말의 형식적 의미에 의해 표현된다. 글말은 대화 상대자 없이 하는 말이다. 대화 상대와의 분리로 인하여, 글말에서는 조각 말에 근거한 이해나 서술적 판단은 거의 불가능해진다. 입말과 비교하여 글말은 최대한 확장되어 있으며 통

사적으로 복잡한 말의 형태를 나타내게 된다. 글말의 언어를 입말로 할 경우 장황해진다(책처럼 말하기).

7-5-2] 언어학에서 말의 기능적 다양성 문제는 최우선의 문제이다. 언어학자의 관점에서조차 언어는 말 활동의 단일하고 통일적인 형태가 아니라 다양화된 말 기능들의 앙상블이라는 것이 밝혀졌다. 연구자들은 언어의 기능적 분석, 즉 발화의 상황과 목표에 초점을 둔 언어 분석에 집중하기 시작했다. 훔볼트는 시와 산문에 사용되는 언어를 구분한다. 그에 따르면 기능에서 서로 다른 말 형태들은 그들 자신만의 고유한 어휘, 문법, 통사를 지닌다. 이 같은 사실은 언어학자만이 아니라 심리학자에게도 엄청난 가치를 지닌다. 말의 심리학에 있어 대화적 형태와 독백적 형태의 구분은 근본적 중요성이 있다. 글말과 내적 말은 독백적 형태이며, 입말은 대부분 대화적이다.

7-5-3] 대화는 언제나 화제의 핵심에 대한 화자들의 지식을 가정한다. 이는 일련의 축소와 축약을 가능하게 하고, 특정한 상황에서 순수한 서술적 판단을 만들어 낸다. 대화는 대화자의 시각적 지각과 그의 재현 동작, 그의 말의 전체 억양적 측면에 대한 음성적 지각을 전제로 한다.

7-5-4] 도스토예프스키는 활자화하기 곤란한 하나의 명사로 이루어진, 여러 명의 술 취한 사람들 사이의 말을 기술하는데, 그들은 다른 말을 하지 않고도 그 선호되는 한 단어를 순서대로 여섯 번 반복하고 서로를 완벽히 이해하였다.

7-5-5] 도스토예프스키의 예에서 축약의 근저를 이루는 또 다른 원천을 보게 된다. 첫 번째 근원이 화제나 주제에 대한 상호 이해라면 두 번째는 억양을 통한 심리적 맥락의 전달이다. 그가 말한 바와 같이 모든 생각과 모든 감각, 심지어 논쟁의 연쇄 전체도 매우 짧게 표현하는 것이 가능하다. 이는 억양이 말의 내적인 심리적 맥락을 전달할 때 이루어진다. 맥락 속에서 낱말의 뜻이 이해되는 것이다. 두 가지 모두 글말에서는 배제된다. 슈레바는 "대화가 입말의 가장 자연스러운 형태"라고 했다. 독백은 대체로 인위적인

언어 형태이다. 심리학적으로 독백은 더 고차적이며 복잡한 말의 형태이다. 역사적으로 독백이 대화보다 늦게 발달함은 의심의 여지가 없는 사실이다. 지금 관심은 축약과 순수한 술어성 경향에 대한 둘의 비교이다.

7-5-6] 입말의 빠른 템포는 말 활동을 복잡한 의지적 행위로, 즉 반성과 동기의 갈등 그리고 선택으로 특징지어지는 행위로 발전시키는 데 도움이 되지 않는다. 입말의 빠른 템포는 단순한 의지적 행위와 심지어 습관의 요소를 포함하는 것을 전제로 한다. 사실 독백이나 특히 글말과는 반대로 대화적인 사회적 상호작용은 즉각적이고 심지어는 우연적인 발화를 함의한다. 응답으로 구성된 대화적 말은 반응의 연쇄를 형성한다. (반면) 글말은 우리가 본 바와 같이 처음부터 의식과 의지와 연결되어 있다. 독백 또한 구성상의 복잡함을 지니며 언어적 사실들을 의식의 명확한 영역으로 들여놓으며 그 결과 그들에 대해 주의에 초점을 맞추는 것을 훨씬 쉽게 한다. 독백에서 말 관계들은 결정 요소가 되고 감각적 경험의 근원이 된다. 그들은 의식에서 자기 스스로의 모습으로 (언어적 관계로) 나타난다.

7-5-7] 글말이 입말과 정반대라는 것은 놀라운 일이 아니다. 글말에는 두 화자들이 미리 명확한 상황을 알고 있을 가능성, 표현적 억양과 모방 그리고 제스처의 가능성이 부재하다. 여기서 이해는 단어와 그들의 적절한 조합을 통해서만 생성되어야 한다. 글말은 복잡한 활동과 연관된 언어를 펼치는 데 기여한다. 그 결과 언어적 활동은 복잡한 것으로 규정된다. 이 때문에 사람들은 초안을 먼저 쓴다. 그리고 초안이 없을 경우도 생각으로 초안을 그린다. 생각으로 그려진 초안은 내적 말이다. 내적 말은 글말뿐 아니라 입말에서도 내적 초안으로 작용한다.

7-5-8] 글말은 술어성의 경향을 보이지 않으며, 따라서 글말은 대단히 확장된 말의 형태이다. 우리가 입말의 술어성에 대한 논의를 전개한 것은 내적 말의 술어성에 관한 논제를 다루기 위한 것이다. 입말에서 술어성의 경향은 특정한 유형의 상황에서 흔히 일반적으로 예상 가능하게 나타난다. 글

말에서 그것은 절대 나타나지 않는다. 내적 말에서 그것은 언제나 나타난다. 그것은 내적 말이 취하는 기본적이고 사실 유일한 형태이다. 내적 말은 심리적 관점에서 온전히 술어로 구성되어 있다. 이는 주어의 축소로 인한 술어의 상대적 보존이 아니라 절대적 술어성이다. 내적 말에서 주어는 언제나 탈락하고 술어만으로 구성된다.

7-5-9] 내적 말의 술어성의 토대는 무엇인가? 내적 말의 술어성을 우리는 두 가지를 통해 일반화하고 설명할 수 있었다. 술어성이 최초 형태에서 마지막 형태로까지 성장하는 역학을 관찰하고, 글말과 입말의 축약 경향을 이론적으로 분석하여 내적 말에서의 동일한 경향과 비교해 보았다.

7-5-10] 이 중 두 번째의 경로, 즉 내적 말을 입말, 글말과 비교하는 것으로 시작하고자 한다. 입말에서 술어성은 잠재적으로, 글말에서는 전혀 존재하지 않으며 내적 말에서는 지속적이고 변함없이 동반된다. 이들은 내적 말로부터 분리될 수 없다. 글말은 최대한 확장되었고 주어의 탈락을 낳는 경우가 전혀 없기 때문에 입말과 완전히 반대된다. 이와 유사하게 그러나 오직 정반대의 의미에서 내적 말은 외적 말과 완전히 반대된다. 내적 말에서는 절대적이고 지속적인 술어성이 지배하기 때문이다. 이러한 측면에서 입말은 글말과 내적 말 사이의 위치를 차지한다.

7-5-11~12] 내적 말에서 축약을 촉진하는 조건은 언제나 무엇에 관한 것인지 알고 있으며 언제나 우리의 내적 상황을 알고 있다는 것에 있다. 주제는 항상 생각 안에 존재한다. 우리는 언제나 스스로의 기대와 의지를 알고 있는 상태에서 내적 말을 한다. 내적 말에서 우리는 확장된 구문에 의지할 필요가 전혀 없으며 우리의 생각을 정확한 어휘로 옷 입히는 수고를 하지 않고 언제나 우리의 생각을 대담하게 나타낸다. 술어는 항상 필요하며 또한 그것으로 충분하다. 내적 말에서의 법칙은 가장 복잡한 생각을 간결하고 명확하며 거의 말없이 전달하는 것이기 때문이다. 내적 말에서 우리는 무엇에 대해 말하고 있는지, 즉 주어를 밝힐 이유가 전혀 없다. 우리는 서술어에만

신경 쓴다. 이것이 내적 말에서 순수한 서술성을 지배적 특징으로 이끄는 원천이다.

7-5-13] 입말에서 이와 유사한 경향 분석은 두 가지 결론으로 이끈다. 첫 번째로 입말에서 서술성으로의 경향은 판단의 주어가 화자에게 명백하고 양쪽 화자들에게 이미 잘 알려져 있으며 화자들 사이에 일반적으로 어느 정도 공유된 통각이 존재할 때 생겨난다고 보여 주었다. 또한 입말에서 이러한 조건들이 통사적 단순성과 통사적 분석의 최소화 그리고 전체적으로 고유한 통사 구조를 낳는다는 것을 보았다. 그런데, 입말에서 다소 모호한 것으로 나타나는 것이 내적 말에서는 절대적 형태로 표현된다. 최대한의 통사적 간결화와 절대적 압축 그리고 완전히 새로운 통사 구조가 발견된다.

7-5-14] 두 번째로 그것은 말에서의 기능적 변화가 반드시 그 구조에의 변화로 인도한다는 것을 보여 준다. 처음에는 오직 기능적인 의미에서 사회적 말과 분화되었던 (타자에서 자기로 향하는) 자기중심적 말은 점차 이 기능적 분화의 정도에 따라 그 구조도 변화시켜 입말의 통사의 완전한 폐지에까지 이른다.

7-5-15] 애초에 자기중심적인 말은 여전히 그 구조적 관계에 있어 사회적 말과 완전히 병합되어 있다. 그러나 그 발달의 정도와 기능적인 분리가 일어나는 정도에 따라 점점 더 축약으로 통사적 표현의 약화로 의미론적 농밀화의 경향을 나타낸다. 관찰을 통해 새로운 통사 구조의 출현을 볼 수 있다. 어린이는 특정 순간과 특정한 사건에서 자신을 사로잡은 것에 대해 이야기한다. 어린이는 자신이 하고 있는 것, 눈앞에 있는 것에 대해 이야기한다. 그 결과 점차 주어와 그와 연결된 말들을 더욱 탈락, 축약, 응축시키게 된다. 실험들이 확립한 법칙은 다음과 같이 진술될 수 있다. 자기중심적 말의 기능적 특성이 더 많이 표현됨에 따라 단순화와 술어성은 더 명확하게 나타나기 시작한다.

7-5-16] 서술성 자체가 내적 말의 축약으로 표현되는 현상의 전체적 복잡

성을 모두 설명해 주지는 않는다. 이 복잡한 현상을 분석하려면 그 뒤에 구조적 특징들이 숨어 있음을 알 수 있다. 여기서는 가장 중요한 몇 가지만 살핀다. 우선, 음성적 측면의 축소이다. (톨스토이의 『안나 카레니나』 중 키티와 레빈의 사랑 고백같이) 의식의 지향성이 동일한 경우 음성적 자극의 역할은 축소되면서도 이해될 수 있다. 이러한 음성적 자극의 역할 축소는 내적 말에서 그 극단에 이르러 거의 절대적인 형태로 관찰된다. 의식의 공유된 지향성이 여기서 그 완성에 이르기 때문이다. 입말에서는 희귀하고 놀라운 예외적 상황이 본질적으로 내적 말에서는 항상 일어난다. 내적 말에서 말의 음성적 측면은 변함없이 그리고 언제나 일반 법칙으로 축소된다. 내적 말은 엄밀한 의미에서 낱말 없는 언어이다.

7-5-17] 내적 말의 축약 현상 뒤에는 내적 말의 총체적인 심리적 현상을 이해하는 데 핵심적인 사실이 놓여 있다. 지금까지 내적 말의 축약적 성질의 두 원천으로 서술성과 음성적 측면을 제시하였다. 그러나 이 두 현상을 통해 우리는 일반적으로 입말과는 매우 다른, 내적 말에서의 말의 의미론적 측면과 형상적 측면 사이의 관계를 볼 수 있다. 내적 말에서는 통사와 음성과 같은 말의 형상적 측면은 최소로 축소되고 단순화되며 최대한 응축된다. 내적 말은 언어의 음성적 측면이 아닌 의미론적 측면을 취사선택하여 이용한다. 내적 말에서 단어 의미는 음성적 측면으로부터 상대적으로 독립적인 것으로 나타난다. 이를 설명하기 위해선 내적 말의 독특한 '의미론적 구조'라는 내적 말 축약의 세 번째 원천을 좀 더 고려해야 한다.

7-5-18] 우리 연구는 내적 말의 세 가지 근본적 특성들을 확립하였다. 이들은 서로 연결되어 있으며 내적 말의 고유한 의미론을 구성한다. 첫 번째 근본적 특성은 낱말의 뜻이 그 (사전적) 의미에 대해 우위를 가진다는 것이다. (폴랑에 따르면) 낱말의 뜻은 우리의 의식 속에 초래하는 모든 심리적 사실들의 총체이다. 그에 따라 말의 뜻은 역동적·유동적이며 복잡한 의미적 형성이다. 의미는 주어진 맥락에서 이 낱말이 획득하게 되는 뜻의 영역 중

하나일 뿐이지만 그것은 이들 영역 중 가장 안정적이고 통합되어 있으며 정확하다. 다양한 맥락에서 낱말은 그 뜻을 쉽게 변화시킨다. 반면 의미는 움직일 수 없고 변화할 수 없는 것으로 다양한 맥락에서 안정되게 유지된다. 뜻은 쉽게 변화된다. 낱말의 진정한 의미는 한결같은 것이 아니다. 한 작용에서 낱말은 하나의 의미를 가지며 다른 작용에서는 다른 의미를 취한다. 이러한 의미의 역동성은 폴랑이 제기하는 의미와 뜻의 관계 문제로 인도한다. 사전에서 택해진 낱말은 의미만을 가진다. 그러나 이 의미는 살아 있는 말에서 실현되는 잠재성일 뿐이다.

7-5-19] 낱말은 그것이 포함된 전체 맥락 속의 지적·정서적 내용을 흡수, 동화하고 그 낱말이 맥락에서 떨어져 있거나 그 밖에 있을 때 가지는 의미보다 더 많이 혹은 더 적게 의미하기 시작한다. 새로운 내용을 포함하는 의미의 전체 원이 확대됨으로써 더 많이 의미하며, 주어진 맥락에서 엄밀한 의미는 한정되기 때문에 더 적게 의미한다. 폴랑에 따르면 낱말의 의미는 복잡하고 유동적인 현상이며 개개인마다 또한 동일한 개인조차 상황에 따라 끊임없이 변화하는 현상이다. 이런 측면에서 낱말의 의미는 무진장이다. 낱말은 문장에서 뜻을 획득하며, 문장은 단락의 문맥에서, 문맥은 책의 맥락에서, 책은 작가의 모든 창조 맥락에서 뜻을 획득한다. 결국 각 낱말의 정서적 뜻은 결국에는 의식에 존재하는 요소의 풍부함에 따라 결정된다. 폴랑은 다음과 같이 말한다. "우리는 무엇인가에 대해 완전한 의미를 알 수 없으며, 그에 따라 낱말의 완전한 의미도 알 수 없다. 낱말의 뜻은 결코 완전하지 않다. 종말에 그것은 세계에 대한 관념과 인격체의 내부 구조 전체에 토대를 둔다."

7-5-20] 폴랑의 주요한 공적은 뜻과 낱말의 관계를 분석하고 의미와 낱말의 관계보다 뜻과 낱말의 관계가 더 훨씬 독립적이라는 것을 보여 주는 방법을 알렸다는 데 있다(*즉 의미와 낱말의 관계가 상대적으로 고정적이라면, 뜻과 낱말의 관계는 유동적이다). 낱말은 그를 통해 표현된 뜻으로부터 자신을

분리할 수 있으며, 뜻 역시 그것을 표현하는 낱말로부터 쉽게 떨어져 나올 수 있다. 낱말의 뜻은 하나하나의 소리가 아니라 낱말 전체에 총체적으로 연결되어 있다. 이 때문에 한 낱말이 다른 낱말의 자리를 차지하는 것이 가능하다.

7-5-21] 입말에서는 일반적으로 더욱 안정적이고 지속적인 뜻의 요소로부터, 다시 말해 낱말의 의미로부터 가장 유동적인 영역으로 즉 전체로서의 뜻으로 움직인다. 반대로 뜻이 의미에 대해 가지는 우세성(입말에서 특정한 경우에 다소 약하게 표현되는 경향으로 관찰되는)이 내적 말에서는 절대적 형태로 나타난다. 뜻이 의미에 대해 가지는 우세성, 문장이 낱말에 대해 가지는 우세성, 그리고 전체 맥락이 문장에 대해 가지는 우세성은 내적 말에서 예외가 아니라 한결같은 규칙이다.

7-5-22] 이로부터 내적 말의 두 가지 의미론적 특성을 도출할 수 있다. 이 특성은 모두 낱말들을 관련지어 결합하고 융합하는 과정과 연관되어 있다. 첫 번째는 교착에 비견할 수 있다. 교착은 어떤 언어에서는 근본적인 현상으로 발견되며 다른 언어들에서는 다소 흔치 않은 낱말 간 연합을 위한 절차로 발견된다. 이러한 과정을 통해 형성되는 복합어들은 간단한 개념을 나타내는 다수의 낱말들을 합하여 매우 복잡한 개념을 나타내며 그럼에도 하나의 낱말로 형성된다. 두 측면이 지적되어야 한다. 첫째 개별 낱말들은 복합어 안에 통합되면서 음성적 축약을 거치며, 둘째 이와 같이 형성된 복합단어는 매우 복잡한 개념을 표현하지만 기능과 구조적 관점에서 볼 때 개별 낱말들의 연합이 아니라 단일한 낱말로 나타난다.

7-5-23] 이와 유사한 것이 어린이의 자기중심적 말에서 관찰된다. 자기중심적 말이 내적 말에 가까워지면서 복잡한 개념을 표현하기 위해 고유한 복합어를 형성하는 양식으로 교착은 더 자주 일어나며 더 두드러진다.

7-5-24] 내적 말의 세 번째 특성, 의미적 특성은 다시 한 번 입말에서 발견되는 유사한 현상과 비교함으로써 설명될 수 있다. 그 핵심은 낱말의 의미

보다 넓으며 역동적인 낱말의 뜻이 낱말의 의미와 통합과 융합에서 발견할 수 있는 것과는 상이한 통합과 융합의 법칙을 이끌어 낸다는 사실에 있다. 뜻은 서로 유입되거나 영향을 미쳐 하나가 다른 하나에 포함되거나 상대를 변경한다. 외적 말의 경우 이와 유사한 현상을 문학작품에서 자주 관찰할 수 있다. 제목의 경우 이를 명확히 보여 준다. 제목(예-돈키호테)은 작품의 모든 뜻을 표현한다(처음의 뜻과 책을 다 읽은 후의 뜻이 달라진다. 마지막에 제목은 뜻으로 흠뻑 젖는다).

7-5-25] 내적 말에서 낱말은 외적 말보다 훨씬 더 많은 뜻을 담는다. 그것은 뜻이 압축된 응결체이다. 이것을 외적 말의 의미로 번역하려면, 하나의 낱말에 통합되어 있는 모든 뜻을 펼쳐 보이려면 한 편의 말의 파노라마 전체가 필요하다. 내적 말에서는 엄청난 뜻과 내용이 한 낱말이라는 그릇에 들어갈 수 있다.

7-5-26] 내적 말을 녹음하는 데 설사 성공할지언정 그것은 여전히 이해할 수 없는 것이라고 왓슨이 말했듯이, 내적 말의 의미론적 특징들은 이해 불가성을 낳는다. 그 이해 불가성은 많은 요인들의 소산이며 대단히 다양한 현상에 대한 포괄적인 표현이다. 내적 말의 서술성, 음성적 축약, 특정한 의미론적 구조는 내적 말의 이해 불가성의 심리적 성질을 충분히 보여 주며 설명한다. 그럼에도 그에 숨겨진 두 요소를 다시 한 번 고려하고자 한다. 첫째, 기능적으로 내적 말은 의사소통을 목적으로 하지 않는, 화자 자신을 향한 말이다. 내적 말은 외적 말과 완전히 다른 내적 조건하에서 일어나며 외적 말과 다른 기능을 수행한다. 따라서 우리는 내적 말의 이해 불가성에 놀랄 것이 아니라 이해 가능할 것이라 기대하는 점에 놀라야 한다. 둘째, 내적 말의 언어적 의미는 언제나 외적 말로 번역이 불가능한 관용어임을 보여 준다. 특정한 조건하에서 낱말들은 일상적인 뜻이나 의미의 변화를 겪어 이러한 변화를 일으킨 조건에 따라 특정한 의미를 얻는다. 방언, 은어 등이 그러하다. 마찬가지로 내적 말에서도 일종의 내적 통용어가 반드시 나타나는 것

은 당연한 일이다. 그 내적 사용에서 각 낱말은 점차 다른 색채와 다른 뜻의 뉘앙스를 얻게 된다. 원래 다양한 뜻이 하나의 낱말에 유입됨으로써 번역될 수 없는 관용구가 형성됨을 의미한다. 이러한 과정은 도스토예프스키의 여섯 인부들 사이의 대화의 예에서 기술된 것과 같다. 내적 말에서 우리는 언제나 모든 사고와 느낌, 심지어 복잡한 판단의 전체 연쇄도 하나의 낱말을 통해 표현할 수 있다. 이러한 내적 말의 의미론의 관용적 성격 때문에 내적 말은 당연히 이해 불가하며 평범한 언어로 번역하는 것이 어려운 것이다.

7-5-27] 이로써 우리는 실험을 통해 관찰할 수 있었던 내적 말의 특성에 대한 탐색을 마쳤다. 그럼에도 이 모든 것은 자기중심적 말에 대한 실험적 탐구에서 확립한 것의 특정한 사례이며 외적 말의 유사한 사례와의 비교를 통한 것이라는 것을 지적해야 한다. 이는 내적 말의 복잡하고 미묘한 특징을 입말의 사례를 통해 설명하는 수단이 되며, 또한 이러한 비교를 통해 외적 말에서 이 모든 사례들을 형성할 수 있는 가능성을 발견할 수 있다는 것 그리고 내적 말의 기원이 자기중심적 말과 외적 말에 있다는 우리 가설을 확증했다는 점에서 중요하다. 어떤 상황에서는 내적 말의 모든 특징들이 외적 말에서도 나타날 수 있으며 낱말의 성질과 규칙 역시 이러한 가능성을 열어 준다. 반복컨대 내적 말의 기원은 어린이의 자기중심적 말과 사회적 말의 분화에 있다는 가설에 최고의 지지를 제공한다.

7-5-28] 우리가 발견한 어린이 내적 말의 이 모든 특징은 내적 말은 완전히 특별하고 독립적이며 자율적이고 고유한 말의 기능이라는 주장의 타당성에 대해 한 점의 의심도 남기지 않는다.

7-5-29] 내적 말이 사고와 낱말 사이의 역동적인 관계를 매개하는 말로 하는 생각의 내적 단면이라고 간주한 것은 옳은 것이었다. 내적 말에서 외적 말로의 이동은 한 언어에서 다른 언어로의 직접 번역과는 견줄 수 없는 과정이다. 이는 내적 말의 고유한 의미론적, 통사적 구조를 다른 구조로 재

구조화하는 것이다. 내적 말에서 외적 말로의 전이는 복잡하고 역동적인 변형이다. 그것은 술어적이고 관용적인 말을 통사적으로 명료하고 타인에게 이해 가능한 말로 변형시키는 것이다.

7-6 사고와 낱말의 연결은 발달한다

7-6-1] 이제 출발점이었던 내적 말의 정의와 내적 말과 외적 말의 대비로 되돌아가고자 한다. 우리는 내적 말이 외적 말에 선행한다는 견해, 외적 말의 내적 표현이라는 견해에 동의하지 않는다. 내적 말은 외적 말과 정반대되는 기능이다. 외적 말이 생각을 말로 변형하는 과정(사고의 물질화 및 대상화를 포함하는 과정)이라면, 내적 말은 밖에서 안으로 움직이는 과정(생각 속에서 말이 증발하는 과정)이다. 그러나 말은 사라지지 않는다. 그 내적 형태에서도 말은 사라지지 않는다. 또한 내적 말에서 의식은 증발하지 않으며 용해되어 순수한 정신이 되지도 않는다. 내적 말은 여전히 말이다. 즉 낱말과 연결되어 있는 생각이다. 내적 말에서 낱말은 소멸하면서 사고를 탄생시킨다. 내적 말은 더욱 안정적이고 명확히 형성된 말로 하는 생각의 두 극단(낱말과 사고)을 오가는 역동적이고 불안정한 요소를 포함한다. 우리는 내적 말에서 한 걸음 더 안쪽으로 들어가 분석할 수 있으며, 거기서 말로 하는 생각의 다음 단면을 볼 수 있다.

7-6-2] 말로 하는 생각의 이 새로운 단면은 사고思考 자체이다. 이미 우리는 사고는 어떤 것과 다른 것을 통합하려는 경향이 있고, 이동하고, 대상 간의 관계를 확립함을, 요약하면 어떤 기능을 수행하고 문제를 해결한다고 언급하였다. 사고의 이러한 경로와 이동은 말의 전개와 정확히 일치하지 않고, 사고와 말의 기본 단위는 일치하지 않는다. 이 두 과정은 통일성을 보이지만 동일성을 갖지는 않는다. 복잡한 이행과 변형 과정에서 서로 연결되어 있

을 뿐이다. 글렙 우스펜스키의 작품에서 주인공은 한 방랑자가 심오한 생각을 표현할 능력이 없음에 고통받으면서 비애감을 자아내는 장면을 목격한다. "친구여…… 하지만 내게는 언어가 없다네. 자네에게 하고 싶은 말이 있고 이는 내 생각 속에 압축되어 있는 듯하지만 입 밖으로 나오지 못한다네. 이것이 우리의 우둔한 운명일세." (……) "……내가 말하려던 건 이게 아니야!……"

7-6-3] 이러한 대화에서 사고와 낱말을 나누는 경계를 확인할 수 있다. 사고는 특별한 구조와 경로를 가지고 있어서 말의 구조와 경로로 넘어가기가 대단히 어렵다. 극작가 스타니슬라브스키의 드라마 대본에서는 표현에 숨겨진 사고와 욕망을 드러내기 위해 저의를 재구성하려는 시도를 발견한다.

7-6-4] 사례 분석을 통해 살아 있는 인물이 발화한 구문은 언제나 바탕에 숨겨진 생각 즉 저의가 있음을 보여 준다. 앞에서 언급했듯이 심리적 주어와 술어는 문법적 주어와 술어와 일치하지 않는다. 거기서 우리는 생생한 구문은 언제나 저의가 있다는 결론까지 언급하지 않았다. 하나의 구문이 다양한 사고를 표현할 수 있듯이 하나의 사고는 다양한 구문으로 표현될 수 있다. 명제의 심리적 구조와 문법적 구조가 일치하지 않는 것은 그 명제에 표현된 사고에 의해 처음부터 결정된다. "왜 탁상시계가 멈추었지"라는 질문과 "시계가 떨어졌다"는 대답을 분석하면서, 다른 의미를 가진 구문들이 동일한 사고를 나타낼 수 있다고 단정한다.

7-6-5] 이를 통해 우리는 사고가 언어적 표현과 딱딱 일치하지 않는다는 결론을 내릴 수 있다. 사고는 말과 같이 개별의 낱말로 이루어지지 않는다. 우리는 통일된 사고로 다양한 내용을 함께 보지만 말을 할 때는 개별의 낱말들로 나누어야 한다. 사고는 언제나 개별 낱말보다 범위와 크기에서 훨씬 큰 전체를 나타낸다. 사고는 화자의 정신에서 하나의 전체로 형성되고, 말이 전개되는 방식과 같이 개별의 단위를 통해 점진적으로 생겨나지 않는다.

사고에서는 동시에 포함되는 것이 말에서는 순서적으로 펼쳐진다. 사고에서 말로의 이행은 사고를 나누어 그것을 낱말로 재구성하는 대단히 복잡한 과정이다. 사고는 심지어 낱말의 의미와도 일치하지 않기에, 사고로부터 낱말로 가는 길은 반드시 의미 찾기를 거쳐야 한다. 대화에는 언제나 배경이 되는 사고, 숨겨진 저의가 있다. 사고에서 말로 직접 이행하는 것은 불가능하고 복잡한 경로를 건설해야 하기 때문에 사람들은 말의 불완전성을 불평하고 사고의 표현 불가능성을 개탄한다.

7-6-6] 이를 극복하기 위해 낱말을 융합하려는 시도, 새로운 낱말 가치를 통해 사고로부터 말로 이어지는 새로운 길을 만들려는 시도가 생겨난다.

7-6-7] 실험을 통해 알 수 있었듯이, 사고는 낱말로 표현되는 것이 아니라 낱말 속에서 성취된다. 때때로 생각은 낱말로 성취되지 못하기도 한다. 사고는 기호를 통해 외적으로 매개될 뿐만 아니라 의미에 의해 내적으로 매개된다. 의식과 의식의 직접적인 접촉은 물리적으로는 물론이고 심리적으로도 불가능하다. 사고에서 낱말로 이어지는 경로는 간접적이고 내적으로 매개되는 경로이다. 먼저 의미(뜻)에 의해, 그런 후 낱말에 의해 매개된다. 따라서 사고는 낱말의 직접적 의미와 등가물이 아니다. 의미는 사고가 언어적 표현으로 나아가는 경로를 매개한다.

7-6-8] 말로 하는 생각이 펼쳐지는 내적 단면에 대한 마지막 분석이 필요하다. 생각은 이 전체 과정의 궁극적 계기가 아니다. 사고 자체는 다른 사고로부터 나오는 것이 아니라 우리의 충동과 동기, 정서와 감정을 포함한 의식의 동기 영역으로부터 나온다. 사고의 뒤에는 감정적 성향, 의지적 경향이 놓여 있다. 여기서 우리는 사고 분석에 있어 "왜?"의 질문에 대한 답을 발견한다. 낱말을 빗방울로, 사고를 구름에 비유한다면 사고의 동기는 구름을 움직이게 하는 바람에 비유할 수 있다. 다른 이의 생각에 대한 진정한 이해는 그 진실한 감정적·의지적 토대를 파악해야 가능하다. 동기의 발견은 앞에서 사용한 대사 뒤에 있는 저의를 밝혀내는 예시를 통해 설명할 수 있다.

동기는 언제나 말로 하는 생각의 출발점이다.

7-6-9] 다른 이의 말을 이해하려면 단순한 낱말 이해를 넘어서서 상대의 사고를 알아야 한다. 그러나 동기, 이유를 이해하지 못하면 생각 자체에 대한 이해 역시 불완전하다. 어떤 말을 주고받는 과정에 대한 심리학적 분석은 말로 하는 생각의 마지막 단면, 가장 비밀스러운 단면, 그 동기를 발견해야 종착점에 이른 것이다.

7-6-10] 우리의 분석은 이로써 끝이 났다. 결과를 음미해 보자. 말로 하는 생각은 복잡하고 역동적인 전체다. 그 속에서 사고와 낱말의 관계는 이어지는 전체 내적 수준을 가로질러 한 단면에서 다른 단면으로 이동한다. 우리는 분석을 밖에서 안으로 실시하였지만 말로 하는 생각이 나타나는 생생한 장면에서 이동은 그 역방향이다. 사고를 낳은 동기로부터 사고의 형성으로, 내적 말을 통한 매개로, 그런 후에 외적 말의 의미로 그리고 마침내 낱말 자체로 움직인다. 그러나 이 길은 오직 하나가 아니다. 사고에서 낱말로 가는 길은 매우 다양하며 단절도 있을 수 있다. 이 연구에서는 오직 사고에서 낱말로 나아가는 기본 경로에 한정했다. 여기서 우리는 사고와 낱말 사이의 관계를 1) 역동적 과정으로, 2) 사고에서 낱말로 이동하는 경로로, 3) 사고가 낱말로 실현되고 실체화되는 것으로 드러내었다.

7-6-11] 우리 연구는 이전에 누구도 시도하지 않은 새로운 경로를 따랐다. 우리가 연구하고자 한 것은 즉각적 관찰로는 알 수 없는 내적 측면이었다. 우리는 단어 의미를 분석하고자 시도하였으며 바깥쪽이 아닌 안쪽, 즉 개인을 향한 말의 의미론과 전체 내적 측면을 분석하고자 하였다. 그를 통해 우리는 사고와 낱말의 관계를 사물 간의 지속적·영속적 관계로 이해해 온 기존의 심리학과 달리 사고와 낱말의 관계가 여러 과정의 내적, 역동적, 이동하는 관계임을 파악했다. 우리는 사고와 낱말의 관계는 변화하는 역동적인 방식으로 연결되는 과정이라고 결론 내릴 수 있다. 그 결과 단순한 구성으로 간주되었던 것이 복잡한 구조인 것으로 드러났다. 말로 하는 생각으

로 나타나는 통합체가 더더욱 복잡한 형태를 띠며 더더욱 정교하게 연결되는 경향을 가진다는 결론만을 낳았다. 이 통합체의 복잡한 구조와 이동 과정 그리고 말로 하는 생각의 개별 단면들 사이의 변화무쌍한 이주는 오직 발달에서만 나타난다. 소리로부터 의미를 분리, 사물로부터 낱말을 분리, 낱말로부터 사고를 분리하는 과정은 개념 발달의 역사에 있어 모두 필요한 단계들이다.

7-6-12] 우리는 말로 하는 생각의 복잡한 구조와 역동성을 완벽하게 설명하는 것을 의도하지 않았다. 우리는 단지 이 역동적 구조의 장엄한 복잡성에 대한 기본 관념을 제시하고 실험적으로 획득하고 발전시킨 사실에 근거하여, 이 기본 관념과 함께 이론적 분석에 근거한 일반화를 제기하고자 했을 뿐이다. 이제 남은 과제는 연구를 통해 알게 된 사고와 낱말의 관계에 대한 전반적인 이해를 요약하는 것이다.

7-6-13] 연합심리학, 구조주의 심리학, 여타 심리학은 모두 역사에 대해 부족한 인식을 가지고 있었다. 이들 이론은 순수한 자연주의와 순수한 정신주의 양극단 사이에서 헤매고 있을 뿐이다. 이들 모두는 생각과 말을 역사 밖에서 연구했다.

7-6-14] 오직 역사적 심리학만이, 내적 말에 대한 역사적 이론만이 복잡하고 장대한 문제를 올바르게 이해할 수 있도록 인도한다. 우리가 사고와 낱말의 관계는 낱말에서 사고가 탄생하는 생생한 과정임을 발견했다. 시인의 말처럼, 사고를 빼앗긴 낱말은 결국 죽은 것이다.

7-6-15] 마찬가지로 낱말의 육신을 입지 않은 사고는 다른 시인의 표현처럼 죽음의 강에 드리워진 그늘과 안개 속에서, 깊게 벌어져 울리는 심연 속에서 남아 있게 된다. 헤겔의 지적처럼 낱말은 사고에 의해 생기가 불어넣어진 존재이다.

7-6-16] 사고와 낱말의 연결은 한 번에 이루어지지 않는다. 이 연결은 발달 경로 속에서 나타나며 발달한다. 인간 발달에서 말은 행동의 최고 표현

보다 더 높은 단계에 있다. 태초에 말은 존재하지 않았고 물질이 있었다. 말은 발달의 시작이 아니라 끝을 형성한다고 이야기하는 것이 더 타당해 보인다. 말은 대업을 장식하는 '끝'이다.

7-6-17] 우리 연구가 제시한 전망은 사고의 문제를 넘어 훨씬 광범위하고 심오하고 장대한 의식의 문제 앞으로 우리를 인도한다. 우리는 감각에서 사고로의 변증법적 이행을 연구하면서 현실은 감각에 반영되는 것과는 다르게 사고에 반영되고, 낱말의 근본적인 변별 속성은 현실을 일반화하여 반영하는 것임을 보이려 했다. 그렇게 하다 보니, 우리는 사고의 경계를 넘어 낱말과 의식의 문제에 이르게 되었다. 감각적 의식과 사고의 의식은 현실을 다르게 반영한다. 이처럼 생각과 말은 인간 의식의 본질을 이해하는 열쇠이다. 언어가 1) 의식만큼이나 오래되었고, 2) 다른 사람을 향해 존재하고 그에 따라 나를 향해서도 존재하는 실천적 의식이라면 단지 사고 발달뿐만 아니라 전체적인 의식 발달 역시 낱말 발달과 연결되어 있다. 낱말은 단지 의식의 개별 기능이 아니라 의식 전체에 중요한 역할을 한다. 포이어바흐가 언급했듯이 낱말은 진실로 한 사람에게는 절대적으로 불가능하지만 두 사람에게는 가능한 의식 속에 존재한다. 낱말은 인간 의식이 지닌 역사적 본질을 가장 직접적으로 표현한다.

7-6-18] 작은 물방울에 태양이 비춰지듯, 의식은 낱말에 비춰진다. 살아있는 세포와 유기체처럼, 원자와 우주처럼, 작은 세계가 큰 세계와 관련되듯, 낱말은 의식과 관련된다. 낱말은 의식을 담은 작은 세계이다. 뜻이 담긴 낱말은 인간 의식을 담은 작은 우주이다.

부록

『생각과 말』 해설 강좌 강의록

*진보교육연구소에서는 2013년 1월 『생각과 말』 해설 강좌를 진행하였습니다.
『생각과 말』 이해와 세미나 등에 도움이 될까 하여
해설 강좌에서 진행된 강의록을 본문 요약본과 함께 부록으로 실었습니다.

서문

비고츠키는 서문을 통해 저작 전체를 관통하는 주제와 연구 방법을 간결하게 드러내고 각 장의 핵심 주제와 전체적인 짜임새를 개략적으로 소개한다. 인간을 대상으로 하는 심리학에서 생각과 말의 관계를 중심 문제로 다룬 것은 '인간의 의식'에 들어갈 문턱에 도착했다는 것에 의의가 있다고 서문 말미에서 비고츠키는 매우 짧게 언급한다. 생각과 말의 연구를 통해 의식을 다루는 심리학 이론으로 나아갈 수 있게 되었으며 의식은 생각과 말을 통해서 심리학적으로 분석될 수 있다. 특히 '낱말 의미'는 인간 의식 분석의 '단위'임을 밝힌 것이 이 연구의 성과이지만 인간 의식으로 들어가는 바로 그 문턱에서 연구를 중단해야만 했음에 깊은 아쉬움을 토로하며 서문을 마무리한다.

"작은 물방울 속에 태양이 비추어지듯 의식은 낱말 속에 비추어진다. 소세계가 대세계에 관련되듯이, 살아 있는 세포가 유기체에 관련되듯이, 원자가 우주에 관련되듯이, 낱말은 의식에 관련된다. 실제로, 낱말은 의식의 소세계이다. 뜻이 담긴 낱말은 인간 의식의 소우주이다." (『생각과 말』 7장 [6-18])

1. 저작의 성격과 핵심 주제

비고츠키는 "생각과 말의 문제를 해결하기 위한 심리학 연구"라고 저작의 성격을 분명히 하는 것으로 말문을 연다. 생각과 말의 문제는 처음 다루어지는 주제는 아니지만 아직까지 체계적인 실험 연구가 시도되지 않은 영역임을 지적하면서 그 첫 시도라는 것에 연구의 의의를 부여한다. 비고츠키는 생각과 말의 문제를 체계적인 실험과 축적된 자료들에 대한 분석을 종합하여 일반화에 도달하고자 했다고 밝힌다. 생각과 말의 문제 가운데 비고츠키가 이 저작을 통해 다루고자 하는 핵심 주제는 "개념 발달"과 "말로 하는 생각"이다.

2. 연구의 구성

1) 당대 이론에 대한 비판적 연구

비고츠키는 연구의 출발점은 연구 문제를 명료화하고 이에 상응하는 새로운 연구 방법을 탐색하는 것임을 강조한다. 연구 문제와 연구 방법을 하나의 쌍으로 보고 새로운 연구를 위해서는 기존 연구에 대한 '비판적 검토'가 불가피하다고 여긴 비고츠키는 '생각과 말'이라는 연구 문제를 명료화하기 위해 이에 대한 전통적 연구에서의 문제 진술과 연구 방법과 대비시킴으로써 전통적 연구의 맹점을 드러냄과 동시에 이 연구를 통해 '생각과 말'의 문제에 대해 새롭게 발견하고 진전시킨 부분을 보이고자 하였다.

비고츠키는 "생각과 말에 대한 동시대 이론을 이데올로기적 측면에서 강력하게 비판"하는 것이 이 연구에서 불가피하고 중요한 한 부분이었다고 강조한다. 비고츠키가 비판 작업의 주요 대상으로 택한 당대 최고의 연구물은 피아제와 스턴의 이론이다. 연구의 첫 부분을 이루는 2장과 3장이 바로 비고츠키가 수행한 '생각과 말의 문제에 관한 비판적 연구'에 해당한다.

2) 이론적 연구와 실험적 연구의 변증법적 종합을 통한 발생 과정 분석

비고츠키 스스로 "우리의 연구는 구성과 구조가 복잡하고 방법이 다양"하다고 밝혔다시피 이 저작은 실로 방대한 과학적 연구 결과물들을 이론적으로 분석하여 작업가설을 세우고 다시 실험을 통해 검증하고 수정하는 과정을 거쳐서 나온 결과물이다. 복잡해 보일지라도 각각의 모든 부분과 방법들은 "발생 과정에 대한 분석을 통해 사고와 낱말의 관계를는 것에 모아진다는 진술을 통해 "발생적 방법"이 연구를 관통하는 핵심적 관점이자 방법임을 알 수 있다.

3. 연구의 결과

1) 저작의 핵심: 개념 발달에 관한 두 개의 실험 연구

이 저작의 핵심 주제는 "개념 발달과 말로 하는 사고"이다. 이를 위한 첫 번째 실험 연구는 5장의 아동기 낱말 의미의 발달을 밝히기 위한 실험 연구이며 두 번째는 아동기의 과학적 개념의 발달과 자연발생적 개념의 발달을 비교하는 실험적 연구이다. 그리고 최종 장에서 전체 연구를 종합하여 말로 하는 생각의 전체 과정을 제시하였다.

2) 새롭게 밝혀낸 사실들

비고츠키는 다음과 같이 연구 결과를 요약한다.

(1) 아동기에 낱말의 의미가 발달한다는 사실을 실험을 통해 확립함. 그리고 그 발달의 주요 단계를 설정함. (*5장)

(2) 자연발생적 개념 발달과 비교하여 어린이의 과학적 개념 발달이 보여 준 독특한 궤적을 드러냄. 그리고 이 발달의 근본적인 법칙들을 설명함. (*6장)

(3) 말의 독립적 기능으로 글말의 심리적 성질을, 생각과의 관계를 실험을 통해 드러냄. (*6장, 7장)

(4) 내적 말의 심리적 성질을, 내적 말과 생각의 관계를 실험을 통해 드러냄. (*7장)

1장 연구 문제와 연구 방법

1장에서는 서문에서 간략하게 언급하였던 연구 문제와 연구 방법의 문제를 전통적인 관점과 방법과 대비시키면서 보다 더 구체적으로 기술한다. 먼저 생각과 말의 문제를 다루는 것은 변증법적 유물론에 입각하여 의식 활동을 '관계'의 측면에서 다루려는 심리학적 시도임을 강조한다. 비고츠키는 생각과 말을 외적인 기계적 의존으로 보거나 혹은 형이상학적 분리의 관점에서 보는 것을 모두 비판하면서 이런 관점은 '요소로의 분해'라는 분석 방법과 연결되어 있으며 이를 벗어나지 않는 한 오류는 필연임을 강조한다.

비고츠키가 "생각과 말의 내적 연결과 과정"을 규명하는 과제를 위해 올바르다고 여기고 채택한 방법은 '단위를 통한 분석'이다. 그렇다면 가장 중요한 문제는 생각과 말의 분석 단위가 과연 무엇인가가 된다. 생각과 말의 분석 단위로서 비고츠키는 '낱말 의미'를 제출하고 이것이 왜 분석 단위로서 타당한지 설명한다.

비고츠키는 '전체를 구성단위로 분석하는 방법'의 의의가 비단 생각과 말의 문제뿐 아니라 '정서적이고 지적인 과정'의 단위 또한 존재하며 이를 통해 기존의 이분법적 시각을 극복하는 분석의 가능성이 있다고 주장하면서 향후 연구 주제를 암시한다.

첫 번째 장의 말미에서는 2장부터 펼쳐질 연구 개요를 간략히 소개한다. 마지막으로, 각각의 연구를 통일시키는 계기는 '발달'이라는 개념이며 가장 먼저 낱말 가치의 분석에 '발달'이라는 개념을 적용하겠다고 밝히면서 1장을 마무리한다.

1. 왜 "생각과 말"인가

생각과 말의 문제는 다양한 심리적 기능 간의 관계(연결)와, 의식 활동의 다양한 측면들의 관계를 전면에 내세우는 심리학의 영역이다. (의식 연구의) 핵심 계기는 사고와 낱말의 문제이다. 하지만 의식이 통일성을 전제하고 전체로서의 의식과 개별 기능들의 연결은 전제될 뿐 연구되지 않고 있다.

사고와 낱말에 대한 기존의 관념은 동일시 혹은 형이상학적 분리이다. 생각과 말의 독립성에 대한 관념은 연결 대신 두 상이한 과정의 외적인 기계적 의존으로 기술하는 데 그친다. 이러한 관념과 더불어 연구 방법이 문제이다. 새로운 연구에서는 내적 관계의 분석과 설명으로 나아가야 한다.

2. 연구 방법: 심리학에서 사용되는 두 가지 분석

1) 요소로의 분해

예컨대, 물을 수소와 산소로 분해하는 경우가 이에 해당된다. 이는 진정한 의미의 분석이 아니다. 왜냐하면 요소는 전체의 성질을 이미 갖지 않기 때문이다. 따라서 설명이 아닌 연합적이고 기계적인 연결을 기술하는 것에 그치게 된다.

2) 단위를 통한 분석

내적 관계를 설명할 수 있는 '통일된 전체를 단위'로 분할하여 분석하는 방법이 존재한다. 단위의 예로는 물의 분자, 세포, 상품 등이 있다. 본 연구 문제의 분석 단위는 '낱말의 의미'이다. 여기에는 말로 하는 생각에 내재한 속성이 들어 있다.

☞비고츠키가 말하는 심리학적 분석

① 사물이 아닌 과정 분석 ② 외적 징후에 대한 기술적 설명이 아닌, 연결과 관계에 대한 설명적 분석 ③ 과정을 되살리는 발생적 분석

"사물이 아닌 과정 분석, 단순히 외적 징후를 하나하나 구분하는 것이 아닌 진정한 인과-역동적 연결과 관계를 드러내는 따라서 기술적이 아닌 설명적인 분석, 그리고 마지막으로 출발점으로 되돌아가서 심리적 화석화를 거친 어떤 형태의 발달 과정을 모두 복원하는 발생적 분석. 이 세 가지 계기는 모두 함께 취해지며, 고등심리형태를 기술심리학이 가정하듯 순수하게 정신적인 형성으로 보거나, 연합 심리학이 주장하듯 기초적 과정들의 단순한 누적으로 보지 않고, 발달의 과정에서 나타나는 질적으로 고유하고 진정 새로운 형태라고 보는 새로운 이해로부터 기인한다."(비고츠키, 『어린이 자기행동숙달의 역사와 발달』, [3-37])

3. 생각과 말의 분석 단위: 낱말 의미(혹은 낱말 가치)

1) 낱말 의미는 말인 동시에 생각

모든 낱말은 실재에 대한 일반화이므로 생각이다. 한편, 의미가 없는 낱말은 공허한 소리에 지나지 않으며 의미를 빼앗긴 낱말은 말의 영역에 속하지 않는다. 따라서 낱말 의미는 말인 동시에 생각으로서 '말로 하는 생각'의 구성단위이다.

2) 낱말 의미는 두 기능의 상호 결합

말에는 두 가지 기능이 있다. 하나는 의사소통 기능이며 다른 하나는 지적 기능이다. 두 기능은 상호 결합된다. 일반화는 사회적 접촉의 발달과 함께 가능해지며 일반화라는 생각 작용의 도움으로 고등한 형태의 사회적 접촉이 가능해진다. 하지만 요소로 분해하는 방법은 말의 의사소통적 기능을 지적 기능과 분리한다.

3) 결론

낱말 의미는 심리학적 측면에서 보면 '일반화된 것'이다. 사회적 접촉은 일반화와 낱말 가치의 발달이 전제되어야 가능하다. 역으로 일반화는 사회적 접촉이 발달해야 가능하다. 사회적 접촉의 가장 고등한 형태(말이나 기호체계로 매개된 접촉)는 오직 인간이 생각의 도움으로 실재를 일반화할 수 있어야 가능하다. 지각과 감정이 지배하는 본능적 영역에서는 감염과 전염만이 가능하다.

요컨대, 낱말 가치는 일반화와 접촉의 단위, 의사소통과 생각의 단위이다. 결국 사회적 접촉과 일반화의 통일 과정을 알아야 어린이의 생각 발달과 사회적 발달 사이에 존재하는 연결을 이해할 수 있다.

4. 단위의 방법은 지적이면서 정서적인 과정의 분석에도 적용 가능

전체로서의 의식을 다루는 데 있어 단위의 방법을 채택함으로써 기능 간 관계와 연결의 문제에 접근할 수 있다. 특히 지성과 열정의 연관이 그러하다. 전통적 심리학의 이분법은 생각의 원인을 설명할 수 없으며 역으로 생각이 정서적·의지적 측면에 미치는 영향을 밝히지 못한다. 단위로의 분석 방법은 정서적이고 지적인 과정의 단위가 존재한다는 사실을 시사하며 욕구와 동기로부터 생각으로, 사고로부터 행동으로의 움직임을 보여 줄 수 있는 방법이다.

5. 연구 절차(2장부터 7장의 주제)

첫 번째 부분은 이 연구와 정반대에 있는 이론에 대한 비판적 연구로서 당대 심리학 지형을 감안했을 때, 생각과 말의 문제에 대한 이데올로기 투쟁이나 다름없는 과정이다.

두 번째 부분에서는 생각과 말의 발생적 근원에 대한 잘못된 이론의 원인인 잘못된 개념을 바로잡기 위해 계통발생적, 개체발생적 연구를 검토하였다.

세 번째 부분은 아동기 개념 발달에 대해 실험 상황에서 인위적으로 형성된 개념의 발달을 다룬 연구와 실제 개념 발달 과정을 다룬 두 가지 실험 연구로 이루어져 있다.

결론 부분에서는 앞서의 이론적 실험적 연구의 토대 위에 '말로 하는 생각'의 과정에서 드러난 구조와 기능을 분석하였다.

이 모든 각각의 연구를 통일시키는 계기는 '발달'이라는 개념이다. 우리는 '발달'이라는 개념을 가장 먼저 낱말 가치의 분석에 적용하려고 한다.

> "어린이 발달에 대한 우리의 이해가 근본적으로 바뀌어야 하고 그것이 복합적 변증법적 과정이며 이 과정은 복잡한 주기성, 한 형태에서 다른 형태로의 질적 변형, 진화와 퇴화 과정들의 복합적 엮임, 외적 요소들과 내적 요소들의 복합적 교차, 위기를 극복하는 동시에 위기에 적응하는 복잡한 과정이라는 특징을 갖는다는 것을 고려해야만 한다."(비고츠키, 『어린이 자기행동숙달의 역사와 발달』, [5-14])

2장 피아제의 가르침에서 어린이의 말과 생각의 문제

2장은 서문과 1장에서 예고한 대로 생각과 말에 대한 당대 이론에 대한 비판적 연구이다. 2장에서는 피아제의 이론의 본질을 낱낱이 밝히고 새로운 가설을 도출하는 데 주력한다.

1~2절은 피아제 이론의 내용을 소개하면서 비판의 방향을 제시한다. 먼저, 피아제가 밝혀낸 수많은 사실들을 일일이 따라가는 대신 피아제가 구성한 이론적 구성물의 주춧돌을 찾아 붕괴시키는 방법을 취한다. 비고츠키가 보기에 피아제의 어린이 생각 발달 이론의 중심은 "자기중심성"이다(1절). 또한 자폐적 생각이 생각 발달의 최초단계라는 가설을 피아제는 내세운다. 이에 대해 당대에 연구된 사실들을 통해 이 가설에 이론적 비판을 가한다(2절).

3~4절은 피아제 이론의 중심인 "어린이의 자기중심성"이라는 개념에 대한 실험적 비판이다. 피아제가 행한 실험에 약간의 변화를 줌으로써 자기중심적 말이 자기중심성의 증거라는 피아제의 주장을 전복시킨다. 실험과 관찰 결과에 따르면 어린이의 자기중심적 말은 자기중심성에서 비롯된 부수적 현상이 아니다. 어린이는 문제의 상황, 난관에 봉착했을 때 자기중심적 말을 사용한다. 비고츠키에 따르면 자기중심적 말은 자기중심성의 외피가 아니라 생각의 도구이다.

5절에서는 앞선 논의를 토대로 새로운 가설을 도출한다. 바로 생각 발달의 경로가 피아제가 주장한 바와 판이하게 다를 것이라는, 즉 정반대의 순서를 따를 것이라는 가설이다. 비고츠키는 자기중심적 말은 내적 말로 이행하는 중간 고리라는 가설을 제출하며 이후 이를 입증하는 것이 과제라고 언급한다. 6절에서는 자기중심적 말의 기능과 운명에 대해 밝혀낸 바를 상술한다.

7~9절에서는 어린이 발달의 요인을 중심적 주제로 논의하면서 생물학적 요인을 일차적이고 근원적인 발달의 요인으로 삼는 피아제는 자신이 발견한 사실과 철학 사이의 모순을 극복하지 못하고 관념적 심리학으로 귀결됨을 밝힌다.

1. 피아제의 생각

1) 피아제, 어린이 생각의 근본 자질은 "자기중심성"이다

피아제는 임상적 방법에 의존하여 연구하여 새로운 사실들을 습득하였으며 나아가 그것에 대한 철저한 분석과 해석을 행함으로써 신기원을 이뤘다. 한편, 동시대 심리학의 위기의 근원에는 이원성이라는 문제가 있다. 이를 잘 알고 있었던 피아제는 이 문제를 피하기 위해 이론과 철학을 피하고 '사실'에 머무르고자 하였으나 피아제가 발견한 어린이 생각 발달에 대한 사실들은 철학과 분리될 수 없다.

우리는 피아제가 발견한 사실 하나하나를 따라가면서 비판하는 것이 아니라 피아제 연구 구성물의 토대에 놓인 핵심을 찾아 이를 흔들 것이다. 피아제는 어린이 생각의 모든 자질은 "어린이의 자기중심성"에서 유래한다고 주장하였다. 따라서 이를 비판해야 피아제가 구축한 구성물을 붕괴시킬 수 있다.

피아제는 자기중심성을 사회적 본능의 늦은 발달과 생물학적 이기심으로부터 도출하고자 한다. 이 같은 시도는 자기중심적 사고를 사회적 사고에 대조되는 개인적 사고로 정의한 데 담겨 있다. 피아제는 자기중심성의 발생적 원천을 자폐적 생각에서 찾으며 자기중심적 생각을 경유하여 훨씬 후기에 사실적 생각에 도착한다고 보았다. 피아제가 보기에 8세에 이를 때까지는 자기중심성은 어린이 사고 전체에 영향을 미친다.

또한 피아제는 어린이가 경험에 좌우되지 않는 "본성"을 지닌 존재라고 보고 이를 밝히는 데 주력하였다. "어린이 생각을 교육과 성인의 영향력으로부터 고립시킬 수는 없지만, 어린이에게 영향력의 흔적을 각인시킬 수 없다. 경험을 겪고 이 경험을 본인의 실체와 통합시키는 살아 있는 존재에 의해 이러한 영향력은 변형된다. 우리가 기술하고 설명하고자 했던 것은 어린이의 생각에 있어 고유한 구조와 기능이다."

2) 생각 발달의 최초 단계는 "자폐적 사고"(의사-환각적 상상)이다

피아제는 프로이트 등의 생각을 받아들여 자폐적 생각을 현실적 사고보다 앞에 두었다. 하지만 계통발생적으로 보나 개체발생적으로 보나 자폐적 사고는 최초의 생각 형태가 아니다. 프로이트 등은 쾌락 원칙이 현실 원리에 앞선다고 보지만, 블로일러에 따르면 결코 어린이는 실제 음식에 만족하지 환각적으로 만족하지 않는다.

피아제는 자기중심적 생각의 속성이 의식적 파악의 결핍 즉 무의식에 기초해 있다고 보고 자폐적 생각과 연결시켰지만 자폐적 생각은 반드시 의식을 결핍하는 것이 아님을 연구자들은 증명하였다. "정상적이고 깨어 있는 사람의 자폐주의는 현실과 연결되어 정상적으로 형성되고 견고히 확립된 개념만을 통해 작용한다."

따라서 자폐적 생각은 최초 단계가 아니다. 그러므로 어린이 생각의 자기중심성을 사회적 사고로 나아가는 중간적·이행적 단계로 보는 피아제의 관점은 수정되어

야 한다.

2. 피아제의 가설에 대한 실험적 비판과 새로운 가설

1) 피아제의 가설: "자기중심적 말은 어린이의 자기중심성의 증거이다"

어린이의 자기중심성은 피아제 이론의 초점이다. 따라서 전체 이론적 구조를 의문시하기 위해서는 이 개념을 흔드는 것으로 충분하다.

피아제는 어린이의 대화를 말의 기능에 따라 자기중심적 말과 사회적 말로 구분하는데, 피아제에 따르면 자기중심적 말의 기능은 행동에 수반되는 즉 행동을 바꾸지 못하는 부수물에 불과하다. 반면 사회적 말에서는 명령, 위협, 보고, 요구, 비난, 질문 등을 통해 타인과 사고를 교환한다.

피아제는 어린이 생각의 자기중심성의 직접적 증거를 자기중심적 말에서 찾았다. 측정 결과 초기 연령에서 자기중심적 말의 상관계수가 크게 나타났다. 이에 따라 피아제는 자기중심적 생각은 (겉으로 드러난) 자기중심적 말보다 훨씬 광범위할 것이라고 추정했다. "성인은 혼자 있을 때도 사회적으로 생각하고 7세 미만의 어린이는 공동체에 있을 때도 자기중심적 방식으로 생각한다고 진술할 수 있다." 피아제에 따르면, 7, 8세 전의 어린이는 진정한 의미의 사회적 삶이 없으며 7, 8세에 이르러서야 어린이들에게 함께 작업할 필요성이 생기며 이 시기에 자기중심적 낱말이 그 중요성을 상실한다. 이에 따라 피아제가 세운 작업가설은 "어린이의 자기중심적 사고는 자폐적 생각의 형태와 현실적 생각의 형태 사이에서 이행하는 형태로 간주된다."라는 것이다. "어린 시기 어린이 말은 대부분 자기중심적이다. 자기중심적 말은 의사소통이라는 목적에 기여하지 않으며 마치 반주가 주선율에 수반되듯이 어린이의 활동과 정서적 경험에 수반된다."

2) 실험적 비판: 자기중심적 말의 기능과 운명

우리의 연구 결과 자기중심적 말은 별다른 기능을 행하지 않는, 행동의 부수물로서 소멸될 운명이라는 피아제의 주장과 달리, 어린이의 활동에서 고유한 역할을 수행하는 것으로 밝혀졌다.

피아제와 동일한 방법으로 실험하되 어린이 활동의 흐름을 가로막는 방해와 난관을 삽입했는데, 난관이 제시된 경우 자기중심적 말이 급격히 증가했다. 이에 따라 난관이나 방해는 자기중심적 말을 유발하는 요인 중 하나로 볼 수 있게 되었다.

자기중심적 말은 (어린이의) 생각의 도구가 된다. 자기중심적 말은 말을 통해 상황을 이해하고 결과의 개요를 그리며 행동의 계획을 세우는 기능을 수행한다. 즉 자기중심적 말은 표현과 분출의 기능 외에 계획 형성의 기능을 수행한다. 관찰에 따르면, 어린이 활동이 발달함에 따라 마침내 자기중심적 말은 활동의 맨 앞으로 나아가서 낱말이 어린이의 활동을 계도하고 지휘한다.

자기중심적 말은 어른의 내적 말과 마찬가지로 생략과 지름길을 택하는 경향이 있다. 즉 자기중심적 말은 어른의 내적 말과 기능적·구조적으로 유사하다. 이로써, 자기중심적 말의 운명은 내적 말로의 변형일 것이라고 가정할 수 있다.

*실험 결론: 어린이 생각은 "사회적인 것에서 개인적인 것으로 발달한다"

말의 최초 기능은 의사소통과 사회적 연결이며 따라서 어린이 최초의 말은 순전히 사회적인 것이다. 이후 어린이의 말은 자기중심적 말과 의사소통적 말로 분화한다. 집단적 협력의 형태인 행동의 사회적 형태를 개인의 심리적 기능으로 전이시키는 어린이에 의해 자기중심적 말은 사회적인 토대로부터 생겨난다. 피아제도 사회적 형태였던 행동을 어린이가 자신에게 적용하려는 경향에 주목하였다. 예컨대, 집단적 논쟁 후 반성이 출현한다.

이와 유사한 일이 어린이가 다른 사람에게 말하던 것과 똑같이 스스로에게 혼자 말하기 시작할 때, 크게 말하기 시작할 때 일어난다. 그 후 어린이의 내적 말이 출현한다. 따라서 다음과 같이 도식은 대비된다.

○피아제: 말을 사용하지 않는 자폐적 생각 → 자기중심적 말과 자기중심적 생각 → 사회화된 말과 논리적 생각

○전통적 이론: 외적인 말 → 속삭이는 말 → 내적 말

○새로운 도식: 사회적 말 → 자기중심적 말 → 내적 말

자기중심적 말은 피아제에게는 개인적인 것으로부터 사회적인 것으로 나아가는 이행의 한 형태지만 우리가 밝혀낸 바로는 사회적인 말로부터 개인적인 말로 나아가는 이행의 한 형태이다.

그렇다면 어린이 생각 발달은 어떻게 될까? 우리의 결론은 어린이 생각 발달 과정에서 진정한 이동은 개인적인 것에서 사회적인 것으로가 아니라 사회적인 것에서 개인적인 것으로 그 이동이 달성된다는 것이다.

3) 어린이의 실제 활동과 연결된 자기중심적 말의 기능

실험을 통해 자기중심적 말은 현실, 어린이의 실제적 활동, 진정한 적응과 동떨어진 것이 아니며 이 말이 추론적 활동에 필요한 계기로 들어가고, 목표 지향적 활동에 정신을 참여시키며, 의도의 형성을 위한 도구로 기여하기 시작하여 그 자체가 지성화되어 복잡한 활동을 계획하는 기능을 수행함을 보았다. 즉 자기중심적 말은 어린이의 실제 활동과 연결되어 기능을 수행한다.

하지만 피아제는 사물은 어린이의 정신을 형성하지 않는다고 주장한다. 그러나 어린이의 자기중심적 말이 실제 활동과 연결되어 있는 경우, 그것이 어린이의 생각과 연결되어 있는 경우에 어린이의 마음은 사물에 의해 형성된다는 것을 우리는 보았다. 사물은 '실재'를 의미한다. 그것은 실재가 어린이의 지각에 수동적으로 반영되는 것이 아니고 추상적인 관점에서의 실재를 뜻하는 것도 아니며 어린이가 실행의 과정에서 마주치는 실재를 뜻한다.

3. 어린이 발달의 요인: 실재와 정신

1) 피아제, '생물적인 것'이 근원적이고 일차적

어린이 논리는 전인과적 단계에 있다는 결론을 도출한 피아제는 자신이야말로 전 인과성의 단계에 머물고자 한다. 인과적 설명을 회피함으로써 발달 요인의 문제가 제거된다. 그저 발생적 수열관계를 잘 설명할 법한 첫 번째 현상을 선택할 권리만 있다고 피아제는 여긴다.

즉 서술의 출발에 있어서 사회적인 것과 생물학적인 것 둘 중 하나를 선택하는 문제이지 인과적 문제로 여기지 않은 것이다.

피아제 자신은 어린이 발달을 기술함에 있어서 '사회적인 언어'를 택하였다고 진술하지만 실은 피아제에게는 생물학적인 것이 근원적이고 일차적이다. 피아제에게 있어서 생물적인 것과 사회적인 것은 기계적으로 서로에게 작용하는 외적인 두 힘이다. 이에 따라서 어린이는 이중의 현실(자신의 고유한 생각에 근거하여 구성된 현실 / 주변인에 의해 강요된 논리적 생각에 의해 구성된 현실)에 살고 있다는 결론이 도출된다.

"어린이는 두 세계에 산다. 사회적인 모든 것은 외부로부터 어린이에게 강요된 어린이에게 낯선 것이다."라는 관념에 아동심리학 전부가 젖어 있다. 사회적인 것과 생물적인 것이 서로에게 외적인 힘으로 작용하고 시종일관 이질적인 것이라는 관념이 이 주장의 근본에 놓여 있다.

2) 피아제 이론의 관념성

피아제 의견에 따르면 "사물은 정신을 논리적으로 입증하려는 필요로 이끌 수 없다. 즉 사물은 정신에 의해 형성된다." 피아제에게 있어 사회화는 논리적 생각이 발달하는 유일한 원천이다. 즉 어린이의 의식과 다른 이들과의 의식의 접촉을 통해 어린이의 (논리적) 사고가 출현한다. 이 같은 피아제의 주장은 외부의 객관적 실재가 어린이의 생각 발달에서 결정적인 역할을 하지 못한다는 주장이나 다름없다.

피아제는 실재론과 선험론을 거부하면서 실용적 경험론의 관점을 취한다. "실용론 경험론자들이 스스로 설정했던 과제가 사고의 역사에서 범주가 탄생하는 것에 따라서 범주들을 정의하는 것이기 때문에, 논리적 범주를 심리적인 것으로 특징짓는 것은 지나친 일이 아니다."

이런 피아제의 입장은 사고에서 범주가 탄생한다는 것으로 주관적 관념론의 입장이다. 피아제는 세 번째 저서에서 어린이 생각의 실재론, 물활론, 인공론이 어린이 세계관의 세 특질이라는 결론에 도달했다. 어린이 생각의 기원적 성격이 실재론이라는 것은 위와 같은 관념론적 입장과 모순된다. 그래서 피아제는 "논리 전개가 실재 범주들을 결정하는가 아니면 인과성 등의 실재 범주가 논리 전개를 결정하는

가?"라는 논리와 실재의 관계 문제를 제기하면서 결론적으로 "당분간 그 대답을 미리 판단하지 말도록 하자."는 유보적 입장에 머무른다.

피아제는 관념론과 유물론의 경계에 머물고자 하지만 실제로는 논리적 범주의 객관적 가치를 부정하고 온갖 헛된 힘을 쓰며 관념론과 유물론의 경계선에 애처로이 머무르려 한다.

3) 어린이의 생각은 실재 속에서의 실천적 활동을 통해 발달한다

피아제의 문제는 1) 실재, 2) 실재에 대한 어린이의 실천적 활동이라는 두 계기를 빠뜨린 것에서 비롯되는데, 이 두 계기를 배제함으로써 피아제에게 있어서 어린이 생각의 사회화는 어린이의 실천 밖에 놓여 있는 것, 현실과 분리된 것으로 간주된다. 피아제에게 있어서 사물들은 정신에 의해 처리된 것에 다름 아니다.

어린이의 사회적 실천을 조금도 고려하지 않고 현실과 동떨어진 순수한 의식들과의 접촉으로부터 어린이의 논리적 생각과 어린이의 발달을 도출하려는 시도가 피아제 전체 구성물의 중심점이다.

피아제는 혼합주의가 영향력을 미치는 범위를 제한하지 않았기 때문에 어린이의 생각 발달을 제대로 밝힐 수 없었다. 그러므로 첫째, 혼합주의의 영향력의 범위를 제한해야 한다. 혼합주의의 영역은 어린이의 경험에 의해 결정된다. 자신의 경험으로부터 알 수 없는 "태양은 왜 땅으로 떨어지지 않느냐?"는 질문에 당연히 어린이는 혼합주의적으로 답하지만 어린이의 경험, 실천, 훈련에 의해 발견할 수 있는 범위의 사물 즉 "왜 돌에 걸려 넘어졌니?" 같은 질문에 대해 어린이는 혼합적인 대답을 하지 않는다. 둘째, 경험으로도 어쩔 수 없는 것(본성)이 있다는 피아제의 신조를 수정해야 한다. 피아제가 발견한 사실들은 보편적 의미를 획득할 수 없는 제한적 가치만을 지니는 것들이다.

(피아제가 연구했던 것과) 완벽하게 다른 사회적 환경에 놓인 어린이의 생각 발달을 연구해야 일반화가 가능할 것이다. 그러기 위해서는 영원한 아동성이 아닌 역사적인 아동성, 이행적인 아동성을 발견하는 데로 아동심리학은 방법론적 전환을 꾀해야 한다.

3장 스턴의 이론에서 말 발달의 문제

3장은 2장과 마찬가지로 비평론이다. 당대의 아동 발달에 관한 최고 이론인 피아제와 스턴을 비판하고 있다. 피아제 비판은 생물학적 입장에 대한 비판을, 스턴 비판은 주지주의적 입장에 대한 비판을 이룬다. 특히 비고츠키는 스턴을 비판하면서 4장의 '생각과 말의 발생적 근원'에서 생각과 말이 최초로 만나는 순간을 정확히 포착한 스턴의 공적을 인정하면서도, 스턴의 인격주의 철학으로부터 주지주의가 파생되고, 그것이 필연적으로 반발생적이 될 수밖에 없는 이유를 설명하고 있다.

1. 도입

스턴은 자신의 관점을 인격주의적(→주지주의 파생)이며, 발생론적 관점(실제로는 반발생주의)이라 부르지만, 스턴의 말 발달 이론은 주지주의적이고 반발생적이다. 비고츠키는 이 모든 것이 인격주의에서 비롯된다고 지적한다. 발생적 관점은 비고츠키의 기본 관점이다.

2. 스턴의 이론

1) 말의 세 근원

스턴은 말의 세 근원을 표현적 경향, 사회적 경향(의사소통), 의도성(일정한 뜻을 향한 지향성)으로 구분한다. 앞의 두 개는 동물들의 초보적 말에도 존재하나, 의도성은 인간 고유의 특징으로, 본질적으로 생각의 행위이며, 말의 지성화와 객관화를 나타낸다(이것은 옳다).

그러나 문제는 발생적 설명이 필요한 인간의 발달된 말의 특징으로부터, 말 발달을 설명하려는 데 있다. 즉 스턴은 의도적 경향성에서 말 발달의 근원을 찾는다. 이것은 설명되어야 할 사실로부터 이론을 진행하는 모든 주지주의적 이론의 기본적 오류(즉 반발생주의)이며, 논리적 악순환에 빠지게 된다. 비고츠키는 이를 "아편은 수면적 기능을 갖고 있으므로, 아편은 잠들게 만든다."는 몰리에르의 의사의 아편에 대한 설명에 비유한다.

2) 어린이의 위대한 발견

스턴은 더 나아가 1세 반~2세의 어린이가 "모든 것은 이름을 가지고 있다는 것을 단번에 발견한다."고 말한다. 이것은 상징에 대한 의식(기호와 그 가치 사이의 관계 이행)과 그 필요성에 대한 깨우침을 의미하므로 받아들여질 수 없다.

실험적·관찰적 연구에 따르면, 그 파악(기호와 가치의 관계, 기호의 기능적 사용에 대한)은 나중에야 나타나는, 스스로의 자연적·문화적 역사를 가지는 매우 복잡하고 역동적인 과정이다. 즉 스턴은 복잡한 경로 전체를 무시하고 단순화했으며, 본질적으로 아무것도 설명하지 않는다. 이는 사회계약론과 같은 모든 주지주의 이론의 운명이다.

경험적 측면에서도 이 이론은 허약하다. 어린이는 기호와 가치의 내적 연결이 아닌, 대상과 낱말의 외적 구조를 파악하는 것이며, 실제로는 '발견'이 아니라 장기적, 복합적, '분자적' 변화가 일어나며, 이것이 우리를 결정적 순간으로 인도한다.

3) 결정적 순간

스턴이 지적한 두 가지 객관적 현상은 1) 사물의 이름에 대한 질문의 출현과, 2) 어휘의 폭발적 증대이다. 이는 말 발달의 결정적 순간의 시작을 드러내며, 어린이는 말의 신호적 기능에서 상징적 기능으로 넘어가는 것이다.

표현적 경향성과 의사소통 기능은 발생적 설명이 가능하지만, 의도적 경향성은 그렇지 않다. 그것은 역사 없이 단박에 나타나며, 어린이는 이 경향성에 의해 논리적 조작을 통해 낱말 가치를 발견한다. 스턴은 최초 시작점부터 생각을 가정하고, 그것을 의미가 부여된 말의 근원이자 원인으로 간주한 것이다.

3. 스턴 이론 비판

1) 주지주의

주지주의가 생각에 대한 연구에서 가장 무력한 것은 역설적이다. 특히 스턴의 생각과 말의 내적 연결에 대한 문제에서 그 모순이 드러난다. 이미 형성된 지성을 전제하는 접근은, 지성과 말 사이의 복잡한 변증법적인 상호작용을 설명하는 것을 불가능하게 만든다. 게다가 내적 말(생각과 말의 만남)을 전혀 다루지 않으며, 자기중심적 말(외적 말이 내적 말로 전이되는 중요한 발생적 형태)에 대한 언급도 부족하다.

2) 어린이의 첫 낱말

어린이의 첫 낱말에 대한 해석은 어린이 말 발달 이론의 시금석이다. 스턴은 첫 낱말의 가치가 '정서적, 의지적이라는' 모이만의 주장에 반하여 '대상에 대한 지시'가 우세하다고 주장한다. 대상에 대한 지시는 의도나 발견 전에 이미 나타난다. 그러나 스턴은 의도성의 발달을 설명하지 않고, 주지주의적 설명을 선호한다.

스턴에 의하면 어린이의 첫 낱말 즉 '엄마'는 '엄마 의자에 앉혀 주세요.'라는 명제를 가리킨다. 그러나 '엄마 의자에 앉혀 주세요.'와 같이 해석되어야 하는 것은 '엄마'라는 말 자체가 아니라, 그 순간의 어린이의 전체 행동이다. 대상을 향한 '정서적 의지적 경향성'과 '의도적 경향성'은 미분화된 통합체로 용해되어 있다. 아직 의지가 발달된 것이 아니다. 어린이 첫 낱말에 대한 정확한 해석은 '지시적 제스처'이다.

3) 인격주의

스턴은 극단적 경험주의(분트)와 생득론(아멘트)을 극복하고자, 내적 소질과 환경적 조건의 상호작용인 '융합'의 개념을 사용한다. 스턴에게 '융합'은 인간 행동의 인과적 설명을 위한 일반적 원칙이다. 그러나 융합은 논쟁을 불가능하게 만들며, 환경적 요인에 대한 분석에서 해방시킨다. 스턴은 실제로는 외적 요인의 영향을 양적으로 제한하고, 내적 요인을 과대평가하게 된다. 이는 스턴의 기본 관념에서 흘러나온다.

스턴의 기본 관념은 인격을 정신 물리학적으로 중립적인 통일체로 보는 인격주의 관념이다. 이는 말의 근원과 기능을 '목적을 추구하며 발달하는 인격의 총체'에서 이끌어 낸다. 인격주의에서 주지주의와 반발생주의가 비롯된다. 발달의 모든 과정을 내재적 가치에서 이끌어 내는 인격주의는 인격과 말의 진정한 발생적 관계를 뒤집어, 인격의 형이상학(인격 → 말)을 만들어 낸다.

4장 생각과 말의 발생적 근원

비고츠키는 스턴의 반발생적 접근을 비판하며, 진정한 발생적 접근의 출발점을 묻는다. 비고츠키는 그것을 전인간적 계통발생(호미노이드의 진화)에서 그리고 말 이전 개체발생(영아와 초기 유아기)에서 어린이 말의 근원을 찾으면서 대답하려 한다. 비고츠키는 의식의 계통발생과 의식의 개체발생을 의식의 사회발생을 연구함으로써 연결시키는 심리학을 세우고자 한다. 4장은 구조가 분명하고 결론도 단순하며, 끝에서 새로운 연구 주제로 넘어간다.

1. 계통발생(동물심리학)

1) 도입

생각과 말의 관계는 변화(수렴, 발산, 교차, 평행)하며, 이는 계통발생과 개체발생 모두에 해당한다. 생각과 말은 발생적으로 다른 근원을 가진다는 것을 명백히 해야 하며, 이를 위해 동물심리학(계통발생적 측면) 분야 특히 유인원의 지능과 말에 대한 쾰러와 여키스의 연구를 살펴보겠다.

2) 쾰러의 연구

(1) 쾰러의 연구 요약

쾰러의 실험에서 동물에서의 지능의 조짐(즉 생각)이 말 발달과 독립적이라는 증거를 취할 수 있다. 도구의 생산과 사용, 문제 해결 중 '우회로' 적용에서 드러난 유인원의 '발명 능력'은 생각 발달의 첫 국면이지만, 말 이전의 국면이다. 침팬지는 인간과 같은 종류의 지적 행동의 조짐을 드러내지만, 말의 부재로 인해 인간 문명과의 근본적 차이가 생긴다. 즉 쾰러는 유인원의 말과 지능의 독립성을 확립하였다.

(2) 쾰러의 한계와 비판

쾰러는 이론적 설명을 하지 않았고, 실제 관찰 내용 분석까지로 자신의 역할을 제한했다. 쾰러는 명백한 기적과 초감각적 행위자에 의존하는 모든 이론을 부정했다. 도리어 생물학적 심리학의 지지자들(손다이크), 주관적 심리학자들(뷜러)과 같은 학자들은 쾰러의 기본 입장을 논박한다. 그러나 그들 모두 침팬지 행위가 말과 독립되었음을 똑같이 인정한다.

(3) 말의 조짐과 한계

그러나 새로운 연구들은 침팬지에게 어떤 측면(음성적 측면)에서 인간과 비슷한 '말'이 있음을 발견했다. 그러나 침팬지의 말과 지능은 독립적으로 기능한다. 들라크루아는 유인원의 제스처와 흉내가 기호 기능(객관적인 것을 표현하는)을 드러내지 못했다고 지적한다. 쾰러는 침팬지가 서로의 표정과 제스처를 잘 이해하며, 제스처를 통해 자신의 정서적 상태와 욕구와 충동을 드러낸다고 말한다(표현과 의사소통 기능). 분트는 유인원의 제스처가 가리키는 제스처(인간 언어 발달의 원시적 단계)가 아니며, 잡으려는 움직임과 가리키는 움직임의 이행 단계라 말한다.

비고츠키는 이행하는 제스처에서 감정적 말에서 객관으로 나아가는 매우 중요한 발생적 단계를 보려 한다. 이 제스처가 오히려 인간 말에 복종하는 개보다 인간 말에 가깝다. 유인원의 '그림 그리기'도 기호는 전혀 아니다. 쾰러는 표상적 언어, 즉 이름에 대한 소리적 등가물이 없다고 말한다. 침팬지가 인간과 유사한 말을 갖지 못한 것은 '주변적 요인' 때문이 아니라, '내적 이유'가 있기 때문이다.

3) 여키스의 연구

(1) 여키스의 말 이론

여키스는 침팬지에게 인간과 같은 언어가 부재한 이유를 '내재적 이유들'에서 찾지 않았다. 여키스는 쾰러와 유사한 데이터와 결론에 도달했지만, 해석은 더 나아갔다. 즉 오랑우탄이 3세 어린이 이상의 '고등 관념화'를 달성할 수 있다고 추정한다. 여키스의 주장은 과학적 데이터가 없으며, 오랑우탄과 인간 행동의 형식적 유사성에 근거한 '유추'였을 뿐이다.

반대로 쾰러는 실험을 통해 시각적 지각에 활용할 수 있는 즉각적 상황의 영향력이 침팬지 행동을 결정함을 보여 주었다. 쾰러의 결론은 '표상(관념화)'의 근본적 한계가 침팬지의 지적 행동을 특징짓는다는 것이다.

(2) 여키스의 새로운 시도

여키스는 침팬지가 앵무새 같은 '흉내 내는 경향(청각적 모방)'이 부족하여 말이 부재하다고 주장한다. 여키스는 네 가지 방법을 이용하여 인간의 소리를 침팬지에게 훈련시키려 시도했으나 모두 실패했다. 물론 실패가 불가능을 의미하지는 않으나, 인간과 같은 말이 초보적 형태로도 침팬지에게 존재하지 않는다는 것은 분명하다.

만약 여키스의 말대로 침팬지가 인간과 같은 말을 창조하는데 필요한 지능을 가지고 있다면, 비고츠키는 수화(청각적 모방의 효과 제거)를 가르쳐 보면 알 수 있지 않으냐고 묻는다. 여키스가 옳다면 침팬지는 조건적 제스처를 숙달할 것이다. 문제의 본질은 소리가 아니라, 기호의 기능적 사용에 있다. 결과를 예측할 수는 없으나, 희망적 근거(침팬지가 기호를 사용한 사례 등)는 전혀 없다.

(3) 여키스의 관념화 이론 비판

'관념화'의 존재가 말 출현의 필요조건이라는 것은 아니다. 이것은 다른 문제이다. 그러나 여키스는 이 연결을 강조하므로, '관념화' 이론을 무너뜨리기 위해서는 침팬지의 지적 행동에 대한 다른 이론을 받아들일 필요가 있다. 침팬지 지능의 특징은 '관념화'(과거 혹은 현재의 자극에 대한 비현실적인 흔적을 사용하는 조작)의 부재이다. 유인원이 도구를 올바르게 사용하는 데 있어서 시각적으로 이미 지각할 수 있는 상황이 필수적 조건이다. 그러나 침팬지가 말의 사용을 발견하기 위해서도 이런 조건이 필요한 것은 아니다.

침팬지의 지적 반응의 기제가 무엇인가 하는 것은 엄청나게 중요한 문제이다. 여기서 그 문제를 다룰 수는 없지만, 이 반응의 토대가 지적 조짐이 아니라 즉각적인 상황이라는 입장은 유효하다. 이는 침팬지가 말을 숙달할 수 있다는 가정을 부정한다.

4) 침팬지의 감정적 말

러언드는 감정적 반응을 발성화한 감정적 가치를 담은 침팬지 어휘 사전(32요소)을 만들었다. 여기서 침팬지 말의 특징과 연계한 세 계기를 확립한다. 첫째 말이 감정을 표현하는 행위라는 것은 발성 기관을 가진 모든 동물의 공통 자질이다. 이는 인간 말 출현과 발달의 기초가 된다. 둘째 감정적 반응은 지적 조작을 파괴한다. 셋째 말은 감정을 표현하는 반응일 뿐 아니라 심리적 접촉 수단이다. 그러나 접촉 기능이 지적 반응(생각)과 연결되지는 않는다.

프리쉬의 꿀벌 언어 연구를 보면 말의 사회적 접촉 기능이 생물학적으로 가장 오래된 행동 형태에 속하는 것을 의심할 수는 없으며, 이로부터 지능과 의사소통은 완벽하게 독립되어 있다는 것도 분명하다.

5) 요약

(1) 생각과 말은 서로 다른 발생적 근원을 갖는다.

(2) 생각 발달과 말 발달은 다른 노선을 따라 발생하고, 두 발달은 각각 독립적이다.

(3) 생각과 말의 관계는 계통발생 기간 동안 항상적이지 않다.

(4) 유인원은 어떤 측면에서 인간과 같은 지능을 그리고 완전히 다른 측면에서 인간과 같은 말을 보여 준다.

(5) 유인원은 생각과 말의 밀접한 관계와 같은, 인간에게 고유한 관계를 보여 주지 못한다. 침팬지에서는 생각과 말이 직접적으로 연결되지 않는다.

(6) 생각과 말의 계통발생에서, 우리는 지능 발달에서 말 이전의 국면을 그리고 말 발달에서 지능 이전의 국면을 설정할 수 있다.

2. 개체발생(어린이)

1) 도입

개체발생에서 두 노선(생각과 말)의 관계는 훨씬 복잡하다. 그러나 다른 복잡한 문제를 제쳐 둔다면, 개체발생에서 발생적 근원과 서로 다른 노선의 구별이 가능하다.

2) 생각과 말의 발생적 근원

(1) 생각 발달의 '말 이전 단계'

뷜러는 쾰러의 실험을 어린이에 적용하였다. 뷜러는 침팬지의 연령(생후 10~12개월)이라 명명할 수 있는 시기를 발견했으며, 이는 말과 독립된 지적 반응의 조짐이 있다는 것을 의미한다.

(2) 말의 '전 지적 단계'

울음, 옹알이, 최초의 낱말은 말 발달에서 완벽히 분명한 단계이며, 모두 전 지적 단계이고 생각 발달과 관련이 없다. 전통적 관점은 이 시기 어린이 말을 주로 감정적 행동의 한 형태로 간주했으나, 최근 연구에 따르면 말의 사회적 기능(의사소통)도 충분히 발달한다. 즉 어린이 삶의 첫해에 말의 두 기능(동물과 공유하는 감정적 기능과 의사소통 기능)이 출현한다.

3) 생각과 말의 교차

생각과 말의 교차는 인간의 고유한 특성이며, 말이 지적인 것이 되고 생각이 말로 표현되는 것이 시작되는 계기이다. 스턴은 이 시기 어린이가 "각각의 것은 그 이름이 있다."는 것을 발견한다고 말한다(2세경). 이는 상호 연관된 두 징표에 의해 특징지어진다. 첫 번째 징표는 어휘를 능동적으로 확장(무엇이라 불러야 해요?)하기 시작하는 것이며, 두 번째 징표는 어휘의 폭발적 증가이다. 어린이 말의 첫 단계가 정서적·의욕적 단계였다면, 말은 지적 국면으로 들어서며, 어린이는 외관상 말의 상징적 기능을 펼친다.

스턴은 이 과정이 인지적 활동이며, 표상의 연합이라고 해석한다. 뷜러와 코프카는 과일을 획득하는 상황에 '막대기'가 들어간 방식으로, '낱말'이 사물의 구조로 들어간다고 말한다. 비고츠키는 여기서 멈추자고 말하며, 누가 옳든 그르든 말을

'발견'하기 위해서는 먼저 말은 생각되어야 한다는 점을 지적한다.

4) 요약

(1) 생각과 말의 개체발생에서 우리는 또한 두 과정의 다른 근원을 발견한다.

(2) 생각 발달에서 '말 이전 단계'를 설정할 수 있었듯이, 말 발달에서 '전前 지적 단계'를 확정할 수 있다.

(3) 특정한 계기까지 전자와 후자는, 서로 독립적으로, 다른 노선을 따라 발달한다.

(4) 특정한 지점에서, 두 노선은 교차하고, 그 후 생각은 말이 되고 말은 지적인 것이 된다.

3. 내적 말(생각과 말의 만남, 말로 하는 생각)

1) 도입

생각 발달에 미친 '내적 말'의 결정적이며 예외적 가치를 인정해야 한다. 그 영향이 크다 보니 심지어 생각과 '내적 말'을 동일시하기도 한다. 그에 따르면 생각은 '침묵의 말'이다. 그러나 이는 '외적 말'에서 '내적 말'로의 변형이 어떻게, 언제 일어나는지 설명하지 못한다.

2) 왓슨의 연구

(1) 왓슨의 주장

왓슨은 어린이 말이 큰 소리로 하는 말(외적 말) → 속삭이는 말 → 침묵의 말(내적 말)로 발달한다고 한다. 외적 말이 기계적인 말 공명의 점진적 감소 때문에 변형된다는 왓슨의 주장은 그럴듯하지 않으며, 타당한 근거도 없다.

(2) 왓슨 비판

왓슨의 외적 말과 내적 말은 기능적(사회적 적응과 개인적 적응), 구조적(내적 말은 생략, 단절, 경제성의 결과로 거의 인식이 불가능함)으로 다르다고 말한다. 이 사이에 '속삭이는 말'을 위치시키는 것은 '유전형적(기능적·구조적)'이 아닌 '표현형적(외적인 양적 속성)' 분석이다.

(3) 속삭이는 말

비고츠키는 다음 사항을 실험적으로 입증했다. (1) 속삭이는 말은 구조적 측면에서 외적 말과 비슷하며, 내적 말로 향하는 경향이 없다. (2) 속삭이는 말은 기능적 의미에서 내적 말과 너무 다르다. (3) 속삭이는 말은 발생적 의미에서 매우 이른 시기에 이끌어 낼 수도 있지만, 자연발생적으로는 학령기까지 거의 발달하지 않는다.

*왓슨 연구의 긍정적 시사점은, 방법론적으로 '중간 고리'를 발견하려는 시도에 있다. 우리는 이를 '속삭이는 말'이 아닌, 피아제의 '자기중심적 말'에서 찾고자 한다.

3) 자기중심적 말

자기중심적 말은 순수하게 표현적·방출적 기능 외에 행동을 계획하는 기능과 문제 해결 기능을 가진다. 즉 진정한 의미에서 생각이 된다. 중요한 것은 말이 생리적으로 내적인 것(침묵)이 되기 전에, 먼저 심리적으로 내적(기능상 내적 말, 자신을 향한 말, 반쯤 이해할 수 없는 말)인 것이 된다는 것이다. 말은 기능을 변화(개인적 적응)시킨다는 강점 덕분에 내적 말이 된다. 새로운 말 발달 단계는 외적 말 → 자기중심적 말 → 내적 말이다. 동시에 말 연구가 객관화될 수 있는 중요한 방법론적 관점을 획득하게 된다.

4) 발달의 네 단계

*비고츠키는 모든 심리 조작 발달(기억술을 이용한 암기, 계산 과정 등)의 일반 규칙에서 말이 예외가 아님을 보여 준다.

(1) 원시적·자연적 단계

행동의 최초 단계에서 조작 출현하던 형태로 조작이 이루어진다. 전 지적 말 단계와 말 이전의 생각 단계와 일치한다.

(2) 소박한 심리학의 단계

동물 혹은 어린이의 소박한 경험을 지칭하는 '소박한 물리학'에서 유추하여 명명한 것이다. 말 발달의 경우 어린이 논리 발달 전에 문법 발달이 이루어진다. 예를 들어 인과 관계를 파악하기 전에 '○○ 때문에'라는 말의 형태를 먼저 파악한다.

(3) 외적 기호의 단계

외적 조작의 도움을 통해 특정한 내적 심리 과업 해결하는 단계로서, 손가락으로 수 세기, 기억술 활용, 자기중심적 말이 이에 해당한다.

(4) 내적 변혁의 단계

외적 조작이 내적 조작이 되고, 심대한 변화와 연결되면서 외적 조작이 안에서 작동하는 단계이다. 내적 기호의 형태로 내적 관계들을 사용하는 '논리적 기억(암산, 내적 말)'이 가능해진다.

5) 생각과 말의 관계

어른의 행동에서 생각과 말이 필연적으로 연결되어야 하는 것은 아니다. 생각과 말이 분리된 영역은 존재한다. 말과 생각의 관계는 일정 부분이 겹쳐지는 두 개의 원으로 도식적으로 나타낼 수 있다. 두 원이 교차하는 부분이 '말로 하는 생각'의 영역이며, 여기서 말과 생각의 합류가 일어나며, 다른 영역과 인과적 관계를 갖지는 않는다. 말로 하는 생각이 모든 사고와 말 형태를 포함하는 것은 아니다. 말과 관계없는 생각(비언어적 생각)의 영역이 있으며, 실행 지능(도구적이고 기술적인 생각)이 여기에 포함된다. 마찬가지로 생각과 관계없는 말(비지적 말)의 영역이 있으며, 시 암송, 서정적으로 채색된 말(감정적·표현적 기능의 말)이 여기에 해당한다.

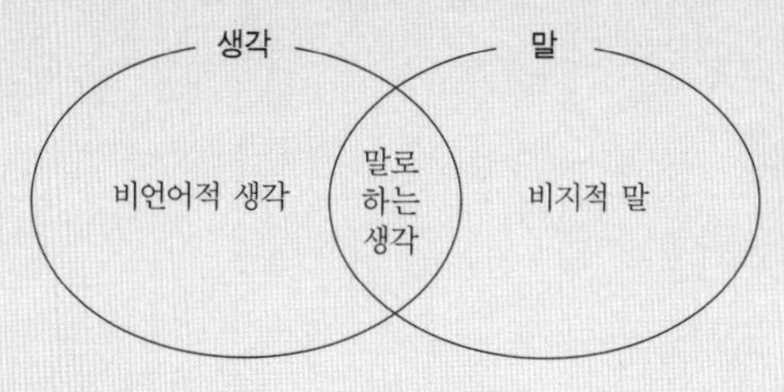

4. 요약과 새로운 과제

1) 계통발생

현재 지식으로는 생각과 말의 경로를 충실히 추적할 수 없기 때문에, 많은 의문이 남아 있지만, 하나는 명료하다. 즉 동물에서 인간 지능에 이르는 길과, 인간 말에 이르는 길은 다르다.

침팬지 행동의 최고 형태는 도구 사용에 의해 특징지어진다는 측면에서 인간의 근원이 되며, 이것은 마르크스주의에서 예상했던 바다. 말의 근원도 마찬가지이다. 즉 동물의 왕국에 생각과 말의 발생적 근원이 존재하며, 이 근원은 생각과 말에 있어 서로 다르다.

2) 개체발생

(1) 생각과 말의 근원과 교차

어린이 발달에서도 지능과 말의 발생적 근원과 발생 경로는 다르다. 전 지적 말과 전 언어적 생각이 존재하며, 특정 시점에서 두 발달 노선이 교차(스턴 어린이의 위대한 발견)한다. 그리하여 말은 지적이 되고, 생각은 말이 된다.

(2) 우리의 가설

위 발견에 대한 여러 의견이 있지만 가장 그럴듯한 가설은 다음과 같다.

(1) 한 살 반 유아에게 상징적 기능 발견을 할당하는 것을 거부할 수 있다.

(2) 실험은 낱말보다 단순한 기호의 기능적 사용이 늦게 출현함을 보여 준다.

(3) 어린이는 오랜 기간 말의 상징적 가치를 깨닫지 못하고 사물의 속성 중 하나로 낱말을 사용한다.

(4) 농아에게 말을 가르칠 때 그 발견은 순간적이지 않다. 많은 분자적 변화가 쌓여 발견으로 도약한다.

(5) 이는 기호 숙달의 일반 경로와 완벽하게 일치한다. 즉각적으로 기호를 기능적으로 사용하도록 하는 발견은 일어나지 않으며, 항상 기호의 외적 구조를 숙달하는 '소박한 심리학'의 단계가 선행한다.

(3) 결론

어린이의 첫 낱말은 객관적 성질에서 학습된 앵무새의 욕설과 유사하다. 감정적 반응이 객관적 상황과 관계를 갖기 때문이다. 생각과 말에서 발생의 근원과 발달 경로는 특정한 시점까지는 다른 것으로 보이며, 새로운 것은 발달의 두 경로가 교차한다는 것이다.

3) 내적 말

(1) 내적 말의 발달

많은 의문이 남지만, 내적 말은 기능적 변화와 구조적 변화의 축적을 통해 발달하고, 외적 말로부터 갈라져 나오며, 최종적으로 어린이가 숙달한 말의 구조들이 생각의 기본 구조가 된다. 이와 함께 결정적 사실이 드러났다. 즉 생각 발달은 말, 생각 수단 그리고 어린이의 사회 문화적 경험에 의존한다. 내적 말의 발달은 본질적으로 외부로부터 규정된다. 어린이 생각은 사회적 수단(말)을 숙달하는 데 의존하는 방식으로 발달한다.

(2) 새로운 과제

이로부터 우리 작업 전체의 기본적 주장을 공식화하고, 최고의 방법론적 가치를 지니는 논지를 공식화하고자 한다. 즉 발달의 형태가 생물적인 것에서 사회-역사적인 것으로 변화한다. 말로 하는 생각은 행동의 자연적 형태가 아니라, 사회-역사적 형태를 표상한다. 말로 하는 생각의 역사적 성질을 인식함으로써, 인간 사회의 역사적 현상 전부에 대해 사적 유물론이 확립했던 모든 방법론적 원리를 행동의 이 영역까지 확장해야 한다. 행동의 사회-역사적 형태는 인간 역사 발전의 일반 법칙에 직접 의존함이 입증될 것이다.

이 때문에 생각과 말의 문제는 자연과학을 넘어, 인간의 역사심리학, 즉 사회심리학의 중심 문제로 전환된다. 동시에 방법론적으로 문제를 제기하는 방식도 변화시킨다. 생각과 말의 역사적 성질의 문제는 특별한 연구 주제가 되어야 한다.

5장 개념 발달에 관한 실험적 연구

5장에서는 혼합체-복합체-개념에 이르는 사고 구조의 제 형태와 특징을 다루고 있다. 사고 구조의 기본 형태에 대한 이해는 이후 6, 7장에서 다루는 일상적 개념과 과학적 개념의 관계, 말 발달과 생각 발달에 관한 논의의 기초가 된다.
1~3절에서는 실험 방법에 대한 논의를 다루는데 당시 심리학의 연구 방법을 비판하면서 자신들이 고안한 '기능적 이중 자극법'을 소개하고 있다. 그리고 이를 통해 이전의 심리학에서 관찰할 수 없었던 발달의 발생적 과정을 관찰하면서 사고 구조의 제 형태와 특징을 일반화할 수 있었음을 밝히고 있다.
4~10절에서는 사고 구조의 발생적 제 형태인 혼합주의(4절), 복합체적 사고(연합복합체, 수집복합체, 사슬복합체, 확산복합체, 의사개념 5~10절)의 구조와 특징을 다루고 있다.
11~15절에서는 실험에 의한 사고 구조의 기본 형태를 밝히는 것만으로는 실제의 사고 발달 과정을 이해하기에 한계라는 점을 지적하면서 어린이 첫 낱말(12절), 융즉 현상(13절), 언어의 변화(14절), 농아 발달의 특성(15절) 등 여러 사례를 통한 발생적 분석을 전개한다.
16~18절에서는 개념 형성에 이르는 또 하나의 과정인 분석적 사고의 토대 형성 과정을 최대 유사성과 잠재적 개념(16~17절) 논의를 통해 고찰하고 개념 형성 과정을 종합하고 있다(18절).

1. 비고츠키 이중 자극법의 실험 방법과 의미

1) 전통적 실험 방법

비고츠키는 먼저 개념 연구의 전통적 방법을 비판한다. 전통적 방법은 '질문 또는 과제 부여' 방식인데 이러한 방법들은 발달의 결과를 알 수 있을 뿐, 발달 과정을 결코 알 수 없다는 것이다.

2) 아흐의 '통합적-발생적 방법'

전통적 방법을 극복하려 한 시도로서 아흐의 '통합적-발생적 방법'이 있다. 아흐의 실험은 '가즌'과 같은 무의미 낱말이 제시되고 이를 외운 후 블록 과제를 실행하는 순서로 진행된다. 아흐의 방법은 재료와 말을 모두 포함하면서 개념이 형성되는 과정을 반영할 수 있다. 형성 중인 개념으로 문제 해결 상황에 접근하는 것을 관찰할 수 있는 것이다.

그러나 두 가지 문제가 있다. 하나는 '결정 경향성(목적성)'으로 개념 형성의 근본 요소를 설정하는 것이고 두 번째는 구체 → 추상으로의 과정은 보여 주지만 추상 ⇄ 구체의 역동적 과정은 보여 주지 못하는 것이다(과정의 존재만을 확인).

한편 리마트는 개념 형성 과정에 대한 연구를 통해 오직 청소년기에 이르러야 개념 형성이 가능함을 보여 주었고 우즈나드즈는 어린이 생각 형태가 청소년, 성인과는 다름을 보여 주었다.

3) 기능적 이중 자극법

비고츠키 연구팀은 아흐 실험을 넘어서서 과제와 낱말을 동시에 부여하는 실험법을 고안하였다. 그것은 무의미 낱말 개념을 추론하고 실행, 확인하면서 재추론하는 일련의 과정으로 진행된다. 이를 통해 구체 ⇄ 추상의 역동적 과정을 관찰하는 것이 가능하게 되었다. 실험은 300명 이상의 어린이, 청소년, 성인과 지적·언어적 장애를 지닌 사람들을 대상으로 진행되었다.

4) 실험의 결론

실험을 통해 개념 형성으로 인도하는 발달의 근본 노선은 유년기의 가장 초기에 있음을 알 수 있었다. 그러나 개념 형성은 오직 청소년기에 성숙함을 밝힐 수 있었다. 개념적 사고로의 마지막 이행은 어린이가 청소년에 접어들 때 나타난다. 그 전에는 개념적 사고와 외적으로만 유사한 독특한 지적 형성이 존재한다. 심리적 본질과 구조가 다른 것이다.

5) 청소년기 이후 개념 형성이 가능한 이유

주의력을 능동적으로 조절하고 속성들을 분리, 추출하는 수단으로 낱말과 기호를 기능적으로 사용하는 것은 필수 불가결한 부분인데, 청소년기에 주목할 만한 변화를 겪는다. 말과 기호의 기능적 사용을 통해 자신의 정신적 운용을 숙달한다. 말과 기호의 매개적 과정을 통해 과업 해결에 지향적으로 참여하며 새로운 조합이나 종합을 도입한다. 이 새로운 종합에서만 진정한 기능적 의의가 획득된다.

청소년에게 주어진 문화적·직업적·사회적 입문과 같은 과업도 개념 형성의 중요한 기능적 요인(부족할 경우 잠재력이 온전히 발달하지 못함)이다.

개념 형성은 청소년의 새로운 생각의 내용과 기제이자 문화적·사회적 발달의 산물이다. 기표로서 말의 새로운 용법, 즉 개념 형성의 수단으로서의 용법은 청소년기로 넘어가는 문턱에서 일어나는 지적 혁명의 요인이 된다. 보조수단을 통해 자신의 행동을 숙달하는 것은 청소년기에만 최종 단계에 도달한다. 기표적 구조는 연상적 연관과 질적으로 다른 모든 고등정신기능의 공통적 법칙이다.

2. 사고 범주에 대하여

1) 혼합적 심상

개념 발달의 경로에서 첫 번째 단계에 해당된다. 개념의 기본 성격은 개별 현상들의 분석적 일반화인데 혼합적 심상은 주관적이고 무질서한 무리 짓기라 할 수 있다. 혼합적 심상은 객관성이 결여되어 있고 자신에게만 유의미하다.

어린이는 모순에 둔감하고 두 개의 상반되는 생각이 존재(피아제도 이를 밝힘)한다. 그러나 부분적으로나마 객관적 연결도 반영되는데 이를 통해 어른과의 상호작용이 가능(정신 작용은 완전히 다름)하다.

2) 복합체적 생각

복합체적 생각은 혼합적 심상의 주관주의에 비해 대상 사이의 객관적 연결을 토대로 한다. 개념적 사고와는 다르지만 연합성과 객관성을 지니며 객관적 사고의 숙달로 이르는 단계이다. 구체적이고 경험적·우연적인 성격을 지닌다. 비유하자면 '가족의 성'과 같다. 다양한 사실을 묶는 일반화(개념은 단일한 특성에 의거) 방식이다.

(1) 복합체적 생각의 제 국면

*연합복합체

하나의 핵을 중심으로 대상의 모든 특징들 사이의 연상적 관계에 기반한다. 같은 색깔, 모양, 크기 등. 무질서하고 일관성이 없을 수 있으나 실제의 연관들을 기반으로 한다. 이제 말은 개별 사물이 아니라 가족의 성을 부여하는 것과 같다.

*수집복합체

구성 요소 간의 이질성, 상호 보완과 상호 결합이 특징이다. 직관적 경험과 실제적 활동에서 확립된 사물들 사이의 연결, 실제 조작에서의 기능적 협력을 토대로 대상들을 묶는다(컵, 접시, 숟가락, 포크, 나이프 등).

*사슬복합체

고립된 요소들을 통합된 사슬로 역동적·일시적으로 통합하고 고리를 통해 의미가 이동한다. 기준 물체에 대해 연상적 연관에 의해 대상을 선택한다. 대상 선택이 계속되면서 통합된 복합체를 형성한다. 그러나 앞서의 특징과 달라진다. 한 특징에서 다른 특징으로의 끊임없는 전이(노란 삼각형-모서리나 각-나중엔 반원의 파란색)가 나타난다.

낱말의 의미도 마찬가지이다. 선행하는 고리와의 연결 양식이 고리의 관계와 완전히 다를 수 있다. 복합체적 사고 중 가장 순수한 형태(중심이 없음)이며 위계적 연결, 관계가 없다. 그러나 사고의 '역동성'이 나타난다는 점에서 연합-수집복합체 뒤에 놓아야 한다.

*확산복합체

확산적이고 유동적이다. 다양하고 비규정적인 연결을 통해 대상들의 무리를 재통합한다. 노란 삼각형-사다리꼴-정사각형-육각형-원으로 확산되며 색깔도 마찬가지이다. 경계의 확장. 대상들의 가족적 연합이라는 새로운 특성이 나타난다. 비구체적, 비실제적 생각 영역에서 형성된 일반화의 특성을 지니기 시작한다.

어린이는 경험을 넘어 추론할 때 어른들이 이해하기 힘든 무수한 뜻밖의 조합,

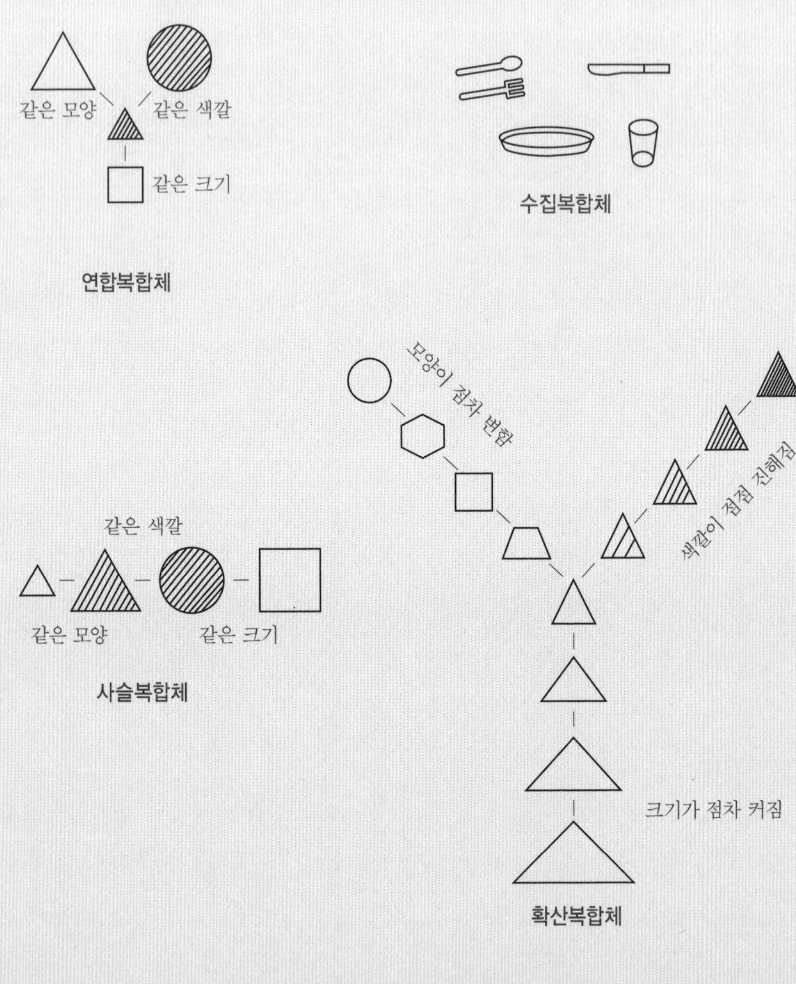

복합체의 각 유형들에 대한 예시

과도한 비약, 대담한 일반화, 확산적 전이가 발생하는데 바로 확산복합체의 반영이다. 구체적 심상, 경험적 연결을 초월하지는 못하나 자신의 실제적 지식을 넘어선 통합이라 할 수 있다. 지각을 넘어선 생각 작용의 도입이다. 그러나 경험을 초월하지는 못하며 기준과 방향은 부정확하고 모호(개념적 핵심이 없음)하다.

(2) 의사개념

*의사개념의 의미

복합체적 생각의 마지막 단계로서 개념에 이르는 다리 구실을 한다. 외적 특징은 개념과 일치하지만 발생적 경로와 내적 성격은 복합체이다. 일련의 구체적 대상을 복합체 방식으로 재통합한 것이다. 추상적 개념을 토대로 재통합이 가능한 일련의 대상들을 분류할 때 어린이는 의사개념을 형성한다.

어른들의 말을 해석하는 과정에서 형성된다. 성인의 말을 흉내 내며 소통 과정에서 맥락에 맞게 기능적으로 사용한다.

*성격과 역할

의사개념은 복합체의 단계에서 광범하고 지배적이다. 이는 이른 구어적 사용과 늦은 개념 발달의 모순에서 비롯되는 것이다. 막대한 기능적 중요성을 지닌다. 이를 통해 어른과의 의사소통이 가능하기 때문이다. 과학적 분석의 장애가 되기도 하지만 어린이 생각 발달 과정의 가장 중요한 요인이다.

의사개념은 개념 발달의 토대를 형성하는 발생론적 의의를 지닌다. 의사개념을 통한 성인들과의 구어적 의사소통은 개념 발달에서 강력한 추진력이다. 기능적 숙달 과정에서 부지불식간 개념적 이해에 도달한다. 기능적 사용 → 의식적 인식으로 나아갈 수 있는 것이다. 타인을 향한 개념이 자신을 향한 개념보다 먼저 발달하는 것을 보여 준다. 이후 어린이는 복합체적 단계를 완결 짓고 개념으로 전진한다. 구체적-시각적 사고에서 추상적 사고로.

(3) 복합체적 사고의 발생적 분석들

*논리적 분석과 발생적 분석

앞서의 사고 범주에 대한 논의들은 논리적 분석에 해당한다. 논리적 방법은 역사적 방법과 대립되지 않는다. 우연적인 요소를 쳐내고 역사적 과정을 추상화하고 일관된 형태로 반영한 것이다.

실제의 경로에서 생각의 제 형태들은 복잡하고 혼합된 형태로 나타난다. 발달적 관점은 과정을 전체적으로 밝히면서 개별 순간 각각을 명확히 하는 것이다. 발생적 분석 없이 복잡한 정신 형성과 현상을 형태학적 분석하는 것만으로는 불완전하다. 데이터를 가지고 생각 발달의 실제 과정을 명확히 하는 것이 필요하다.

*어린이의 첫 번째 낱말 형성과 관련

어린이의 첫 번째 낱말 의미는 순수하게 연합적 경로를 통해 전이됨을 관찰할 수 있다. '바우-바우'(혼합적 심상+연합복합체) '쿠아'(사슬복합체) 등 아이델버거, 베르너의 연구 사례에 이러한 사실들이 나타난다. 어린이 복합체는 다의어적 특징을 지닌다. 심지어 반대되는 현상을 동일한 낱말로 나타내는 경우도 있다. 이는 복합체에 편입되는 대상이 모든 구체적 독립성을 보존하기 때문이다.

*융즉 현상

'융즉'은 원시적 사고에서 부분적으로 일치하는 두 대상이 둘 사이에 어떤 공간적 접촉이나 이해 가능한 결합이 없는데도 마치 이들이 서로 간에 영향을 미치는 것과 같은 관계가 확립되는 것이다. 피아제는 어린이 생각에서 융즉 사례가 나타난다고 보았다. 레비 브륄의 보로로족 사례, 스토크의 정신분열증 보고 등도 융즉 현상을 다루고 있다.

그들은 융즉을 이상한 사례로 보고 있으나 이는 복합체적 생각의 현상이다. 실험에서 한 대상이 여러 명칭을 갖게 되는 융즉 현상을 관찰할 수 있었다. 융즉은 생각 발달의 원시적 단계가 나타내는 일반적 징후이며 특히 복합체적 생각의 징후이다.

이런 점에서 레비 브륄이 보로로족이 앵무새와 자신들을 동일한 존재로 보는 것으로 해석한 것은 잘못이다. 보로로족에게 아라라는 새와 사람이 모두 연결되는 어떤 복합체를 의미한다. 같은 성이 동일한 사람을 의미하는 것이 아니듯 앵무새와 사람을 동일한 것으로 보는 것은 아니다.

*언어의 역사

언어의 역사를 살펴보면 복합체적 생각이 말 발달의 토대가 됨을 알 수 있다. 지시 대상의 일치와 의미의 비일치 현상은 상이한 방식으로(의미) 동일한 대상(낱말)을 지칭할 수 있음을 보여 준다.

모든 언어에서 낱말 발달의 역사는 어린이가 그러하듯 의미 변화(바우-바우)를 보여 준다. 그리고 복합체와 마찬가지로 주로 시각적·구체적 특징에 의해 명명(러시아어 '누렁이', '소' 등)된다. 명칭의 전이는 연상, 연속성, 유사성 등 논리적 법칙보다 복합체적 생각 법칙에 주로 따른다(소르-어원의 단조로움과 시시함). 언어의 역사에서 개념적 사고와 원시적 사고 사이의 지속적·연속적 투쟁을 발견할 수 있다. 어린이 생각에서도 명칭 전이에서 볼 수 있는 사실적·구체적 연결과 유사한 과정이 진행된다.

*농아 어린이

순수한 복합체적 사고의 예를 보여 준다. 이는 의사개념을 형성하는 원인이 결여되어 있기 때문이다. 의사개념은 지시 대상에서 어른과 상응하지만 농아들은 그렇지 않다(농아의 '치아'). 특정 의미와 객관적으로 연결하기 위해 지시적·비유적 제스처가 결합된다.

*성인의 복합체

꿈에서 가장 원시적 형태의 사고가 나타난다. 구체적 이미지들의 혼합적 출현, 압축, 교차 등. 개념적 생각에서 구체적이고 복합체적인 생각으로의 전이도 나타난다.

의사개념은 일상생활에서 흔하게 나타난다. 변증법적 논리의 관점에서 보면 일상생활의 개념들은 진개념이 아니다. 그들은 사물의 일반적 표상이다. 그러나 개념으로의 이행적 단계이다.

3) 최대 유사성과 잠재적 개념

*최대 유사성

개념 발달의 또 다른 근원은 분리, 추출, 추상 등 분석(복합체는 일반화)이다. 기초적 시원은 의사개념보다 선행한다. 그러나 논리적 본질에서는 복합체와 완전히 다른 발생적 기능과 역할을 수행한다.

발달 과정에서 어린이는 완전히 독립된 형태로 복합체를 구성하지는 않는다. 다양한 대상을 재통합하는 과정 중에 어린이는 기준 물체와 유사성을 가진다고 해석되는 특징들에 주의의 초점을 기울이며 그 결과 주변부의 다른 속성들과 분리되는 과정을 겪는데 이를 '최대 유사성'이라 할 수 있다. 이는 명확한 변별적 특징이 아니라 공통성이라는 모호한 인상을 바탕으로 하며 추상 단계의 첫 번째 국면을 형성한다.

*잠재적 개념

그로스는 유사한 인상을 수용하는 것을 잠재적 개념이라 불렀는데 습관 이상의 행동이 아니라고 보았다. 비교를 위한 예비적 조건이지만 지적인 과정은 아니다(동물적 사고의 자질이라고 봄. 닭에서도 추출적인 인상 존재). 잠재적 개념의 활동은 논리적 과정 없이도 얼마든지 가능하다.

추출된 속성이 우월한 특징으로 간주되지 못하는 것이 복합체의 특징이라면 잠재적 개념은 우월한 속성을 구분한다. 그 점에서 사고 발달의 다른 축이다. 복합체 단계에서 중요한 역할을 하지만 복합체 형성 도중에 흔히 합쳐진다.

잠재적 개념은 개념 발달에서 중요한 역할을 한다. 물리적 상황의 구체적 연합을 극복하는 데 사전 조건을 형성한다.

복합체적 생각과 추상의 과정을 숙달함으로써 진개념 형성 단계에 도달하게 된다. 추상된 특징들이 새롭게 종합되고 '추상적 종합'이 생각의 기본 단위가 될 때 개념이 나타난다. 여기서 낱말의 역할은 결정적이다. 주의를 특정한 부분에 기울이는 것은 낱말의 매개를 통해서이다(복합체 형성에서도 중요한 역할).

4) 개념적 사고의 형성

(1) 개념 형성 과정

전통 심리학에서는 개념을 '공통 특징의 모음'으로 보았다. 집합적 사진 찍기와 유사하다. 이에 대해 심리학은 다른 것을 밝히고 있다. 포겔은 개념 발달 과정이 개념 피라미드에서 하위 → 상위로 가는 과정이기보다는 상위 → 하위로의 과정이라고 보았고 뷜러는 양방향의 과정이라고 주장한다.

개념 형성의 진정한 두 근원은 결합, 연결의 과정(복합체, 일반화)과 특징의 추출 과정(분석, 추상화)이다. 낱말 사용을 통해 혼합적 더미, 복합체적 생각과 잠재적 개념을 경유하여 진정한 개념(특정한 상징 구조)이 나타나게 된다.

(2) 복합체적 사고와 개념적 사고

복합체는 낱말의 기능적 사용의 결과이며 개념은 기호로서 작용한다. 발달의 실제 과정은 복잡하며 다양한 발생적 형태들이 존재한다. 이는 일반적 현상이며 인간 역사에서 가장 고도화된 형태와 고대의 형태가 공존한다. 어린이 생각도 마찬가지이다. 어른 역시 종종 복합체적으로 생각하며 원시적 수준으로 떨어지기도 한다.

(3) 청소년 개념 발달의 의미

청소년 시기는 생각의 완성 시기가 아니라 위기와 성숙의 시기일 뿐이다. 우선 개념 형성과 정의의 괴리가 나타난다. 개념을 매개로 분석하는 것보다 개념 자체를 분석하는 것을 어려워한다. 단어를 개념으로 사용하지만 복합체적으로 정의한다. 또한 낱말과 행위의 불일치가 나타난다. 그리고 전이를 어려워한다. 상이하고 이질적인 대상과 경험에 적용할 때 어려워한다. 추상에서 구체로의 길은 반대의 길만큼 어려운 것이다.

6장 아동기 과학적 개념 발달 연구–작업가설을 세우기 위한 실험

서문에서 밝혔듯이 6장은 5장과 함께 이 저작의 핵심 부분이다. 5장에서 "낱말 의미가 발달한다."는 것을 인위적 실험 상황을 통해 입증하였다면 6장에서는 실제 개념 발달을 연구한다. 5장에서 혼합체, 복합체, 진개념의 단계로 낱말 의미의 발달 단계와 그 형태를 실험을 통해 확정하였다면 6장은 진개념 형성에 대해 일상적 개념과 과학적 개념이라는 변증법적 쌍의 역동적 관계 변화를 통해 논의를 전개해 나간다.

1. 일상적 개념과 과학적 개념의 구분

1) 실험 방법과 결과

비고츠키는 학령기 과학적 개념의 발달과 일상적 개념의 발달을 비교 연구하기 위해 실험 대상자들에게 일련의 그림을 제시하고 '○○ 때문에' 혹은 '비록 ○○ 하지만'이라는 낱말을 사용하여 문장을 완성하게 하는 것과, 과학적 자료와 일상적 자료에 있는 순서와 인과 관계에 대한 파악 수준을 확인하기 위한 임상적 인터뷰를 진행했다. 실험 결과에 따라 비고츠키는 과학적 개념의 발달은 자연발생적 개념의 발달에 선행한다는 가설을 확립한다.

2) 일상적 개념과 과학적 개념의 구분

비고츠키는 일상적 개념(자연발생적 개념)과 과학적 개념(비자연발생적 개념의 최고 형태)을 구분하는 것에서 시작한다. 과학적 개념은 자연발생적 개념(일상적 개념)과는 전혀 다른 경로를 따라 생겨나고 발달한다. 과학적 개념 발달은 언어적 정의로부터 시작되며 조직화된 체계 속에서 구체적·현상적 수준으로 내려가는 경향이 있는 반면, 일상적 개념은 어떤 한정된 체계 밖으로부터 발달하여 일반화를 향해 위로 올라가는 경향이 있다. 어린이는 '아르키메데스의 법칙'이라는 개념을 '형제'의 개념을 배울 때와는 다르게 배운다.

어떤 연령에서도 모든 낱말의 의미는 일반화된 것이다. 개념 발달의 본질은 한 일반화 구조에서 다른 일반화 구조로의 이행이다.

언어적 정의, 일반화, 낱말 의미의 발달을 위해서 교사는 무엇을 해야 할 것인가? 학생에게 많은 낱말(단편적 지식)을 쏟아붓고, 그것을 기억하고 습득하게 하는 것으로 개념 형성이 가능할 것인가? 이에 대해 비고츠키는 '개념은 동화되는 것이 아니'며 또한 개념은 '직접 가르치는 것이 불가능함'을 지적한다.

왜냐하면 개념과 낱말 의미의 발달 과정은 자발적 주의집중, 논리적 기억, 추상, 비교, 대조와 같은 많은 기능 발달을 전제로 하기 때문이다. 당연하지만 이런 매우 복잡한 정신과정은 단순하게 기억되고, 학습되고, 숙달될 수 없다. 때문에 그는 다른 지적 습관을 동화시키는 것처럼 개념을 동화시킨다는 견해는 결함투성이라고 지적한다. 다시 말해 개념을 교수를 통해 직접적으로 가르치는 것은 불가능하며 교육적으로 무의미하다. 그렇게 해서는 공허한 낱말 학습, 기계적 표현 외에는 아무것도 얻지 못한다.

3) 과학적 개념 발달과 교수-학습

과학적 개념 발달은 어떻게 가능한가? 비고츠키는 여기서 '교수-학습'이 선도적인 역할을 한다는 사실을 강조한다. 과학적 개념의 발달은 교육과정이 진행되는 동안 이루어지며 이 과정은 교사와 학생의 체계적인 협력이라는 특수한 형태로 나타난다. 즉, 어린이의 고등정신기능의 성숙은 어른의 참여를 통해 이루어지는 협력 과정에서 발생한다.

4) 일상적 개념과 과학적 개념의 상호 관계

우리는 두 개념의 형성 혹은 발달의 경로가 다르다는 것을 확인하였다. 그러면 이 둘은 아무런 관련이 없을까? 아니다. 비고츠키는 이 둘이 상호 영향을 미치는 관계에 있다고 말한다. 그는 피아제의 '어린이의 정신 발달은 어린이 사고의 고유한 성질과 특성이 더욱 강력한 어른의 생각으로 점진적으로 교체되는 과정'이라는 견해가 틀렸다고 반박한다. 비고츠키가 보기에 피아제는 일상적 개념(자연발생적 개념)과 과학적 개념의 관계를 변증법적으로 파악하지 못하였다. 즉, 피아제는 교수-학습과 발달 사이의 관계를 하나를 다른 것으로부터 생겨나는 것으로 파악하지 않고 다른 것을 배제하는 것으로 파악하였다.

비고츠키에 따르면 이 둘은 서로 지속적으로 영향을 미치면서 상호작용을 한다. 이는 중대한 이론적 함의를 갖는다.

첫째, 양질전화의 법칙이 의식의 발달, 즉 과학적 개념 형성에도 적용된다는 것이다. 비고츠키는 "과학적 개념 발달은 자연발생적 개념이 일정 수준에 도달했을 때 가능하다."고 강조하고 있다. 그는 자연발생적 개념과 과학적 개념의 발달이 밀접하게 연결된 과정이어서 이들이 서로 지속적으로 영향을 미친다는 것을 강조한다. 다시 말해, 과학적 개념의 발달은 과학적 개념 형성과 무관할 수 없는 어린이의 자연발생적 개념이 일정 수준의 발달에 도달하였을 때에만 가능해진다.

둘째, 과학적 개념이 단지 외부로부터 이식될 수 없음을 의미하며, 과학적 개념 형성을 포함한 고등심리기능의 발달은 '교수-학습'이라는 협력적 관계, 즉 사회적 실천의 산물임을 입증하고 있다. 과학적 개념은 기존의 저차적 형태의 일반화로부터 시작함으로써만 어린이에게 생겨날 수 있고, 단순히 외부로부터 어린이의 의식 속으로 소개될 수 없으며 교수-학습은 개념 발달을 포함하여 학령기 어린이의 정신 발달의 모든 운명을 결정짓는 결정적 계기이다.

5) 모국어와 외국어

일상적 개념과 과학적 개념의 관계는 모국어와 외국어의 관계를 통해서도 유추될 수 있다. 자연발생적 개념이 일정 수준에 도달했을 때 과학적 개념 형성이 가능하듯이 외국어 학습(과학적 개념)은 모국어(일상적 개념) 습득을 전제로 한다. 동시에 과학적 개념이 일상적 개념을 고양시키듯이 외국어 학습은 모국어를 한 단계 고양시킨다. 일상적 개념과 과학적 개념에서처럼 모국어의 발달 경로와 외국어의 발달 경로는 완전히 다르다. 외국어의 숙달은 언어 형태의 파악, 언어 현상에 대한 일반화, 생각의 도구와 개념 표현으로서 낱말의 더욱 의지적·의식적 사용이라는 의미에서 모국어를 더 높은 단계로 고양시킨다. 하지만 동시에 모국어 발달과 외국어 발달의 과정에는 공통점이 많으며, 원래 언어 발달이라는 단일한 과정의 구성원이고, 덧붙여 글말의 발달이라는 지극히 고유한 과정을 수반한다는 사실이 가려져서는 안 된다.

이와 비슷한 관계가 일상적 개념과 과학적 개념 사이에도 있다고 할 만한 충분한 이유가 있고, 그런 점에서 모국어와 자연발생적 개념은 서로 유사하며, 결정적 차이점은 외국어 학습과 과학적 개념 발달에 있어 교수-학습이 새로운 요소로서 존재한다는 점이다.

2. 과학적 개념 형성과 발달

1) 학령기 아동의 일상 개념의 특징: 무의식성(의식적 파악의 부재)

2절에서 비고츠키는 학령기 어린이가 "자연발생적이고 자동적으로 완벽히 정확하게 사용할 수 있는 관계를 의식하는 것이 불가능하다."는 피아제의 논의에 근거하여 학령기 아동의 일상 개념의 특징을 논한다. 피아제에 따르면 아동의 논리적 연관 확립 능력의 부재는 11~12세까지 이어지며 피아제는 이를 어린이의 자기중심성이 낳은 무의식성 때문이라고 주장한다.

2) 의식적 파악의 출현

비고츠키는 클라파레드가 어린이의 필요에 따라 의식적 파악이 생겨난다고 설명하는 것은 새가 날기 위해서는 날개가 필요하므로 새에게 날개가 있다고 설명하는 것과 다르지 않다고 비판한다. 피아제에 대해서도 어린이의 정신 발달을, 학령기의 긴 기간에 걸쳐 매 순간 쉼 없이 나타나는 어린이 생각의 실패와 파산으로 설명할 수 없다고 비판한다.

의식적 파악은 어린이의 외부, 즉 어린이를 둘러싸고 있는 사회적 생각 안에 존재하며, 의식의 고양은 특정한 심리적 과정의 일반화에 의존하며 이는 그들의 숙달로 이끈다. 이 과정에서 무엇보다도 학교에서의 학습은 의심의 여지없이 결정적인 역할을 한다. 과학적 개념은 개념에 대한 의식적 파악의 성취와 그에 따른 그들의 일반화와 숙달이 처음으로 그리고 최우선적으로 일어나는 영역으로, 다른 생각과 개념의 영역으로 전이되어 의식적 고양의 문을 열어젖힌다.

3) 개념 형성의 심리적 토대: 의식적 파악과 숙달

학령기 어린이에게 있어 발달의 초점은 저차적 형태의 주의와 기억으로부터 자발적 주의와 논리적 기억으로의 전이이며, 이는 기능들의 지성화와 기능의 숙달mastery(자신의 정신기능에 대한 주체의 의지적 통제)이 하나의 단일한 과정의 두 측면일 뿐이라는 사실을 반영한다. 발달의 일반 법칙에 따르면 의식적 파악과 숙달은 오직 기능의 고차적 단계에만 적합하며 그들은 나중에 출현한다.

이때 중요한 것은 의식적으로 되기 위해서는 반드시 의식되어야 하는 그 대상을 먼저 소지하고 있어야 하고, 숙달하기 위해서는 반드시 우리의 의지에 따라 마음대로 사용할 수 있는 것을 먼저 가지고 있어야 한다는 점이다. 다시 말해 개념, 좀 더 정확히 말하면, 발달의 고등 단계에 도달하지 못한 초등학생들의 의식하지 못하는 선개념은 바로 학령기에 처음으로 출현하며 이 시기에만 성숙하게 된다. 이때까지 어린이는 일반적 표상 또는 복합체(전 학령기를 지배하는 일반화의 초기 구조에 해당)에 따라 생각하게 된다.

4) 과학적 개념과 체계

비고츠키는 과학적 개념의 본질은 마르크스에 의해 대단히 심오하게 정의되었다고 말한다. 마르크스는 "사물의 외양과 그 본질이 일치한다면 모든 과학은 쓸모없을 것이다."라고 하였다.

과학적 개념은 반드시 대상과의 관계를 전제로 하며, 이 관계는 다시 개념들 간의 관계, 즉 개념 체계의 존재를 반드시 전제로 한다. 이는 역으로 비의식의 원인은 자기중심성이 아니라 자연발생적 개념의 비체계성에 있으며, 이는 필연적으로 그들의 비의식성과 비자발적 특징을 낳는다는 결론에 다다른다.

3. 교수-학습과 발달의 관계

1) 교수-학습과 발달

비고츠키는 '과학적 개념 형성은 본질적으로 학습과 발달의 문제'임을 전제로 하고 기존 심리학계의 학습과 발달에 대한 견해를 비판하는 것으로 논의를 시작한다. 기존 견해는 세 가지 경향으로 나눌 수 있다.

첫째, 학습과 발달을 두 개의 독립적 과정으로 간주하는 관점, 둘째, 학습과 발달을 하나의 동일한 과정으로 취급하는 관점(대표적으로 손다이크와 반사학), 셋째, 앞의 두 이론 사이에 위치하면서 두 관점 사이의 모종의 재통합을 형성(예를 들어 처음부터 발달은 언제나 이중적 성격을 갖고 있다고 천명한 코프카의 관점)하는 관점.

비고츠키는 앞의 두 개의 반대되는 관점을 재통합하려면 성숙과 발달 사이에 상호 의존성이 있다는 사실을 받아들여야 한다고 말한다. 코프카도 말했듯이 학습은 어느 정도까지 성숙에 영향을 미치며 성숙은 어느 정도까지 학습을 확장시킨다. 뿐만 아니라 학교 학습의 과정에서 어린이가 새로운 정신 작용을 배운다면 이 발달을 통해 이 구조를 재생산할 수 있는 가능성을 열 뿐 아니라 다른 구조의 영역에서도 어린이에게 다른 새로운 가능성을 주는 것이 된다. 그것은 학습의 즉각적 결과를 훨씬 뛰어넘을 수 있는 가능성과 발달을 가져올 수 있다. 어린이 생각 영역의 한 지점에 적용하면 그것은 다른 많은 지점을 교정, 변화시키며, 이런 점에서 학습은 발달 뒤에서 따르기만 할 수 없다. 즉, 학습은 발달과 어깨를 나란히 발맞추어 나갈 뿐 아니라 발달을 진전케 한다. 바로 이점이 무한히 중요하고 가치 있는 것이다.

2) 형식교과의 중요성

비고츠키는 형식교과의 오래된 학설, 즉 "특정한 학습의 경로는 어떤 교과목의 지식과 능력뿐 아니라 어린이의 일반 정신 능력의 발달을 일어나게 한다(형식도야설)."는 생각에 대해 그 자체로는 진보적이라고 평가한다. 문제는 그것이 실제로는 보수적인 교수 형태를 불러일으켰다는 것이다. 비고츠키는 형식교과를 과도하게 희화화하여 그것이 발달시켜 온 학교 학습과 발달 사이의 의존성을 부정한 손다이크의 오류를 지적하였다.

첫째, 손다이크가 확인한 것은 학교에서의 전형적인 학습이 아니었고, 대단히 협소하고 유별나게 기초적인 기능에 의존(예: 선분의 길이 구별, 각도의 차이 구분 실험)했다. 둘째, 손다이크는 저차적 기능과 연결되는 것, 즉 기초적이고 단순한 것들을 학습 활동의 대상으로 삼았다. 그러나 학교의 학습은 더욱 복잡한 구조로서 손다이크가 대상으로 한 것들과 구별될 뿐 아니라 완전히 새로운 형성물들, 즉 복잡한 기능 체계를 대표하는 고차적 심리기능들과 관련되어 있다.

4. 근접발달과 교수-학습

1) 글말의 중요성

비고츠키에 따르면 교수-학습과 발달은 완전히 독립된 과정이거나 하나의 단일한 과정이 아니고, 복잡하게 연결되어 있다. 특정 정신기능의 성숙도와 발달의 경로에서 교수-학습의 영향과 여러 교과목들은 중요하며 특히 '글말'은 특별한 중요성을 가진다. 글말의 발달은 입말의 발달을 반복하지 않으며, 글말은 입말을 문자적 기호로 번역하는 것 이상이다. 또한 글말은 완전히 고유한 발화 기능이며, 그 구조와 기능하는 양식은 내적 발화의 구조와 기능 양식이 외적 발화와 다른 것과 같이 입말과 다르다. 더욱 중요하게 글말은 가장 낮은 발달 단계에서조차도 높은 수준의 추상화를 요구하는데, 이는 대수에 비견된다. 즉, 글말은 발화의 대수 격이다. 대수를 학습하는 과정은 산술의 학습 과정을 반복하지 않는다. 대수는 새롭고 더 고차적인 것으로서 산술적 사고를 뛰어넘는다.

또한 글말은 의지적이다. 글말에서 어린이는 의지적으로 행동해야 하며, 낱말의 음성적 구조에 대해 인식해야 하며 그것을 분해하여 의지적으로 시각적 기호로 재구성해야 한다. 글말의 통사론 또한 의지적이다. 글말은 말의 가장 확장된 형태로서 입말에서 생략될 수 있는 것들이 글말에서는 명확히 되어야 하며, 글말은 다른 이에게 최대한 이해 가능하도록 되어야 한다. 이렇게 글말은 어린이가 더욱 지성적으로 행동하도록 압력을 가한다. 그것은 말하는 과정 바로 그 자체에 대한 의식적 파악을 요구한다.

2) 교수-학습과 발달의 시간적 순서

교수-학습과 발달 과정 사이의 시간적 순서에 대해 비고츠키는 '아하 경험'이라고 명명한 교수-학습과 발달을 나타내는 곡선이 일치하지 않는 현상을 언급한다. 발달에 있어 교수-학습의 역할에 갑작스러운 변화가 생기는데, 이는 발달의 경로와 교수-학습의 경로, 두 곡선에 있어 결정적인 지점들은 일치하지 않으며 복잡한 내적인 상호 관계를 보여 준다. 만일 두 곡선이 하나의 곡선으로 결합한다면 일반적으로 교수-학습과 발달 사이의 어떠한 관계도 맺어질 수 없을 것이며, 이런 점에서 발달은 학교 프로그램에 종속되지 않는다. 다시 말해 교수-학습과 발달은 같은 표준으로 잴 수 없으며, 이는 다시 한 번, 본질적으로, 교수-학습은 발달에 선행한다는 것을 나타낸다.

3) 근접발달과 교수-학습

비고츠키는 "이미 성숙한 기능들뿐 아니라 성숙하고 있는 상태의 기능들도 고려해야 하며, 실제의 수준뿐만 아니라 근접발달의 지역도 고려해야 한다."고 지적한다. 학습이 고등심리기능 발달에 영향을 미치는 경로는 다음과 같다. a) 상이한 과목들의 학습에 필요한 심리적 토대는 대부분 공통적이다. b) 고차적 심리기능 발달에 학습이 영향을 미친다. c) 고차적 심리기능(의지적 주의, 논리적 기억, 추상적 생각, 과학적 상상력)의 의존성과 상호 연결은 공통 토대(의식적 파악과 숙달) 덕분에 서로를 하나의 복잡한 과정으로 완성시킨다.

현재까지 심리학에서는 아동이 독립적으로 해결하는 과제를 발달의 수준을 결정하는 유일한 잣대로 삼고 있지만 이미 성숙한 기능들뿐 아니라 성숙하고 있는 상태의 기능들도 고려해야 한다. 달리 말해, 실제의 수준뿐 아니라, 근접발달지역도 고려해야 한다. "혼자서 해결할 수 있는 문제를 통해 결정되는 정신 연령 혹은 현재 발달 수준과 어린이가 혼자가 아닌 협력을 통해 얻는 발달 수준의 차이가 근접발달지역을 결정"하며, "협력을 통해, 인도를 따르면서, 도움을 통해서 어린이는 늘 자신이 독립적으로 할 수 있는 것보다 더 많은 과제를 그리고 더 어려운 과제를 해결할 수 있다."

실험 결과 어린이들이 자신의 발달 수준에 근접한 문제의 경우에는 협력을 통해 더욱 쉽게 해결했지만 그 이상의 수준에 대해서는 어려움이 증가하여 궁극적으로 협력을 통해서도 극복할 수 없게 된다는 것을 발견했다. 때문에 어린이는 학교에서 자신이 혼자서 할 줄 아는 것을 배우는 것이 아니라 아직 할 줄 모르는 것을, 교사와의 협력을 통해, 교사의 지도 아래에서 성취할 수 있는 것을 배운다. 그리하여 어린이는 오늘 협력을 통해 할 줄 아는 것을 내일은 혼자서 할 줄 알게 될 것이며, 발달을 앞서서 발달의 전진을 이끄는 학습만이 효과적이다. 이런 점에서 교육학은 아동 발달의 어제가 아니라 내일을 지향해야 한다.

5. 과학적 개념 발달과 교수-학습

1) 일상적 개념과 과학적 개념의 발달 과정: 전이

1절에 이어 5절에서 비고츠키는 아동을 대상으로 실험 결과에 근거하여 일상적 개념과 과학적 개념은 상호 의존적이며 분명한 차이가 있음을 재진술한다. 과학적 개념의 발달은, 학령기에 시작하는데, 그것은 흔히 개념 자체를 언어적 정의로부터, 개념의 비자연발생적 사용을 필요로 하는 조작들로부터 시작한다.

일상적 개념과 과학적 개념의 차이를 설명하는 데 비고츠키는 마르크스의 『자본론』의 방법론이라고 할 수 있는 '추상에서 구체로의 상승'이라는 방법론•을 적용하고 있다.

과학적 개념에 대한 분석을 통해 어린이는 (과학적) 개념이 나타내는 대상보다 개

• 이는 '코지크'가 지적했듯이 과학적 인식은 하나를 둘로 나누는 것이다. 즉, 변증법적 사유에서 '개념'과 '추상'이라는 용어는 사상을 개념 파악하기 위하여 하나를 둘로 나눈다는 방법의 의미를 지닌다. 코지크에 따르면 사유가 추상적인 것에서 구체적인 것으로 상승하려면 감각적인 직접성, 직관성, 구체성을 부정하는 추상적 수준에서 운동해야 한다. 추상적인 것에서 구체적인 것으로의 상승은 추상적인 데서 출발하여 변증법적 과정을 통해 이 추상성을 극복하는 운동이다. 따라서 추상적인 것에서 구체적인 것으로의 상승은 일반적으로 부분에서 전체로 전체에서 부분으로, 현상에서 본질로 본질에서 현상으로, 총체성에서 대립으로 대립에서 총체성으로, 객체에서 주체로 주체에서 객체로 나아가는 운동이다.
한편 '로젠탈' 또한 마르크스의 방법론은 진리로 향한 불가피한 것임을 강조한다. 즉, 마르크스는 다양성의 통일, 수많은 규정들의 총괄로서의 구체적인 것, 다시 말해서 생생하고 복잡하며 수많은 측면들과 속성들로 이루어진, 따라서 단 한 번에 인식될 수 없는 전체로서의 구체적인 것이 인식의 출발점이라는 것을 부인한 것이다. 이 전체를 탐구하기 위해서는 분석을 통해 그것을 개별적인 구성 부분으로 분해하고 각각의 개별적인 것들을 그 자체로 탐구해야 한다. 그럴 때에만 이 구성 부분들은 사유 속에서 다시 결합되고 또 구체적인 전체는 규정들의 전체적인 풍부함으로 표현된다. 구체적인 것을 탐구하는 데는 이것 외에 다른 방법은 존재하지 않는다.

념 자체에 대한 의식적 파악을 먼저 하며, 자연발생적 개념은 더 낮은 데서 더 높은 데로, 더 기초적이고 열등한 자질로부터 우월한 자질로 발달하는 반면, 과학적 개념은 위에서 아래로, 더 복잡하고 더 높은 자질로부터 더 낮고 더 기초적인 자질들로 발달함을 알 수 있다.

오직 기나긴 발달의 과정을 거쳐서 어린이는 대상에 대한, 또 개념 자체에 대한 의식적 파악을 획득하며 개념을 추상적으로 조작하는 능력을 획득한다. 과학적 개념은 사물에 대한 즉각적인 만남이 아니라 대상에 대해 매개된 관계로 시작되며, 과학적 개념은 대상을 향한 길을 열어 줌으로써, 이 영역에서 어린이가 가지고 있는 경험과 과학적 개념을 연결하여 그 경험을 개념에 흡수함으로써 서서히 발전한다. 이렇게 과학적 개념은 일상적 개념을 통해 하향 성장하고 일상적 개념은 과학적 개념을 통해 상향 성장을 한다. 일상적 개념은 과학적 개념에 의해 열린 그들 발달 경로의 상층부를 빠르게 포함하면서 과학적 개념이 준비해 둔 구조로 자신을 재조직한다.

또한 과학적 개념의 발달은 의식적 파악과 의지의 영역에서 시작하여 개인적이고 구체적인 경험의 영역을 향해 하향 성장한다. 반면, 자연발생적 개념의 발달은 구체적이고 경험적인 영역에서 시작하여 이는 개념의 고등적 특징으로, 즉 의식적 파악과 의지로 이동한다.

2) 모국어와 외국어의 발달 과정: 전이

모국어는 의식적 파악이나 의도 없이 배우는 반면 외국어의 경우 의식적 파악과 의도를 가짐으로써 시작된다. 즉, 모국어의 발달은 아래로부터 위로 올라간다고 말할 수 있으나, 외국어의 경우 먼저 발달하는 것은 언어의 고차적이고 복잡한 자질들로서 이들은 의식적 파악 및 의도와 연관되어 있다. 예를 들어 외국어의 경우 어린이는 여성성을 가진 단어와 남성성을 가진 단어를 처음부터 구분하며 어형 변화와 문법적 변형에 대해서도 의식적 파악을 하고 있다. 이렇게 모국어와 외국어의 두 발달의 과정들은 반대의 방향으로 움직이며, 대수가 일반화로서 산술적 조작에 대한 의식적 인식의 파악과 숙달을 나타내듯이 모국어에 토대를 둔 외국어의 발달은 언어 현상의 추상화와 언어적 조작의 의식적 파악을, 즉 의식적·의지적이 된 언어의 고차적 측면으로의 전이를 나타낸다.

6. 개념: 일반화의 구조, 일반성의 관계

1) 개념 형성에서 일반화의 중요성

모든 개념은 일반화된 것이다. 각각의 개념의 존재는 개념들의 체계를 함의하며, 실제로 개념들은 자루 속에 완두콩을 쏟아붓듯이 아동의 정신에서 출현하지 않는다. 개념들 각각이 고립되어 서로 관계가 없는 것이라면 아동의 그 모든 복잡한 생각은 불가능할 것이다. 한편 개념들 사이의 가장 기본적이고 흔한 관계 형태는 일반성의 관계이다(식물, 꽃, 장미와 같은 차이와 일반성의 관계). 모든 개념이 일반화라면, 한 개념이 다른 개념과 가지는 관계는 일반화의 관계임에 분명하다.

2) 일반화의 구조: 혼합체, 복합체, 진개념

아동은 특수한 낱말(예: 장미)에 앞서 일반적인 낱말(예: 꽃)을 배운다. 어린이의 개념 형성 과정에서 일반성은 일반화의 구조(혼합체, 복합체, 진개념)와 일치하지 않는다. 일반성의 관계와 일반화의 구조가 서로 연결되어 있는 것은 사실이지만 정확히 일치하지는 않는다. 각 일반화의 구조에는 그에 상응하는 특정한 일반성의 체계와, 일반적 개념-특수 사례들 사이의 관계가 있다.

농아 어린이는 의자, 탁자, 장식장, 소파, 책장의 의미를 배울 수 있었지만, '가구'라는 낱말은 배울 수 없었다. 이 경우 모든 개념은 위계적 관계가 상실되고 모든 개념들은 구체적 대상과 직접적으로 연결되어 있다. 이런 점에서 '가구' 혹은 '의복'과 같은 상위 개념의 출현은 아동의 말에서 의미의 측면이 발달한다는 아주 중요한 징후이다.

모든 개념은 무한히 많은 방식으로 다른 개념들을 통해 표현될 수 있다. 각 개념이 일반성의 정도를 가짐에 따라 한 개념과 모든 개념의 관계가 나타나며 개념에서 개념으로 이동할 수 있으며 개념들 사이에 무수한 경로를 통해 관계가 확립될 수 있으므로 개념의 등가성이 가능해진다(개념 등가의 법칙). 등가성은 개념들 사이의 일반성의 관계에 의존하고 개념 등가성의 법칙은 일반화 발달의 각 단계에 따라 각기 특정한 방식으로 다르게 작용하며 각 일반화의 구조는 그 영역 안에서 가능한 개념의 등가성을 결정한다.

3) 일반성의 관계와 일반화의 구조 그리고 교수-학습

새로운 일반화의 구조와 함께 변경되는 일반성의 관계가 발달하는 과정은 이 단계에서의 어린이의 모든 생각 작용에 있어서 변경을 촉진시킨다. 일반성의 관계가 발달함에 따라 개념이 낱말에 대해 갖는 독립성과, 의미가 표현에 대해 갖는 독립성이 덧붙여져서 의미에 대한 생각 작용은 그 언어적 표현으로부터 최대의 자유를 맞이하게 된다. 결국 개념의 성질(혼합적, 복합체적, 선개념적)이 가장 완전히 드러나는 것은 다른 개념들과의 특정한 관계에서이며 이는 개념들이 특정한 정도의 일반성을 가짐을 의미한다.

이제 개념 발달에 있어서 일반화 구조의 각 단계(혼합적 개념, 복합체, 진개념) 간의 이동 경로를 밝히는 문제가 남았다.•

일반화의 발달에 있어 새로운 단계는 전 단계의 무효화가 아닌 재형성을 통해서 획득된다. 이 새로운 단계는 개별 대상들에 대한 새로운 일반화가 아니라 앞 단계에서 이미 일반화된 대상들의 체계에 대한 일반화를 통해서 얻어진다. 그런데 자기 자신의 생각을 추상화하고 일반화하는 것은 사물을 추상화하고 일반화하는 것과 근본적으로 다르다. 우리는 새로운 방향으로의 출발, 생각의 새롭고 더 높은 차원으로의 전이를 다루고 있는 것이다. 이때 지양, 즉 한 국면에서 다른 국면으로 전이와 함께 앞 국면을 특징짓는, 대상에 대한 관계는 보존되며, 하나의 단계에서 다른 단계로 전이함에 있어 개념들 간 일반화의 관계가 재구성되는 것은 물론 개념과 대상 사이의 관계에 있어서도 현격한 재구성이 일어난다.

• 비고츠키는 변증법적 지양이라는 개념을 적용하고 있다. 이스라엘은 지양Aufheben에 대해 다음과 같이 정리한 바 있다. 지양은 세 가지 구분되는 의미를 가지고 있다. 첫째, 그것은 "어떤 것을 제거한다."는 의미 또는 "탈범주화한다"는 의미에서 "부정하다"는 의미를 지닌다. 둘째, "어떤 것을 보존한다."는 의미이다. 셋째, "어떤 것을 고양시켜" 새로운 것으로 만든다는 것을 나타내고 있다.

새로운 단계로의 전이, 혹은 일반화의 새로운 구조의 형성에 교수-학습이 중요한 역할을 하며 고등심리기능의 발달은 개념과 개념들의 관계와 그에 해당하는 구조를 매개로 일어난다. 요컨대, 어린이가 교수-학습을 통해 만난 일반화의 새로운 구조는 새롭고 고차적인 수준으로 어린이의 생각을 움직일 수 있는 가능성을 가지며, 생각 자체는 오직 일반화 구조의 발달과 함께, 일반성의 관계가 개념들 사이에 나타남에 따라, 사고 자체와 사고를 구성하는 관계의 점진적 확장이 가능해진다.

7. 과학적 개념 발달과 체계

1) 과학적 개념과 체계

체계 밖에서 개념이 가질 수 있는 유일한 관계는 대상들 자체 사이에 확립된 관계들, 즉 경험적 연결들이다. 개념 간의 관계의 체계가 나타나는 순간, 개념과 대상 사이의 새로운 관계를 보게 되며, 개념은 경험을 넘어선 연결을 가능하게 한다. 어린이 생각에서 연결이 부족하다는 것은 개념들 간의 일반성의 관계가 발달되지 않았음을 직접적으로 보여 주는 것이며, 학령기 어린이의 개념의 역사는 체계를 주축으로 하여 돌아가게 된다. 요컨대, 과학적 개념의 발달과 더불어 어린이 생각은 고등의 지적 수준으로 진보하게 된다.

2) 일상적 개념과 과학적 개념의 내적 관계

과학적 개념들은 모종의 체계를 포함한다. 그리고 이 과학적 개념을 포함하는 형식교과는 어린이의 모든 자연발생적 개념의 영역을 재조직함으로써 나타나는데, 여기에 어린이의 정신 발달의 역사에 형식교과가 엄청난 중요성을 갖는 이유가 있다. 모든 개념은 일반화라고 했을 때, 일반화의 구조의 차이가 사고의 차이로 이어진다.

학습과 발달 사이의 관계, 자연발생적 개념과 과학적 개념의 관계는 연령에 따라 특정하다. 전 학령기와 일상적 개념(자연발생적 개념)이 연결되듯이 학교에서의 학습에는 과학적 개념이 연결된다. 따라서 연령에 따라 학습과 발달 사이의 관계가 달리 규정될 수 있다. 과학적 개념이 학교에서의 학습의 산물인 것과 같이 어린이의 자연발생적 개념은 전 학령기 학습의 산물임이 미래의 연구에서 드러날 것이다. 연령기에 따라 발달이 이(과학적 개념과 일상적 개념 사이의) 관계의 특성을 변화시키며 또한 학습은 (발달) 단계에 따라 고유한 내용을 가진다.

8. 연구의 한계와 의의

이 연구는 1) 어린이의 사회과학적 개념에 담긴 고유한 특징(특수한 한 형태)이 아니라 일반적인 특징(일반적인 원형)에 초점을 두었다. 2) 개념 구조를, 어떤 구조에 고유한 일반성들의 관계를, 그리고 일반성의 특정한 구조 혹은 특정한 관계를 결정짓는 기능을 너무 일반적이고 간략한, 비구별적인, 비분석적인 방법으로 연구했다. 3) 일상적 개념의 성질과 학령기 어린이 심리 발달의 일반 구조를 실험적으로 검증해내지 못했다.

낱말의 의미에 상응하는 개념 발달은 그 낱말을 처음 배울 때 완성되는 것이 아니라 단지 시작일 뿐이다. 말의 의미 측면이 변화한다는 사실은 어린이 생각 발달과 말 발달에 있어 근본적이고 본질적인 과정이다. "개념이 준비되면 말은 거의 언제나 준비되어 있다."

7장 사고와 낱말

7장에서 비고츠키는 '사고와 말의 내적 관계'와 '사고에서 말로/말에서 사고로의 역동적 이주'에 대한 논의를 전개한다. 7장은 그야말로 비고츠키 최후의 저술이다. 비고츠키는 생각과 말의 관계에 대한 종합적 논의를 혼신의 힘을 다해 7장에 담고자 했다. 그 때문인지 7장은 앞서의 장들에 비해 비교적 이해하기 쉽고 명료하게 정리되어 있는 편이다. 그런 점에서 7장은 별도의 설명이나 정리가 없이도 주요 내용에 다가설 수 있다고 생각된다.
강의록도 본문의 흐름을 따라 주요 내용을 압축 발췌하는 방식으로 구성되었다. 생각과 말의 다른 장들도 그러하지만 7장은 특히 비고츠키의 주옥같은 생생한 변증법적 표현들이 자주 등장하는 장이다. 강의록은 내용적 흐름을 정리했을 뿐 구체적 분석과 표현의 생명력이 탈색되어 있다. 강의록을 참고한 다음 본문을 음미하면서 한 번에 읽어 내려가 보길 권한다.

1. 낱말(의미)의 특성과 기존 심리학의 오류(1절)

모든 낱말은 의미를 지닌다. 의미를 담지하는 과정은 반드시 일반화를 수반하며 이는 사고 과정의 특성이다. 따라서 낱말은 언어적 현상인 동시에 생각의 현상이며 말과 생각의 통합체이다.

언어적 사고에 대한 기존의 잘못된 연구들은 발생적 뿌리가 다르다고 해서 외적으로만 연결해 왔다. 즉 언어적 사고를 구성 요소로 분해해 버린 것이다. 이는 물을 수소와 산소로 분해하여 이해하려는 것과 마찬가지이다.

구심리학은 낱말과 의미의 연결을 단순한 연합적 연결로 생각했고 구조주의도 사고와 말을 분리하기는 마찬가지이다. 그들의 오류는 크게 두 가지이다. 첫째, 일반화를 낱말에 포함시키지 않은 것이고 둘째, 의미가 발달한다는 것을 고려하지 못한 것이다.

2. 말의 내적 과정에 대하여(2~5절)

1) 말의 의미적 측면(2절)

(1) 생각과 말의 관계

생각과 말의 관계는 어떤 사물이 아니라 과정이다. 생각에서 말로, 말에서 생각으로의 움직임이다. 사고는 낱말로 표현되는 것이 아니라 성취되는 것이다.

*말의 두 단면: 의미론적 측면과 형상적 측면

말에서 형상과 의미는 반대 방향으로 발달한다. 어린이 말의 외적 측면은 '하나의 단어-문장과 구-복잡한 문장과 여러 개의 명제'로 발달한다. 부분에서 전체로 발달하는 것이다. 반대로 의미적 측면은 '전체 구-음절-개별 낱말의 의미 파악'으로 발달한다. 혼합된 덩어리에서 점차 분명한 개개의 것으로 분화되는 것이다. 어린이 생각은 처음에는 모호하고 분화되지 않았기 때문에 언어적 표현은 하나의 낱말에서 찾아야 한다. 점차 말은 많아지고 의미는 쪼개져 나간다. 어린이는 형상을 먼저 익히고 이후 의미적으로 숙달해 나간다.

(2) 문법적·심리적 주술 사이의 불일치

말에서 문법적 주술과 심리적 주술이 꼭 일치하는 것은 아니다. 현실에서는 불일치가 더 많다. 불일치는 통합성을 배제하지 않으며 오히려 반드시 그것을 전제로 한다. 이러한 부조화는 생각이 낱말로 이동하는 것이 가능하기 위한 필요조건이기도 하다.

*의미에서 소리로/소리에서 의미로의 복잡한 과정

말의 형상과 의미가 일치하지 않을 때 말의 발화 전체가 즉각적으로 나타날 수는 없다. 상호 간의 분화와 이주라는 복잡한 과정이 나타난다. '처음에는 형태와 의미 미분화 → 통합체가 분화되면서 간격 확대 → 개념이 형성되면 두 단면 사이에 복잡한 관계 형성'이라는 과정으로 진행된다. 발화는 내적 단면 → 외적 단면으로, 이해는 외적 단면 → 내적 단면의 방향을 지닌다.

이 과정에서 의미 구조는 변화, 발달한다. 이 과정은 '대상 지시 → 대상 지칭 및 명명 → 상징'의 발생적 순서로 나타난다.

2) 내적 말의 심리적 성질(3절)

(1) 내적 말의 성격

내적 말은 특별한 형태의 언어적 활동으로 보아야 한다. 내적 말은 자신을 향한 말이다. 핵심은 발성의 문제가 아니며 말의 성질로부터 유래하는 결과일 뿐이다. 외적 말은 생각을 말로 변형시키는 과정이며 생각의 물질화이며 대상화이다. 내적 말은 완전히 반대 방향이다. 내적 말은 바깥에서 안쪽으로 이동하며 그 과정에서 말은 생각 속에서 증발한다.

(2) 내적 말의 연구

연구의 어려움이 크다(가시적으로 확인할 수 없기 때문에). 실제 데이터는 거의 전무하다. 그래서 발생적 방법이 적용되기 전까지는 실험에는 거의 접근 불가능했다.

피아제는 어린이의 자기중심적 말이 가지는 특별한 기능과 이론적 가치를 처음으로 알아냈지만, 내적 말의 발생적 근원과 그것이 내적 말과 가지는 관계는 해명하지 못했다. 이를 비판하면서 비고츠키는 자기중심적 말과 내적 말의 관계를 초점으로 내적 말의 연구를 진행한다.

(3) 자기중심적 말과 내적 말

자기중심적 말은 내적 말 발달에 선행한다. 자기중심적 말이 내적 말의 초기 형태라면, 자기중심적 말은 내적 말 연구의 열쇠가 된다. 내적 말과 관련하여 자기중심적 말은 연구의 편의점을 제공한다. 1) 표현 양식이 외적인 동시에 기능과 구조에 있어서 내적 말이라는 점이다. 직접적 관찰과 실험이 가능한 내적 말인 것이다. 2) 발달의 과정에서 역동적으로 연구할 수 있게 해 준다. 이를 통해 내적 말의 발달에서 나타나는 경향, 강화되는 것, 탈락되는 것을 분석할 수 있다. 이 분석에서 내삽법의 도움을 빌리면 내적 말 그 자체의 성질에 대한 결론을 내릴 가능성이 나타난다.

(4) 피아제의 자기중심적 말 이해

피아제는 자기중심적 말이 어린이 생각의 자기중심성을 직접적으로 나타내며, 이는 그 자체가 어린이의 초기 자폐적 생각과 그것의 점진적인 사회화 사이의 타협이라 생각한다. 이 타협 속에서 어린이 발달의 비율에 따라 자폐성의 요소가 줄어들며 사회화된 사고 요소들이 증가한다고 본다. 그 덕에 말에 있어서와 같이 생각에 있어서도 자기중심성은 점차 감소하여 없어지는 것으로 규정한다. 즉 자기중심성의 부수적 현상으로 보는 것이다. 그렇게 볼 경우 자기중심적 말은 어린이의 자기중심성과 함께 사라지도록 발생적으로 운명 지어져 있다. 자기중심적 말이 어린이의 행동과 생각에서 독자적 기능을 하지 않는 것이다.

(5) 비고츠키의 연구

피아제와 달리 비고츠키는 어린이의 자기중심적 말은 정신 간 기능에서 정신 내 기능으로서 일반적인 이행 현상들 중 하나로 본다. 자기를 향하는 말은 최초에는 사회적이었던 말의 기능 분화, 즉 타인을 향한 말의 분화를 통해 나타난다. 어린이 발달의 중심 경향은 외부로부터 주입되는 점진적 사회화가 아니라 어린이의 내적인 사회적 본성에 바탕을 두고 나타나는 점진적 개인화이다.

자기를 향한 말은 어린이가 연령이 증가함에 따라 진화하고 발달한다. 이들은 전체적인 자기중심적 말과 함께 하강 곡선이 아닌 상승 곡선을 따른다. 따라서 어린이 활동에 부수적인 것이 아니라, 정신적 지향성, 의식적 파악, 어려움과 장애물의 극복, 회상과 생각의 목적에 사용되는 독립적 기능인 것이다. 그것은 자신을 향하는, 즉 어린이 생각에 직접적으로 기여하는 말의 기능이다.

(6) 내적 말의 구조와 기능의 변화

내적 말의 구조적 특징과 기능적 분화는 나이와 함께 증가한다. 우선 음성화가 쇠퇴하는데 이는 다른 특성들의 강화와 결합한다. 표면적으로만 퇴화적 현상일 뿐 암산이 계산의 소멸이 아니듯, 새로운 말 형태가 탄생하는 과정인 것이다.

이 과정은 음성적 측면으로부터 추상적 표현의 발달로 간주되어야 한다. 단어를 생각할 수 있는 능력, 말하지 않고 표현할 수 있는 능력, 단어 자체가 아닌 이미지를 다룰 수 있는 능력의 발달이다. 정리하면 '외적 말 → 자기중심적 말 → 내적 말'의 경로이며 자기중심적 말은 기능, 구조, 발생의 세 측면 모두에서 내적 말을 향하여 발달해 나간다.

(7) 실험 데이터 검증

피아제의 관점에서는 내적 말이 외부로부터 사회화 과정과 함께 도입되는 것이고, 비고츠키의 관점에서는 자기중심적 말로부터 생겨나는 것이다. 즉 안으로부터 발달한다는 것이다.

둘의 관점을 비교하기 위해 비고츠키는 실험을 전개한다. 어린이에게 사회적 연결을 끊고, 심리적 고립을 증가시킬 때 피아제가 옳다면 자기중심적 말이 증가할 것이고, 사회적 말에서 불충분하게 개인화된 것으로 보는 자신들이 옳다면 감소할 것이라는 가설을 세우고 다음의 실험을 전개한다.

- 착각 문제: 어린이를 농아 집단이나, 외국어를 사용하는 집단에 놓아두었다. 상관계수는 0으로 떨어졌다.
- 집합적 독백: 어린이를 낯선 친구들 사이에 두거나, 멀리 혹은 아예 혼자 두었다. 첫 실험보다 덜하지만 상관계수는 떨어진다.
- 음성화: 큰 강당에서 큰 간격을 두게 하거나, 소음으로 목소리가 들리지 않게 하였다. 크게 말하는 것이 금지되고 대화는 오로지 소리 없이 속삭이는 것만 허용되었다. 마찬가지로 상관계수는 떨어졌다.

이러한 실험들을 통해 비고츠키는 자신을 향한 말(내적 말)을 다른 사람을 향한 말(외적 말)에 가깝게 만들었을 때 자기중심적 말이 필연적으로 감소함을 보여 준다.

(8) 입장(결론)

어린이의 말은 주관적으로 완전히 내적 말로 실현된 것도 아니며 타인을 향한 말과 분리된 것도 아니다. 객관적으로는 사회적 말의 기능과 구분되지만 완전히 분리된 것도 아니다. 사회적 말을 가능하게 하는 상황에서만 기능한다. 두 가지를 모두 고려할 때 자기중심적 말은 혼합된 말의 형태로서 다른 사람을 향한 말에서 자기를 향한 말로의 이행에서 나타나는 말이다.

3) 내적 말의 구조와 양식(4~5절)

(1) 특별한 통사: 외적 말과 비교할 때 명백한 단편성, 불연속성, 생략성을 지님

*자기중심적 말과 축약

내적 말에서 나타나는 축약과 매우 유사한 현상이 아동의 자기중심적 말에서 관찰된다. 축약은 낱말의 축소와 생략으로 나아가는 단순한 경향과 경로가 아니라, 술어와 연결된 명제 부분들을 보존하고 주어와 그와 연결된 낱말을 희생하면서 구와 명제의 축소로 나아가는 독특한 경향을 나타낸다. 내적 말의 기본적인 통사적 형태는 순수하고 절대적인 술어성이다.

*외적 말에서의 축약

외적 말에서도 상황과 주체가 미리 대화자들에게 알려져 있는 상황인 경우에 축약이 나타난다.(차 한잔, 정거장 등의 예. 톨스토이 소설 등) 귀머거리 법정은 정반대의 예이다. 또한 같은 낱말을 다르게 이해하는 사람, 대립되는 관점 사이에서도 아무리 많은 말을 하더라도 이해를 조정하는 것은 불가능에 가깝다.

*내적 말과 축약

축약은 내적 말에서는 항상 나타난다. 내적 말에서 주어는 언제나 탈락하고 술어만으로 구성된다. 최대한의 통사적 간결화와 절대적 압축 그리고 완전히 새로운 통사 구조가 발견된다. 반면 글말은 대화 상대자 없이 하는 말로서 입말과 비교하여 글말은 최대한 확장되어 있으며 통사적으로 복잡한 말의 형태를 나타내게 된다.

입말은 글말과 내적 말 사이의 위치를 차지하는데 입말의 축약 현상은 두 가지

결론을 보여 준다. 하나는 공유된 상황이 존재할 때 서술성의 경향이 나타난다는 것이고 또 하나는 말의 기능적 변화가 반드시 그 구조에의 변화로 인도한다는 것을 보여 준다. 처음에는 오직 기능적인 의미에서 사회적 말과 분화되었던(타자에서 자기로 향하는) 자기중심적 말은 점차 그 구조도 변화시켜 입말 통사의 완전한 폐지에까지 이른다. 이를 통해 의미론적 농밀화가 진행된다.

*입말/글말

언어는 말 활동의 단일하고 통일적인 형태가 아니라 다양한 말 기능들의 앙상블이라 할 수 있다.

입말의 빠른 템포는 말 활동을 복잡한 의지적 행위로, 즉 반성과 동기의 갈등 그리고 선택으로 특징지어지는 행위로 발전시키는 데 그다지 도움이 되지 않는다. 입말의 빠른 템포는 단순한 의지와 습관의 요소를 포함하는 것을 전제로 한다. 응답으로 구성된 대화적 말은 반응의 연쇄를 형성한다.

(반면) 글말은 처음부터 의식/의지와 연결된다. 언어적 사실들을 의식의 명확한 영역으로 들여놓으며 그 결과 그들에 대해 주의에 초점을 맞추는 것을 훨씬 쉽게 한다.

(2) 음성적 측면의 축소

내적 말의 주요 특성 중 하나는 단어 의미가 음성적 측면으로부터 상대적으로 독립된다는 것이다. 내적 말은 엄밀한 의미에서 낱말 없는 언어라고 할 수 있다.

(3) 내적 말의 고유한 의미론적 구조

*뜻의 우세성

낱말은 전체 맥락 속에서 사전적 의미보다 더 많이 혹은 더 적게 의미한다. 새로운 내용을 포함하는 의미의 전체 원이 확대됨으로써 더 많이 의미하기도 하며, 주어진 맥락에서 엄밀한 의미는 한정되기 때문에 더 적게 의미하기도 한다. 낱말은 문장에서 뜻을 획득하며, 문장은 단락의 문맥에서, 문맥은 책의 맥락에서, 책은 작가의 모든 창조 맥락에서 뜻을 획득한다. 폴랑은 이에 대해 뜻과 낱말의 관계를 분석하고 의미와 낱말의 관계보다 뜻과 낱말의 관계가 더 훨씬 독립적이라는 것을 보여 주었다(즉 의미와 낱말의 관계가 상대적으로 고정적이라면, 뜻과 낱말의 관계는 유동적이다).

입말에서는 다소 유동적인 뜻의 우세성(입말에서 특정한 경우에 다소 약하게 표현되는 경향으로 관찰되는)이 내적 말에서는 절대적 형태로 나타난다. 내적 말에서는 예외가 아니라 한결같은 규칙이다.

*뜻의 합성/변형/재구성

개별 낱말들은 복합어 안에 통합되면서 음성적 축약을 거치며, 이와 같이 형성된 복합 단어는 개별 낱말들의 연합이 아니라 단일한 낱말로 나타난다. 어린이의 자기중심적 말이 내적 말에 가까워지면서 복잡한 개념을 표현하기 위해 고유한 복합어를 형성하는 양식인 교착이 자주 일어난다.

내적 말에서는 뜻이 서로 유입되거나 영향을 미쳐 하나가 다른 하나에 포함되거나 상대를 변경시킨다. 외적 말의 경우에도 이와 유사한 현상을 문학작품에서 자주 관찰할 수 있다. 제목의 경우 이를 명확히 보여 준다. 제목은 작품의 모든 뜻을 표현한다. '돈키호테'는 책을 읽기 전과 책을 다 읽은 후에 뜻이 다르다. 마지막에 제목은 뜻으로 흠뻑 젖는다. 그것은 외적 말보다 훨씬 많은 뜻을 담는다. 이는 뜻이 압축된 응결체이다.

*내적 말의 이해 불가성

내적 말의 서술성, 음성적 축약, 특정한 의미론적 구조는 내적 말의 이해 불가성의 심리적 성질을 충분히 보여 주며 설명한다. 내적 말의 언어적 의미는 언제나 외적 말로 번역이 불가능한 관용어이다.

*결론

내적 말의 특성에 대한 탐색을 진행하였다. 내적 말은 완전히 특별하고 독립적이며 자율적이고 고유한 말의 기능이다. (내적 말과 외적 말은 구별되는 언어라 할 때) 내적 말에서 외적 말로의 이동은 한 언어에서 다른 언어로의 직접 번역과는 견줄 수 없는 과정이다. 이는 내적 말의 고유한 의미론적, 통사적 구조를 다른 구조로 재구조화하는 것이다. 그것은 술어적이고 관용적인 말을 통사적으로 명료하고 타인에게 이해 가능한 말로 변형시키는 것이다.

3. 생각과 말의 역동적 관계(6절)

1) 내적 말과 외적 말

비고츠키는 내적 말이 외적 말에 선행한다는 견해, 외적 말의 내적 표현이라는 견해를 비판한다. 내적 말은 외적 말과 정반대되는 기능을 지닌다. 외적 말이 생각을 말로 변형하는 과정(사고의 물질화 및 대상화를 포함하는 과정)이라면, 내적 말은 밖에서 안으로 움직이는 과정(생각 속에서 말이 증발하는 과정)이다. 내적 말은 말로 하는 생각의 두 극단(낱말과 사고)을 오가는 역동적인 과정이고 불안정한 요소를 포함한다.

2) 사고와 말

말로 하는 생각의 새로운 단면은 사고思考 자체이다. 사고는 어떤 것과 다른 것을 통합하려는 경향이 있고, 이동(경로, 전개)하고, 대상 간의 관계를 확립하고 요약하며 어떤 기능을 수행하고 문제를 해결한다.

(1) 사고와 말의 불일치

사고의 이러한 경로와 이동은 말의 전개와 정확히 일치하지 않고, 사고와 말의 기본 단위는 일치하지 않는다. 이 두 과정은 통일성을 보이지만 동일성을 갖지는 않는다. 복잡한 이행과 변형 과정에서 서로 연결되어 있을 뿐이다. 글렙 우스펜스키의 작품에 나오는 주인공(불운한 방랑자)처럼 알맞은 말을 찾는 것은 힘겨운 과정이다.

사고는 말과 다른 특별한 구조와 경로를 가지고 있다.

드라마 대본에서처럼 말에는 숨겨진 사고와 욕망이 있으며 심리적 주어와 술어는 문법적 주어와 술어와 일치하지 않는다. 하나의 구문이 다양한 사고를 표현할 수 있듯이 하나의 사고는 다양한 구문으로 표현될 수 있다. 이를 통해 우리는 사고가 언어적 표현과 일치하지 않음을 알 수 있다.

(2) 사고의 전체성과 동시성

사고는 말과 같이 개별의 낱말로 이루어지지 않는다. 우리는 통일된 사고로 다양한 내용을 함께 보지만 말을 할 때는 개별의 낱말들로 나누어야 한다. 사고는 언제나 개별 낱말보다 범위와 크기에서 훨씬 큰 전체를 나타낸다. 사고는 화자의 정신에서 하나의 전체로 형성되고, 말이 전개되는 방식과 같이 개별의 단위를 통해 점진적으로 생겨나지 않는다.

(3) 사고에서 말로

사고에서는 동시에 포함되는 것이 말에서는 순서적으로 펼쳐진다(낱말-빗방울, 사고-구름). 사고에서 말로의 이행은 사고를 나누어 그것을 낱말로 재구성하는 대단히 복잡한 과정이다.

사고는 심지어 낱말의 의미와도 일치하지 않기에, 사고로부터 낱말로 가는 길은 반드시 의미 찾기를 거쳐야 한다. 대화에는 언제나 배경이 되는 사고, 숨겨진 저의가 있다. 사고에서 말로 직접 이행하는 것은 불가능하고 복잡한 경로를 건설해야 한다. 이를 극복하기 위해 낱말을 융합하려는 시도, 새로운 낱말 가치를 통해 사고로부터 말로 이어지는 새로운 길을 만들려는 시도(합성과 재구성)가 생겨난다. 사고는 낱말로 표현되는 것이 아니라 낱말 속에서 성취되는 것이다. 때때로 생각은 낱말로 성취되지 못하기도 한다.

사고는 기호를 통해 외적으로 매개될 뿐만 아니라 의미에 의해 내적으로 매개된다. 사고에서 낱말로 이어지는 경로는 간접적이고 내적으로 매개되는 경로이다. 먼저 의미(뜻)에 의해, 그런 후 낱말에 의해 매개된다. 따라서 사고는 낱말의 직접적 의미와 등가물이 아니다. 의미는 사고가 언어적 표현으로 나아가는 경로를 매개한다.

3) 정서와 의지

말로 하는 생각이 펼쳐지는 내적 단면의 또 하나의 차원이 있다. 생각은 이 전체 과정의 궁극적 계기가 아니다. 사고 자체는 다른 사고로부터 나오는 것이 아니라 우리의 충동과 동기, 정서와 감정을 포함한 의식의 동기 영역으로부터 나온다. 사고의 뒤에는 감정적 성향, 의지적 경향이 놓여 있다. 낱말을 빗방울로, 사고를 구름에 비유한다면 사고의 동기는 구름을 움직이게 하는 바람에 비유할 수 있다. 동기는 언제나 말로 하는 생각의 출발점이다. 어떤 말을 주고받는 과정에 대한 심리학적 분석은 말로 하는 생각의 마지막 단면, 가장 비밀스러운 단면, 그 동기를 발견해야 종착점에 이른 것이다.

4) 연구 결과의 음미

말로 하는 생각은 복잡하고 역동적인 전체이다. 그 속에서 사고와 낱말의 관계는 한 단면에서 다른 단면으로 역동적으로 이동해 나가는 과정으로 구성된다. 비고츠키는 말한다.

> "우리는 분석을 밖에서 안으로 실시하였지만 말로 하는 생각이 나타나는 생생한 장면에서 이동은 그 역방향임을 보았다. 사고를 낳은 동기로부터 사고의 형성으로, 내적 말을 통한 매개로, 그런 후에 외적 말의 의미로 그리고 마침내 낱말 자체로 움직인다." (『생각과 말』 7장 [6-10])

그러나 이 길은 하나가 아니다. 사고에서 낱말로 가는 길은 매우 다양하며 단절도 있을 수 있다. 비고츠키는 이 연구에서는 오직 사고에서 낱말로 나아가는 기본 경로에 한정되었음을 강조한다. 그를 통해 사고와 낱말의 관계를 사물 간의 지속적·영속적 관계로 이해해 온 기존의 심리학과 달리 사고와 낱말의 관계가 여러 과정의 내적, 역동적, 이동하는 관계임을 파악했으며 이러한 역동적 이주가 발달을 통해 형성됨을 밝힌다.

"이 복잡한 구조와 복잡한 이동 과정, 생각의 단면들 사이의 변화무쌍한 이주는 오직 발달에서만 나타난다. 소리로부터 의미를 분리, 사물로부터 낱말을 분리, 낱말로부터 사고를 분리하는 과정은 개념 발달의 역사에 있어 모두 필요한 단계들이다." (『생각과 말』 7장 [6-11])

5) 전체 마무리

비고츠키는 역사적 심리학을 통해 사고와 낱말의 관계는 낱말에서 사고가 탄생하는 생생한 과정임을 발견할 수 있었다고 강조한다. 사고와 낱말의 연결은 한 번에 이루어지지 않는다. 이 연결은 발달 경로 속에서 나타나며 발달한다. 인간 발달에서 말은 행동보다 더 높은 단계에 있다. 태초에 말은 존재하지 않았고 물질이 있었다. 말은 발달의 시작이 아니라 끝을 형성한다(성경: 태초에 말씀이 있었다. 괴테: 태초에 행동이 있었다. 구츠만: 태초에 행동이 있었다). 그리고 마지막으로 비고츠키는 개체발달을 넘어 '말과 사회적 의식'의 관계를 연구 과제로 제출한다.

"우리 전망은 사고의 문제를 넘어 훨씬 광범위하고 심오하고 장대한 의식의 문제 앞으로 우리를 인도한다. 언어가 의식만큼이나 오래되었고, 또한 다른 사람을 향해 존재하고 그에 따라 나를 향해서도 존재하는 실천적 의식이라면 단지 사고 발달뿐만 아니라 전체적인 의식 발달 역시 낱말 발달과 연결되어 있는 것이다. 낱말은 단지 의식의 개별 기능이 아니라 의식 전체에 중요한 역할을 한다. 포이어바흐가 언급했듯이 낱말은 진실로 한 사람에게는 절대적으로 불가능하지만 두 사람에게는 가능한 의식 속에 존재한다. 낱말은 인간 의식이 지닌 역사적 본질을 가장 직접적으로 표현한다." (『생각과 말』 7장 [6-17])

후기

비고츠키 『생각과 말』의 교육적 의미: 인간 의식과 교육의 내적 관계

진보교육연구소 비고츠키교육학실천연구모임

인간 의식에 대한 변증법적 탐구

비고츠키가 서문에서 밝혔듯이 이 책은 '생각과 말의 문제를 다룬 심리학 연구물'로서 "실험을 통해 축적된 자료를 분석하고 사실들을 토대로 작업가설을 도출하고 이를 이론으로 일반화하는 것과 함께 다른 연구와 이론에 대한 비판적 연구 등을 다룬 다양하고 복잡한 연구"이다. 다양하고 복잡해 보이지만 수렴되는 지점은 '발생 과정에 대한 분석'이며 이를 통해 도달하고자 한 것은 '사고와 낱말' 사이의 관계를 밝히는 것이었고, 비고츠키가 이 연구를 출발점 삼아 이르고자 한 곳은 '인간 의식의 문제'이다.

마르크시즘적 방법론에 입각할 경우, 연구의 과정과 서술(설명)의 과정은 반대이다. 『생각과 말』에서는 연구의 종착점을 서술의 출발점으로 삼고 있다. 비고츠키는 연구로부터 드러낸 사실과 '분석 단위'에 대한 서술로부터 시작한다. 자본주의의 단위인 '상품'에서 출발하는 『자본론』의 구성과 마찬가지다. 추상(총론, 1장 분석 단위의 문제)에서 구체(각론, 2~6장의 단위를 통한 생각과 말의 관계 분석)로 그리고 마지막에 이르러 이 모두를 구체적으로 종합(7장)한다. 낱말에서 생각(의식)으로 생각(의식)에서 낱말로의 이동 과정을 분석함으로써 생각과 말의 문제를 종합한 후 “낱말 의미는 인간 의식의 소우주”라는 문장으로 저작은 끝을 맺는다.

비고츠키와 동료들은 서술 방식뿐 아니라 연구 과정에서 ‘변증법적 지양’의 자세로 임한다.

> “비록 우리 연구의 기본 노선이 시작부터 취했던 기본 방향에서 점진적으로 발전하고 이 책에서 우리가 이전 작업들에서 암묵적으로 담고 있었던 많은 사실을 명확하게 펼치려 하였지만, 우리는 동시에 이전에 올바른 것으로 보였지만 이 작업에 근거하면 단순한 잘못으로 드러난 것을 배제해야만 했다.” (『생각과 말』, 서문 [0-8])

결핵에 걸린 비고츠키는 병상에서 구술로 『생각과 말』을 저술하였다. 죽음이 임박했음을 안 그는 아마도 통렬한 심정으로 인간 의식 연구의 첫걸음 단계에서 자신의 연구를 중단한 것에 대한 아쉬움을 토로한다. 하지만 인간 문화 역사의 변증법적 발전에 대한 확고한 믿음에서 그는 후속 세대가 이를 발전시킬 것이라 믿었던 것 같다. 분서갱유에 버금가는 스탈린의 탄압으로 그의 연구가 사장되면서 이 발전은 한동안 미루어진다.

발생적 방법: 역사와 문화라는 맥락 속에서 인간 존재를 이해

『생각과 말』은 마르크스와 엥겔스의 인간 의식에 대한 입장을 견지하는 가운데 전개된다. 마르크스는 인간을 사회, 역사적 맥락을 떠나 추상적으로 기술하는 것은 잘못이라고 주장했다. 의식이 마치 독립적으로 존재하는 것처럼 의식의 본질을 분석한 학자들을 매우 비판했으며 사람들이 생각하는 것은 역사 발전의 특정한 시점에서의 그들의 물질적 생활에 달려 있다고 말했다. 그러나 사고의 내용은 역사 발전에 의해서만 좌우되는 것이 아니라 인간 종의 인지 능력도 역사적 변화, 특히 기술적 발전의 결과로서 변화한다. 초기 도구 사용이 진보된 지능과 언어 같은 고유한 인간 특질의 발달을 가져왔다고 강력하게 주장했다.

『생각과 말』의 중심 연구 대상은 '어린이'의 생각 발달과 말 달발의 관계다. 의식 연구의 핵심 계기는 생각(개인적)과 말(사회적)의 관계이고 그 출발점으로 '아동기의 개념 발달'을 잡고 있다. 그것은 인간은 역사라는 맥락 속에서 이해될 수밖에 없다는 마르크스의 기본 관점과 동일하다. 따라서 인간의 의식 발달이 어떻게 이루어지는지, 인간의 발달된 사고 형태의 본질을 규명하려면 '과정적으로', '발생적으로' 접근해야 한다는 결론에 도달하게 된다. 기존의 사고 발달 이론에 대해 어린이의 생각이나 성인의 생각이 근본적으로는 다를 바 없으며 '양적 차이'만을 가진다고 주장하거나 시기가 되면 발현되는 것으로 보는 이론들을 비판하면서 '변증법적 비약'의 발생적 과정을 거친다는 점을 아동기 개념 형성 과정을 중심적인 연구 주제로 채택하면서 청소년, 성인 사고와의 비교 분석을 통해 밝히고 있다.

『생각과 말』에서 일관되게 그리고 핵심적으로 적용되고 있는 발생적 방법의 핵심은 '변증법적 부정'이다. 이 점에서 비고츠키의 이론은 기존의 교육이론들과 다르다. 진보주의, 구성주의, 학습자중심주의 등등 각종 ~주의들은 '지금까지의 교육은 다 틀렸어'라는 전제에서 출발하기 때문에 현장의 교육자들을 당혹스럽게 만들 뿐 아니라 심리적 거부감을 불러일으킨다. 반면 비고츠키 이론은 지금까지의 교육을 완전히 부정하는 것이 아니라 변증법적 부정을 통한 고양의 길을 제시하기 때문에 '전면 부정을 통한 새로운 것의 창조'라는 소모적이고 허무한 과정의 반복일 필요가 없다.

변증법적 부정을 통한 고양의 설명 방법은 비고츠키가 인간 발달의 목적이자 결과로서 제시하는 고등정신기능•의 내재화에서 전면적으로 나타난다. 그에 따르면 '고등정신기능'은 '기초정신기능'의 토대 위에서 발달한다. 자연적 지각, 감각적 주의, 자연적 기억, 비언어적 사고, 기초적 정서 등의 자연적 과정을 토대로 하는 기초정신기능은 사회적 과정을 토대로 하는 고등정신기능, 즉 자발적 주의집중, 논리적 기억, 개념적 사고, 심미적 정서, 상상적 창조력, 주체적 의지 등으로 고양된다. 고등정신기능은 인간이기 때문에 때가 되면 발현되는 인간 내부에 경험 이전에 존재하는 그 무엇이 아니다. 기초정신기능은 인간의 계통발생 과정 혹은 개체발달 과정에서 소멸되는 부정적 대상이 아니다. 기초정신기능의 변증법적 지양을 통해 고양된 형태가 새로운 통일체로서의 인간적 능력이 고등정신기능이다.

아동(개인)과 성인(사회), 글말과 입말, 자연발생적 개념과 비자연발생적 개념, 일상적 개념과 과학적 개념, 사고와 행동, 구체와 추상, 생각과 말, 기초정신기능과 고등정신기능, 내적 말과 외적 말 등 비고츠키는 수많은 대립의 쌍을 제출한다. 비고츠키는 대립물의 내적 관계, 변화 속에서 통일(질적 변화)을 바라보고 설명한다. 변증법적 이론가인 비고츠키는 발달에 있어서의 두 대립적인 힘인 '자연적 힘'과 '사회적 힘' 중 하나를 택하거나 외적으로 둘 다 영향 있다고 얼버무리듯 절충하는 입장을 거부한다. 두 대립물이

• 고등정신기능이라는 말은 비고츠키가 처음 사용한 말이 아니다. 처음 이 용어를 쓴 학자는 실험심리학의 창시자인 분트라고 알려져 있으며 당시 심리학의 관심 주제 중 하나였다. 제대로 규명되지 않고 있을 따름이었다. 사실 알고 보면 고등정신기능은 대단한 것 같지만 별것 아니다. 많은 성인이 일상적으로 구사하는 기능들이 여기에 해당된다. 논리적 기억, 자발적 주의, 창조적 상상력, 개념적 추상적 사고, 심미적 예술적 취향 등의 고등정서, 계획, 숙고, 예측 등이 그것이다. 이렇게 나열하니 엄청난 것으로 보이지만 무슨 일에 앞서 계획을 세우고 뭔가에 대해 숙고하고 일어날 일을 예측해보고 메모해서 기억하고 글쓰기를 하고 암산을 하고 말로 생각하고 개념 체계를 이해하는 등등 이러한 행동의 내적 측면이 고등정신기능에 해당된다고 보면 된다.
고등정신기능은 인간 무리에서 고등한 존재를 구별하고 솎아내기 위한 엘리트주의에 물든 개념이 아니라 인간의 고유성을 나타내는 개념이다. 인간의 고유성이란 개별 인간에게 있어서는 주체성이자 인격이다. 비고츠키는 고등정신기능의 총체가 인격personality이라고 보았다. 이를 필자 나름대로 풀어쓴다면, 정서, 의지, 지성이 기계적, 산술적으로 더해진 것이 아니라 상호 의존하고 영향을 미치면서 총체적으로 결합된 산물이 바로 인격이다.
물론 인간으로 태어났다고 해서 자동적으로 보장되는 기능들은 아니다. 그런다면 얼마나 좋겠냐마는 그것은 가능성만을 열어줄 뿐이다. 이런 고차적 기능들은 생물적 특성에 기인하는 저차적 기능을 토대로 하여 기호 사용을 매개로 하는 문화적 발달 과정과 엮이면서 획득된다. 비고츠키는 행동의 저차적 형태와 고차적 형태는 변증법적 지양의 관계에 있음을 설명한다.

만나서 어떤 일이 벌어지느냐, 즉 지양을 통한 고양 달리 말해 변증법적 통일의 과정이라는 관점 속에서 여러 개념들의 쌍을 제출하고 두 대립물의 상호작용을 살핌으로써 내적 관계의 본질을 파악하고자 한다.

인간 의식 고양의 열쇠, '교육'

앞서 언급한 대로 『생각과 말』의 근본 관심은 인간 의식의 본질 규명 즉 의식과 실재의 관계(인식)이다. 의식은 인간(주체)이 세계(대상)를 인식하는 심리적 구조로서 그것이 심리학의 관심 사항이 되어야 하는 이유는 대상은 현상으로서 나타나며 본질을 즉각 드러내지 않으며 '자연발생적 과정'으로는 인간은 대상의 본질을 인식하지 못하기 때문이다. 현상을 통해 본질에 접근하는 것은 자연발생적으로, 즉 저절로 가능하지 않으며 비자연발생적 과정, 즉 의식적 실천을 경유해야만 한다는 것이 비고츠키 이론의 기저를 이룬다. 개인적 경험세계의 한계(시각적, 공간적 한계 등), 맥락에의 종속을 뛰어넘어 추상적으로, 탈맥락적으로 사고할 수 있게 되는 인간의 능력은 바로 비자연발생적 과정, 주요하게는 아동기에 있어서 학교교육의 과학적 개념(비자연발생적 개념의 최고의 유형. 학문적 개념) 형성(형식교과의 교수-학습 과정을 통한 발달) 과정을 통해 이루어진다. 다소 과장하면 일상 속에서 자연발생적으로 인간은 추상적 사고 능력을 획득할 수 없으며 일상적 개념이 나이가 들면서 일상적 경험의 양적 누적을 통해 개인 내에서 저절로 과학적 개념으로 나아갈 수 없다고 할 수 있겠다. 이 지점에서 심리학적 탐구에서 출발하는 생각과 말의 문제는 의식 고양과 교육 실천의 관계라는 교육적 의제가 된다.

총체적 인간 발달과 고등정신기능

고등정신기능에 대해 흔히 지적되는 바는 '지적 기능 중심'이라는 것인데, 비고츠키는 사실상 '정서'가 배제된 지적 측면만의 의식을 상정하지 않았다. '낱말 가치'는 사회적, 지적 과정의 단위일 뿐 아니라 동시에 정서적 단위이다. 모든 관념에서 욕구와 동기는 사고와 역동적으로 결합된다. 실재에 있어서는 총체적이지만 그 총체는 그냥 덩어리 내지 기계적인 산술적 더하기가 아니라 이질적, 대립적인 것의 내적 관계 속에서 총체로서 나타나는 것이다. 논리적 구분은 내적 관계의 본질을 밝히는 데 필수적이며 그래야 비로소 통일을 과정적으로 규명할 수 있다. 늘, 항상 우리의 생각은 지적, 사회적, 정서적 측면이 결합된 '낱말'로서 구현되는 법이다. 어떤 교사가 교실에서 어떤 낱말을 발화할 때 그 속에는 건조하기 이를 데 없는 사전적 정의만을 표현하기 위해 발화하고 있지 않다. 전 신체적으로 그 교사는 무언가를 구현하기 위해 발화하는 것이다.

비고츠키가 생각과 말의 관계를 연구하기 위해 채택한 분석 단위는 낱말 가치이다. 그에 따르면 낱말은 "인간 의식의 소우주"로서 인간의 문화적, 역사적 발달의 결정체이다. 낱말 가치는 생각의 영역(일반화)에 속하는 동시에 그 정도만큼 의미를 가지므로 말(의미를 빼앗긴 낱말은 말이 아니다)의 영역에서 속한다. 즉 말인 동시에 생각이다. 또한 낱말 가치는 의미와 기호의 통일체인 말의 의사소통적 기능(사회적 접촉의 수단)과 지적 기능(생각)이라는 두 기능에 대한 단위이다.

이는 생각과 말에 대한 인과-발생적 분석을 가능케 해 준다. 사회적 접촉과 일반화의 통일 과정, 즉 사회적 접촉 없이 일반화는 불가능하며 일반화 없이 소통은 이루어질 수 없음을 알게 됨으로써 어린이의 생각 발달과 사회적 상호작용의 실재적 관계를 이해할 수 있게 된다. 한마디로 표현해서, 고등정신기능은 아동(인간) 내부에 있지 않고 사회에 그 기원이 있다.

『생각과 말』의 중심 문제: 개념적 사고 발달

개념적 사고 형성은 비고츠키 교육학의 중심 문제이며 사실상 이는 인간의 지성화뿐 아니라 심미적 정서와 윤리적 감성 형성의 핵심적 계기이기도 하다. 지적 과정이 생략된 행동주의적 방식과 당위성에 입각한 도덕성 교육은 그 토대가 미약하기 마련이며 지적 과정이 생략된 즉각적 느낌과 기술적 표현에 치중된 예술 교육은 숙달된 기능 형성에 머무를 가능성이 크다. 지적 측면과 분리된 인성 교육의 강조는 형식적으로 그친다는 사실도 분명하다.

비고츠키에 있어서 지성화의 핵심은 개념적 사고를 할 수 있는 인간의 능력 고양에 있다. 그렇다면 개념 형성의 핵심 수단과 경로, 동력의 문제가 해명의 대상이 된다. 비고츠키는 개념 형성의 결정적 요인을 기호나 말의 기능적 사용으로 설명한다. 즉, 개념적으로 생각할 수단을 갖지 못하면 개념적 사고는 불가능하다. 이는 너무나도 당연한 말이다. 인식의 수단이 없는데 어떻게 세계와 대상을 인식하겠는가. 표현의 수단이 없는데 어떻게 표현하겠는가. 교육의 기회를 박탈당한, 즉 과학적 개념을 인식의 수단으로 가질 기회를 박탈당한 노동계급이 아무리 착취와 억압에 노출되어 있어도 이를 과학적으로 인식하고 분노를 표현할 수단을 획득하지 못한다면 그것은 일상 속에서 접하는 것들에 대한 막연한 느낌(『생각과 말』에서의 어린이에게 있어서는 감각적 재료에 대한 지각)으로 그치고 말 것이며 힘의 논리, 대세론에 굴복하기 쉽다는 것을 우리는 잘 보아 왔다.

개념 형성의 불가피한 두 자질은 낱말과 감각적 재료이다. 어린이에게 개념은 감각적 재료의 지각과 재가공을 통해 생겨나며 이와 더불어 낱말은 개념 형성에 있어 필수 불가결하다. 주체의 외부에 객관적으로 존재하는 재료는 개념 발달의 토대이며 말을 통해 개념이 생겨난다. 개념은 정적이고 고립된 형태에서 출현하는 것이 아니라 과제를 생각하고 해결하는 핵심적인 과정에서 생겨난다.

개념 형성의 발생적 통로에 있어서, 시작은 유년기 가장 초기에, 그리고 성숙은 오직 과도적 시기에 이루어진다. 유년기 동안 형성, 발달된 지적 기능들의 조합을 통해 개념 형성 과정의 토대를 이룬다. 청소년기에 접어들 때 개념적 사고 영역으로의 마지막 이행이 나타난다.

개념적 사고 형성의 결정적, 필수적 요인은 기호나 말의 기능적 사용이다. 연상, 주의, 표상, 판단 또는 결정적 성향의 과정 모두가 개념 형성의 종합적 과정에 필수적이지만 이들 기능으로 환원될 수 없다. 이 과정의 중심은 기호나 말의 기능적 사용이다. 이를 통해 청소년은 스스로의 정신적 운용들을 숙달하고 지배하며 직면한 과업의 해결을 위해 이들의 활동을 지휘한다.

우리의 사회적, 교육적 환경은 청소년의 생각 발달 나아가 성인의 생각 발달을 막는 역할을 한다. 입시, 점수 경쟁으로 왜곡된 교육의 과정은 아동기, 청소년기에 있어서 지성의 발달을 고통스런 과정으로 각인시키며 이는 성인이 된 후 학습을 고통으로 여기는 기초가 되어버린다. 청소년들에게 있어서는 공부와 학습으로부터의 이탈을 정당화하는 사회적 조건을 입시 경쟁이 조장하고 있는 것이다.

일상적 개념과 과학적 개념의 변증법적 결합

학교의 교과학습에서 일상적 개념과 과학적 개념은 때때로 만난다. 예컨대 중학교 2학년 수학 교육과정에는 '근삿값'이라는 개념이 등장한다. '근삿값'으로서 의식하여 접하기 전에 이미 아이들은 근삿값을 자연스럽게 일상 속에서 사용해 왔다. 몸무게와 키, 길이를 재고, 개수나 사람 수를 어림잡아 헤아리고, 물건 값을 계산하면서 늘 사용하던 '친숙한' 개념(자연발생적 개념)이 학교에서의 교수-학습 과정을 통해 비로소 '의식적 파악'의 대상이 된다.

이러한 예는 허다하다. 구입한 물건의 개수와 가격의 관계, 주차 시간과 주차 요금의 관계. 이 모든 것이 '함수'임에도 특유한 관계의 성격을 의식 없이 능숙하게 사용한다. 백분율, 분수, 소수, 각종 단위 등등 일상적으로 비의식적으로 접하던 낱말들은 학교에서의 교수-학습을 통해 의식적 파악의 대상이 되면서 인간의 의식을 일깨우고 이에 대한 숙달을 통해 내재화됨으로써 일상적 개념에 대한 변증법적 지양을 통해 고양의 길로 들어선다. 함수라는 과학적 개념이 일상적으로 사용한 각종 관계를 의식적으로 파악하는 계기가 되는 것이고, 좋은 학교 수학 교육은 이런 일상적 개념과 과학적 개념이 서로 상승되도록 해 주는 것이다. 이것이 바로 '낱말 의미는 발달한다'는 『생각과 말』의 핵심 내용이 아닌가 싶다. 어떤 개념을 학교에서 접할 때 그것은 완성된 형태로 주어지는 것이 아니라 시작인 것이다. 이 점을 염두에 두면 교수-학습의 과정에서 매 순간이 의미로운 과정으로 느껴진다. 완성된 형태의 의미를 지금 당장 어떤 학생이 이해하지 못한다고 해서 그것을 답답해하지 않아도 좋다. 이후의 과정 속에서 그 학생은 비약적으로 '아하' 하는 순간을 맞이할 것이라고 보아도 좋다. 그런 점에서 수준별 수업은 이를테면 정수의 사칙연산을 틀리지 않을 때까지 붙들고 있어야 하지만 비고츠키 이론에 따르면 굳이 그러지 않아도 좋다. 1학년에서 정수 계산을 놀라울 정도로 버벅대던 학생도 2학년의 다항식 계산에서 정수 계산은 이상하게도 잘해내는 현상이 나타난다. 이런 의미에서 현재적 수준의 비교와 수량화, 그에 따른 능력별 집단 편성은 교육학적으로 의미가 없을 뿐 아니라 발달을 오히려 방해한다.

지금까지의 학교교육에서의 개념학습은 이 둘을 서로 상승시키는 대신 과학적 개념을 추상적으로만 다루거나 이를 경험 속에서 자연스럽게 알게 해야 한다는 반주지주의적 경험주의가 대립해 왔다. 한국의 경우 입시가 과학적, 일상적 개념의 추상적 수준으로의 상승, 과학적 개념의 구체로의 상승을 방해하는 근본 요인으로 작동해 왔다고 보면 될 것이다.

학교 교과 교수-학습의 의의: "과학적 개념은 의식 고양의 문을 열어젖힌다"

비고츠키는 개념적 사고가 질적으로 다른 발달의 단계를 거친다는 점을 실험을 통해 밝혔고 나아가 그 단계들 간의 이행은 '학교에서의 형식교과의 교수-학습을 통해서'임을 밝혔다. 『생각과 말』에서 세계를 개념적으로 인식하는 사유 방식을 '일반화 구조'로 개념화하고 일반화 구조의 발달 단계를 실험을 통해 확정한 후 비고츠키는 질문한다. "일반화 구조들 간의 이행을 추동하는 동력은 어디에 있는가?" 그리고 대답한다. 그것은 학교에서의 형식교과의 교수-학습을 통해서이다. 복합체적 개념(유아기)에서 전개념(학령기)으로 그리고 진개념(청소년기)으로의 이행은 일상적 과정, 자연발생적 과정에 의해서가 아니라 '인위적(의지적) 과정'을 통해 즉 학교에서의 '과학적 개념의 교수-학습'을 통해 이루어진다.

또한 발달과 교수-학습의 관계에 대해 발달의 곡선과 교수-학습의 곡선은 일치하지 않는다고 결론짓는다. 기본적인 학교 교과목에 대한 연구 분석 결과(쓰기, 문법, 외국어, 셈하기 등), 교수-학습이 시작될 때 생각이 성숙되어 있지 않다. 교수-학습을 위한 공통적 심리적 기반은 의식적 파악과 숙달(때로는 의식적 파악과 의지로 표현함)이며 이러한 심리적 기반의 발달은 교수-학습을 앞서지 않고 교수-학습의 경로 속에서 발생한다. 개념에 대한 의식적 파악은 일상적 개념의 비체계성, 무의식적, 비의지적 측면과 반대로 과학적 개념이 '체계'를 가지기 때문이다. 의식적 파악과 숙달을 공통된 기초를 토대로 하여 개별 심리기능들은 의존성을 가지면서 의지적 주의와 논리적 기억, 추상적 생각과 과학적 상상력과 같은 고차적 심리기능들로 연결될 수 있다.

교수-학습과 발달 과정의 시간적 순서는 '아하 경험'으로 설명할 수 있다. 거울에 비친 듯 교수-학습의 결과가 발달로 나타나는 것이 아니라 갑작스러운 변화로 나타난다. 곡선으로 나타낸다면 발달의 곡선은 때로 교수-

학습을 추월하는 순간을 가진다. 이를테면 1학년 과정에서 다 틀렸던 문제를 2학년이 되면 이상하게도 다 맞히는 등 오늘 못한다고 해서 내일도 못한다는 예단은 금물이다. 거꾸로 겉으로 이해한 듯한 학생들도 실제로는 뜻을 아는 정도의 형식적 개념 상태일 수 있다.

발달의 잠재력과 가능성을 설명하는 개념이 근접발달영역이다. 근접발달영역은 실제적 발달 수준과 잠재적 발달 수준 간의 거리, 독립적으로 과제를 수행하는 능력과 도움을 통해, 과학적 개념은 어린이들이 이미 가지고 있는 일상적 개념의 토대 위에 근접발달영역을 창출한다. 형식교과들 각각에서의 교수-학습 과정에서 가능성은 현실화될 수 있다. 어린이들은 준비된 상태에서 학교교육에 임하는 것이 아니라, 준비되지 않은 채 시작한다(쓰기, 외국어). 물론 모든 교수-학습이 그렇다는 것은 아니다(예컨대, 현학적인 언어적 교수 방식). 훌륭한 교수-학습은 발달의 최저 임계점(기존의 교육학은 주로 이 점을 부각시켰다. 피아제처럼)뿐만 아니라 최고 임계점 간의 민감한 영역을 설정하는 것을 통해서이며 이러한 교수-학습이 발달을 이끌 수 있다.

인간 발달의 토대, '협력'

'발달과 협력'의 근본적 중요성을 일깨운다는 점에서 비고츠키 『생각과 말』은 이론적 가치가 있음은 물론 실천적으로도 유용하다. 『생각과 말』 어디에서도 비고츠키는 당장 써먹을 수 있는 실용적 기술들을 직접 제시하지 않지만, 익숙하게 받아들였던 제 현상에 대한 의식적 파악을 돕는 개념적 수단을 곳곳에서 제시한다. 이를테면 지식 교육보다 인성 교육이 먼저라는 이분법에 혹시 답답함을 느낀 적이 있다면 그 둘의 관계를 재정립할 수 있다. 제대로 된 지식 교육이란 무엇인지, 초절정 지식 교육 형태로 간주되는 입시 교육이 도리어 지성화를 방해한다는 사실을 설명하는 논리와 근거를 제공한다.

이 시대 교사들은 교육관계 속에서 긍지나 기쁨보다 고통을 많이 느끼는 듯하다. 4차원 같은 도대체 의사소통이 불가능해 보이는 아이들, 심지어 대드는 아이들에 대해 그들의 상태를 진단할 수 있게 해 주며 어느 정도 관계를 개선할 수도 있다. 이는 『생각과 말』을 함께 학습하는 과정에서 관점의 변화도 함께 일어날 수 있기에 가능한 일이다. 자본주의 이데올로그들이 주장하듯 경쟁에서의 승리의 쾌감을 추구하는 것이 인간의 존재적 본질은 결코 아닐 것이다. 협력적 관계 속에서 함께 발달해 가는 가운데 기쁨을 느끼는 것이 인간 존재의 본질임을 과학적으로 밝히고자 애쓴 이가 바로 비고츠키이다.

함께 작업한 이들

김태정_평등교육실현을위한전국학부모회 집행위원장

학생운동과 노동단체 등 20여 년 활동 끝에 전교조 선생님들을 만나 교육운동의 중요성을 깨닫고 2008년부터 교육운동에 투신하였습니다. 현재 평등교육실현을위한전국학부모회 집행위원장으로 일제고사, 교원평가 등 각종 교육 현안 투쟁을 실천하고 있으며, 교육운동의 척박한 환경 탓인지 능력을 넘어서서 교육혁명공동행동 조직위원장, 교육운동연대 정책위원 등 조직, 정책, 선전홍보 등 여러 가지 일을 하고 있습니다. 2010년 진보교육연구소에서 비고츠키 세미나를 하는 것을 보고 함께하게 되었으며, 비고츠키 이론이 노동자민중의 해방을 위한 교육 담론 재구성의 유력한 매개라는 판단을 하게 된 후, 다양한 주제들과 비고츠키의 이론을 접목시키고자 노력하고 있습니다.

손지희_진보교육연구소 이론분과

서울에 있는 상신중학교에서 수학 교사로 근무하고 있으며 1999년부터 현재까지 진보교육연구소에서 연구원 활동을 하고 있습니다. 비고츠키 공부를 시작한 것은 2007년이지만 비고츠키 이론의 진가를 확실히 깨닫게 된 계기가 된 것은 『생각과 말』 세미나를 통해서입니다. 비고츠키를 여러 선생님들과 함께 공부하다 보니 학생들의 말과 행동의 이면을 들여다보는 힘이 조금은 는 것 같기도 합니다. 교사 발달의 원천은 동료와의 협력에 있다는 사실도 깨달아 가고 있습니다. 현재는 한국 중등교육이 나아갈 방향을 제시해 줄 이정표라는 확신을 가지고 비고츠키의 청소년 발달론을 공부 중입니다.

이두표_비고츠키연구회 회원

서울에 있는 개웅중학교에서 과학 교사로 근무하고 있습니다. 2010년 여름 비고츠키를 처음 만난 후 그 매력에 빠져 2011년부터 진보교육연구소에서 꾸준히 비고츠키를 공부하고 있습니다. 2012년부터는 비고츠키연구회에 들어가 비고츠키 선집 3권인 『어린이 자기행동숙달의 역사와 발달 Ⅰ』부터 번역 작업을 함께하고 있습니다. 과학을 가르치는 교사로서 비고츠키 이론의 적용은 물론, 인간 의식에 대한 과학적 설명이라는 부분에 특히 관심을 갖고 있습니다.

천보선_전교조 참교육연구소 소장

진보교육연구소 이론분과연구원이며 서울 독산고등학교 지리교사입니다. 현재는 전교조 참교육연구소에서 일하고 있습니다. 개별화 교육을 옹호하는 자유주의적 구성주의자로 비고츠키를 오해했다가 공부할수록 '발달과 협력'의 교육학임을 알게 되면서 연구모임 동지들과 함께 한국에 비고츠키 교육철학을 전파하려고 하고 있습니다. 비고츠키를 통해 변증법 철학을 재발견하게 되었으며 매일매일의 실천과 생활에서도 조금씩 새로운 지평을 만나고 있습니다. 『신자유주의와 한국 교육의 진로』(1998), 『한국 사회 교육신화 비판』(2007) 등에 저자로 참여하였습니다.

삶의 행복을 꿈꾸는 교육은 어디에서 오는가?

교육혁명을 앞당기는 배움책 이야기 혁신교육의 철학과 잉걸진 미래를 만나다!

한국교육연구네트워크 총서

01 핀란드 교육혁명
한국교육연구네트워크 엮음 | 320쪽 | 값 15,000원

02 일제고사를 넘어서
한국교육연구네트워크 엮음 | 284쪽 | 값 13,000원

03 새로운 사회를 여는 교육혁명
한국교육연구네트워크 엮음 | 380쪽 | 값 17,000원

04 교장제도 혁명
한국교육연구네트워크 엮음 | 268쪽 | 값 14,000원

05 새로운 사회를 여는 교육자치 혁명
한국교육연구네트워크 엮음 | 312쪽 | 값 15,000원

06 혁신학교에 대한 교육학적 성찰
한국교육연구네트워크 엮음| 308쪽 | 값 15,000원

07 진보주의 교육의 세계적 동향
한국교육연구네트워크 엮음 | 324쪽 | 값 17,000원
2018 세종도서 학술부문

08 더 나은 세상을 위한 학교혁명
한국교육연구네트워크 엮음 | 404쪽 | 값 21,000원
2018 세종도서 교양부문

09 비판적 실천을 위한 교육학
이윤미 외 지음 | 448쪽 | 값 23,000원
2019 세종도서 학술부문

10 마을교육공동체운동: 세계적 동향과 전망
심성보 외 지음 | 376쪽 | 값 18,000원

11 학교 민주시민교육의 세계적 동향과 과제
심성보 외 지음 | 308쪽 | 값 16,000원

12 학교를 민주주의의 정원으로 가꿀 수 있을까?
성열관 외 지음 | 272쪽 | 값 16,000원

한국교육연구네트워크 번역 총서

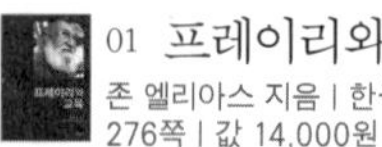
01 프레이리와 교육
존 엘리아스 지음 | 한국교육연구네트워크 옮김
276쪽 | 값 14,000원

02 교육은 사회를 바꿀 수 있을까?
마이클 애플 지음 | 강희룡·김선우·박원순·이형빈 옮김
356쪽 | 값 16,000원

03 비판적 페다고지는 세상을 변화시킬 수 있는가?
Seewha Cho 지음 | 심성보·조시화 옮김
280쪽 | 값 14,000원

04 마이클 애플의 민주학교
마이클 애플·제임스 빈 엮음 | 강희룡 옮김
276쪽 | 값 14,000원

05 21세기 교육과 민주주의
넬 나딩스 지음 | 심성보 옮김 | 392쪽 | 값 18,000원

06 세계교육개혁: 민영화 우선인가 공적 투자 강화인가?
린다 달링-해먼드 외 지음 | 심성보 외 옮김 | 408쪽 | 값 21,000원

07 콩도르세, 공교육에 관한 다섯 논문
니콜라 드 콩도르세 지음 | 이주환 옮김
300쪽 | 값 16,000원

08 학교를 변론하다
얀 마스켈라인•마틴 시몬스 지음 | 윤선인 옮김
252쪽 | 값 15,000원

혁신학교
성열관·이순철 지음 | 224쪽 | 값 12,000원

행복한 혁신학교 만들기
초등교육과정연구모임 지음 | 264쪽 | 값 13,000원

서울형 혁신학교 이야기
이부영 지음 | 320쪽 | 값 15,000원

대한민국 교사, 어떻게 가르칠 것인가?
윤성관 지음 | 320쪽 | 값 15,000원

아이들을 어떻게 가르칠 것인가
사토 마나부 지음 | 박찬영 옮김 | 232쪽 | 값 13,000원

모두를 위한 국제이해교육
한국국제이해교육학회 지음 | 364쪽 | 값 16,000원

●4·16, 질문이 있는 교실 마주이야기 통합수업으로 혁신교육과정을 재구성하다!

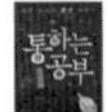
통하는 공부
김태호·김형우·이경석·심우근·허진만 지음
324쪽 | 값 15,000원

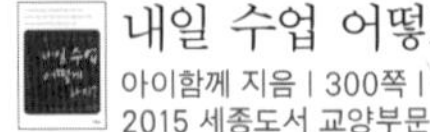
내일 수업 어떻게 하지?
아이함께 지음 | 300쪽 | 값 15,000원
2015 세종도서 교양부문

인간 회복의 교육
성래운 지음 | 260쪽 | 값 13,000원

교과서 너머 교육과정 마주하기
이윤미 외 지음 | 368쪽 | 값 17,000원

수업 고수들
수업·교육과정·평가를 말하다
박현숙 외 지음 | 368쪽 | 값 17,000원

도덕 수업, 책으로 묻고 윤리로 답하다
울산도덕교사모임 지음 | 320쪽 | 값 15,000원

체육 교사, 수업을 말하다
전용진 지음 | 304쪽 | 값 15,000원

교실을 위한 프레이리
아이러 쇼어 엮음 | 사람대사람 옮김
412쪽 | 값 18,000원

마을교육공동체란 무엇인가?
서용선 외 지음 | 360쪽 | 값 17,000원

교사, 학교를 바꾸다
정진화 지음 | 372쪽 | 값 17,000원

함께 배움
학생 주도 배움 중심 수업 이렇게 한다
니시카와 준 지음 | 백경석 옮김 | 280쪽 | 값 15,000원

공교육은 왜?
홍섭근 지음 | 352쪽 | 값 16,000원

자기혁신과 공동의 성장을 위한
교사들의 필리버스터
윤양수·원종희·장군·조경삼 지음 | 280쪽 | 값 14,000원

함께 배움 이렇게 시작한다
니시카와 준 지음 | 백경석 옮김 | 196쪽 | 값 12,000원

함께 배움 교사의 말하기
니시카와 준 지음 | 백경석 옮김 | 188쪽 | 값 12,000원

교육과정 통합, 어떻게 할 것인가?
성열관 외 지음 | 192쪽 | 값 13,000원

미래교육의 열쇠, 창의적 문화교육
심광현·노명우·강정석 지음 | 368쪽 | 값 16,000원

주제통합수업,
아이들을 수업의 주인공으로!
이윤미 외 지음 | 392쪽 | 값 17,000원

수업과 교육의 지평을 확장하는 수업 비평
윤양수 지음 | 316쪽 | 값 15,000원
2014 문화체육관광부 우수교양도서

교사, 선생이 되다
김태은 외 지음 | 260쪽 | 값 13,000원

교사의 전문성, 어떻게 만들어지나
국제교원노조연맹 보고서 | 김석규 옮김
392쪽 | 값 17,000원

수업의 정치
윤양수·원종희·장군 지음 | 280쪽 | 값 14,000원

학교협동조합,
현장체험학습과 마을교육공동체를 잇다
주수원 외 지음 | 296쪽 | 값 15,000원

거꾸로 교실,
잠자는 아이들을 깨우는 수업의 비밀
이민경 지음 | 280쪽 | 값 14,000원

교사는 무엇으로 사는가
정은균 지음 | 292쪽 | 값 15,000원

마음의 힘을 기르는 감성수업
조선미 외 지음 | 300쪽 | 값 15,000원

작은 학교 아이들
지경준 엮음 | 376쪽 | 값 17,000원

아이들의 배움은 어떻게 깊어지는가
이시이 쥰지 지음 | 방지현·이창희 옮김
200쪽 | 값 11,000원

대한민국 입시혁명
참교육연구소 입시연구팀 지음 | 220쪽 | 값 12,000원

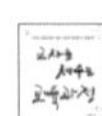
교사를 세우는 교육과정
박승열 지음 | 312쪽 | 값 15,000원

전국 17명 교육감들과 나눈 교육 대담
최창의 대담·기록 | 272쪽 | 값 15,000원

들뢰즈와 가타리를 통해 유아교육 읽기
리세롯 마리엣 올슨 지음 | 이연선 외 옮김
328쪽 | 값 17,000원

학교 혁신의 길, 아이들에게 묻다
남궁상운 외 지음 | 272쪽 | 값 15,000원

프레이리의 사상과 실천
사람대사람 지음 | 352쪽 | 값 18,000원
2018 세종도서 학술부문

혁신학교, 한국 교육의 미래를 열다
송순재 외 지음 | 608쪽 | 값 30,000원

페다고지를 위하여
프레네의 『페다고지 불변요소』 읽기
박찬영 지음 | 296쪽 | 값 15,000원

노자와 탈현대 문명
홍승표 지음 | 284쪽 | 값 15,000원

선생님, 민주시민교육이 뭐예요?
염경미 지음 | 244쪽 | 값 15,000원

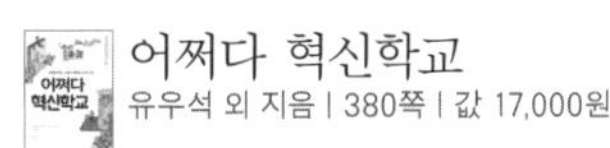

어쩌다 혁신학교
유우석 외 지음 | 380쪽 | 값 17,000원

미래, 교육을 묻다
정광필 지음 | 232쪽 | 값 15,000원

대학, 협동조합으로 교육하라
박주희 외 지음 | 252쪽 | 값 15,000원

입시, 어떻게 바꿀 것인가?
노기원 지음 | 306쪽 | 값 15,000원

촛불시대, 혁신교육을 말하다
이용관 지음 | 240쪽 | 값 15,000원

라운드 스터디
이시이 데루마사 외 엮음 | 224쪽 | 값 15,000원

미래교육을 디자인하는 학교교육과정
박승열 외 지음 | 348쪽 | 값 18,000원

흥미진진한 아일랜드 전환학년 이야기
제리 제퍼스 지음 | 최상덕·김호원 옮김 | 508쪽 | 값 27,000원
2019 대한민국학술원우수학술도서

폭력 교실에 맞서는 용기
따돌림사회연구모임 학급운영팀 지음
272쪽 | 값 15,000원

그래도 혁신학교
박은혜 외 지음 | 248쪽 | 값 15,000원

학교는 어떤 공동체인가?
성열관 외 지음 | 228쪽 | 값 15,000원

학교 민주주의의 불한당들
정은균 지음 | 276쪽 | 값 14,000원

교육과정, 수업, 평가의 일체화
리사 카터 지음 | 박승열 외 옮김 | 196쪽 | 값 13,000원

학교를 개선하는 교장
지속가능한 학교 혁신을 위한 실천 전략
마이클 풀란 지음 | 서동연·정효준 옮김 | 216쪽 | 값 13,000원

공자뎐, 논어는 이것이다
유문상 지음 | 392쪽 | 값 18,000원

교사와 부모를 위한
발달교육이란 무엇인가?
현광일 지음 | 380쪽 | 값 18,000원

교사, 이오덕에게 길을 묻다
이무완 지음 | 328쪽 | 값 15,000원

낙오자 없는 스웨덴 교육
레이프 스트란드베리 지음 | 변광수 옮김
208쪽 | 값 13,000원

끝나지 않은 마지막 수업
장석웅 지음 | 328쪽 | 값 20,000원

경기꿈의학교
진흥섭 외 지음 | 360쪽 | 값 17,000원

학교를 말한다
이성우 지음 | 292쪽 | 값 15,000원

행복도시 세종,
혁신교육으로 디자인하다
곽순일 외 지음 | 392쪽 | 값 18,000원

나는 거꾸로 교실 거꾸로 교사
류광모·임정훈 지음 | 212쪽 | 값 13,000원

교실 속으로 간 이해중심 교육과정
온정덕 외 지음 | 224쪽 | 값 13,000원

교실, 평화를 말하다
따돌림사회연구모임 초등우정팀 지음
268쪽 | 값 15,000원

학교자율운영 2.0
김용 지음 | 240쪽 | 값 15,000원

학교자치를 부탁해
유우석 외 지음 | 252쪽 | 값 15,000원

국제이해교육 페다고지
강순원 외 지음 | 256쪽 | 값 15,000원

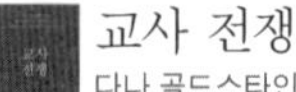

교사 전쟁
다나 골드스타인 지음 | 유성상 외 옮김
468쪽 | 값 23,000원

시민, 학교에 가다
최형규 지음 | 260쪽 | 값 15,000원

학교를 살리는 회복적 생활교육
김민자·이순영·정선영 지음 | 256쪽 | 값 15,000원

교사를 위한 교육학 강의
이형빈 지음 | 336쪽 | 값 17,000원

새로운학교 학생을 날게 하다
새로운학교네트워크 총서 02 | 408쪽 | 값 20,000원

세월호가 묻고 교육이 답하다
경기도교육연구원 지음 | 214쪽 | 값 13,000원

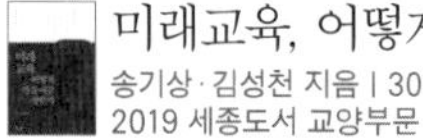

미래교육, 어떻게 만들어갈 것인가?
송기상·김성천 지음 | 300쪽 | 값 16,000원
2019 세종도서 교양부문

교육에 대한 오해
우문영 지음 | 224쪽 | 값 15,000원

혁신교육지구 현장을 가다
이용운 외 4인 지음 | 344쪽 | 값 18,000원

배움의 독립선언, 평생학습
정민승 지음 | 240쪽 | 값 15,000원

선생님, 페미니즘이 뭐예요?
염경미 지음 | 280쪽 | 값 15,000원

평화의 교육과정 섬김의 리더십
이준원·이형빈 지음 | 292쪽 | 값 16,000원

수포자의 시대
김성수·이형빈 지음 | 252쪽 | 값 15,000원

혁신학교와 실천적 교육과정
신은희 지음 | 236쪽 | 값 15,000원

삶의 시간을 잇는 문화예술교육
고영직 지음 | 292쪽 | 값 16,000원

혐오, 교실에 들어오다
이혜정 외 지음 | 232쪽 | 값 15,000원

혁신교육지구와 마을교육공동체는
어떻게 만들어지는가?
김태정 지음 | 376쪽 | 값 18,000원

선생님, 특성화고 자기소개서
어떻게 써요?
이지영 지음 | 322쪽 | 값 17,000원

학생과 교사, 수업을 묻다
전용진 지음 | 344쪽 | 값 18,000원

혁신학교의 꽃, 교육과정 다시 그리기
안재일 지음 | 344쪽 | 값 18,000원

● 살림터 참교육 문예 시리즈 영혼이 있는 삶을 가르치는 온 선생님을 만나다!

꽃보다 귀한 우리 아이는
조재도 지음 | 244쪽 | 값 12,000원

성깔 있는 나무들
최은숙 지음 | 244쪽 | 값 12,000원

아이들에게 세상을 배웠네
명혜정 지음 | 240쪽 | 값 12,000원

밥상에서 세상으로
김흥숙 지음 | 280쪽 | 값 13,000원

우물쭈물하다 끝난 교사 이야기
유기창 지음 | 380쪽 | 값 17,000원

선생님이 먼저 때렸는데요
강병철 지음 | 248쪽 | 값 12,000원

서울 여자, 시골 선생님 되다
조경선 지음 | 252쪽 | 값 12,000원

행복한 창의 교육
최창의 지음 | 328쪽 | 값 15,000원

북유럽 교육 기행
정애경 외 14인 지음 | 288쪽 | 값 14,000원

시험 시간에 웃은 건 처음이에요
조규선 지음 | 252쪽 | 값 15,000원

교과서 밖에서 만나는 역사 교실 상식이 통하는 살아 있는 역사를 만나다

전봉준과 동학농민혁명
조광환 지음 | 336쪽 | 값 15,000원

남도의 기억을 걷다
노성태 지음 | 344쪽 | 값 14,000원

응답하라 한국사 1·2
김은석 지음 | 356쪽·368쪽 | 각권 값 15,000원

즐거운 국사수업 32강
김남선 지음 | 280쪽 | 값 11,000원

즐거운 세계사 수업
김은석 지음 | 328쪽 | 값 13,000원

강화도의 기억을 걷다
최보길 지음 | 276쪽 | 값 14,000원

광주의 기억을 걷다
노성태 지음 | 348쪽 | 값 15,000원

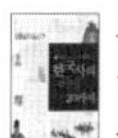
선생님도 궁금해하는
한국사의 비밀 20가지
김은석 지음 | 312쪽 | 값 15,000원

걸림돌
키르스텐 세룹-빌펠트 지음 | 문봉애 옮김
248쪽 | 값 13,000원

역사수업을 부탁해
열 사람의 한 걸음 지음 | 388쪽 | 값 18,000원

진실과 거짓, 인물 한국사
하성환 지음 | 400쪽 | 값 18,000원

우리 역사에서 사라진
근현대 인물 한국사
하성환 지음 | 296쪽 | 값 18,000원

꼬물꼬물 거꾸로 역사수업
역모자들 지음 | 436쪽 | 값 23,000원

즐거운 동아시아사 수업
김은석 지음 | 240쪽 | 값 15,000원

노성태, 역사의 길을 걷다
노성태 지음 | 324쪽 | 값 17,000원

교과서 밖에서 배우는 역사 공부
정은교 지음 | 292쪽 | 값 14,000원

팔만대장경도 모르면 빨래판이다
전병철 지음 | 360쪽 | 값 16,000원

빨래판도 잘 보면 팔만대장경이다
전병철 지음 | 360쪽 | 값 16,000원

영화는 역사다
강성률 지음 | 288쪽 | 값 13,000원

친일 영화의 해부학
강성률 지음 | 264쪽 | 값 15,000원

한국 고대사의 비밀
김은석 지음 | 304쪽 | 값 13,000원

조선족 근현대 교육사
정미량 지음 | 320쪽 | 값 15,000원

다시 읽는 조선근대 교육의 사상과 운동
윤건차 지음 | 이명실·심성보 옮김 | 516쪽 | 값 25,000원

음악과 함께 떠나는 세계의 혁명 이야기
조광환 지음 | 292쪽 | 값 15,000원

논쟁으로 보는 일본 근대 교육의 역사
이명실 지음 | 324쪽 | 값 17,000원

다시, 독립의 기억을 걷다
노성태 지음 | 320쪽 | 값 16,000원

한국사 리뷰
김은석 지음 | 244쪽 | 값 15,000원

경남의 기억을 걷다
류형진 외 지음 | 564쪽 | 값 28,000원

어제와 오늘이 만나는 교실
학생과 교사의 역사수업 에세이
정진경 외 지음 | 328쪽 | 값 17,000원

● 더불어 사는 정의로운 세상을 여는 인문사회과학 사람의 존엄과 평등의 가치를 배운다

밥상혁명
강양구·강이현 지음 | 298쪽 | 값 13,800원

도덕 교과서 무엇이 문제인가?
김대용 지음 | 272쪽 | 값 14,000원

자율주의와 진보교육
조엘 스프링 지음 | 심성보 옮김 | 320쪽 | 값 15,000원

민주화 이후의 공동체 교육
심성보 지음 | 392쪽 | 값 15,000원
2009 문화체육관광부 우수학술도서

갈등을 넘어 협력 사회로
이창언·오수길·유문종·신윤관 지음
280쪽 | 값 15,000원

동양사상과 마음교육
정재걸 외 지음 | 356쪽 | 값 16,000원
2015 세종도서 학술부문

교과서 밖에서 배우는 철학 공부
정은교 지음 | 280쪽 | 값 14,000원

교과서 밖에서 배우는 사회 공부
정은교 지음 | 304쪽 | 값 15,000원

교과서 밖에서 배우는 윤리 공부
정은교 지음 | 292쪽 | 값 15,000원

한글 혁명
김슬옹 지음 | 388쪽 | 값 18,000원

우리 안의 미래교육
정재걸 지음 | 484쪽 | 값 25,000원

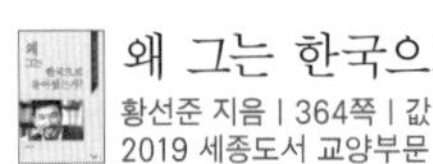
왜 그는 한국으로 돌아왔는가?
황선준 지음 | 364쪽 | 값 17,000원
2019 세종도서 교양부문

공간, 문화, 정치의 생태학
현광일 지음 | 232쪽 | 값 15,000원

인공지능 시대의 사회학적 상상력
홍승표 지음 | 260쪽 | 값 15,000원

동양사상과 인간 그리고 사회
이현지 지음 | 418쪽 | 값 21,000원

좌우지간 인권이다
안경환 지음 | 288쪽 | 값 13,000원

민주시민교육
심성보 지음 | 544쪽 | 값 25,000원

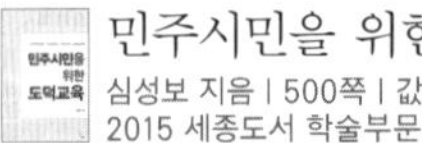
민주시민을 위한 도덕교육
심성보 지음 | 500쪽 | 값 25,000원
2015 세종도서 학술부문

교과서 밖에서 배우는 인문학 공부
정은교 지음 | 280쪽 | 값 13,000원

오래된 미래교육
정재걸 지음 | 392쪽 | 값 18,000원

대한민국 의료혁명
전국보건의료산업노동조합 엮음 | 548쪽 | 값 25,000원

교과서 밖에서 배우는 고전 공부
정은교 지음 | 288쪽 | 값 14,000원

전체 안의 전체 사고 속의 사고
김우창의 인문학을 읽다
현광일 지음 | 320쪽 | 값 15,000원

카스트로, 종교를 말하다
피델 카스트로·프레이 베토 대담 | 조세종 옮김
420쪽 | 값 21,000원

일제강점기 한국철학
이태우 지음 | 448쪽 | 값 25,000원

한국 교육 제4의 길을 찾다
이길상 지음 | 400쪽 | 값 21,000원
2019 세종도서 학술부문

마을교육공동체 생태적 의미와 실천
김용련 지음 | 256쪽 | 값 15,000원

교육과정에서 왜 지식이 중요한가
심성보 지음 | 440쪽 | 값 23,000원

식물에게서 교육을 배우다
이차영 지음 | 260쪽 | 값 15,000원

평화샘 프로젝트 매뉴얼 시리즈 학교폭력에 대한 근본적인 예방과 대책을 찾는다

학교폭력 어떻게 만들어지는가
문재현 외 지음 | 300쪽 | 값 14,000원

학교폭력, 멈춰!
문재현 외 지음 | 348쪽 | 값 15,000원

왕따, 이렇게 해결할 수 있다
문재현 외 지음 | 236쪽 | 값 12,000원

젊은 부모를 위한 백만 년의 육아 슬기
문재현 지음 | 248쪽 | 값 13,000원

우리는 마을에 산다
유양우·신동명·김수동·문재현 지음
312쪽 | 값 15,000원

누가, 학교폭력 해결을 가로막는가?
문재현 외 지음 | 312쪽 | 값 15,000원

아이들을 살리는 동네
문재현·신동명·김수동 지음 | 204쪽 | 값 10,000원

평화! 행복한 학교의 시작
문재현 외 지음 | 252쪽 | 값 12,000원

마을에 배움의 길이 있다
문재현 지음 | 208쪽 | 값 10,000원

별자리, 인류의 이야기 주머니
문재현·문한뫼 지음 | 444쪽 | 값 20,000원

동생아, 우리 뭐 하고 놀까?
문재현 외 지음 | 280쪽 | 값 15,000원

남북이 하나 되는 두물머리 평화교육 분단 극복을 위한 치열한 배움과 실천을 만나다

10년 후 통일
정동영·지승호 지음 | 328쪽 | 값 15,000원

분단시대의 통일교육
성래운 지음 | 428쪽 | 값 18,000원

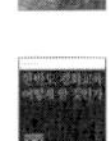
한반도 평화교육 어떻게 할 것인가
이기범 외 지음 | 252쪽 | 값 15,000원

선생님, 통일이 뭐예요?
정경호 지음 | 252쪽 | 값 13,000원

김창환 교수의 DMZ 지리 이야기
김창환 지음 | 264쪽 | 값 15,000원

창의적인 협력 수업을 지향하는 삶이 있는 국어 교실 우리말 글을 배우며 세상을 배운다

중학교 국어 수업
어떻게 할 것인가?
김미경 지음 | 340쪽 | 값 15,000원

토닥토닥 토론해요
명혜정·이명선·조선미 엮음 | 288쪽 | 값 15,000원

어린이와 시
오인태 지음 | 192쪽 | 값 12,000원

언어던
정은균 지음 | 268쪽 | 값 15,000원
2019 세종도서 교양부문

감각의 갱신, 화장하는 인민
남북문학예술연구회 | 380쪽 | 값 19,000원

토론의 숲에서 나를 만나다
명혜정 엮음 | 312쪽 | 값 15,000원

인문학의 숲을 거니는 토론 수업
순천국어교사모임 엮음 | 308쪽 | 값 15,000원

수업, 슬로리딩과 함께
박경숙 외 지음 | 268쪽 | 값 15,000원

민촌 이기영 평전
이성렬 지음 | 508쪽 | 값 20,000원

참된 삶과 교육에 관한 생각 줍기